气候变化对新疆农业的影响及区划

李景林 普宗朝 张山清 主编

气象出版社
China Meteorological Press

内 容 简 介

本书基于新疆101个气象站1961年以来的历史气候资料,对近50多年新疆光、热、水等农业气候资源以及干旱、暴雪、暴雨、大风、沙尘暴、低温冷害、高温热害、冰雹、霜冻、冻害等主要农业气象灾害时空变化特征进行了分析。结合主要农作物和主要特色林(瓜)果的生物学习性及其对农业气候条件的需求,研究了气候变化对新疆小麦、玉米、棉花、哈密瓜、红枣、核桃、苹果、香梨、杏、酿酒葡萄等农作物和特色林(瓜)果种植气候适宜性的影响,并探讨了气候变化背景下新疆粮食作物种植制度以及新疆综合气候区划的变化。研究内容可为新疆农业应对气候变化,科学调整农业种植结构和作物布局,高效利用农业气候资源,最大程度的规避农业气象灾害的不利影响,促进新疆农业的持续稳定发展提供参考。

本书主要读者为农业气象科研和服务工作者以及农业科技、管理人员,也可供农业气象、气候和农学类等相关专业的教师和研究生参考。

图书在版编目(CIP)数据

气候变化对新疆农业的影响及区划 / 李景林,普宗
朝,张山清主编. — 北京:气象出版社,2018.10
　ISBN 978-7-5029-6254-8

　Ⅰ.①气…　Ⅱ.①李…　②普…　③张…　Ⅲ.①农业气
象-气候变化-影响-农业发展-研究-新疆　Ⅳ.
①F327.45

中国版本图书馆 CIP 数据核字(2018)第 224280 号

审图号:新 S(2016)082 号

地图审核:新疆维吾尔自治区测绘地理信息局

QIHOU BIANHUA DUI XINJIANG NONGYE DE YINGXIANG JI QUHUA
气候变化对新疆农业的影响及区划

出版发行:气象出版社			
地　　址:北京市海淀区中关村南大街 46 号		**邮政编码**:100081	
电　　话:010-68407112(总编室)　010-68408042(发行部)			
网　　址:http://www.qxcbs.com		**E-mail**:qxcbs@cma.gov.cn	
责任编辑:黄红丽		**终　　审**:吴晓鹏	
责任校对:王丽梅		**责任技编**:赵相宁	
封面设计:楠竹文化			
印　　刷:北京中科印刷有限公司			
开　　本:889 mm×1194 mm　1/16		**印　　张**:23	
字　　数:700 千字			
版　　次:2018 年 10 月第 1 版		**印　　次**:2018 年 10 月第 1 次印刷	
定　　价:180.00 元			

编写人员

主　　编：李景林　普宗朝　张山清

编写组：李景林　普宗朝　张山清　李新建　孙祥彬　张祖莲

序　一

党中央、国务院历来重视新疆工作,特别是党的十八大以来,以习近平同志为核心的党中央更加高度重视新疆的发展。习近平总书记指出:"新疆是我国西北重要安全屏障,战略地位特殊、面临的问题特殊,做好新疆工作意义重大""要从稳疆安疆的战略高度出发,紧紧围绕各族群众安居乐业,多搞一些改善生产生活条件的项目,多办一些惠民生的实事……让各族群众切身感受到党的关怀和祖国大家庭的温暖"。新疆地处欧亚大陆腹地,位于我国西部边陲,居于"21世纪丝绸之路经济带"的核心区,是我国面积最大的行政省(区),地域辽阔,地形地貌复杂,气候类型多样,独特的自然生态条件和广袤的土地资源,使新疆成为我国重要的粮食、棉花、特色林果和畜牧业生产基地。农业不仅是新疆国民经济发展、社会稳定的基础,也是民生改善的重要保障。

农业是受天气气候影响最明显的行业,各种形式的农业生产以及农业种植结构、种植制度、作物布局、品种熟型、栽培方式、农产品产量、品质等都无不受到气候条件的影响。以气候变暖为主要特征的全球变化已成为不争的事实。新疆是全球气候变化的敏感区,大量监测事实表明,过去的五十多年新疆气候总体呈显著的"暖湿化"趋势,气候变化将改变新疆农业气候资源和农业气象灾害的时空分布,进而对农业生态产生广泛而深刻的影响。因此,研究气候变化背景下新疆农业气候资源、农业气象灾害的时空变化规律,探讨气候变化对当地农作物、特色瓜果种植气候适宜性以及种植制度的影响,对农业生产适应和应对气候变化,各级政府科学制定新疆农业发展规划,优化农业生产结构与布局,高效利用农业气候资源,最大程度地规避不利气象条件对农业的影响,促进新疆农业的持续、健康、稳定发展具有重要指导意义。

新疆气象局农业气象科技工作者编写的《气候变化对新疆农业的影响及区划》一书利用1961—2015年新疆100多个气象台站的历史气候资料和新疆各地农业生产数据,使用统计学方法以及ArcGIS的气候要素精细化空间插值技术等先进手段,在对近55年全疆农业热量资源、水资源和光照资源以及干旱、冻害、霜冻、低温冷害、高温热害、大风、冰雹等农业气象灾害的时空变化规律进行分析的基础上,吸取和引用了大量前人研究成果凝练出的符合新疆实际的主要农作物(林果)种植气候适宜性指标、农业种植制度气候指标以及综合农业气候区划指标体系,系统地研究了气候变化对新疆主要农作物种植气候适宜性、农业种植制度以及综合农业资源的影响,并提出了趋利避害的对策措施。本书研究资料翔实,技术方法先进,实用性强,是一部较全面地反映新疆气候变化特点及其对农业影响的科技著作。对气象为农服务及农业科技、生产管理人员了解新疆气候变化及其对农业的影响具有重要参考价值。研究内容可为新疆农业适应和应对气候变化,科学调整农业种植结构和作物布局,高效利用农业气候资源,最大程度的规避农业气象灾害的不利影响,促进新疆农业的持续稳定发展提供参考。

中国工程院院士 丁一汇

2018 年 10 月

序　二

新疆地处我国西北边陲,欧亚大陆腹地,是中国面积最大的行政省区,也是我国重要的优质棉、商品粮、特色瓜果和畜牧业生产的重要基地。2014年5月,第二次中央新疆工作座谈会提出,要把新疆建设成"丝绸之路经济带"核心区。新疆发展进入了快车道,新疆气象部门在自治区党委、政府和中国气象局的领导下,以气候资源开发、防灾减灾、应对气候变化、"三农"气象服务和农村精准扶贫需求为导向,高度重视气象为农服务工作,建立了高覆盖度的气象监测网络体系、公共气象服务体系、气象预报预警体系、气象为农服务和农村气象灾害防御体系、人工影响天气作业指挥体系等五大体系和天气预报预警平台、气象为农服务平台、人工影响天气作业指挥平台、公共气象服务平台、气象信息网络及大气探测技术保障平台等五大平台。为自治区党委、政府提供农业生产、防灾减灾决策服务;为农口各部门、农村基层干部和广大农牧民提供个性化、针对性的农业气象服务。党的十八大以来,气象服务"三农"的水平与能力大幅度提升,农业气候区划已成为气象部门服务于政府相关部门的业务化产品,为政府制定农业发展规划,合理布局农业产业结构,指导科学种田,组织防御重大气象灾害提供了决策依据,取得了显著的经济效益。

农业生产对气候变化的响应非常敏感,农业种植制度、作物布局、品种熟性、栽培方式、农产品品质和产量、作物需水量以及天然草场牧草产量等都无不受到气候条件的影响。气候变化及其影响是各级政府和社会各界普遍关注的热点问题。当前,在全球气候变化背景下,如何进一步挖掘气候资源潜力,减轻气象灾害和极端天气气候事件造成的危害,缓解和适应气候变化影响,促进新疆农业持续、健康、快速发展,是政府决策部门、广大农民和科技工作者普遍关心的热点问题。研究气候变化对新疆农业气候资源、农业气象灾害的影响进而研究气候变化对新疆农作物、特色瓜果种植制度的影响十分必要。

《气候变化对新疆农业的影响及区划》一书利用1961—2015年新疆100多个气象台站的历史气候资料,使用统计学方法以及ArcGIS的气候要素精细化空间插值技术等先进技术,在对近55年新疆农业热量资源、水资源和光照资源以及干旱、冻害、霜冻、低温冷害、高温热害、大风、冰雹等农业气象灾害的时空变化规律进行分析的基础上,吸取和引用了大量前人研究成果,凝练出符合新疆实际的主要农作物(林果)种植气候适宜性指标、农业种植制度气候指标以及综合农业气候区划指标体系,系统地研究了气候变化对新疆主要农作物和瓜果的种植气候适宜性、农业种植制度以及综合农业资源的影响。本书应用资料新、序列长、技术方法先进、分析可靠、实用性强,是一部较全面地反映新疆农业气候变化特点及其对农业影响的科技著作。对新疆主要农作物、林果产业布局、防灾减灾和气象为农服务及农业科技服务、生产管理人员了解新疆气候变化及其对农业的影响具有重要参考价值。

张守保

2018 年 10 月于乌鲁木齐

张守保，现任新疆维吾尔自治区气象局党组书记、局长。

前　言

　　农业对气候变化十分敏感,农业生产、农业种植结构、种植制度、作物布局、品种熟性、栽培方式、农产品产量、作物需水量、病虫害以及天然草场牧草产量、载畜量等均受制于气候资源的天然配制和农业气象灾害。

　　新疆位于我国西北边陲,欧亚大陆腹地,地处"21世纪丝绸之路经济带"的核心区,是我国面积最大的行政省区,也是我国重要的优质棉、商品粮、特色瓜果和畜牧业生产基地,总面积166.49万km²。地域辽阔,地形地貌复杂,自然环境多样,气候差异明显,为开展多种形式的农牧业生产提供了得天独厚、丰富多样的农业气候资源。为充分发挥新疆独特而丰富的农业气候资源优势,减轻气象灾害对农业的不利影响,20世纪60—80年代,陈汉耀、徐德源、李江风等分别就新疆气候特点及其与农业生产的关系进行了深入研究,并出版了《新疆气候及其和农业的关系》《新疆农业气候资源及区划》和《新疆气候》等专著,其成果对指导新疆农业生产采取趋利避害的技术措施,充分利用气候资源和防御气候灾害,实现农牧业生产的"两高一优",促进农牧业经济的持续稳定发展提供了科学依据。然而,由于以下原因,前人的上述研究成果已难以满足新时代新疆现代农业发展、乡村振兴以及农业生产应对气候变化、防灾减灾的需求。一是,限于当时的技术条件,以前的研究难以体现中、小尺度地理因素和随机因素对农业气候资源和农业气象灾害空间分布的影响,农业气候区划的精细化程度较低;二是,近几十年来,特别是进入21世纪以来,随着市场经济和科学技术的发展,新疆农业生产的规模、生产形式、耕作制度、作物品种熟性、栽培技术等均发生了很大变化;三是,在全球变化背景下,近几十年,尤其20世纪80年代后期以来,新疆气候发生了以"暖湿化"为主要特征的显著变化,气候变化必将对农业产生广泛而深刻的影响。鉴于此,近年来,新疆兴农网信息中心(新疆维吾尔自治区农业气象台)和乌鲁木齐市气象局的农业气象科技人员在自治区科技兴农项目、自治区科技兴新项目和自治区气象局面上项目等科研课题支持下,在充分调研的基础上,利用新疆101个气象观测站近50多年的历史气候资料以及各县(市)农业资料,利用地理信息系统等现代科学技术,结合农业气候区划指标、主要农作物种植适宜性气候指标,就气候变化对新疆农业影响的总体特征、区域差异以及影响的关键区域、关键时段和关键气候因子,气候变化背景下新疆农业气候资源、农业气象灾害、主要农作物种植气候适宜性进行了较系统的研究,相继完成了"气候变化对新疆农业热量资源的影响""气候变化对新疆主要特色瓜果种植气候适宜性的影响""气候变化对南、北疆棉花种植气候适宜性的影响""气候变化背景下天山北坡经济带设施农业气候适宜性的变化"以及"新疆天然草场干旱特征及干旱指标的研究"等专题研究工作,其中部分研究成果已在一些地区适应和应对气候变化,优化农业生产结构与布局,高效利用农业气候资源,促进农牧业经济的持续稳定发展和保护脆弱的生态环境,提高气象为农服务的针对性、时效性等方面产生了较好的社会、经济和生态效益。本书是在归纳、总结上述研究结果,并参考近年新疆自治区内外有关"气候变化对农业影响"研究成果的基础上完成的。

本书共分为八章,第 1 章简要介绍了新疆自然地理和农业气候特征,第 2 章至第 4 章详细分析了过去 50 多年新疆光、热、水农业气候资源的时空变化;第 5 章分析了新疆主要农业气象灾害的时空变化特征及其对农业的影响;第 6 章和第 7 章分别结合新疆主要农作物和特色林果(瓜)的生物学习性,研究了气候变化对其生长发育、产量形成以及对粮食作物种植制度的影响,绘制了主要作物和各种特色林果(瓜)种植气候适宜性区划图,提出适应气候变化、采取趋利避害对策措施;第 8 章分析了新疆综合气候区划及其变化。本书第 1 章由李景林、孙祥彬编写,第 2 章至第 8 章由普宗朝、张山清编写及绘图,张祖莲、王命全参加了资料的统计、整理工作,李新建参加了本书编写方案讨论制定工作,全书由李景林、普宗朝、张山清统稿。本书的编写出版得到了自治区科技兴农项目、自治区科技兴新项目、自治区"三农"气象服务项目的支持。在编写过程中得到了杜继稳、崔彩霞、毛留喜、孙涵、谢国辉、毛炜峄、雷军、徐德源等专家的指导,同时得到魏荣庆、江远安、梁云、傅玮东、吉春容、刘纪疆、谷然等同事的帮助。

本书编写过程中由于时间仓促,加之编著人员水平有限,差错或不足之处在所难免,敬请专家、读者批评指正。

本书作者

2018 年 6 月

目　　录

第1章　新疆自然地理与气候概况

1.1　新疆自然地理概况

农牧业结构的自然分布或科学规划和布局首先取决于土壤、水资源和气候资源三大自然条件。而这三大自然条件的形成又取决于当地独特的地理位置和地形地貌。了解新疆的自然地理特点对于进一步认识新疆独特的气候资源、开展针对性特色农业气候区划意义重大。

1.1.1　地理位置

新疆位于我国西北边陲、欧亚大陆的腹地。介于 $73°40'—96°23'$ E，$34°25'—49°10'$ N，总面积 166.49 万 km^2，占全国土地总面积的六分之一，是我国面积最大的省区。新疆与俄罗斯、哈萨克斯坦、吉尔吉斯斯坦、塔吉克斯坦、巴基斯坦、蒙古、印度、阿富汗八国接壤，陆地边境线 5600 km，在历史上是沟通东西方、闻名于世的"丝绸之路"的要冲，现在又成为"一带一路"丝绸之路经济带的核心区以及第二座"亚欧大陆桥"的必经之地，战略位置十分重要。

新疆是以农业为基础、工业为主导的国民经济体系。优势产业为棉花、粮食、林果和畜牧等，特色农产品有啤酒花、番茄、枸杞、甜瓜、葡萄、香梨、苹果、杏、石榴、核桃、红枣等。

1.1.2　地形地貌特征

新疆地形地貌可概括为："三山夹两盆"。在准噶尔盆地和塔里木盆地的四周分布着大小不等的点片绿洲。天山把新疆分为南北两大部分，天山以南为南疆，天山以北为北疆。全疆山地 63.71 万 km^2，高原 8.31 万 km^2，山间盆地 10.73 万 km^2，丘陵 8.58 万 km^2，平原（内含沙漠、戈壁）74.68 万 km^2。

根据大的地貌轮廓、构造及沉积物的特征，新疆自北向南可分为阿尔泰山、准噶尔盆地及其西部山地、天山、塔里木盆地以及由帕米尔高原、喀喇昆仑山、昆仑山及阿尔金山组成的昆仑山系等五大地貌单元（图 1.1）。高山环抱的地形结构对干旱环境的形成产生深刻影响。自山麓至盆地中心，规律地分布着倾斜洪积—冲积扇及洪积—冲积平原，盆地中心为广阔平坦的冲积平原和湖积平原，其上的疏松沉积物经风蚀而成大片沙漠。

（1）阿尔泰山地

北部和东部阿尔泰山脉，是一条西北—东南走向的山脉，平均山脊线海拔不到 3000 m，最高的友谊峰海拔 4373 m。这块山地受断裂作用的影响，形成清晰的断崖并有地堑性的山间盆地镶嵌于低山区内，如春古尔、可可托海、青河以及东南部其他盆地。这些盆地规模不大，面积都不足 500 km^2。山地海拔多为 2000～3000 m，4000 m 以上的高峰不多，在高山带有小型的现代冰川。

（2）准噶尔盆地及其西部山地

北疆的准噶尔盆地西宽东窄，在天山、阿尔泰山之间，总面积约 38.0 万 km^2。其中盆地面积约 18.0 万 km^2（其中含戈壁约 7.2 万 km^2），呈不等边三角形形状，由东向西倾斜，盆地底部平均海拔高度为 500 m 左右，盆地边缘为绿洲和戈壁；中央为固定和半固定的古尔班通古特沙漠，面积约 5.0 万 km^2，是我国第二大沙漠；盆地西部山地，山体不高，且有阿拉山口、塔城盆地、伊犁河谷、老风口和额尔齐斯河谷等向西开口的缺口，冷空气和水汽多由此进入新疆；盆地南缘的天山脚下，广大冲积扇平原上有辽阔的农业区。

（3）天山山脉

天山山脉东西横贯新疆中部，在新疆境内绵延 1700 多公里，把新疆分成自然条件差别明显的南疆和北疆两部分，习惯上又将吐鲁番、哈密一带称东疆。

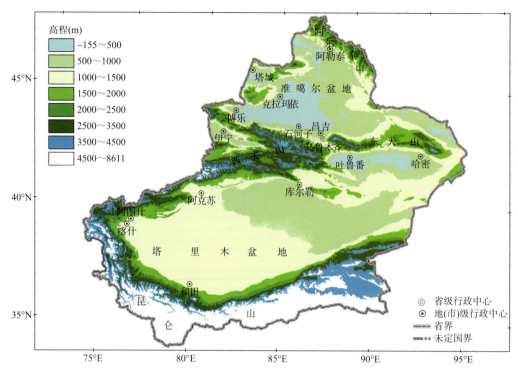

图 1.1　新疆地形地貌

山脊线海拔高度一般在 4000~5000 m,最高峰托木尔峰海拔 7455 m。雪线高度,北坡为 3500~3800 m,南坡为 4000~4200 m。北坡较陡,有许多河流穿过,形成很深的峡谷。著名的风景胜地天池,位于博格达峰下的西北坡,为一狭长的堰塞湖,湖面海拔为 1940 m。新疆的天山山系,可分为数十个山段,夹有许多山间盆地和谷地。如昭苏—特克斯盆地、素称"新疆粮仓"的伊犁谷地、尤尔都斯盆地、乌什盆地、拜城盆地、焉耆盆地、吐鲁番盆地、哈密盆地,等等。其中,吐鲁番盆地中有低于海平面 154 m 的世界第二低地艾丁湖。

(4)塔里木盆地

位于天山与昆仑山系之间,面积 53 万 km²,是我国最大的内陆盆地。盆地中部是我国面积最大、世界第二大沙漠—塔克拉玛干大沙漠,面积 33 万 km²,沙漠形态大多为新月形流动沙丘。盆地平均海拔 1000 m 左右,西高东低。我国最长的内陆河—塔里木河流经盆地。盆地的北、西、南三面环山,只是东部形成一个"喇叭口",冷空气经常会"东灌"进入南疆。

(5)昆仑山系

南部昆仑山脉是青藏高原的一部分,它环绕塔里木盆地的南缘,形成一条向东突出的弧形山,其范围从帕米尔高原一直绵延到柴达木盆地的边缘及藏北高原的广大地区。在新疆境内,昆仑山脉长1800 km 以上,宽 150 km 多,平均山脊线海拔为 5000~6000 m,新疆与克什米尔之间,耸立着海拔8611 m 的世界第二高峰乔戈里峰。整个山地可分为低山带、中山带和高山带,在高山带的起伏面上,耸立着皑皑雪山,雪线高度在 4000 m 以上。

1.1.3　河流水系

新疆三大山脉的积雪、冰川孕育汇集为 500 多条河流,分布于天山南北的盆地,其中较大的有塔里木河、伊犁河、额尔齐斯河、玛纳斯河、乌伦古河、开都河等 20 多条(图 1.2)。除额尔齐斯河注入北冰洋外,其他都属于内陆河,流入内陆盆地和山间盆地的低洼部位。新疆河流水源的补给主要靠山地降水和高山冰雪融水。永久雪线以上的高山带,终年积雪,有冰川发育,新疆境内的山系共有冰川一万多条,总面积约 2.3 万 km²,蓄水量约 20000 亿 m³,是天然的固体水库。有冰川调节的河流,径流比较稳定,但主要集中在夏季,春季水量小。

（1）塔里木河是中国最大的内陆河。它由叶尔羌河、和田河、阿克苏河汇合而成,沿塔里木盆地北缘从西向东流,以罗布泊为最后归宿,全长 2179 km,其长度仅次于长江、黄河、黑龙江,居全国第四位,流域面积 19.80 万 km²。塔里木河无固定的河床,南北两岸的干河床及大小支流纵横分布,互相穿流。由于沿程损耗引蓄十分严重,从上游到下游水量逐渐减少,上游水库附近年径流量 50 亿 m³,到大西海子水库只有 2 亿 m³。

（2）伊犁河是新疆水量最大的河流,上游为特克斯河、巩乃斯河和喀什河,在雅马渡汇合以后称为伊犁河,年总径流量 158 亿 m³,约占新疆河流总径流量的 20%,但流出过境的水量达 120 亿 m³。

（3）额尔齐斯河发源于阿尔泰山南坡,支流均由北岸大致平行纳入干流,是典型的梳状水系。最大的支流为布尔津河,次为哈巴河。年总径流量 126 亿 m³,流出过境的 100 亿 m³,是中国唯一的北冰洋水系。

新疆有许多自然景观优美的湖泊,总面积达 9700 km²,约占全疆总面积的 0.6%,其中有著名的十大湖泊:博斯腾湖、艾比湖、布伦托海、阿雅格库里湖、赛里木湖、阿其格库勒湖、鲸鱼湖、吉力湖、阿克萨依湖、艾西曼湖。

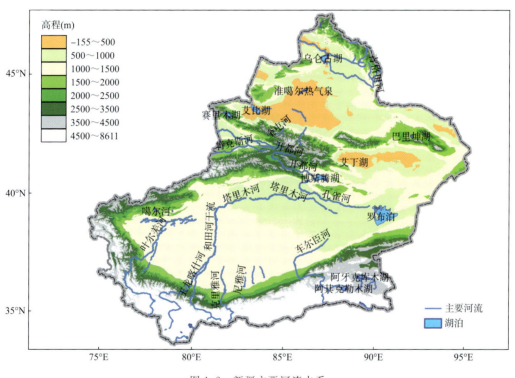

图 1.2 新疆主要河流水系

1.2 气候概况及主要农业气候资源特征

1.2.1 新疆气候特点

新疆独特的自然地貌环境造就了新疆独特的气候,由于离海洋遥远,东距太平洋 2500～4000 km,西至大西洋 6000～7500 km,北距北冰洋 2800～4500 km,南到印度洋 1700～3400 km。又有高山阻挡,源自于海洋的水汽输送到大陆上空时已是强弩之末,所以,新疆属大陆性很强的温带干旱气候区。主要表现为:具有晴天多,日照长,少雨,干燥,风沙多,冬寒夏热,昼夜温差大,光热资源丰富、山区水资源稳定等气候特点。

1.2.2 新疆主要农业气候资源特征

(1)光能资源充裕,日照时间长:新疆气候干燥,云量少,晴天多,光照资源十分丰富,每年日照 6 h 以上的天数达 250~325 d,全年日照时数达 2500~3550 h,年太阳总辐射量 5000~6400 MJ·m^{-2},仅次于青藏高原,均居全国前列。

(2)热量资源丰富,冷热变化剧烈,气温年较差、日较差大:≥10 ℃积温,准噶尔盆地南缘和北疆西部为 2500~3500 ℃·d,南疆在 4000 ℃·d 以上,吐鲁番盆地高达 5400 ℃·d。新疆有中国最热的地方——俗称"火州"的吐鲁番盆地,最高气温曾达 47.7 ℃(出现在 1986 年 7 月 23 日);也有中国第二寒极——富蕴县可可托海,最低气温达 -51.5 ℃(出现在 1960 年 1 月 21 日)。气温年较差多在 35 ℃以上,准噶尔盆地可达 40~45 ℃;气温日较差平均为 12~16 ℃,最大 20~30 ℃。"早穿皮袄午穿纱"是气温变化剧烈的生动写照。

(3)干燥少雨,蒸发量大:大气降水是最主要的水资源,它也是河水、地下水的根本来源。新疆上空全年的水汽总流通量为 13797 亿 t,相当于长江流域的 1/5 左右,黄河流域的 1/3。而水汽的成雨(雪)率只有 17.6%,而长江流域水汽的成雨(雪)率约为 30%。近 30 年,新疆平均年降水量 165 mm,其中,北疆 256 mm,南疆更少,只有 83 mm。蒸发量一般为 2000~4000 mm,蒸发量为降水量的几倍至几十倍。

(4)山区水资源丰富:新疆总体上是一个缺水地区,但因地形原因,形成了部分丰水地带。其中,天山山区、准噶尔盆地西部山区和阿尔泰山区的年降水量达 400~600 mm,与华北平原相当;山区迎风坡降水多于背风坡,其中,伊犁河谷的巩乃斯林场附近年降水量为 800~1000 mm,与淮河流域相当。山区约占全疆总面积 40%,年均总降水量为 2048 亿 m³,占全疆年均总降水量的 84.3%,是新疆境内年地表径流量 793 亿 m³ 的 2.6 倍,山区的大气降水成为新疆河川径流的最主要来源。由于山区降水较多,山区降水量的年变化比我国东部要小很多,又有高山冰川的调节,使新疆河流流量的年际变化较小,因而在全国属于水源比较稳定、水资源比较多的省区之一,地表水年径流量为 884 亿 m³。

区内山脉融雪形成众多河流,绿洲分布于盆地边缘和河流流域,绿洲总面积约占全区面积的 5%,具有典型的绿洲气候特点。水源比较稳定是绿洲灌溉农业发展的重要基础。

(5)风能资源丰富:风能是无污染、可再生的绿色能源,新疆风区多、开发潜力大,新疆陆上风能资源占全国总量近四成。

新疆地面风速分布特点是北疆大,南疆小;北疆东部、西部和南疆东部大,准噶尔盆地和塔里木盆地腹部小;高山大,中、低山区小;风速较大区域呈孤岛状分布。

新疆有 9 个风能利用最有前途的风区。年平均风速,北疆、南疆东部及东疆多在 4~5 m·s^{-1} 之间,其中阿拉山口、乌鲁木齐到达坂城等谷地可达 6 m·s^{-1};全区每年近地面风能资源可提供的电力相当于 9000 亿 kW·h 以上。其中,可以建立风力田的风能资源丰富区(即年平均风速 6 m·s^{-1} 以上、年有效风能密度为 2000 kW·h·m^{-2} 以上的地区)有阿拉山口、达坂城、哈密北戈壁等地。

(6)气候垂直变化明显:新疆境内地势高差悬殊,高度差异引起的气候垂直变化,比纬度差异引起的南北气候变化差别明显。

(7)新疆气象灾害频繁:新疆气象灾害种类多、发生频率高、强度大、范围广,危害严重。灾害发生的地区不同,相关因子也不尽相同。如南疆多"风沙"灾害,北疆多"雪、雾、冷"灾害,南疆 5—9 月干旱与否主要取决于该时段气温的高低,北疆冬春季干旱与同期降水量严重偏少密切相关等等。气象灾害造成损失约占各种自然灾害损失数量的 80% 和直接经济损失的 60% 以上,是我国受气象灾害影响严重的省区之一。新疆气象灾害在 21 世纪初期造成的经济损失每年超过 20 亿元人民币。

新疆的气象灾害有:干旱、大风、冰雹、干热风、低温冷害、霜冻、冻害、暴雨、洪水、暴雪等,以及由其引发的次生灾害和衍生灾害,如洪水灾害、雪崩、泥石流、山体滑坡、塌方、沙害、病虫害、森林草原火灾等等。

1.3　新疆农牧业种植结构

1.3.1　农牧分布界限

新疆地域辽阔,地形复杂,形成气候差异明显、水热分布极不均匀、自然条件多种多样的不同地域。新疆境内的山地(包括丘陵和高原)、平原(包括塔里木盆地、准噶尔盆地和山间盆地)面积约各占50%,其中沙漠面积为43.04万 km²,约占新疆面积的25%。

因受山地海拔高、气温低、坡度大,以及盆地中部极端干旱缺水的限制,形成新疆主要的经济活动区分布在山麓与盆地中部之间的倾斜洪积——冲积平原上的格局;在水资源空间分布的制约下,又呈现绿洲沿盆地边缘镶嵌分布的特征。除塔里木盆地、准噶尔盆地外,在山地开阔处尚有许多山间盆地和谷地,这些谷地和盆地中,海拔较低的是重要的农业区,在海拔2000 m以上的是重要的牧业区。农地587.1万 hm²,占全疆土地面积的3.53%;林地498.4万 hm²,占2.96%;牧地5922.6万 hm²,占35.6%;待用地455.6万 hm²,占2.74%;沙漠、砾漠、戈壁、盐漠、裸盐等和短期内难以开发利用的土地9100万 hm²,占54.91%;水域501.5万 hm²,占3.01%;冰川积雪301.8万 hm²,占1.81%。农林牧用地合计7008.1万 hm²,占全疆土地面积42.13%。

1.3.2　新疆种植业现状

(1)主要粮食作物

小麦和玉米是新疆主要粮食作物,在保证新疆粮食安全以及促进社会经济持续稳定发展中具有举足轻重的地位,因此,长期以来,自治区党委、政府对以小麦和玉米为主的粮食作物的生产高度重视,粮食生产坚持"区内平衡、略有节余"的发展方针,按照国家粮食安全后备基地建设要求,加快调整粮食布局结构和品种结构,加大优质小麦、玉米生产比重,加速优质粮、专用粮的生产发展,努力提高粮食综合生产能力和加工转化能力,促进粮食生产能力稳定增长。2015年新疆小麦和玉米的种植面积分别为123.4万 hm²和83.67万 hm²,分别占全疆粮食总种植面积的50%和36%,其他粮食作物种植面积相对较小。

①小麦是新疆种植面积最多、分布最广的粮食作物,多样的气候,形成了多种小麦生态类型。2015年全疆小麦种植面积约123.4万 hm²,其中冬小麦86.7万 hm²,春小麦36.7万 hm²。优质小麦重点区域为北疆的巩留县、尼勒克县、察布查尔县、木垒县、奇台县、阜康市、昌吉市、巴里坤县、伊宁县、新源县、昭苏县、特克斯县、霍城县、塔城市、额敏县、沙湾县、乌苏市、温泉县、青河县;南疆的轮台县、焉耆县、库车县、沙雅县、新和县、拜城县、阿瓦提县、阿克苏市、温宿县、喀什市、疏勒县、疏附县、岳普湖县、伽师县、巴楚县、麦盖提县、莎车县、泽普县、叶城县、阿克陶县、和田县、墨玉县、皮山县、洛浦县、策勒县等44个县(市)。冬季低温和稳定积雪持续时间及积雪深度是影响冬小麦安全越冬的主要气候因素,同时也是决定冬、春小麦种植比例搭配及种植布局的重要因素,小麦孕穗、抽穗、开花和灌浆期的高温、干热风是影响其生长发育、产量形成的主要气象灾害。

②新疆是我国重要的玉米生产基地之一,2015年新疆玉米种植面积约83.67万 hm²,是仅次于小麦的第二大种植作物。玉米不仅是新疆主要粮食和饲料作物,而且在农业种植结构的调整、作物轮作倒茬、提高复种指数等方面也具有其他作物无可替代的重要作用。夏玉米种植区主要包括和田地区的和田县、于田县、洛浦县、墨玉县、皮山县;喀什地区的巴楚县、伽师县、疏勒县、英吉沙县、疏附县、莎车县、麦盖提县、叶城县;克州的阿克陶县;阿克苏地区的乌什县、温宿县、新和县、沙雅县、阿瓦提县、库车县;巴州的焉耆县、轮台县;伊犁州的霍城县、伊宁县、察布查尔县等25个县(市)。春玉米优势区主要包括阿勒泰地区;伊犁州的巩留县、新源县、尼勒克县、察布查尔县;博州的温泉县、博乐市;昌吉州的昌吉市、呼图壁县、吉木萨尔县、奇台县、木垒县;塔城地区的塔城市、额敏县、托里县、沙湾县、乌苏市;阿克苏地区的拜城县、乌什县;喀什地区的叶城县、莎车县;哈密地区的巴里坤县等21个县(市)。

影响新疆玉米生产的气象灾害主要有霜冻、低温冷害以及玉米吐丝、授粉期的高温、干热风危害,另外,大风、冰雹对其也有一定影响。

（2）棉花

新疆独特的气候为棉花种植提供了得天独厚的自然气候条件,所产棉花产量高、品质优、色泽洁白,因此,新疆是我国最大的优质棉生产基地。2015 年,全疆棉花种植面积 190.33 万 hm²,总产 350.3 万 t,分别占全国的 50.1% 和 62.5%,居全国首位,棉花种植业已成为新疆社会经济发展和农民致富奔小康的支柱产业之一。北疆因热量条件相对匮乏,一般仅能种植早熟棉;南疆热量条件较为充裕,但各地差异较大,因此,早熟、早中熟和中熟棉均有种植,其中,吐鲁番盆地和南疆南部地区可种植中晚熟陆地棉或早熟长绒棉。

①南疆优质陆地棉主要区域为:喀什地区的英吉沙县、岳普湖县、疏附县、泽普县、叶城县、伽师县、疏勒县、麦盖提县、巴楚县、莎车县、喀什市;阿克苏地区的阿克苏市、新和县、温宿县、沙雅县、库车县、阿瓦提县、柯坪县;巴州的轮台县、库尔勒市、尉犁县、和硕县、且末县;和田地区的洛甫县、墨玉县、和田县、于田县;克州的阿克陶县等 28 个县(市)。长绒棉区主要区域为:阿瓦提县、沙雅县、库尔勒市、巴楚县、麦盖提县。中长绒棉区主要区域为:岳普湖县、麦盖提县、巴楚县、莎车县、阿克苏市、沙雅县、库车县、库尔勒市、轮台县、尉犁县。

②北疆、东疆优质陆地棉区主要区域为:昌吉州的昌吉市、玛纳斯县、呼图壁县,塔城地区的乌苏市、沙湾县、和丰县,博州的精河县、博乐市,吐鲁番地区的托克逊县,哈密地区的哈密市等 10 个县(市)。

影响新疆棉花生产的气象灾害主要有霜冻、低温冷害以及花铃期的高温,另外,大风、冰雹对棉花苗期影响非常大。

（3）设施农业

到 2015 年,南疆地区设施农业面积达到 4.33 万 hm²,以深冬生产型日光温室和春秋生产型拱棚为主,兼顾春秋生产型日光温室;东疆地区 2.0 万 hm²,以深冬生产型、春秋生产型日光温室和拱棚为主;北疆地区 3.67 万 hm²,平原地区以拱棚和春秋生产型日光温室为主,在山区逆温带深冬生产型日光温室为主。

（4）林果

新疆是世界六大果品生产带之一,是中外闻名的瓜果之乡,林果种植历史悠久。截至"十二五"末,全疆林果总面积达到 121.67 万 hm²(不含兵团),建成了环塔里木盆地以红枣、核桃、杏、香梨、苹果等为主的林果主产区,吐哈盆地、伊犁河谷及天山北坡一带以葡萄、枸杞、哈密大枣、时令水果、设施林果为主的若干个高效林果基地和林果业产业带,总产量 700 万 t,全疆农民人均来自林果业的收入达到 2200 元,占农民人均年收入的 25%。

新疆特殊的地理气候环境对林果产业而言是一把双刃剑,既成就了新疆林果产品的特色和高品质,但频发的各类气象灾害又成为制约新疆特色林果业持续稳定发展的重要因素。据统计,新疆每年由于大风、冰雹、霜冻、冻害、低温冷害、高温热害和沙尘等灾害而造成的林果受灾面积约 56.67 万 hm²,经济损失 30 亿元以上。

（5）油料作物

新疆的油料作物主要以油菜、胡麻、油葵、红花、籽用瓜以及花生等为主,主要分布在伊宁县、霍城县、特克斯县、昭苏县、新源县、奇台县、呼图壁县、吉木萨尔县、塔城市、额敏县、托里县、博乐市、温泉县、阿勒泰市,哈巴河县、布尔津县、福海县、青河县等 18 个县(市)。2015 年,全疆油菜播种面积约 10 万 hm²,总产 15 万 t;其中,油葵 13 万 hm²,总产 42 万 t;胡麻 3.3 万 hm²,总产 5.5 万 t;红花 2 万 hm²,总产 5.5 万 t。

（6）特色农业

①甜瓜。吐鲁番地区以早熟和设施为主的四季供应优质哈密瓜基地,哈密地区、昌吉州、巴州以中熟甜瓜,哈密地区、喀什地区、阿勒泰地区以晚熟甜瓜,已形成了早、中、晚熟相配套的生产供应格局,延长甜瓜的上市供应期,2015 年全疆甜瓜种植面积 8.0 万 hm²,优质甜瓜产量 2400 万 t,优质商品率达

到 80%。

②加工辣椒主要分布在巴州、塔城、昌吉州、喀什地区、阿克苏地区的有关县市(场)。2015 年全区加工辣椒种植面积 8 万 hm²,鲜椒总产 240 万 t,加工率 60%。

③加工番茄主要分布在北疆准噶尔盆地南缘和南疆焉耆盆地两大加工番茄优势区域。准噶尔盆地南缘区包括昌吉州的昌吉市、玛纳斯县、呼图壁县、吉木萨尔县以及塔城地区的乌苏市、沙湾县等地;焉耆盆地种植区包括巴州的博湖县、焉耆县、和静县等地。2015 年,全区加工番茄面积达 10 万 hm²,年生产加工番茄原料 750 万 t。

④籽用瓜主要分布在塔城地区的额敏县、塔城市,昌吉州的奇台县和阿勒泰地区的哈巴河县、福海县等地。2015 年,全疆籽用瓜种植面积达到 18.7 万 hm²,籽用瓜籽产量 22 万 t。

第 2 章　光能资源

2.1　太阳辐射

太阳辐射是地球上生命活动的能量源泉,也是植物进行光合作用的唯一能源。它不仅以其热效应给动植物提供适宜的环境温度条件,更重要的是,在光的作用下,绿色植物表现出光合效应、光形态效应和光周期效应。在农业气候分析中,主要研究太阳辐射的光合效应。农作物和自然植被在土壤无机肥料和水分的参与下,利用日光能和空气中的 CO_2,形成根、茎、叶、籽实等植物体,除去水分后,干物质的 $90\%\sim95\%$ 都是靠光合作用形成的。因此,农业生产就是通过绿色植物的光合作用把太阳能转化为潜能的过程。了解一个地区光能资源的时空分布规律,对充分利用光照资源,提高光能利用率,进一步挖掘农业气候生产潜力具有重要现实意义。

2.1.1　太阳总辐射的计算方法

实际大气条件下到达地表面的太阳辐射总收入是由直接太阳辐射和散射辐射组成的,水平地表面上接受的太阳辐照度和散射辐照度之和称为太阳总辐射。总辐射的大小与地理纬度、太阳赤纬、大气透明度、云量以及地表面的物理状态等因子有关。

新疆太阳辐射观测资料年代较长的有阿勒泰、伊犁、乌鲁木齐、吐鲁番、哈密、库车、喀什、和田、若羌 9 个测站。其他没有观测资料的地区的太阳辐射值使用气候学方法计算获取。目前,国内外有关太阳总辐射的气候学计算方法有多种,我们采用基于天文辐射的方法进行计算,其计算式为:

$$Q = \left(a_s + b_s \frac{n}{N}\right)Q_0 \tag{2.1}$$

式(2.1)中,Q 为日太阳总辐射($MJ \cdot m^{-2} \cdot d^{-1}$);$Q_0$ 为日天文辐射($MJ \cdot m^{-2} \cdot d^{-1}$):

$$Q_0 = \frac{1440}{\pi}I_0\rho[\omega_0\sin(\varphi)\sin(\delta) + \cos(\varphi)\cos(\delta)\sin(\omega_0)] \tag{2.2}$$

I_0 为太阳常数 $= 0.0820(MJ \cdot m^{-2} \cdot min^{-1})$;$\rho$ 为日地相对距离的倒数:

$$\rho = 1 + 0.033\cos\left(\frac{2\pi}{365}J\right) \tag{2.3}$$

δ 为太阳赤纬(rad):

$$\delta = 0.409\sin\left(\frac{2\pi}{365}J - 1.39\right) \tag{2.4}$$

J 为计算日在一年中的日序,1 月 1 日为 1,取值范围为 1 到 365 或 366;
ω_0 为日落时角(rad):

$$\omega_0 = \arccos[-\tan(\varphi)\tan(\delta)] \tag{2.5}$$

φ 为纬度(rad);n 为实际日照时数(h);N 为最大可能日照时数(h):

$$N = \frac{24}{\pi}\omega_0 \tag{2.6}$$

n/N 为日照百分率;a_s 和 b_s 为随大气状况和太阳赤纬而变化的参数。

从式(2.1)~(2.6)可以看出,参数 a_s 和 b_s 的确定是计算太阳总辐射的关键。当没有实际的太阳辐射资料和经验参数可以利用时,联合国粮农组织(FAO)推荐 $a_s = 0.25$,$b_s = 0.50$。本研究以阿勒泰、伊犁、乌鲁木齐、吐鲁番、哈密、库车、喀什、和田、若羌 9 站 1961—2014 年各月的日太阳总辐射实测值、日照百分率和天文辐射资料,通过最小二乘法拟合出各月的经验系数 a_s 和 b_s 值,然后在 ArcGIS 平台上采用 Kriging 的空间插值技术,将上述 9 站各月的经验系数 a_s 和 b_s 值以 500 m×500 m 栅格的形式插值到全疆,这样即可获得全疆各月的 a_s 和 b_s 值空间分布图,限于篇幅,这里仅给出 1 月、4 月、7 月、10 月(分别为冬、春、夏、秋季代表月) a_s 和 b_s 值空间分布情况(图 2.1~2.4 和图 2.5~2.8)。从栅格数据中读取上述 9 站以外的全疆其他没有辐射观测资料台站的 a_s 和 b_s 值,再根据式(2.1)~式(2.6)求算出 1961—2014 年各站逐月太阳总辐射,将春(3—5 月)、夏(6—8 月)、秋(9—11 月)、冬(12 月—次年 2 月)四季和年内逐日太阳总辐射求和即可计算出四季和年的太阳总辐射。

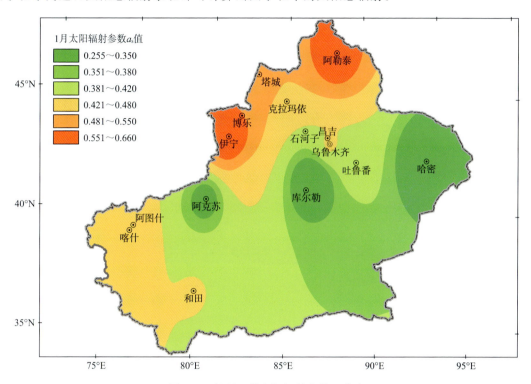

图 2.1　新疆 1 月太阳辐射参数 a_s 分布

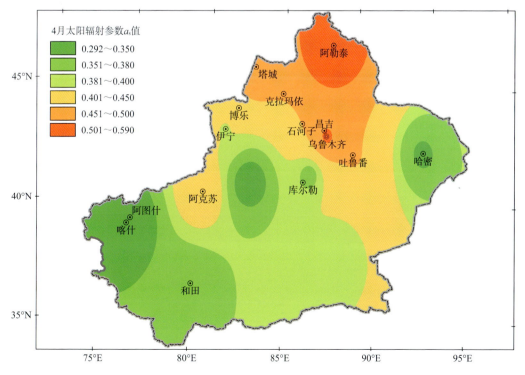

图 2.2　新疆 4 月太阳辐射参数 a_s 分布

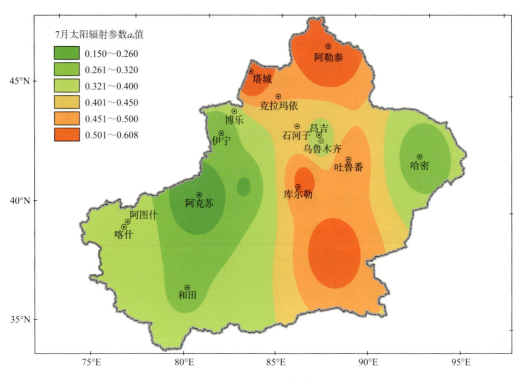

图 2.3 新疆 7 月太阳辐射参数 a_s 分布

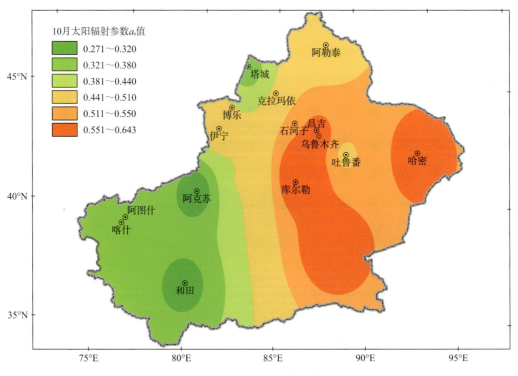

图 2.4 新疆 10 月太阳辐射参数 a_s 分布

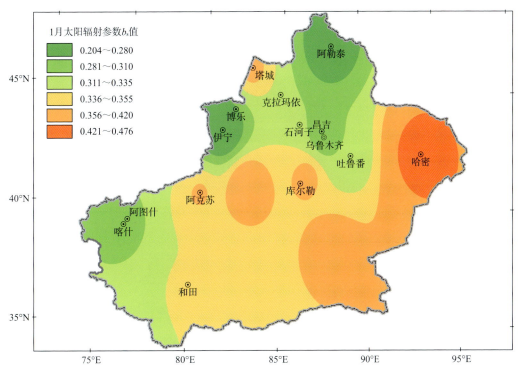

图 2.5 新疆 1 月太阳辐射参数 b_s 分布

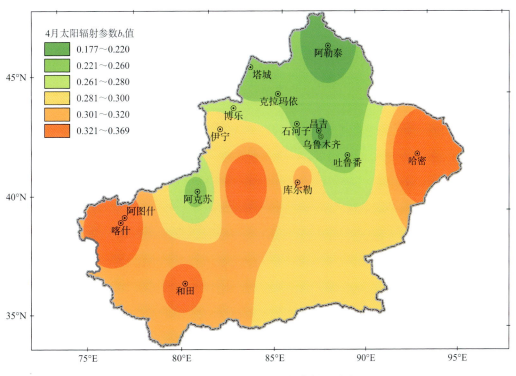

图 2.6 新疆 4 月太阳辐射参数 b_s 分布

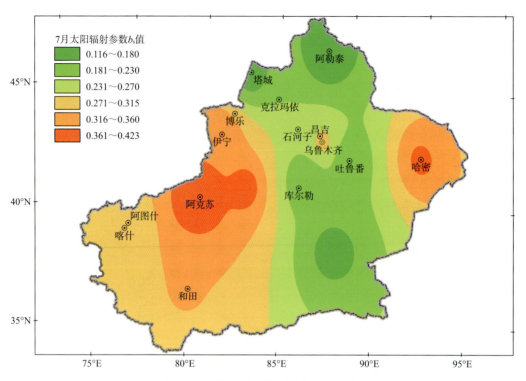

图 2.7 新疆 7 月太阳辐射参数 b_s 分布

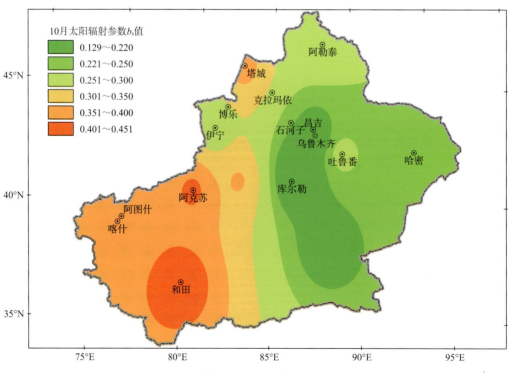

图 2.8 新疆 10 月太阳辐射参数 b_s 分布

2.1.2 年太阳总辐射时空变化

(1)年太阳总辐射空间分布

新疆地处欧亚大陆腹地,远离海洋,空气干燥,云量少,晴天多,光照资源十分充裕。各地年太阳总辐射量约为 $5000\sim6200$ MJ·m^{-2},全疆平均为 5630.9 MJ·m^{-2},比同纬度的华北和东北地区多 12% 左右,太阳能资源总量仅次于青藏高原,位居全国第二。其空间分布呈现"东部多,西部少;南疆多,北疆少;平原和盆地多,山区少"的格局(图2.9)。东疆的哈密地区大部、吐鲁番盆地东部以及南疆的塔里木盆地东部多在 6000 MJ·m^{-2} 以上,塔里木盆地大部、昆仑山东部为 $5600\sim6000$ MJ·m^{-2},北疆大部和天山、阿尔泰山以及昆仑山中西部年太阳总辐射量较少,一般不足 5600 MJ·m^{-2}。按照我国有关太阳能资源丰富程度划分标准,新疆除天山、阿尔泰山区以及昆仑山中西部地区为太阳能资源较丰富区外,全疆大部为太阳能资源丰富区,开发潜力巨大。

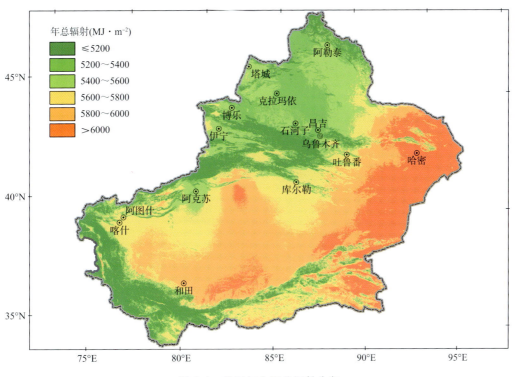

图2.9 新疆年太阳总辐射分布

(2)年太阳总辐射时间变化趋势

1961—2014年,新疆年太阳总辐射总体以 -8.605 MJ·m^{-2}·$(10\ a)^{-1}$ 的速率呈不显著($P=0.05$)略减趋势,54 a 来已减少了 46.5 MJ·m^{-2}(图2.10)。

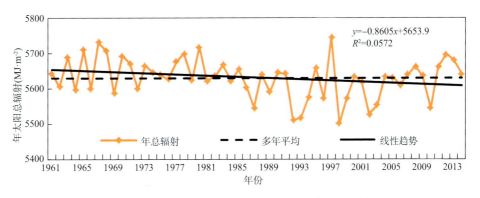

图2.10 1961—2014年新疆年太阳总辐射变化趋势

2.1.3 春季太阳总辐射时空变化

(1)春季太阳总辐射空间分布

春季全疆平均太阳总辐射量为 1693.9 MJ·m^{-2},占年太阳总辐射的 30.1%。空间分布格局总体呈现"东部多,西部少"的特点(图 2.11)。哈密地区大部、吐鲁番盆地东部以及昆仑山中东部在 1770 MJ·m^{-2} 以上,北疆东部、吐鲁番盆地大部以及塔里木盆地中东部为 1710~1770 MJ·m^{-2},南、北疆西部和天山山区分别受沙尘天气和云量的影响,辐射量较少,一般不足 1710 MJ·m^{-2}。

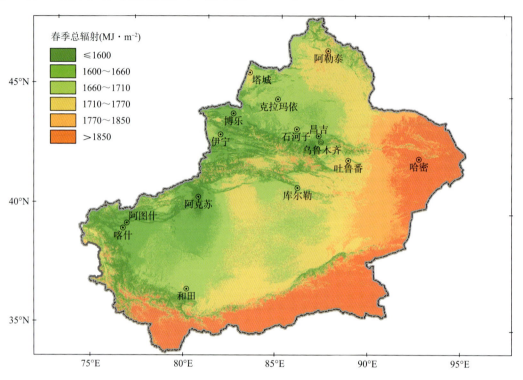

图 2.11 新疆春季太阳总辐射量分布

(2)春季太阳总辐射时间变化趋势

1961—2014 年,新疆春季太阳总辐射总体以 6.358 MJ·m^{-2}·(10 a)$^{-1}$ 的速率呈显著($P=0.05$)增大趋势,54 a 来增多了 34.3 MJ·m^{-2}(图 2.12)。

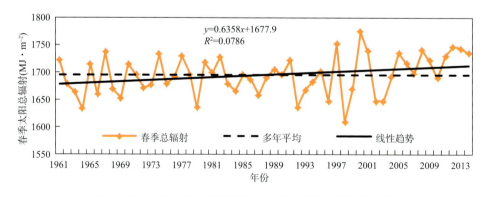

图 2.12 1961—2014 年新疆春季太阳总辐射时间变化趋势

2.1.4 夏季太阳总辐射时空变化

(1)夏季太阳总辐射空间分布

夏季是一年中太阳辐射最丰富的季节,各地太阳总辐射量多在 1600~2200 MJ·m^{-2},全疆平均为

$2065.9\ \mathrm{MJ\cdot m^{-2}}$,占年太阳总辐射的36.7%。其空间分布表现为"平原和盆地多,山区少"的特点,但南北疆差异不明显(图2.13)。吐哈盆地,北疆北部、东部,石河子以西的北疆沿天山一带,以及南疆北部、西部的局部区域夏季太阳总辐射较强,一般在$2080\ \mathrm{MJ\cdot m^{-2}}$以上;北疆大部,南疆北部为$2030\sim2080\ \mathrm{MJ\cdot m^{-2}}$;塔里木盆地南部为$1850\sim2030\ \mathrm{MJ\cdot m^{-2}}$,天山、昆仑山区受云雨天气的影响,夏季太阳总辐射量较少,一般不足$1850\ \mathrm{MJ\cdot m^{-2}}$。

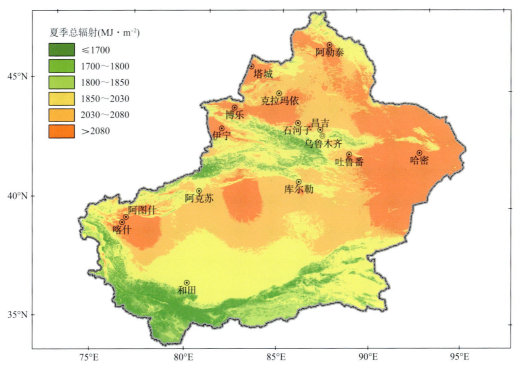

图2.13 新疆夏季太阳总辐射量分布

(2)夏季太阳总辐射时间变化趋势

1961—2014年,新疆夏季太阳总辐射总体以$-3.671\ \mathrm{MJ\cdot m^{-2}\cdot(10\ a)^{-1}}$的速率呈不显著($P=0.05$)减少趋势,54 a来减少了$19.8\ \mathrm{MJ\cdot m^{-2}}$(图2.14)。

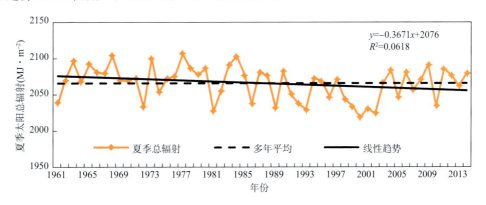

图2.14 1961—2014年新疆夏季太阳总辐射时间变化趋势

2.1.5 秋季太阳总辐射时空变化

(1)秋季太阳总辐射空间分布

全疆平均秋季太阳总辐射量为$1147.6\ \mathrm{MJ\cdot m^{-2}}$,占全年的20.4%。秋季是一年中云量最少的季节,沙尘天气也比春夏季显著减少,大气透明度较好,因此,其太阳总辐射量的空间分布主要受太阳高度角的影响,因而总体呈现由南向北逐渐减少的纬向分布特征(图2.15)。南疆南部秋季太阳总辐射量最多,一般在 1330 MJ·m⁻² 以上,塔里木盆地中、北部,吐哈盆地大部为 1170~1330 MJ·m⁻²;准噶尔盆地大部为 980~1170 MJ·m⁻²;北疆北部、天山山区秋季太阳总辐射量较少,一般不足 980 MJ·m⁻²。

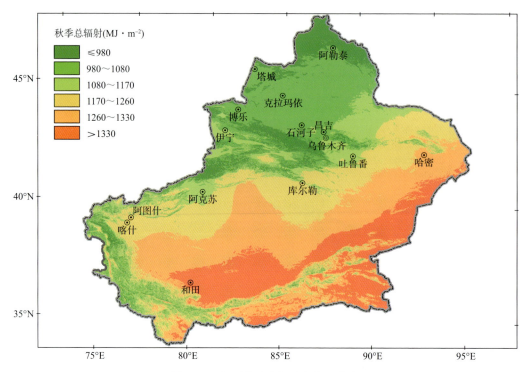

图 2.15　新疆秋季太阳总辐射量分布

(2)秋季太阳总辐射时间变化趋势

1961—2014 年,新疆秋季太阳总辐射总体以 -3.399 MJ·m⁻²·(10 a)⁻¹ 的速率呈显著($P=0.05$)减少趋势,54 a 来减少了 18.4 MJ·m⁻²,并且 1981 年以来减少趋势更为明显(图 2.16)。

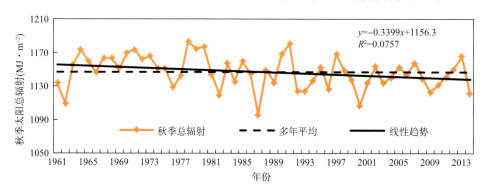

图 2.16　1961—2014 年新疆秋季太阳总辐射变化趋势

2.1.6　冬季太阳总辐射时空变化

(1)冬季太阳总辐射空间分布

冬季是一年中太阳高度角最低的季节,因此,太阳总辐射量也是一年中最少,全疆平均为 723.3 MJ·m⁻²,占全年的 12.8%。冬季新疆处在强大的蒙古高压控制下,天气稳定,沙尘天气少,太阳总辐射量的空间分布也主要受太阳高度角的影响,总体呈现由南向北逐渐减少的特征(图 2.17)。塔里木盆地中部和南部以及哈密地区大部冬季太阳总辐射量一般在 800 MJ·m⁻² 以上;塔里木盆地北部以及吐鲁番盆地东部在 720~800 MJ·m⁻²;北疆大部一般在 720 MJ·m⁻² 以下,其中,准噶尔盆地腹地冬季因多阴雾天气,太阳总辐射在 660 MJ·m⁻² 以下。

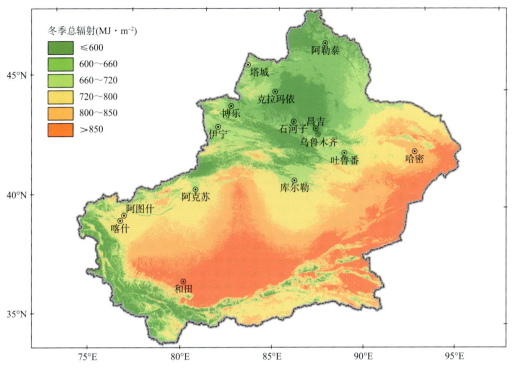

图 2.17 新疆冬季太阳总辐射量分布

(2)冬季太阳总辐射时间变化趋势

1961—2014 年,新疆冬季太阳总辐射总体以 $-7.892\ \mathrm{MJ\cdot m^{-2}\cdot(10\ a)^{-1}}$ 的速率呈显著($P=0.001$)减少趋势,54 a 来减少了 $42.6\ \mathrm{MJ\cdot m^{-2}}$,并且 1987 年以来减少趋势更为明显(图 2.18)。

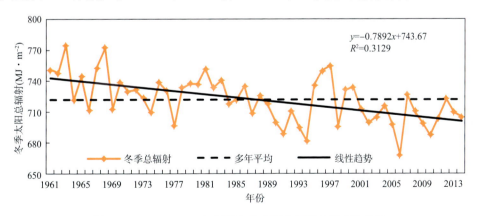

图 2.18 1961—2014 年新疆冬季太阳总辐射时间变化趋势

2.1.7 1月太阳总辐射时空变化

(1)1月太阳总辐射空间分布

1月太阳高度角较低,太阳辐射量较少,全疆平均 $231.5\ \mathrm{MJ\cdot m^{-2}}$,仅占全年的 4.1%。其空间分布总体呈现由南向北逐渐减少的特征(图 2.19)。南疆大部和哈密地区在 $260\ \mathrm{MJ\cdot m^{-2}}$ 以上;塔里木盆地北部、吐鲁番盆地大部、准噶尔盆地东部和西部、伊犁河谷、南天山山区以及昆仑山东部在 $210\sim 260\ \mathrm{MJ\cdot m^{-2}}$;北疆大部、天山山区以及昆仑山西部在 $210\ \mathrm{MJ\cdot m^{-2}}$ 以下。

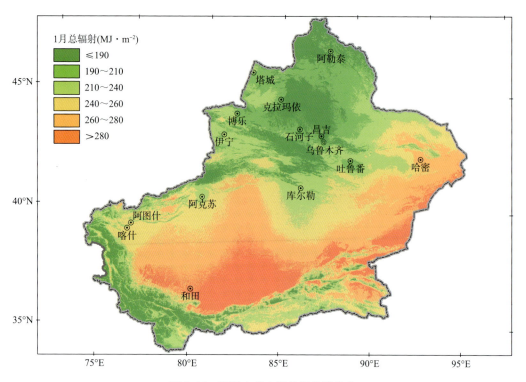

图 2.19　新疆 1 月太阳总辐射量分布

（2）1 月太阳总辐射时间变化趋势

1961—2014 年，新疆 1 月太阳总辐射总体以 $-2.218\ \mathrm{MJ\cdot m^{-2}\cdot(10\ a)^{-1}}$ 的速率呈显著（$P=0.01$）减少趋势，54 a 来减少了 $12.0\ \mathrm{MJ\cdot m^{-2}}$（图 2.20）。

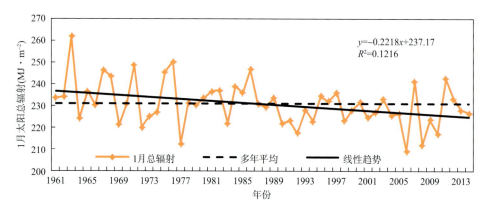

图 2.20　1961—2014 年新疆 1 月太阳总辐射变化趋势

2.1.8　2 月太阳总辐射时空变化

（1）2 月太阳总辐射空间分布

2 月全疆平均太阳辐射量为 $297.4\ \mathrm{MJ\cdot m^{-2}}$，占全年的 5.3%。其空间分布总体呈现由南向北逐渐减少的特征（图 2.21）。南疆和吐哈盆地在 $300\ \mathrm{MJ\cdot m^{-2}}$ 以上；北疆大部、塔里木盆地北部、伊犁河谷在 $260\sim300\ \mathrm{MJ\cdot m^{-2}}$；准噶尔盆地腹地、天山山区以及昆仑山西部一般在 $260\ \mathrm{MJ\cdot m^{-2}}$ 以下。

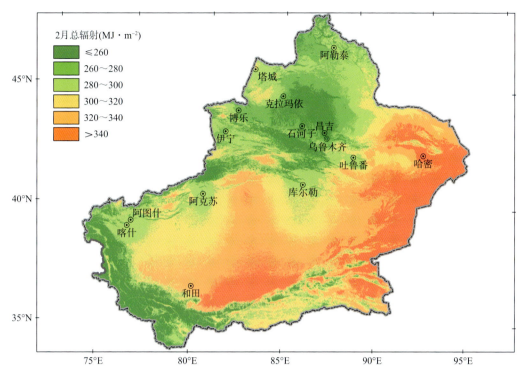

图 2.21 新疆 2 月太阳总辐射量分布

(2)2 月太阳总辐射时间变化趋势

1961—2014 年,新疆 2 月太阳总辐射总体以-2.906 MJ·m^{-2}·$(10\ a)^{-1}$的速率呈显著($P=0.01$)减少趋势,54 a 来减少了 15.7 MJ·m^{-2}(图 2.22)。

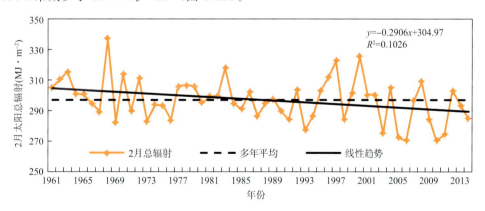

图 2.22 1961—2014 年新疆 2 月太阳总辐射时间变化趋势

2.1.9 3 月太阳总辐射时空变化

(1)3 月太阳总辐射空间分布

3 月全疆平均太阳辐射量为 448.2 MJ·m^{-2},占全年的 8.0%。其空间分布总体呈现由东向西逐渐减少的特征(图 2.23)。吐哈盆地大部、塔里木盆地东南部在 475 MJ·m^{-2}以上;准噶尔盆地东部和塔里木盆地大部在 450～475 MJ·m^{-2};北疆大部和南疆西部为 400～450 MJ·m^{-2};天山山区和昆仑山西部一般在 400 MJ·m^{-2}以下。

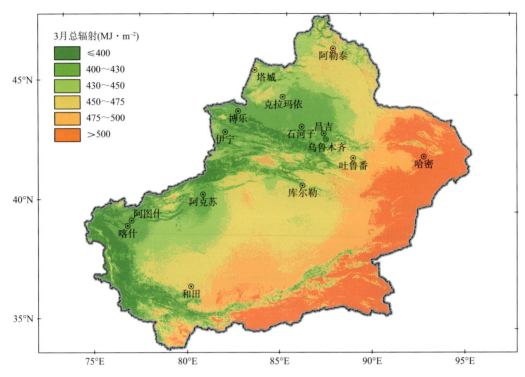

图 2.23 新疆 3 月太阳总辐射量分布

(2)3 月太阳总辐射时间变化趋势

1961—2014 年,新疆 3 月太阳总辐射年际间波动较大,但长期变化趋势不明显(图 2.24)。

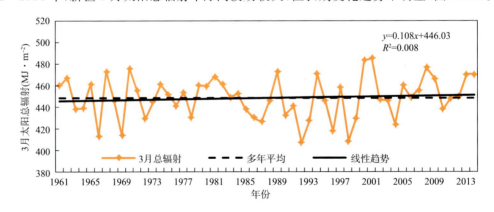

图 2.24 1961—2014 年新疆 3 月太阳总辐射时间变化趋势

2.1.10 4 月太阳总辐射时空变化

(1)4 月太阳总辐射空间分布

4 月全疆平均太阳辐射量为 558.3 MJ·m^{-2},占全年的 9.9%。其空间分布总体呈现由东南向西北逐渐减少的特征(图 2.25)。吐哈盆地大部、塔里木盆地东部以及昆仑山区在 580 MJ·m^{-2} 以上;南疆和北疆大部在 550~580 MJ·m^{-2};南、北疆的西部一般在 550 MJ·m^{-2} 以下。

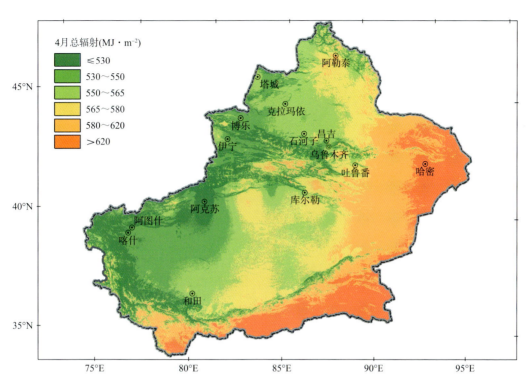

图 2.25　新疆 4 月太阳总辐射量分布

（2）4 月太阳总辐射时间变化趋势

1961—2014 年，新疆 4 月太阳总辐射总体以 3.039 MJ·m^{-2}·(10 a)$^{-1}$ 的速率呈不显著($P=$ 0.05)的略增趋势，54 a 来增多了 16.4 MJ·m^{-2}（图 2.26）。

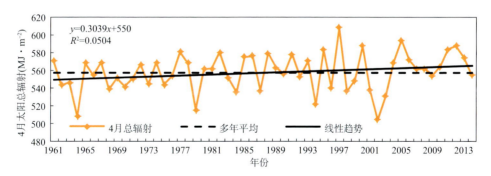

图 2.26　1961—2014 年新疆 4 月太阳总辐射时间变化趋势

2.1.11　5 月太阳总辐射时空变化

（1）5 月太阳总辐射空间分布

5 月全疆平均太阳辐射量为 687.4 MJ·m^{-2}，占全年的 12.2%。其空间分布总体呈现由东北向西南逐渐减少的特征（图 2.27）。吐鲁番地区东部、哈密地区大部在 710 MJ·m^{-2} 以上；北疆大部和南疆东北部在 690~710 MJ·m^{-2}；南疆大部在 630~690 MJ·m^{-2}；天山山区和昆仑山中西部一般在 630 MJ·m^{-2} 以下。

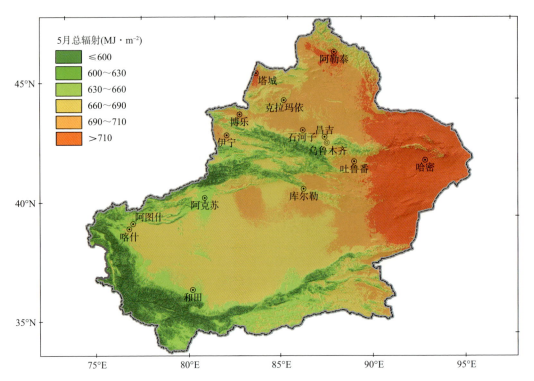

图 2.27　新疆 5 月太阳总辐射量分布

（2）5 月太阳总辐射时间变化趋势

1961—2014 年,新疆 5 月太阳总辐射总体以 2.238 MJ·m^{-2}·(10 a)$^{-1}$的速率呈显著($P=0.05$)的增大趋势,54 a 来增大了 12.1 MJ·m^{-2}(图 2.28)。

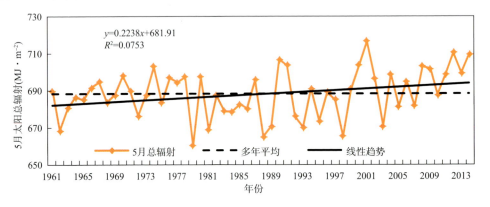

图 2.28　1961—2014 年新疆 5 月太阳总辐射时间变化趋势

2.1.12　6 月太阳总辐射时空变化

（1）6 月太阳总辐射空间分布

6 月全疆平均太阳辐射量为 715.4 MJ·m^{-2},占全年的 12.7%,是一年中太阳总辐射量最多的月份。其空间分布表现为"北疆多,南疆少;平原和盆地多,山区少"的特点(图 2.29)。北疆大部,吐鲁番、哈密地区以及南疆北部的部分地区在 710 MJ·m^{-2}以上;南疆大部在 660～710 MJ·m^{-2};天山和昆仑山区一般在 660 MJ·m^{-2}以下。

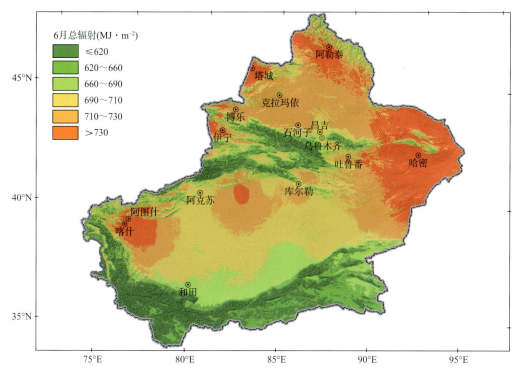

图 2.29　新疆 6 月太阳总辐射量分布

（2）6 月太阳总辐射时间变化趋势

1961—2014 年,新疆 6 月太阳总辐射年际间波动较大,但长期变化趋势不明显(图 2.30)。

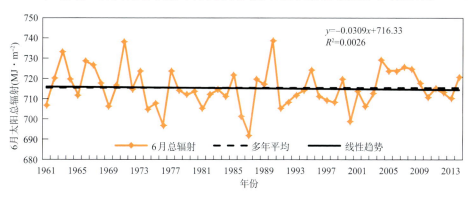

图 2.30　1961—2014 年新疆 6 月太阳总辐射时间变化趋势

2.1.13　7 月太阳总辐射时空变化

（1）7 月太阳总辐射空间分布

　　7 月全疆平均太阳辐射量为 709.1 MJ·m^{-2},占全年的 12.6%。其空间分布表现为"北疆多,南疆少;平原和盆地多,山区少"的特点(图 2.31)。北疆和吐鲁番、哈密地区大部以及南疆北部的部分地区在 705 MJ·m^{-2} 以上;南疆大部在 640～705 MJ·m^{-2};天山和昆仑山区一般在 640 MJ·m^{-2} 以下。

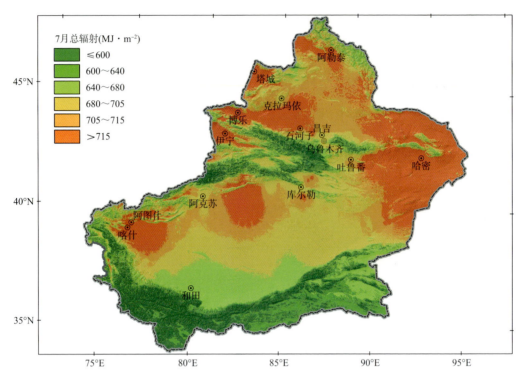

图 2.31　新疆 7 月太阳总辐射量分布

(2)7 月太阳总辐射时间变化趋势

1961—2014 年,新疆 7 月太阳总辐射总体以 $-1.873\ MJ\cdot m^{-2}\cdot(10\ a)^{-1}$ 的速率呈不显著($P=0.05$)减少趋势,54 a 来减少了 $10.1\ MJ\cdot m^{-2}$(图 2.32)。

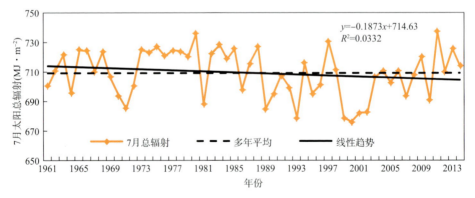

图 2.32　1961—2014 年新疆 7 月太阳总辐射时间变化趋势

2.1.14　8 月太阳总辐射时空变化

(1)8 月太阳总辐射空间分布

8 月全疆平均太阳辐射量为 $641.3\ MJ\cdot m^{-2}$,占全年的 11.4%。其空间分布表现为"东部多,西部少;平原和盆地多,山区少"的特点(图 2.33)。吐鲁番地区东部、哈密地区大部在 $660\ MJ\cdot m^{-2}$ 以上;北疆沿天山一带、伊犁河谷以及塔里木盆地东北部在 $640\sim660\ MJ\cdot m^{-2}$;北疆北部、南疆大部 $600\sim640\ MJ\cdot m^{-2}$;天山、阿尔泰山和昆仑山区一般在 $600\ MJ\cdot m^{-2}$ 以下。

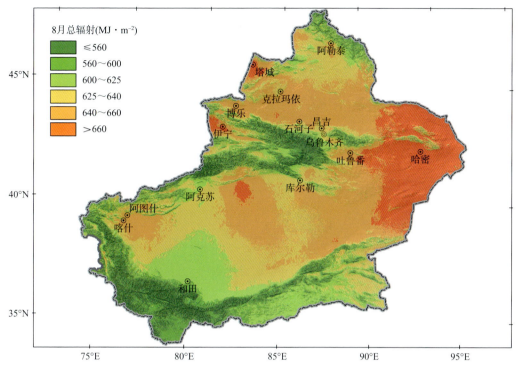

图 2.33　新疆 8 月太阳总辐射量分布

（2）8 月太阳总辐射时间变化趋势

1961—2014 年，新疆 8 月太阳总辐射总体以 -1.489 MJ·m^{-2}·(10 a)$^{-1}$ 的速率呈不显著（$P=0.05$）的减少趋势，54 a 来减少了 8.0 MJ·m^{-2}（图 2.34）。

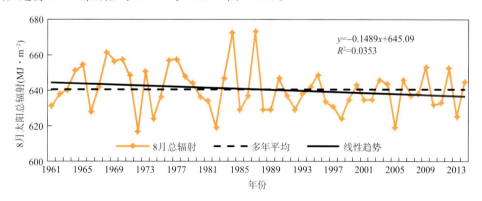

图 2.34　1961—2014 年新疆 8 月太阳总辐射时间变化趋势

2.1.15　9 月太阳总辐射时空变化

（1）9 月太阳总辐射空间分布

9 月全疆平均太阳辐射量为 512.5 MJ·m^{-2}，占全年的 9.1%。其空间分布总体呈现由东南向西北逐渐减少的特征（图 2.35）。哈密地区大部、吐鲁番地区东部、塔里木盆地东南部及昆仑山中东部在 540 MJ·m^{-2} 以上；南疆大部、吐鲁番地区中西部在 520～540 MJ·m^{-2}；北疆沿天山一带、伊犁河谷以及塔里木盆地北部的部分区域在 500～520 MJ·m^{-2}；北疆大部 480～500 MJ·m^{-2}；天山山区和昆仑山西部一般在 480 MJ·m^{-2} 以下。

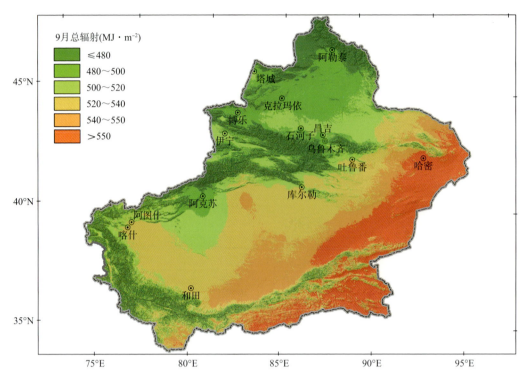

图 2.35　新疆 9 月太阳总辐射量分布

(2)9 月太阳总辐射时间变化趋势

1961—2014 年,新疆 9 月太阳总辐射总体以 -0.297 MJ·m^{-2}·(10 a)$^{-1}$ 的速率呈不显著($P=0.05$)的略减趋势,54 a 来减少了 1.6 MJ·m^{-2}(图 2.36)。

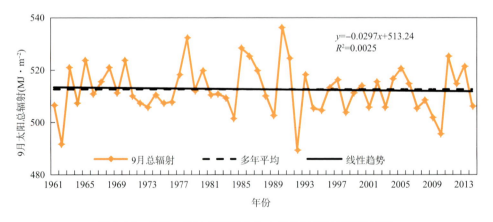

图 2.36　1961—2014 年新疆 9 月太阳总辐射时间变化趋势

2.1.16　10 月太阳总辐射时空变化

(1)10 月太阳总辐射空间分布

10 月全疆平均太阳辐射量为 387.5 MJ·m^{-2},占全年的 6.9%。其空间分布总体呈纬向分布,由南向北逐渐减少(图 2.37)。南疆南部一般在 440 MJ·m^{-2} 以上;南疆中部和北部、吐哈盆地大部在 400~460 MJ·m^{-2};北疆大部、伊犁河谷 330~370 MJ·m^{-2};北疆北部和天山山区一般在 330 MJ·m^{-2} 以下。

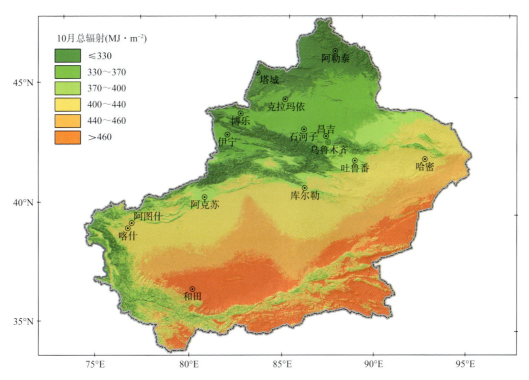

图 2.37 新疆 10 月太阳总辐射量分布

(2)10 月太阳总辐射时间变化趋势

1961—2014 年,新疆 10 月太阳总辐射总体以 -0.564 MJ·m^{-2}·(10 a)$^{-1}$ 的速率呈不显著($P=0.05$)的略减趋势,54 a 来减少了 3.0 MJ·m^{-2}(图 2.38)。

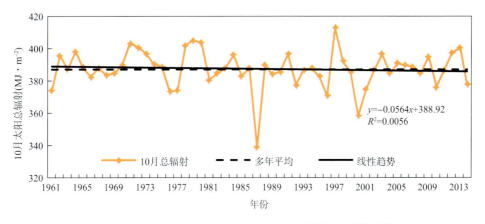

图 2.38 1961—2014 年新疆 10 月太阳总辐射时间变化趋势

2.1.17 11 月太阳总辐射时空变化

(1)11 月太阳总辐射空间分布

11 月全疆平均太阳辐射量为 247.6 MJ·m^{-2},占全年的 4.4%。其空间分布总体呈纬向分布,由南向北逐渐减少(图 2.39)。南疆南部一般在 320 MJ·m^{-2} 以上;南疆中部和北部、哈密地区大部在 270~320 MJ·m^{-2};哈密地区北部、吐鲁番地区大部以及塔里木盆地北部的部分区域 230~270 MJ·m^{-2};北疆大部、伊犁河谷 190~230 MJ·m^{-2};北疆北部、准噶尔盆地腹地以及天山山区一般在 190 MJ·m^{-2} 以下。

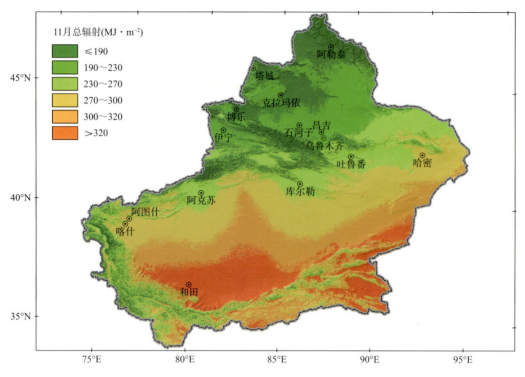

图 2.39 新疆 11 月太阳总辐射量分布

(2)11月太阳总辐射时间变化趋势

1961—2014 年,新疆 11 月太阳总辐射总体以 -2.539 MJ·m^{-2}·$(10 a)^{-1}$ 的速率呈显著($P=0.01$)减少趋势,54 a 来减少了 13.7 MJ·m^{-2},并且 1982 年以来减少趋势更为明显(图 2.40)。

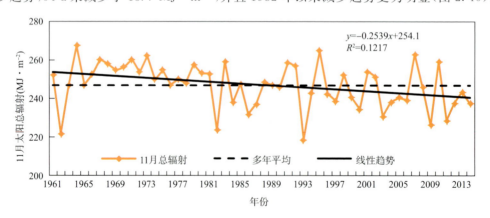

图 2.40 1961—2014 年新疆 11 月太阳总辐射时间变化趋势

2.1.18 12 月太阳总辐射时空变化

(1)12 月太阳总辐射空间分布

12 月是一年中太阳总辐射最少的月份,全疆平均 194.4 MJ·m^{-2},仅占全年的 3.5%。其空间分布总体呈纬向分布,由南向北逐渐减少(图 2.41)。南疆南部一般在 250 MJ·m^{-2} 以上;南疆中部和北部、哈密地区大部在 210~250 MJ·m^{-2};北疆大部、伊犁河谷、吐鲁番盆地以及塔里木盆地北部的部分区域 150~210 MJ·m^{-2};北疆北部、准噶尔盆地腹地以及天山山区一般在 150 MJ·m^{-2} 以下。

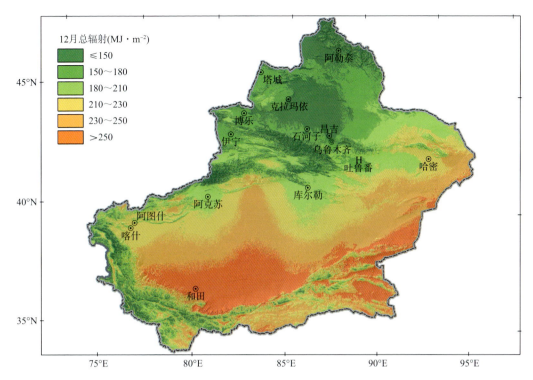

图 2.41　新疆 12 月太阳总辐射量分布

(2)12 月太阳总辐射时间变化趋势

1961—2014 年,新疆 12 月太阳总辐射总体以$-2.769 \ \mathrm{MJ} \cdot \mathrm{m}^{-2} \cdot (10 \ \mathrm{a})^{-1}$的速率呈显著($P = 0.001$)减少趋势,54 a 来减少了$15.0 \ \mathrm{MJ} \cdot \mathrm{m}^{-2}$,并且 1984 年以来减少趋势更为明显(图 2.42)。

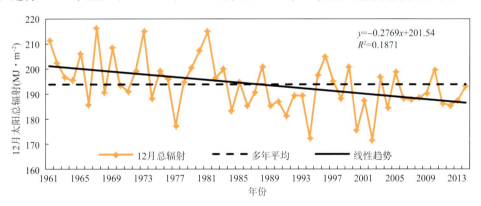

图 2.42　1961—2014 年新疆 12 月太阳总辐射变化趋势

2.2　日照时数

日照时数是表征一地太阳光照时间长短的特征量,它表示某地太阳能可被利用时间的多少。

2.2.1　年日照时数时空变化

(1)年日照时数空间分布

新疆年日照时数多年平均值为 2858.0 h,多于同纬度的我国中东部地区。空间分布呈现"东部多、西部少"的格局(图 2.43)。哈密地区大部、昆仑山东部年日照时数多在 3200 h 以上,北疆北部、东部,吐鲁番地区以及南疆东部为 2850～3200 h,北疆和南疆的中西部为 2600～2850 h,天山山区和昆仑山中低山年日照时数较少,一般不足 2600 h。

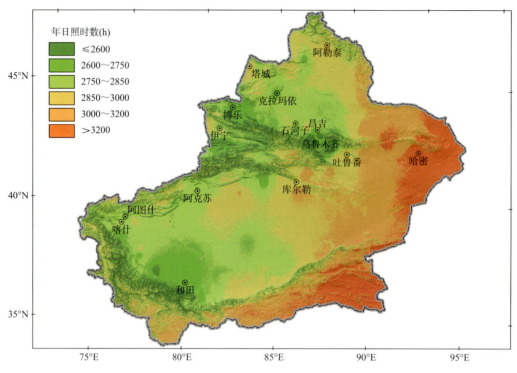

图 2.43　新疆年日照时数分布

(2)年日照时数变化趋势

1961—2013 年,新疆年日照时数总体以-14.999 h·$(10$ a$)^{-1}$的速率呈显著($P=0.05$)减少趋势,53 a 来减少了 78 h,并且 1986 年以来减少速率有加快的趋势(图 2.44)。

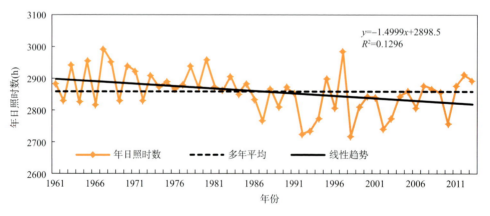

图 2.44　1961—2013 年新疆年日照时数变化趋势

2.2.2　春季日照时数时空变化

(1)春季日照时数空间分布

春季全疆平均日照时数为 759.7 h,占年日照时数的 26.6%。空间分布格局总体呈现"山区多,平原和盆地少;东部多,西部少"的特点(图 2.45)。北疆北部、东部,吐哈盆地大部以及天山、昆仑山中高山带在 800 h 以上,北疆沿天山一带以及塔里木盆地东部为 750～800 h,伊犁河谷、塔里木盆地中部为 700～750 h,塔里木盆地西部春季日照时数较少,一般不足 700 h。

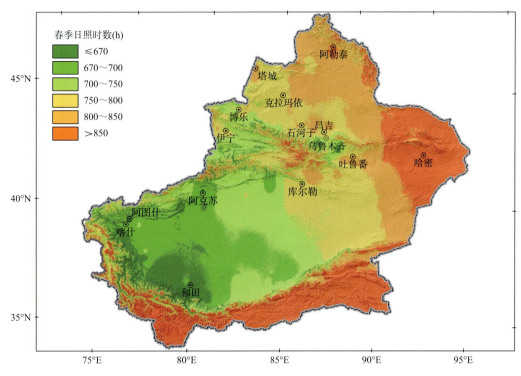

图 2.45   新疆春季日照时数分布

(2)春季日照时数时间变化趋势

1961—2013 年,新疆春季日照时数总体以 5.821 h·(10 a)$^{-1}$ 的速率呈不显著($P=0.05$)的略增趋势,53 a 来增多了 30.3 h,并且 2000 年以来增多速率有加快的趋势(图 2.46)。

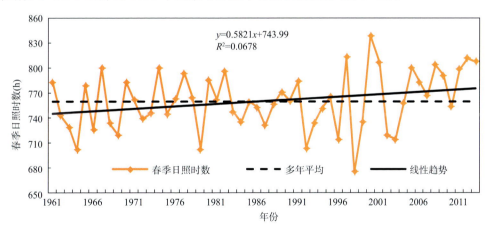

图 2.46   1961—2013 年新疆春季日照时数变化趋势

2.2.3   夏季日照时数时空变化

(1)夏季日照时数空间分布

夏季是一年中日照时数最多的季节,全疆平均为 895.7 h,占年日照时数的 31.3%。其空间分布表现为"北疆多,南疆少;平原和盆地多,山区少"的特点(图 2.47)。北疆大部、吐哈盆地夏季日照时数较多,一般在 900 h 以上。塔里木盆地中北部为 800~900 h,塔里木盆地南部受沙尘天气的影响,为 700~800 h,天山、昆仑山区一般也在 800 h 以下。

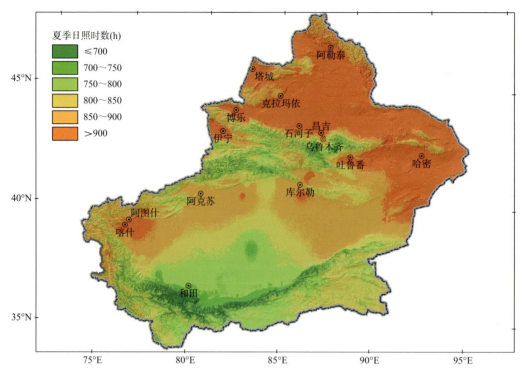

图 2.47 新疆夏季日照时数分布

（2）夏季日照时数时间变化趋势

1961—2013 年,新疆夏季日照时数总体以 $-3.315\ h\cdot(10\ a)^{-1}$ 的速率呈不显著($P=0.05$)的减少趋势,53 a 来减少了 17.2 h(图 2.48)。

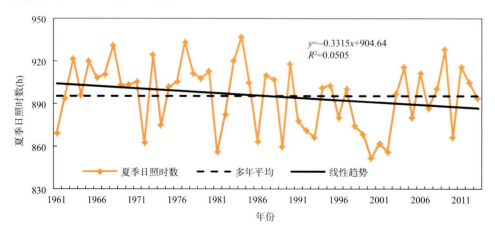

图 2.48 1961—2013 年新疆夏季日照时数变化趋势

2.2.4 秋季日照时数时空变化

（1）秋季日照时数空间分布

全疆平均秋季日照时数为 695.3 h,占全年的 24.3%。秋季是一年中云量最少的季节,沙尘天气也比春夏季显著减少,大气透明度较好,因此,其日照时数的空间分布主要受太阳高度角的影响,因而总体呈现由东南向西北逐渐减少的分布特征(图 2.49)。哈密地区大部,吐鲁番盆地东部、南疆东南部秋季日照时数较多,一般在 750 h 以上;吐鲁番盆地大部、塔里木盆地中西部为 700~750 h;北疆大部和南疆西部山区为 600~700 h;天山、阿尔泰山区秋季日照时数较少,一般不足 600 h。

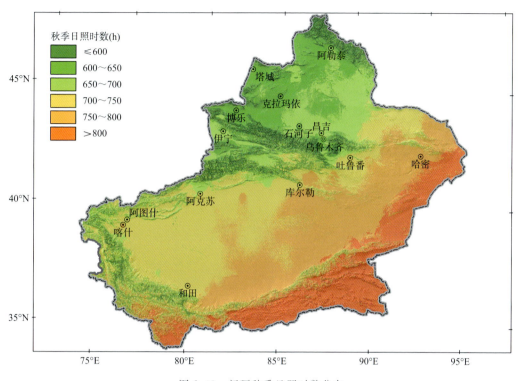

图2.49　新疆秋季日照时数分布

（2）秋季日照时数时间变化趋势

1961—2013年，新疆秋季日照时数总体以$-4.161\ \mathrm{h}\cdot(10\ \mathrm{a})^{-1}$的速率呈不显著（$P=0.05$）的减少趋势，53 a来减少了21.6 h（图2.50）。

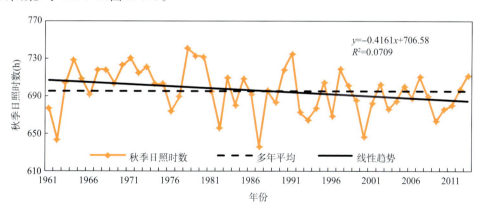

图2.50　1961—2013年新疆秋季日照时数变化趋势

2.2.5　冬季日照时数时空变化

（1）冬季日照时数空间分布

冬季是一年中太阳高度角最低的季节，因此，日照时数也是一年中最少，全疆平均为507.2 h，占全年的17.7%。冬季新疆日照时数的空间分布也主要呈现由东南向西北逐渐减少的特征（图2.51）。哈密地区、吐鲁番地区大部以及塔里木盆地东部冬季日照时数较多，一般在570 h以上；塔里木盆地大部、准噶尔盆地东部540～570 h；北疆北部、南疆西部、天山山区在450～540 h；准噶尔盆地腹地因冬季多阴雾天气，日照时数在450 h以下。

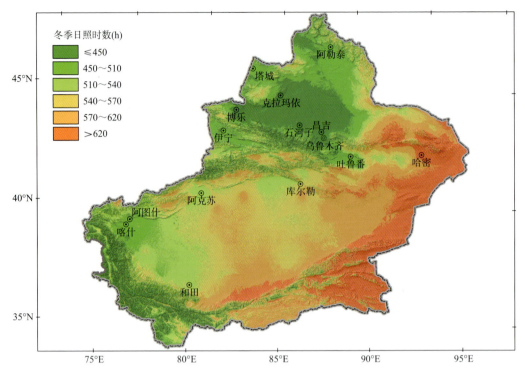

图 2.51　新疆冬季日照时数分布

（2）冬季日照时数时间变化趋势

1961—2013 年，新疆冬季日照时数总体以 $-13.345\ h\cdot(10\ a)^{-1}$ 的速率呈显著（$P=0.001$）减少趋势，并且 1987 年以来减少趋势更为明显，53 a 来减少了 69.4 h（图 2.52）。

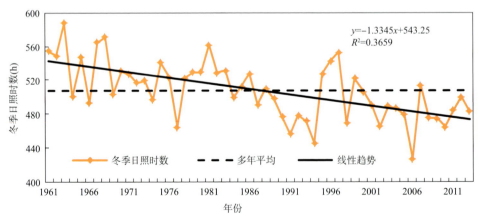

图 2.52　1961—2013 年新疆冬季日照时数变化趋势

2.2.6　1 月日照时数时空变化

（1）1 月日照时数空间分布

1 月太阳高度角较低，日照时数较少，全疆平均 171.4 h，仅占全年的 6.0%。其空间分布总体呈现由东向西逐渐减少的特征（图 2.53）。哈密地区、吐鲁番地区大部以及塔里木盆地东部 1 月日照时数较多，一般在 195 h 以上；塔里木盆地大部、准噶尔盆地东部 180～195 h；北疆北部、南疆西部、天山山区在 150～180 h；准噶尔盆地腹地因多阴雾天气，1 月日照时数在 150 h 以下。

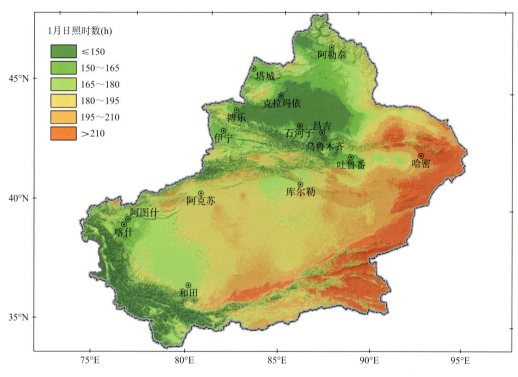

图 2.53 新疆 1 月日照时数分布

(2)1 月日照时数时间变化趋势

1961—2013 年,新疆 1 月日照时数总体以 $-4.067\,\mathrm{h}\cdot(10\,\mathrm{a})^{-1}$ 的速率呈显著($P=0.01$)减少趋势,并且 1990 年以来减少趋势更为明显,53 a 来减少了 21.1 h(图 2.54)。

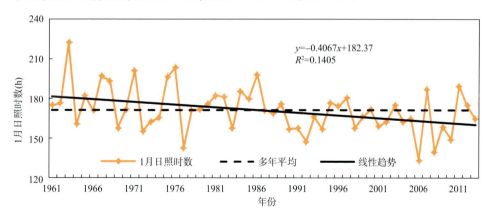

图 2.54 1961—2013 年新疆 1 月日照时数变化趋势

2.2.7 2 月日照时数时空变化

(1)2 月日照时数空间分布

2 月全疆平均日照时数为 179.8 h,占全年的 6.3%。其空间分布总体呈现东部多,西部少的特征(图 2.55)。哈密地区以及吐鲁番地区大部、塔里木盆地东部 2 月日照时数一般在 205 h 以上;塔里木盆地大部、准噶尔盆地东部 180~205 h;北疆大部、南疆西部、天山山区在 165~180 h;准噶尔盆地腹地因多阴雾天气,2 月日照时数在 165 h 以下。

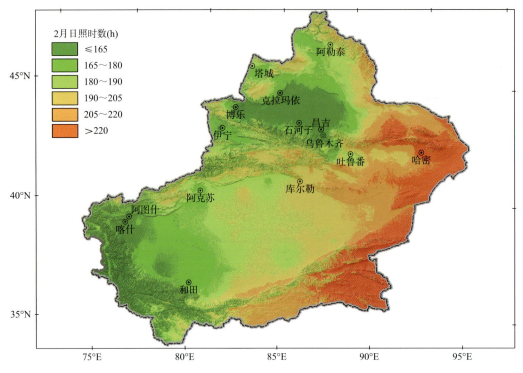

图 2.55　新疆 2 月日照时数分布

(2)2 月日照时数变化趋势

1961—2013 年,新疆 2 月日照时数总体以−3.682 h・(10 a)$^{-1}$的速率呈显著($P=0.01$)减少趋势,53 a 来减少了 19.1 h(图 2.56),2003 年以来减少趋势更为明显。

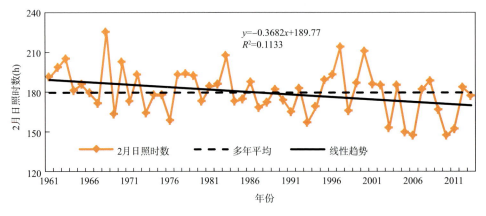

图 2.56　1961—2013 年新疆 2 月日照时数变化趋势

2.2.8　3 月日照时数时空变化

(1)3 月日照时数空间分布

3 月全疆平均日照时数为 223.3 h,占全年的 7.8%。其空间分布,哈密地区大部、吐鲁番地区东部以及昆仑山大部一般在 255 h 以上;北疆东部、南疆东北部、吐鲁番地区大部、天山山区为 240~255 h;北疆大部、伊犁河谷、南疆中东部在 205~240 h;南疆西部在 205 h 以下(图 2.57)。

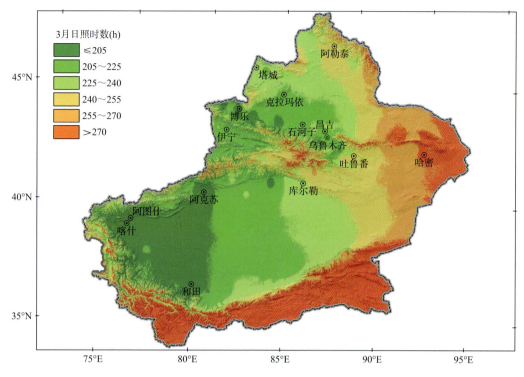

图 2.57 新疆 3 月日照时数分布

（2）3 月日照时数变化趋势

1961—2013 年,新疆 3 月日照时数无明显变化趋势,但年际间波动较大(图 2.58)。

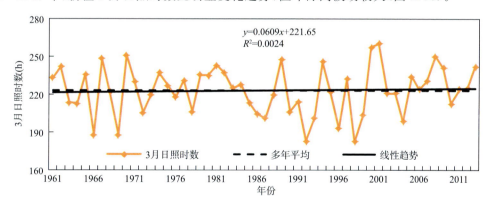

图 2.58 1961—2013 年新疆 3 月日照时数变化趋势

2.2.9 4 月日照时数时空变化

（1）4 月日照时数空间分布

4 月全疆平均日照时数为 248.1 h,占全年的 8.7%。其空间分布,昆仑山区及哈密地区大部在 280 h 以上;北疆大部、吐鲁番地区东部在 265～280 h;北疆西部、伊犁河谷、塔里木盆地东北部 230～265 h; 塔里木盆地中部 220～230 h,西部不足 220 h(图 2.59)。

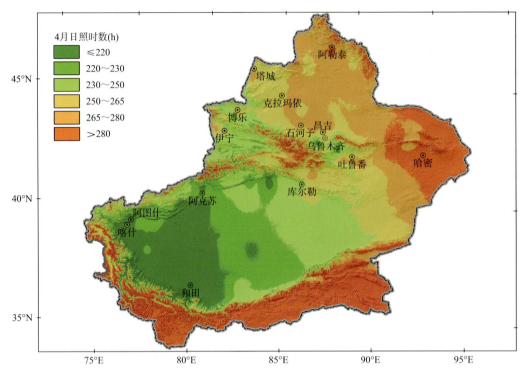

图 2.59　新疆 4 月日照时数分布

（2）4 月日照时数变化趋势

1961—2013 年，新疆 4 月日照时数总体以 3.255 h·$(10 \text{ a})^{-1}$ 的速率呈不显著（$P=0.05$）的略增趋势，53 a 来增多了 16.9 h（图 2.60）。

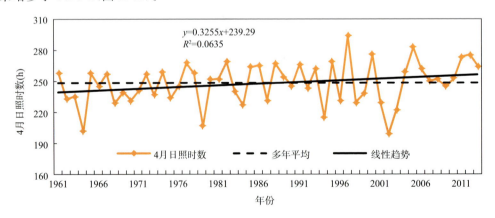

图 2.60　1961—2013 年新疆 4 月日照时数变化趋势

2.2.10　5 月日照时数时空变化

（1）5 月日照时数空间分布

5 月全疆平均日照时数为 288.3 h，占全年的 10.1%。其空间分布总体呈现由东北向西南递减的特点（图 2.61），北疆大部、吐哈盆地在 290 h 以上；北疆西部、南疆东北部、昆仑山大部 280～290 h；南疆大部、天山山区 250～280 h；塔里木盆地南缘不足 250 h。

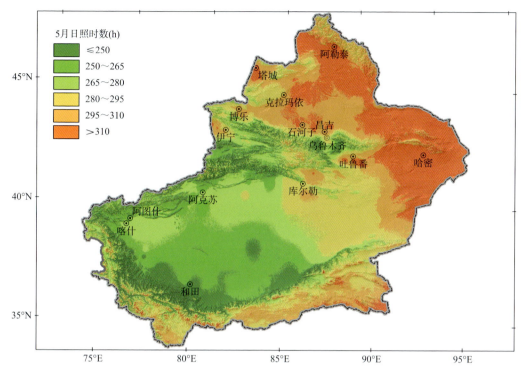

图 2.61 新疆 5 月日照时数分布

(2)5 月日照时数时间变化趋势

1961—2013 年,新疆 5 月日照时数总体以 1.957 h·(10 a)$^{-1}$ 的速率呈不显著($P=0.05$)的略增趋势,53 a 来增多了 10.2 h(图 2.62)。

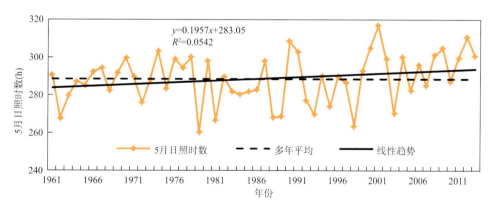

图 2.62 1961—2013 年新疆 5 月日照时数变化趋势

2.2.11 6 月日照时数时空变化

(1)6 月日照时数空间分布

6 月全疆平均日照时数为 296.7 h,占全年的 10.4%。其空间分布总体呈现由北向南递减的特点(图 2.63)。北疆大部、吐哈盆地在 310 h 以上;南疆大部 270～310 h,南部 240～270 h;天山、昆仑山大部一般不足 255 h。

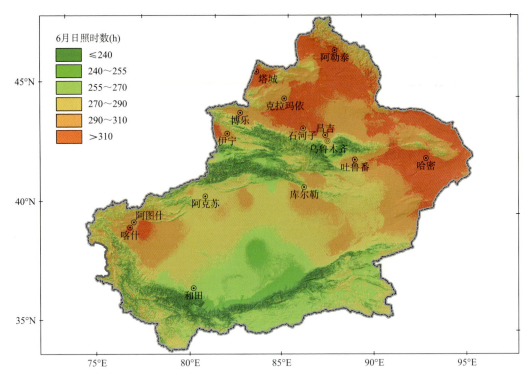

图 2.63　新疆 6 月日照时数分布

(2)6 月日照时数时间变化趋势

1961—2013 年,新疆 6 月日照时数无明显变化趋势(图 2.64)。

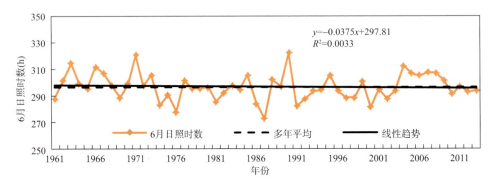

图 2.64　1961—2013 年新疆 6 月日照时数时间变化趋势

2.2.12　7 月日照时数时空变化

(1)7 月日照时数空间分布

7 月全疆平均日照时数为 303.6 h,占全年的 10.6%。其空间分布总体呈现由北向南递减的特点(图 2.65),北疆大部、吐哈盆地在 310 h 以上;南疆大部 270～310 h,南部 240～270 h;天山、昆仑山大部一般在 240 h 以下。

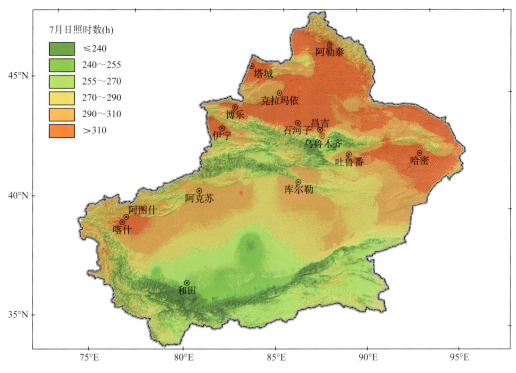

图 2.65 新疆 7 月日照时数分布

(2)7 月日照时数变化趋势

1961—2013 年,新疆 7 月日照时数总体以 -1.483 h·$(10$ a$)^{-1}$ 的速率呈不显著($P=0.05$)的略减趋势,53 a 来减少了 7.7 h(图 2.66)。

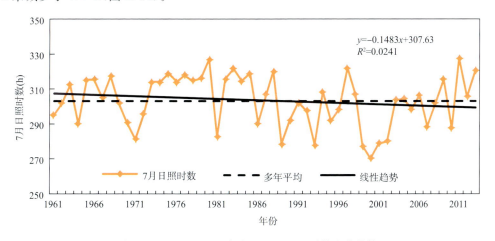

图 2.66 1961—2013 年新疆 7 月日照时数变化趋势

2.2.13 8 月日照时数时空变化

(1)8 月日照时数空间分布

8 月全疆平均日照时数为 295.3 h,占全年的 10.3%。其空间分布总体呈现由北向南递减的特点(图 2.67),北疆大部、吐哈盆地一般在 305 h 以上;南疆大部 270~305 h;南疆南部 240~270 h,昆仑山大部不足 255 h。

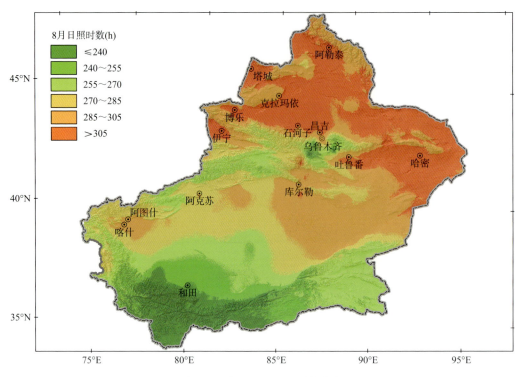

图 2.67　新疆 8 月日照时数分布

(2)8 月日照时数时间变化趋势

1961—2013 年,新疆 8 月日照时数总体以 $-1.457\ \mathrm{h\cdot(10\ a)^{-1}}$ 的速率呈不显著($P=0.05$)的略减趋势,53 a 来减少了 7.6 h(图 2.68)。

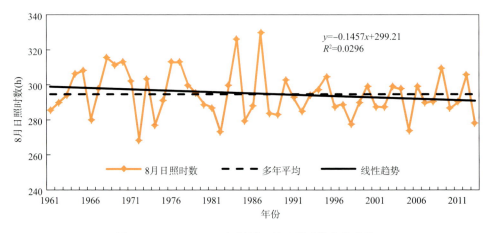

图 2.68　1961—2013 年新疆 8 月日照时数变化趋势

2.2.14　9 月日照时数时空变化

(1)9 月日照时数空间分布

9 月全疆平均日照时数为 267.8 h,占全年的 9.4%。其空间分布总体呈现东部多,西部少的特点(图 2.69),吐哈盆地大部、昆仑山区一般在 280 h 以上;北疆大部,塔里木盆地东北部 270~280 h;北疆西部、阿尔泰山区、南疆的中西部 250~270 h;天山山区以及塔里木盆地南缘不足 250 h。

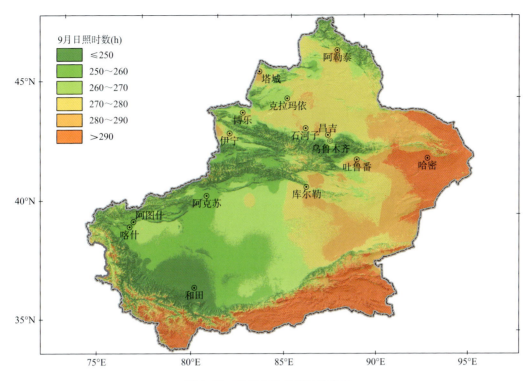

图 2.69　新疆 9 月日照时数分布

(2)9 月日照时数时间变化趋势

1961—2013 年,新疆 9 月日照时数无明显变化趋势(图 2.70)。

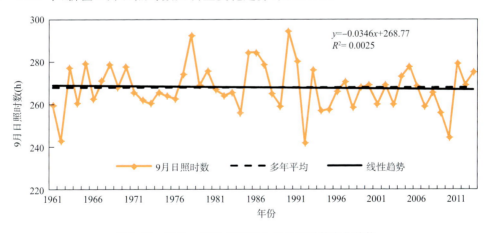

图 2.70　1961—2013 年新疆 9 月日照时数变化趋势

2.2.15　10 月日照时数时空变化

(1)10 月日照时数空间分布

10 月全疆平均日照时数为 242.8 h,占全年的 8.5%。其空间分布总体呈现由东南向西北递减的特点(图 2.71),吐哈盆地大部,南疆中、东部以及昆仑山大部在 265 h 以上;南疆北部和西部,吐鲁番地区西部 235～265 h;北疆大部,天山、阿尔泰山区一般不足 235 h。

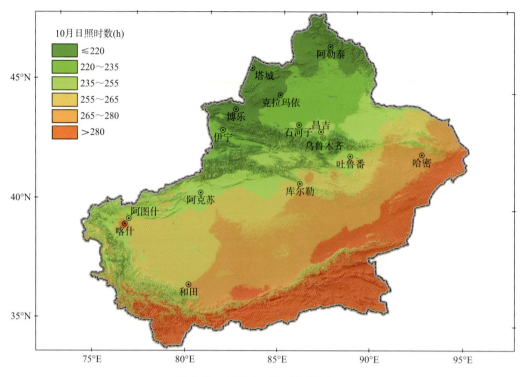

图 2.71　新疆 10 月日照时数分布

(2)10 月日照时数变化趋势

1961—2013 年,新疆 10 月日照时数无明显变化趋势(图 2.72)。

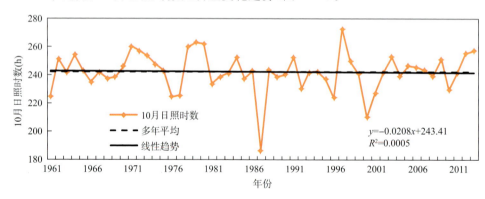

图 2.72　1961—2013 年新疆 10 月日照时数变化趋势

2.2.16　11 月日照时数时空变化

(1)11 月日照时数空间分布

11 月全疆平均日照时数为 184.7 h,占全年的 6.5%。其空间分布总体呈现由东南向西北递减的特点(图 2.73)。南疆东部和南部、哈密地区大部在 225 h 以上;南疆中北部和西部,吐鲁番地区为 185~225 h;北疆大部,天山、阿尔泰山区一般不足 185 h。

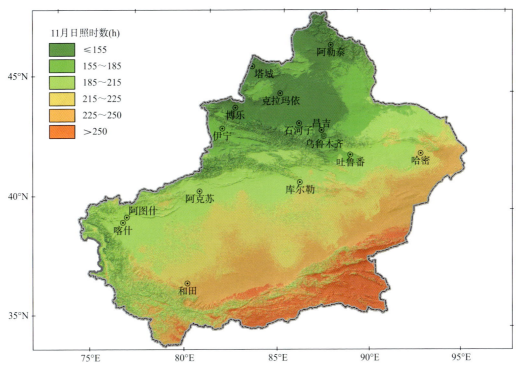

图 2.73　新疆 11 月日照时数分布

（2）11 月日照时数时间变化趋势

1961—2013 年，新疆 11 月日照时数总体以 $-3.607\ \mathrm{h}\cdot(10\ \mathrm{a})^{-1}$ 的速率呈显著（$P=0.05$）的减少趋势，其中，1982 年以来减少更为明显。53 a 来全疆平均 11 月日照时数减少了 18.8 h（图 2.74）。

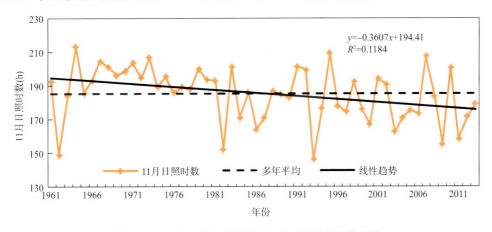

图 2.74　1961—2013 年新疆 11 月日照时数变化趋势

2.2.17　12 月日照时数时空变化

（1）12 月日照时数空间分布

12 月是一年中日照时数最少的月份，全疆平均 12 月日照时数为 156.0 h，占全年的 5.5%。其空间分布总体呈现由东南向西北递减的特点（图 2.75），南疆东南部、哈密地区东部在 210 h 以上；南疆中、东部，吐鲁番、哈密地区大部 175～210 h；南疆西部和北部、吐鲁番盆地以及北疆东部为 150～175 h；北疆大部一般为 130～150 h，其中，北疆沿天山一带及准噶尔盆地腹地甚至不足 130 h。

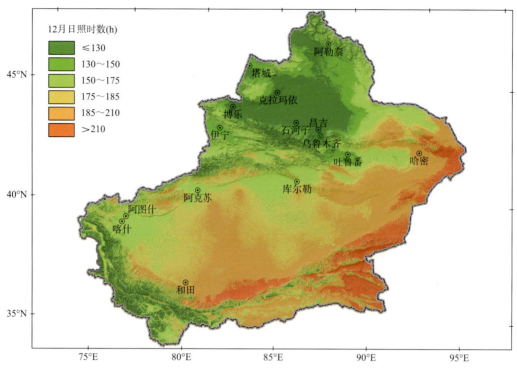

图 2.75 新疆 12 月日照时数分布

(2)12 月日照时数时间变化趋势

1961—2013 年,新疆 12 月日照时数总体以 $-5.596\ \text{h}\cdot(10\ \text{a})^{-1}$ 的速率呈显著($P=0.001$)的减少趋势,其中,1984 年以来减少更为明显。53 a 来全疆平均 12 月日照时数减少了 29.1 h(图 2.76)。

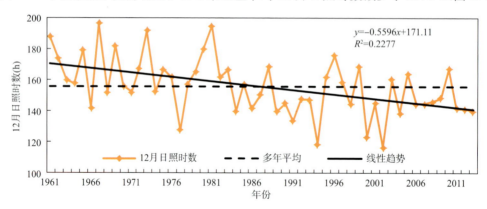

图 2.76 1961—2013 年新疆 12 月日照时数变化趋势

2.3 各界限温度期间日照时数

2.3.1 日平均气温稳定≥0 ℃期间日照时数时空变化

(1)日平均气温稳定≥0 ℃期间日照时数空间分布

新疆日平均气温稳定≥0 ℃期间日照时数空间分布总体呈现"平原和盆地多,山区少;南疆和东疆多,北疆少"的特点(图 2.77)。在南疆塔里木盆地 38°N—40°N 的带状区域以及东疆的吐哈盆地大部≥0 ℃期间日照时数最多,为 2300~2600 h;塔里木盆地周边平原地带及准噶尔盆地大部为 2000~2300 h;准噶尔盆地和塔里木盆地周边山前倾斜平原和低山、丘陵地带 1600~2000 h;阿尔泰山、天山、昆仑山中高山带在 1600 h 以下,其中,天山、昆仑山海拔 5000~6000 m 以上的高寒地带因终年日平均气温在0 ℃以下，因此基本没有日平均气温稳定≥0 ℃期间的日照时数。

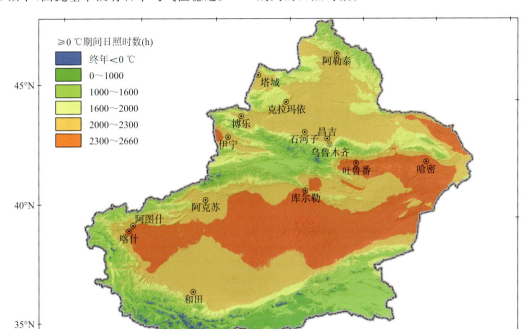

图2.77 新疆≥0 ℃期间日照时数空间分布

（2）日平均气温稳定≥0 ℃期间日照时数变化趋势

1961—2014年新疆日平均气温稳定≥0 ℃期间日照时数总体以15.967 h·(10 a)$^{-1}$的速率呈显著（$P=0.05$）的增多趋势，其中，1997年以来增多更为明显。54 a来全疆平均日平均气温稳定≥0 ℃期间日照时数增多了86.2 h（图2.78）。

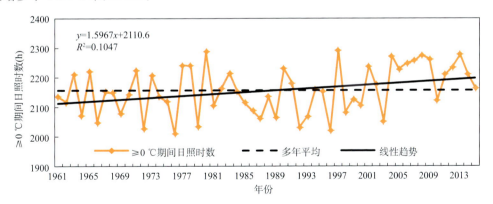

图2.78 1961—2014年新疆日平均气温稳定≥0 ℃期间日照时数变化趋势

2.3.2 日平均气温稳定≥5 ℃期间日照时数时空变化

（1）日平均气温稳定≥5 ℃期间日照时数空间分布

新疆日平均气温稳定≥5 ℃期间日照时数空间分布格局总体呈现"平原和盆地多，山区少；南疆和东疆多，北疆少"的特点（图2.79）。南疆塔里木盆地38°N—40°N的带状区域以及东疆的吐哈盆地大部≥5 ℃期间日照时数为2050～2490 h；塔里木盆地周边及北疆沿天山的平原地带为1900～2050 h；北疆大部和塔里木盆地周边山前倾斜平原及低山、丘陵地带1500～1900 h；阿尔泰山、天山、昆仑山中高山带在1500 h以下，其中，天山、昆仑山海拔4500～5800 m以上的高寒地带因终年日平均气温在5 ℃以下，因此基本没有日平均气温稳定≥5 ℃期间的日照时数。

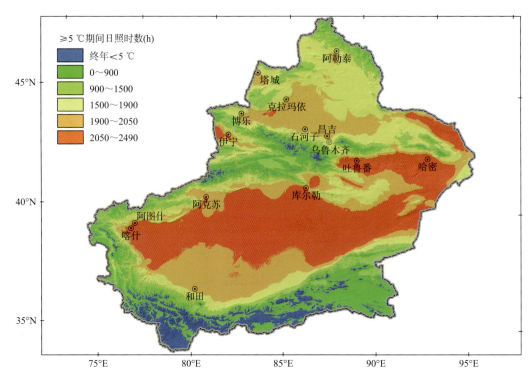

图 2.79　新疆≥5 ℃期间日照时数空间分布

（2）日平均气温稳定≥5 ℃期间日照时数变化趋势

1961—2014 年新疆日平均气温稳定≥5 ℃期间日照时数总体以 19.573 h・(10 a)$^{-1}$的速率呈显著
($P=0.01$)的增多趋势，其中，1997 年以来增多更为明显。54 a 来全疆平均日平均气温稳定≥5 ℃期间
日照时数增多了 105.7 h(图 2.80)。

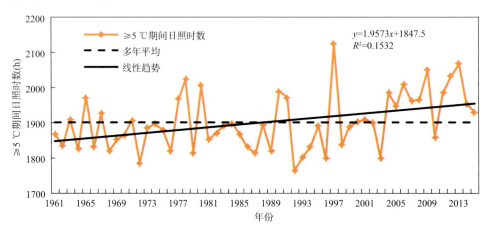

图 2.80　1961—2014 年新疆日平均气温稳定≥5 ℃期间日照时数变化趋势

2.3.3　日平均气温稳定≥10 ℃期间日照时数时空变化

（1）日平均气温稳定≥10 ℃期间日照时数空间分布

新疆日平均气温稳定≥10 ℃期间日照时数空间分布格局总体呈现"平原和盆地多，少山区；南疆和
东疆多，北疆少"的特点(图 2.81)。南疆塔里木盆地 38°N—40°N 的带状区域以及东疆的吐哈盆地大部
≥10 ℃期间日照时数为 1800～2245 h；塔里木盆地周边及北疆沿天山平原地带为 1600～1800 h；北疆
大部和塔里木盆地周边山前倾斜平原地带 1300～1600 h；阿尔泰山、天山、昆仑山低山、丘陵地带 800～
1300 h；中山带在 800 h 以下，其中，天山、昆仑山海拔 3500～5000 m 以上的高山带因终年日平均气温
在 10 ℃以下，因此基本没有日平均气温稳定≥10 ℃期间的日照时数。

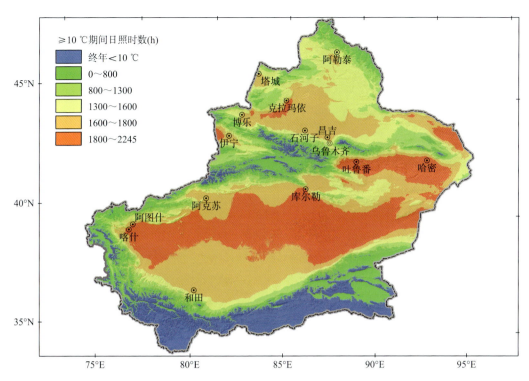

图 2.81　新疆≥10 ℃期间日照时数空间分布

（2）日平均气温稳定≥10 ℃期间日照时数变化趋势

1961—2014 年新疆日平均气温稳定≥10 ℃期间日照时数总体以 19.663 h·(10 a)$^{-1}$的速率呈显著（$P=0.01$）的增多趋势（图 2.82），其中，1997 年以来增多更为明显。54 a 来全疆平均日平均气温稳定≥10 ℃期间日照时数增多了 106.2 h。

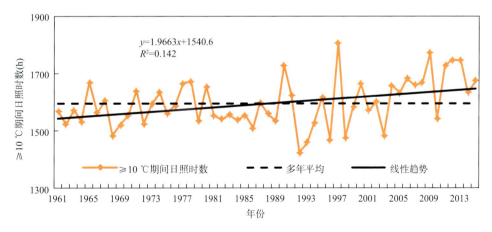

图 2.82　1961—2014 年新疆日平均气温稳定≥10 ℃期间日照时数变化趋势

2.3.4　日平均气温稳定≥15 ℃期间日照时数时空变化

（1）日平均气温稳定≥15 ℃期间日照时数空间分布

新疆日平均气温稳定≥15 ℃期间日照时数空间分布格局总体呈现"平原和盆地多，山区少；南疆和东疆多，北疆少"的特点（图 2.83）。南疆塔里木盆地东部和西部及东疆的吐哈盆地大部≥15 ℃期间日照时数为 1500～1980 h；南疆大部及北疆沿天山平原地带为 1300～1500 h；北疆大部和塔里木盆地周边山前倾斜平原 1000～1300 h；阿尔泰山、天山、昆仑山低山、丘陵地带 600～1000 h；中低山带在 600 h以下，其中，天山、昆仑山海拔 2500～4000 m 以上的中高山带因终年日平均气温在 15 ℃以下，因此基本没有日平均气温稳定≥15 ℃期间的日照时数。

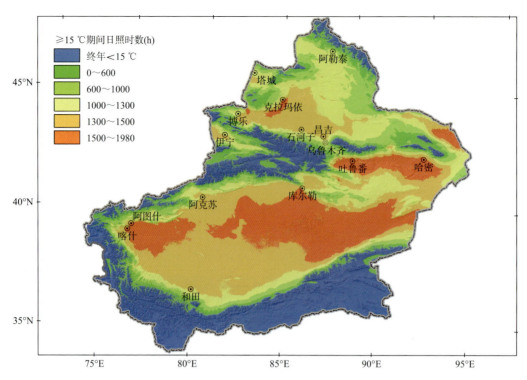

图 2.83　新疆≥15 ℃期间日照时数空间分布图

（2）日平均气温稳定≥15 ℃期间日照时数变化趋势

1961—2014 年新疆日平均气温稳定≥15 ℃期间日照时数总体以 21.005 h·(10 a)$^{-1}$ 的速率呈显著（$P=0.001$）的增多趋势（图 2.84），其中，1997 年以来增多更为明显。54 a 来全疆平均日平均气温稳定≥15 ℃期间日照时数增多了 113.4 h。

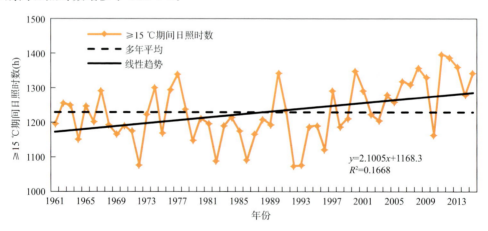

图 2.84　1961—2014 年新疆日平均气温稳定≥15 ℃期间日照时数变化趋势

2.3.5　日平均气温稳定≥20 ℃期间日照时数时空变化

（1）日平均气温稳定≥20 ℃期间日照时数空间分布

新疆日平均气温稳定≥20 ℃期间日照时数空间分布格局总体呈现"平原和盆地多，山区少；东部多，西部少"的特点（图 2.85）。南疆塔里木盆地东部和东疆的吐哈盆地大部≥20 ℃期间日照时数较多为 1050～1615 h；南疆大部及北疆沿天山中西部平原地带为 850～1050 h；北疆大部和塔里木盆地周边山前倾斜平原为 400～850 h；阿尔泰山、天山山前倾斜平原及昆仑山低山、丘陵地带在 400 h 以下；阿尔泰山区及天山、昆仑山海拔 2000～3500 m 以上的中高山带因终年日平均气温在 20 ℃以下，因此基本没有日平均气温稳定≥20 ℃期间的日照时数。

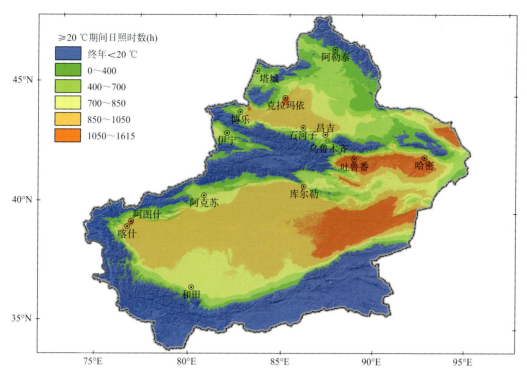

图 2.85　新疆≥20 ℃期间日照时数空间分布图

（2）日平均气温稳定≥20 ℃期间日照时数变化趋势

1961—2014 年新疆日平均气温稳定≥20 ℃期间日照时数总体以 21.804 h·(10 a)$^{-1}$的速率呈显著($P=0.001$)的增多趋势(图 2.86)，其中，1997 年以来增多更为明显。54 a 来全疆平均日平均气温稳定≥20 ℃期间日照时数增多了 117.7 h。

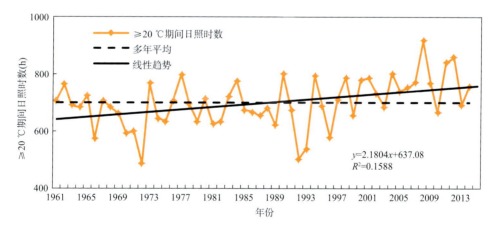

图 2.86　1961—2014 年新疆日平均气温稳定≥20 ℃期间日照时数变化趋势

第3章 热量资源

热量是决定农业布局、种植制度、作物品种类型、栽培方式和农事活动的重要因子。同时又是影响作物产量高低、品质优劣的主要因子之一。在其他条件都满足的情况下,热量是主要的,几乎是唯一决定植物发育速度的因子。因此,国内外农业气候科技工作者都把热量作为主要的农业气候资源进行鉴定和分析,并将其作为农业气候区划的一项重要指标。常用的热量指标主要有平均气温、各界限温度的持续日数、积温、无霜冻期、最冷月和最热月平均气温等。

3.1 平均气温时空变化

3.1.1 年平均气温时空变化

(1)年平均气温空间分布

新疆年平均气温为 8.0 ℃,其空间分布呈现"南疆高,北疆低;平原和盆地高,山区低"的格局(图3.1)。南疆和东疆大部年平均气温一般在 7.0 ℃ 以上,其中塔里木盆地和吐鲁番、哈密盆地在 10.0 ℃ 以上,是新疆年平均气温最高的区域;北疆大部年平均气温在 4.0~10.0 ℃;"三山"山区年平均气温较低,一般在 4.0 ℃ 以下,其中,阿尔泰山南坡、天山北坡海拔 2500 m 以上的中、高山带以及天山南坡、昆仑山北坡海拔 3300 m 以上的高山带,年平均气温在 0 ℃ 以下。

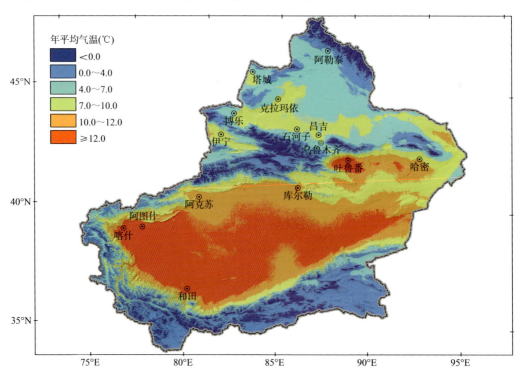

图 3.1 新疆年平均气温空间分布

(2)年平均气温时间变化趋势

1961—2013 年,新疆年平均气温总体以 0.304 ℃·(10 a)$^{-1}$ 的速率呈显著($P=0.001$)的上升趋势,53 a 来升高了 1.6 ℃,并且 1997 年以来升温速率有加快的趋势(图 3.2)。

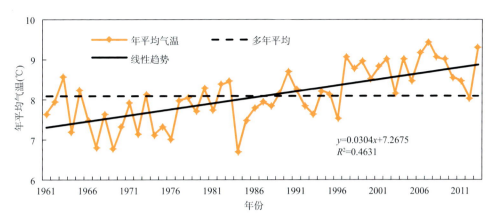

图 3.2 1961—2013 年新疆年平均气温变化趋势

3.1.2 春季平均气温时空变化

(1)春季平均气温空间分布

新疆春季平均气温为 10.5 ℃,但空间差异明显,总体呈现"南疆高,北疆低;平原和盆地高,山区低"的特点(图 3.3)。南疆大部以及吐鲁番、哈密盆地一般在 10.0 ℃以上,其中塔里木盆及吐鲁番盆地在 15.0 ℃以上,是新疆春季平均气温最高的区域;北疆大部在 5.1～15.0 ℃,其中北疆沿天山一带为 10.0～15.0 ℃,北疆北部平原地带为 5.1～10.0 ℃;阿尔泰山、天山和昆仑山山区春季气温较低,一般在 5.0 ℃以下,其中,高山带在 0 ℃以下。

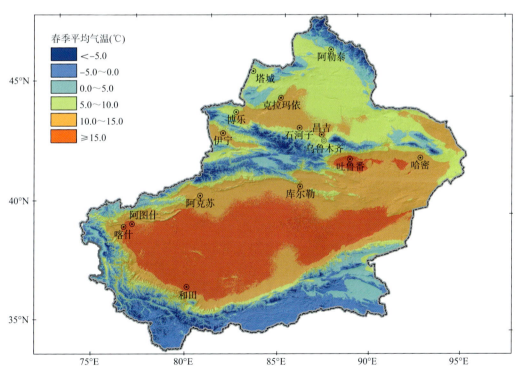

图 3.3 新疆春季平均气温空间分布

(2)春季平均气温时间变化趋势

1961—2013 年,新疆春季平均气温总体以 0.274 ℃ · (10 a)$^{-1}$的速率呈显著($P=0.01$)的上升趋势,53 a 来升高了 1.4 ℃(图 3.4),并且 1997 年以来升温速率有加快的趋势。

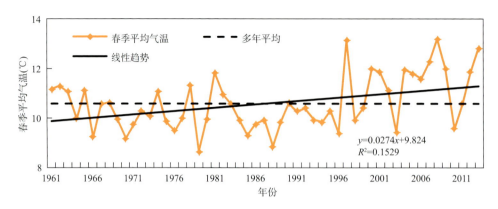

图 3.4 1961—2013 年新疆春季平均气温变化趋势

3.1.3 夏季平均气温时空变化

(1)夏季平均气温空间分布

夏季是新疆气温最高的季节,也是南、北疆温差最小的季节,全疆平均夏季平均气温为 22.5 ℃,其空间分布总体呈现"平原和盆地高,山区低"的格局(图 3.5)。塔里木盆地东部、吐哈盆地以及准噶尔盆地西南部的部分地区在 25.0 ℃以上,是新疆夏季平均气温最高的区域;南疆大部、北疆沿天山一带 23.0~25.0 ℃;北疆大部、伊犁河谷、南疆山前倾斜平原 17.0~23.0 ℃;南、北疆低山、丘陵地带 8.0~17.0 ℃,高山带在 8.0 ℃以下。

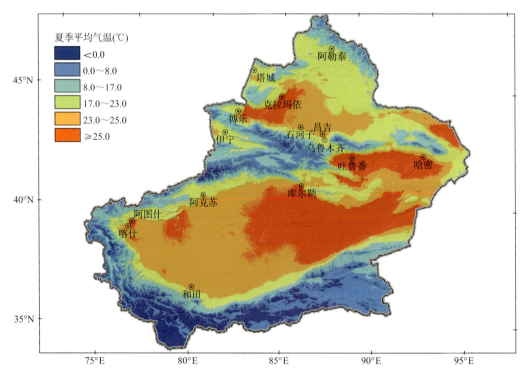

图 3.5 新疆夏季平均气温空间分布

(2)夏季平均气温时间变化趋势

1961—2013 年,新疆夏季平均气温总体以 0.203 ℃・(10 a)⁻¹ 的速率呈显著($P=0.001$)的上升趋势,上升速率居四季之末,53 a 来夏季平均气温升高了 1.1 ℃,并且 1994 年以来升温速率有加快的趋势(图 3.6)。

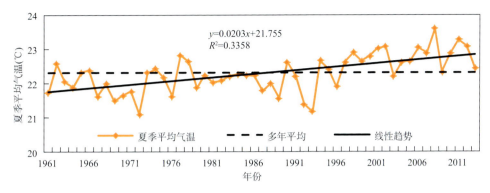

图 3.6 1961—2013 年新疆夏季平均气温变化趋势

3.1.4 秋季平均气温时空变化

（1）秋季平均气温空间分布

新疆秋季平均气温为 8.2 ℃,其空间分布与春季相似,也总体呈现"南疆高,北疆低;平原和盆地高,山区低"的格局(图 3.7)。南疆大部、吐哈盆地在 9.0 ℃以上,其中塔里木盆地以及吐鲁番盆地腹地 11.5 ℃以上;北疆大部、伊犁河谷、塔里木盆地周边低山丘陵地带为 6.0～9.0 ℃;北疆北部 3.0～6.0 ℃;天山、阿尔泰山和昆仑山区秋季平均气温一般在 3.0 ℃以下,高山带可低至 0.0 ℃以下。

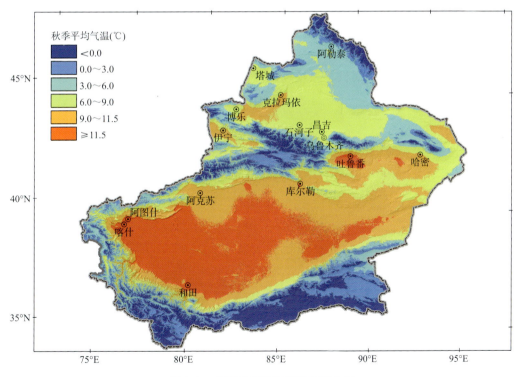

图 3.7 新疆秋季平均气温空间分布

（2）秋季平均气温时间变化趋势

1961—2013 年,新疆秋季平均气温总体以 0.363 ℃ · (10 a)$^{-1}$的速率呈显著($P=0.001$)的上升趋势,53 a 来升高了 1.9 ℃,并且 1994 年以来升温速率有加快的趋势(图 3.8)。

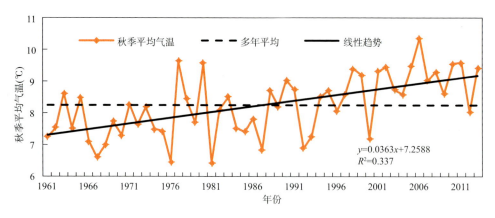

图 3.8　1961—2013 年新疆秋季平均气温变化趋势

3.1.5　冬季平均气温时空变化

（1）冬季平均气温空间分布

冬季是新疆气温最低的季节,也是南北疆温差最大的季节,全疆冬季平均气温−8.8 ℃,其空间分布总体呈现"南疆高,北疆低;平原和盆地高,高山带低"的格局(图 3.9)。南疆大部一般在−6.0 ℃以上,其中,塔里木盆地西南部可达−4.0 以上,是新疆冬季气温最高的区域;天山南麓,吐鲁番、哈密地区,北疆西部,伊犁河谷为−12.0～−6.0 ℃;北疆大部−16.0～−12.0 ℃;天山、阿尔泰山和昆仑山的中、低山带受冬季逆温的影响,平均气温相对较高,为−15.0～−8.0 ℃,高山带气温较低,海拔 4500 m以上的高寒地带可降至−20.0 ℃以下。

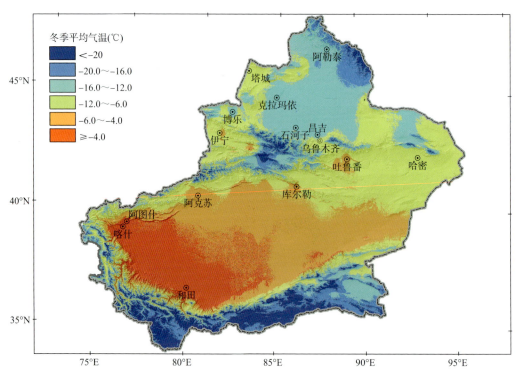

图 3.9　新疆冬季平均气温空间分布图

（2）冬季平均气温变化趋势

1961—2013 年,新疆冬季平均气温总体以 0.374 ℃・$(10\ a)^{-1}$ 的速率呈显著($P=0.01$)的上升趋势,上升速率居四季之首,53 a 来全疆平均冬季平均气温升高了 2.0 ℃,并且 1986 年以来升温速率有加快的趋势(图 3.10)。

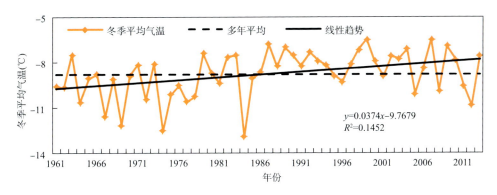

图 3.10 1961—2013 年新疆冬季平均气温变化趋势

3.1.6 1 月平均气温时空变化

(1)1 月平均气温空间分布

1 月是新疆一年中气温最低的月份,全疆平均 1 月平均气温−11.1 ℃,其空间分布总体呈现"南疆高,北疆低;平原和盆地高,高山带低"的特点(图 3.11)。塔里木盆地西南部在−7.0 ℃以上,是新疆 1 月平均气温最高的区域;南疆大部、北疆的伊犁河谷以及东疆的吐鲁番地区 1 月份平均气温一般在−10.0~−7.0 ℃;北疆西部、东疆北部−15.0~−10.0 ℃。受冬季逆温的影响,天山北坡海拔 2500 m 以下以及塔里木盆地周边山区海拔 3000 m 以下的中低山带气温也相对较高,为−15.0~−10.0 ℃。北疆大部−18.0~−15.0 ℃,阿尔泰山、天山和昆仑山的高海拔区域可低至−18.0 ℃以下。

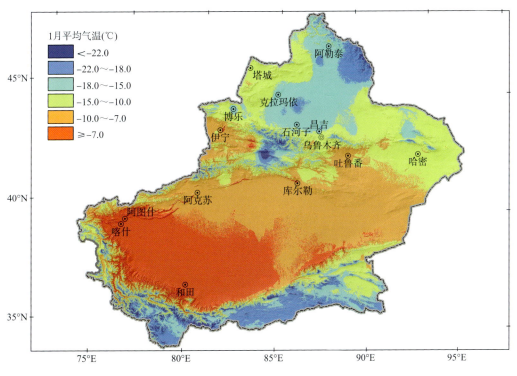

图 3.11 新疆 1 月平均气温空间分布

(2)1 月平均气温时间变化趋势

1961—2013 年,新疆 1 月平均气温总体以 0.166 ℃ · (10 a)⁻¹的速率呈不显著($P=0.05$)的上升趋势,但年际间波动较大,53 a 来全疆 1 月平均气温升高了 0.9 ℃(图 3.12)。

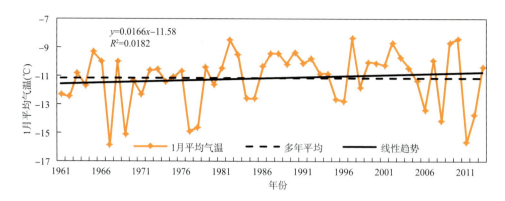

图 3.12　1961—2013 年新疆 1 月平均气温变化趋势

3.1.7　2 月平均气温时空变化

(1)2 月平均气温空间分布

新疆 2 月平均气温为−6.8 ℃,其空间分布总体呈现"南疆高,北疆低;平原和盆地高,高山带低"的特点(图 3.13)。塔里木盆地中部在−1.0 ℃以上;塔里木盆地边缘地带以及吐鲁番盆地−4.0~−1.0 ℃;塔里木盆地周边的山前倾斜平原、哈密地区大部、吐鲁番地区东部以及北疆的伊犁河谷−10.0~−4.0 ℃;北疆大部−15.0~−10.0 ℃。受逆温的影响,天山北坡海拔 2500 m 以下以及塔里木盆地周边山区海拔 3000 m 以下的中低山带 2 月平均气温相对较高,为−12.0~−8.0 ℃。阿尔泰山、天山和昆仑山的高海拔区域可低至−15.0 ℃以下。

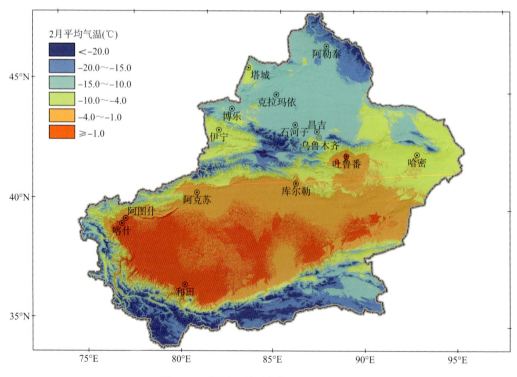

图 3.13　新疆 2 月平均气温空间分布图

(2)2 月平均气温时间变化趋势

1961—2013 年,新疆 2 月平均气温总体以 0.609 ℃ · (10 a)$^{-1}$ 的速率呈显著($P=0.01$)的上升趋势,上升速率居各月之首,53 a 来全疆平均 2 月平均气温升高了 3.1 ℃(图 3.14)。

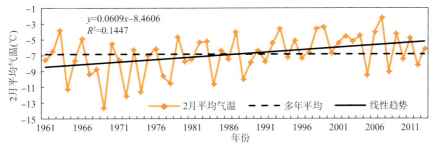

图 3.14　1961—2013 年新疆 2 月平均气温变化趋势

3.1.8　3 月平均气温时空变化

(1)3 月平均气温空间分布

新疆 3 月平均气温为 2.4 ℃,其空间分布总体呈现"南疆高,北疆低;平原和盆地高,高山带低"的特点(图 3.15)。塔里木盆地大部及吐鲁番盆地腹地在 8.5 ℃以上;塔里木盆地边缘地带 7.0～8.5 ℃;塔里木盆地周边山前倾斜平原、吐哈盆地大部 4.0～7.0 ℃;北疆大部及南天山、昆仑山大部－4.0～4.0 ℃;北疆北部、天山山区在－4.0 ℃以下。

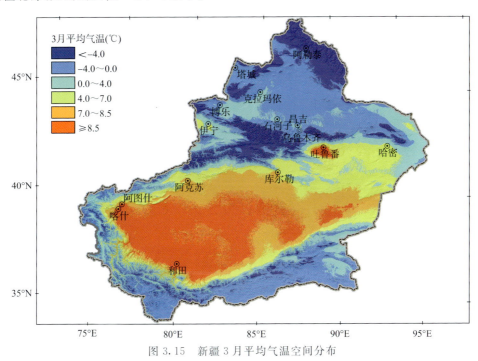

图 3.15　新疆 3 月平均气温空间分布

(2)3 月平均气温变化趋势

1961—2013 年,新疆 3 月平均气温总体以 0.289 ℃·(10 a)$^{-1}$的速率呈不显著($P=0.05$)的略升趋势,53 a 来全疆平均 3 月平均气温升高了 1.5 ℃,但年际间波动较大(图 3.16)。

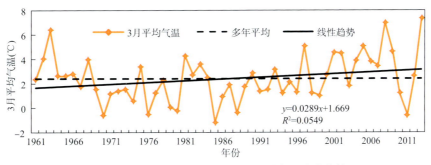

图 3.16　1961—2013 年新疆 3 月平均气温变化趋势

3.1.9 4月平均气温时空变化

(1)4月平均气温空间分布

新疆4月平均气温为11.7 ℃,其空间分布总体呈现"南疆高,北疆低;平原和盆地高,高山带低"的特点(图3.17)。塔里木盆地大部及吐鲁番盆地腹地在16.0 ℃以上;塔里木盆地边缘地带、吐哈盆地大部、准噶尔盆地西南缘及伊犁河谷为12.0～16.0 ℃;北疆大部、塔里木盆地和吐哈盆地周边山前倾斜平原8.0～12.0 ℃;北疆北部4.0～8.0 ℃;阿尔泰山、天山和昆仑山区大部为-2.0～4.0 ℃,高山带低于-2.0 ℃。

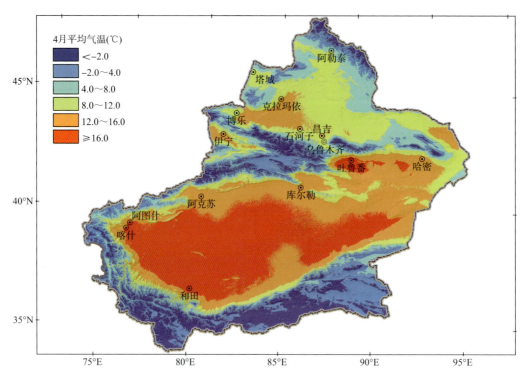

图3.17 新疆4月平均气温空间分布图

(2)4月平均气温变化趋势

1961—2013年,新疆4月平均气温总体以0.374 ℃·$(10 \text{ a})^{-1}$的速率呈显著($P=0.001$)的上升趋势,53 a来全疆平均4月平均气温升高了1.9 ℃,并且1997年以来升温速率有加快的趋势(图3.18)。

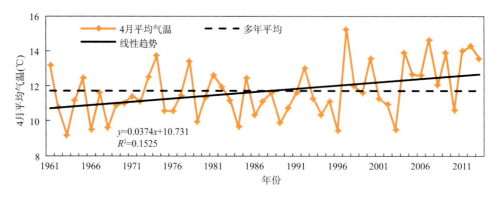

图3.18 1961—2013年新疆4月平均气温变化趋势

3.1.10　5月平均气温时空变化

（1）5月平均气温空间分布

新疆5月平均气温为17.5 ℃,其空间分布总体呈现"南疆高,北疆低;平原和盆地高,高山带低"的特点(图3.19)。塔里木盆地东部、吐哈盆地腹地在21.5 ℃以上;南疆大部、吐哈盆地大部、阜康以西的北疆沿天山一带以及东疆北部的淖毛湖、三塘湖一带为18.0～21.5 ℃;北疆大部、塔里木盆地和吐哈盆地周边山前倾斜平原12.0～18.0 ℃;阿尔泰山、天山和昆仑山的低山、丘陵地带为8.0～12.0 ℃,中山带0.0～8.0 ℃,高山带低于0.0 ℃。

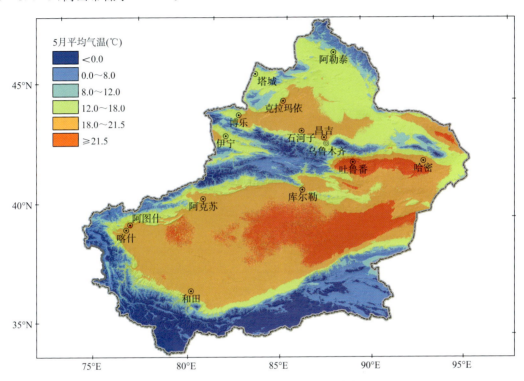

图3.19　新疆5月平均气温空间分布

（2）5月平均气温时间变化趋势

1961—2013年,新疆5月平均气温总体以0.159 ℃·(10 a)⁻¹的速率呈不显著($P=0.05$)的略升趋势,53 a来全疆平均5月平均气温升高了0.8 ℃,1997年以来升温速率有加快的趋势(图3.20)。

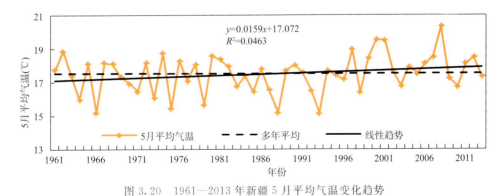

图3.20　1961—2013年新疆5月平均气温变化趋势

3.1.11　6月平均气温时空变化

（1）6月平均气温空间分布

新疆6月平均气温为21.7 ℃,其空间分布总体呈现"南疆高,北疆低;平原和盆地高,高山带低"的特点(图 3.21)。塔里木盆地东部、吐哈盆地中部在 25.0 ℃以上；南疆大部、吐哈盆地大部、北疆沿天山一带以及东疆北部的淖毛湖、三塘湖一带为 22.0～25.0 ℃；北疆大部、塔里木盆地和吐哈盆地周边山前倾斜平原 16.0～22.0 ℃；阿尔泰山、天山和昆仑山的低山、丘陵地带为 10.0～16.0 ℃，中山带 0.0～10.0 ℃，高山带低于 0.0 ℃。

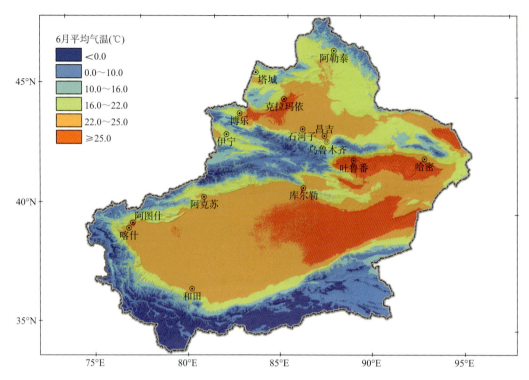

图 3.21 新疆 6 月平均气温空间分布

(2)6 月平均气温变化趋势

1961—2013 年，新疆 6 月平均气温总体以 0.245 ℃·(10 a)$^{-1}$ 的速率呈显著($P=0.001$)上升趋势，53 a 来全疆平均 6 月平均气温升高了 1.3 ℃，1990 年以来升温速率有加快的趋势(图 3.22)。

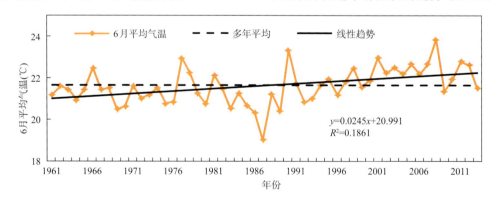

图 3.22 1961—2013 年新疆 6 月平均气温变化趋势

3.1.12 7 月平均气温时空变化

(1)7 月平均气温空间分布

新疆 7 月平均气温为 23.3 ℃，其空间分布总体呈现"南疆高，北疆低；平原和盆地高，山区低"的特点(图 3.23)。塔里木盆地东部、吐哈盆地中部及准噶尔盆地西南缘在 26.0 ℃以上；南疆大部、吐哈盆地边缘地带、北疆沿天山一带中部以及东疆北部的淖毛湖、三塘湖一带为 24.0～26.0 ℃；北疆大部、塔里木盆地和吐哈盆地周边山前倾斜平原 16.0～24.0 ℃；阿尔泰山、天山和昆仑山的低山、丘陵地带为

10.0～16.0 ℃,中山带 0.0～10.0 ℃,高山带低于 0.0 ℃。

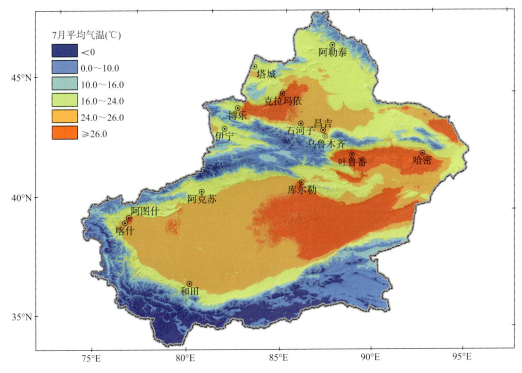

图 3.23　新疆 7 月平均气温空间分布

(2)7 月平均气温时间变化趋势

1961—2013 年,新疆 7 月平均气温总体以 0.155 ℃ • (10 a)$^{-1}$ 的速率呈显(P=0.01)著上升趋势,53 a 来全疆平均 7 月平均气温升高了 0.8 ℃,1994 年以来升温速率有加快的趋势(图 3.24)。

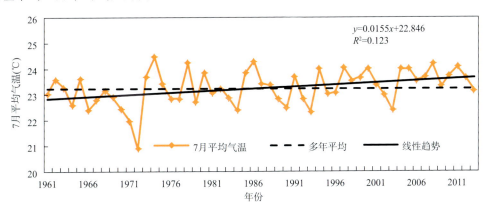

图 3.24　1961—2013 年新疆 7 月平均气温变化趋势

3.1.13　8 月平均气温时空变化

(1)8 月平均气温空间分布

新疆 8 月平均气温为 22.0 ℃,其空间分布总体呈现"南疆高,北疆低;平原和盆地高,山区低"的特点(图 3.25)。塔里木盆地东部、吐哈盆地中部在 25.0 ℃以上;南疆大部、吐哈盆地边缘地带、北疆沿天山一带以及东疆北部的淖毛湖、三塘湖一带为 23.0～25.0 ℃;北疆大部、塔里木盆地和吐哈盆地周边山前倾斜平原 16.0～23.0 ℃;阿尔泰山、天山和昆仑山的低山、丘陵地带为 10.0～16.0 ℃,中山带 0.0～10.0 ℃,高山带低于 0.0 ℃。

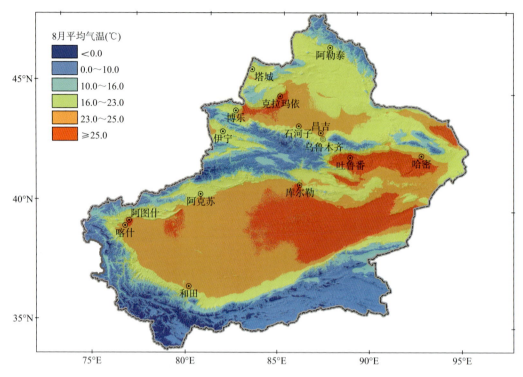

图 3.25　新疆 8 月平均气温空间分布

（2）8 月平均气温变化趋势

1961—2013 年，新疆 8 月平均气温总体以 0.208 ℃·(10 a)$^{-1}$ 的速率呈显著（$P=0.001$）上升趋势，53 a 来全疆平均 8 月平均气温升高了 1.1 ℃，1998 年以来升温速率有加快的趋势（图 3.26）。

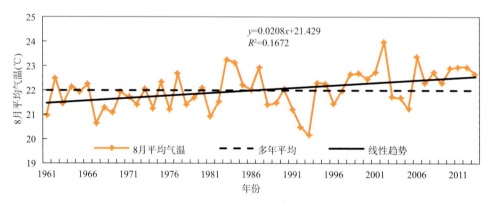

图 3.26　1961—2013 年新疆 8 月平均气温变化趋势

3.1.14　9 月平均气温时空变化

（1）9 月平均气温空间分布

新疆 9 月平均气温为 16.6 ℃，其空间分布总体呈现"南疆高，北疆低；平原和盆地高，山区低"的特点（图 3.27）。塔里木盆地东部、吐哈盆地中部在 20.0 ℃以上；南疆大部、吐哈盆地边缘地带、北疆沿天山一带以及东疆北部的淖毛湖、三塘湖一带为 17.0～20.0 ℃；北疆大部、塔里木盆地和吐哈盆地周边山前倾斜平原 11.0～17.0 ℃；阿尔泰山、天山和昆仑山的低山、丘陵地带为 5.0～11.0 ℃，中山带 0.0～5.0 ℃，高山带低于 0.0 ℃。

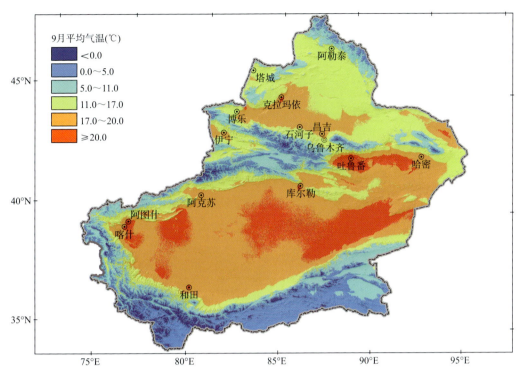

图 3.27　新疆 9 月平均气温空间分布

（2）9 月平均气温时间变化趋势

1961—2013 年，新疆 9 月平均气温总体以 0.281 ℃·(10 a)$^{-1}$ 的速率呈显著($P=0.001$)上升趋势，53 a 来全疆平均 9 月平均气温升高了 1.5 ℃，1990 年以来升温速率有加快的趋势（图 3.28）。

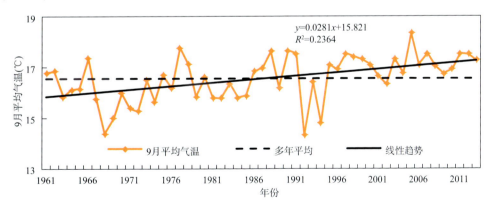

图 3.28　1961—2013 年新疆 9 月平均气温变化趋势

3.1.15　10 月平均气温时空变化

（1）10 月平均气温空间分布

新疆 10 月平均气温为 8.6 ℃，其空间分布总体呈现"南疆高，北疆低；平原和盆地高，山区低"的特点（图 3.29）。塔里木盆地中西部、吐鲁番盆地腹地在 12.0 ℃以上；南疆大部和吐哈盆地大部 10.0～12.0 ℃；塔里木盆地和吐哈盆地边缘地带、北疆沿天山一带以及东疆北部的淖毛湖、三塘湖一带为 8.0～10.0 ℃；北疆大部、塔里木盆地和吐哈盆地周边山前倾斜平原 5.0～8.0 ℃；阿尔泰山、天山和昆仑山的低山、丘陵地带为 0.0～5.0 ℃，中、高山带低于 0.0 ℃。

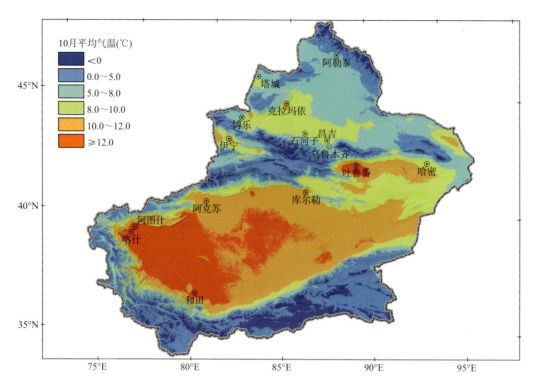

图 3.29　新疆 10 月平均气温空间分布

(2)10 月平均气温变化趋势

1961—2013 年,新疆 10 月平均气温总体以 0.359 ℃ · $(10\ a)^{-1}$ 的速率呈显著($P=0.001$)上升趋势,53 a 来全疆平均 10 月平均气温升高了 1.9 ℃,1997 年以来升温速率有加快的趋势(图 3.30)。

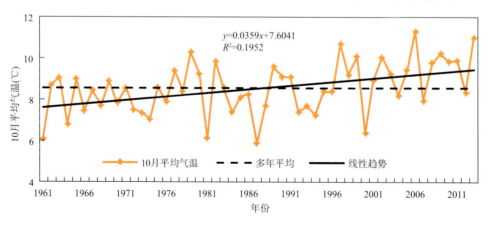

图 3.30　1961—2013 年新疆 10 月平均气温变化趋势

3.1.16　11 月平均气温时空变化

(1)11 月平均气温空间分布

新疆 11 月平均气温为 −0.5 ℃,其空间分布总体呈现"南疆高,北疆低;平原和盆地高,山区低"的特点(图 3.31)。塔里木盆地中西部、吐鲁番盆地腹地在 2.0 ℃ 以上;南疆大部、北疆西部和吐哈盆地大部 −1.0～2.0 ℃;北疆沿天山一带、塔里木盆地和吐哈盆地边缘地带以及东疆北部的淖毛湖、三塘湖一带为 −4.0～−1.0 ℃;北疆北部、天山和昆仑山的低山、丘陵地带为 −12.0～−4.0 ℃;阿尔泰山、天山和昆仑山的中山带为 −20.0～−12.0 ℃,高山带低于 −20.0 ℃。

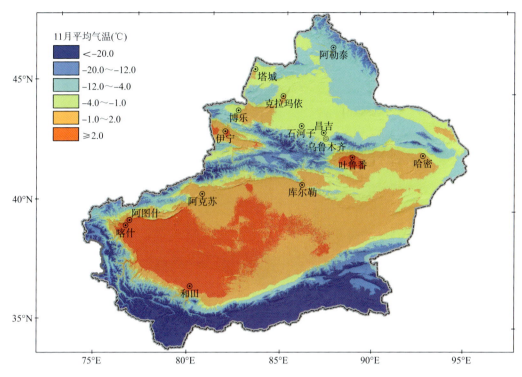

图 3.31 新疆 11 月平均气温空间分布

(2)11 月平均气温变化趋势

1961—2013 年,新疆 11 月平均气温总体以 0.450 ℃·(10 a)$^{-1}$的速率呈显著($P=0.01$)上升趋势,53 a 来全疆平均 11 月平均气温升高了 2.3 ℃,1994 年以来升温速率有加快的趋势(图 3.32)。

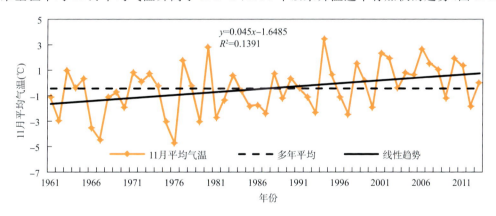

图 3.32 1961—2013 年新疆 11 月平均气温变化趋势

3.1.17 12 月平均气温时空变化

(1)12 月平均气温空间分布

新疆 12 月平均气温为 -8.3 ℃,其空间分布总体呈现"南疆高,北疆低;平原和盆地高,高山带低"的特点(图 3.33)。塔里木盆地西南部在 -5.0 ℃以上;南疆大部、伊犁河谷 -7.0~-5.0 ℃;天山南麓及吐鲁番、哈密地区大部 -10.0~-7.0 ℃;北疆大部 -13.0~-10.0 ℃;北疆北部、天山和昆仑山的中低山带为 -20.0~-13.0 ℃;天山和昆仑山的高山带低于 -20.0 ℃。

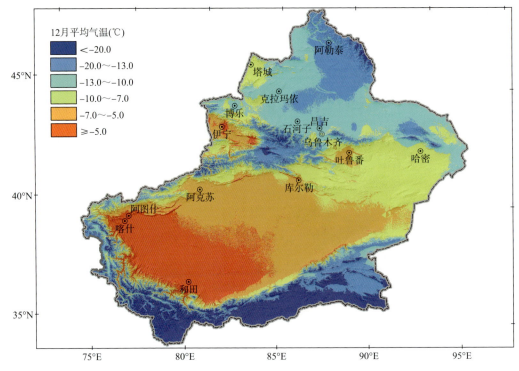

图 3.33　新疆 12 月平均气温空间分布

（2）12 月平均气温时间变化趋势

1961—2013 年,新疆 12 月份平均气温总体以 0.347 ℃·(10 a)$^{-1}$ 的速率呈不显著($P=0.05$)的略升趋势,53 a 来全疆平均 12 月平均气温升高了 1.8 ℃(图 3.34)。

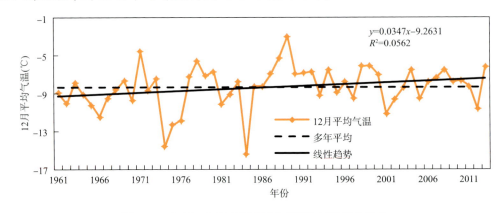

图 3.34　1961—2013 年新疆 12 月平均气温变化趋势

3.2　平均最高气温时空变化

3.2.1　年平均最高气温时空变化

（1）年平均最高气温空间分布

新疆年平均最高气温为 15.1 ℃,其空间分布呈现"南疆高,北疆低;平原和盆地高,山区低"的格局(图 3.35)。南疆和东疆大部年平均最高气温一般在 16.0 ℃以上,其中塔里木盆地以及吐鲁番、哈密盆地腹地可达 19.0 ℃以上;北疆沿天山一带、伊犁河谷年平均最高气温在 12.0～16.0 ℃;北疆北部 8.0～12.0 ℃;"三山"山区年平均最高气温较低,一般在 8.0 ℃以下,其中高山带在 2 ℃以下。

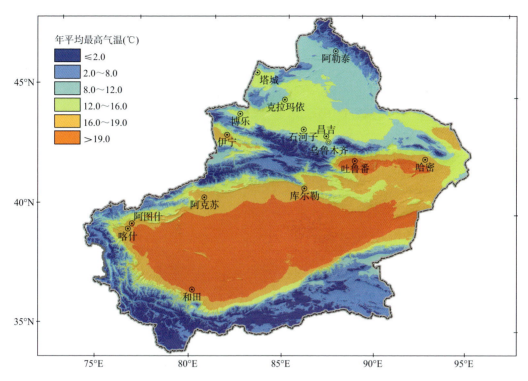

图 3.35　新疆年平均最高气温空间分布

（2）年平均最高气温时间变化趋势

1961—2013 年,新疆年平均最高气温总体以 0.222 ℃ • (10 a)$^{-1}$ 的速率呈显著($P=0.001$)的上升趋势,53 a 来升高了 1.2 ℃,并且 1997 年以来升温速率有加快的趋势(图 3.36)。

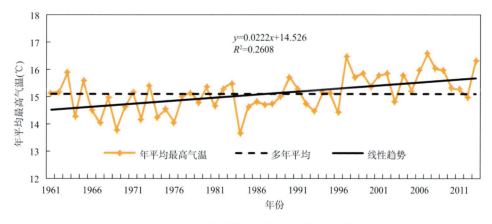

图 3.36　1961—2013 年新疆年平均最高气温变化趋势

3.2.2　春季平均最高气温时空变化

（1）春季平均最高气温空间分布

新疆春季平均最高气温为 17.6 ℃,空间分布总体呈现"南疆高,北疆低;平原和盆地高,山区低"的特点(图 3.37)。南疆大部以及吐鲁番、哈密盆地一般在 18.0 ℃以上,其中塔里木盆地以及吐鲁番、哈密盆地腹地可达 22.0 ℃以上;北疆沿天山一带、准噶尔盆地腹地、伊犁河谷多在 14.0～18.0 ℃;北疆北部 8.0～14.0 ℃;"三山"山区春季平均最高气温较低,一般在 8.0 ℃以下,其中高山带在 2 ℃以下。

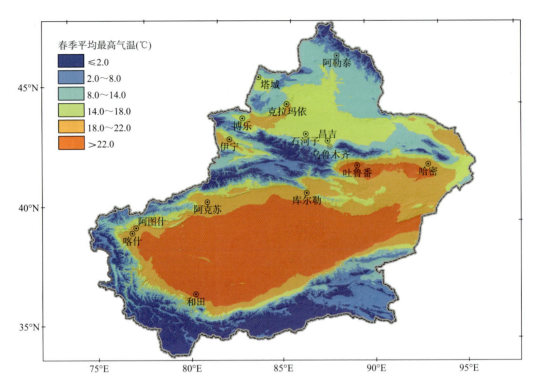

图 3.37　新疆春季平均最高气温空间分布

（2）春季平均最高气温时间变化趋势

1961—2013 年，新疆春季平均最高气温总体以 0.223 ℃·(10 a)$^{-1}$ 的速率呈显著（P＝0.05）的上升趋势，53 a 来升高了 1.2 ℃，并且 1997 年以来升温速率有加快的趋势（图 3.38）。

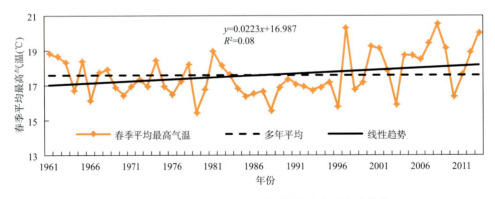

图 3.38　1961—2013 年新疆春季平均最高气温变化趋势

3.2.3　夏季平均最高气温时空变化

（1）夏季平均最高气温空间分布

夏季是新疆气温最高的季节，全疆平均夏季平均最高气温为 29.6 ℃，其空间分布总体呈现"平原和盆地高，山区低"的格局（图 3.39）。塔里木盆地东部、吐哈盆地大部以及准噶尔盆地西南缘的局部地区在 33.0 ℃以上；南疆大部、北疆沿天山一带为 31.0～33.0 ℃；北疆大部、伊犁河谷、南疆山前倾斜平原27.0～31.0 ℃；南、北疆低山、丘陵地带 20.0～27.0 ℃，中山带 10.0～20.0 ℃，高山带在 10.0 ℃以下。

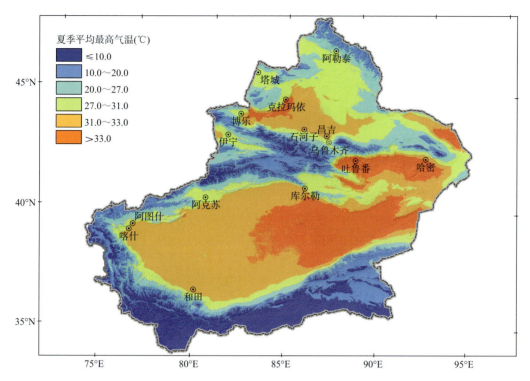

图 3.39　新疆夏季平均最高气温空间分布

（2）夏季平均最高气温时间变化趋势

1961—2013 年,新疆夏季平均最高气温总体以 0.144 ℃ · (10 a)$^{-1}$ 的速率呈显著($P=0.001$)的上升趋势,53 a 来升高了 0.7 ℃,并且 1994 年以来升温速率有加快的趋势(图 3.40)。

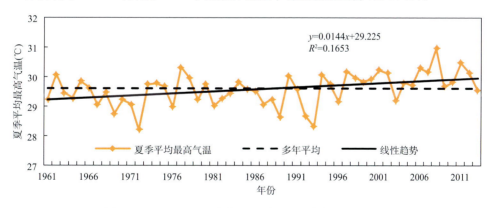

图 3.40　1961—2013 年新疆夏季平均最高气温变化趋势

3.2.4　秋季平均最高气温时空变化

（1）秋季平均最高气温空间分布

新疆秋季平均最高气温为 15.7 ℃,其空间分布也总体呈现"南疆高,北疆低;平原和盆地高,山区低"的格局(图 3.41)。南疆大部、吐哈盆地以及伊犁河谷在 15.0 ℃ 以上,其中塔里木盆地以及吐哈盆地腹地可达 18.0 ℃ 以上;北疆大部、塔里木盆地周边山前倾斜平原和丘陵地带为 12.0～15.0 ℃;北疆北部 8.0～12.0 ℃;天山、阿尔泰山和昆仑山山区秋季平均最高气温一般在 8.0 ℃ 以下,中高山带可低至 4.0 ℃ 以下。

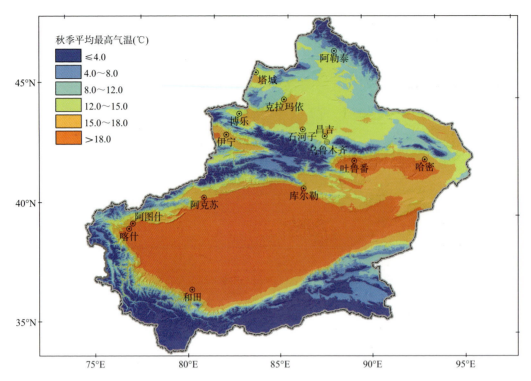

图 3.41 新疆秋季平均最高气温空间分布

（2）秋季平均最高气温变化趋势

1961—2013 年,新疆秋季平均最高气温总体以 0.329 ℃·(10 a)$^{-1}$ 的速率呈显著($P=0.001$)的上升趋势,53 a 来升高了 1.7 ℃,并且 1988 年以来升温速率有加快的趋势(图 3.42)。

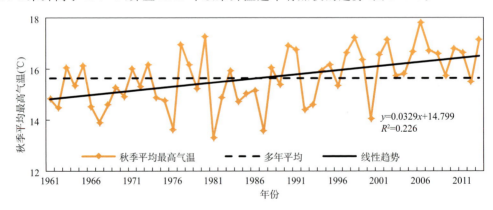

图 3.42 1961—2013 年新疆秋季平均最高气温变化趋势

3.2.5 冬季平均最高气温时空变化

（1）冬季平均最高气温空间分布

全疆冬季平均最高气温—2.4 ℃,其空间分布总体呈现"南疆高,北疆低;平原和盆地高,高山带低"的格局(图 3.43)。南疆大部和吐鲁番盆地腹地一般在 0.0 ℃以上,其中,塔里木盆地可达 2.0 ℃以上;天山南麓,昆仑山区大部,吐鲁番,哈密地区,伊犁河谷为—3.0～0.0 ℃;北疆大部—9.0～—3.0 ℃;北疆北部,天山、阿尔泰山高山带可低至—9.0 ℃以下。

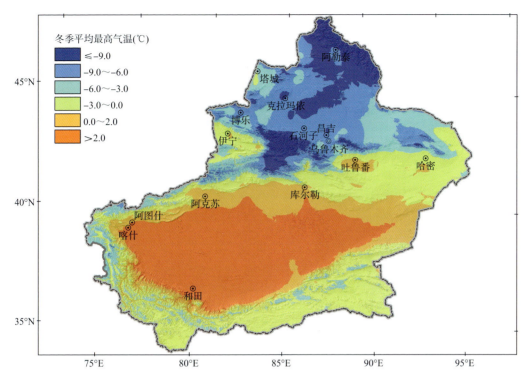

图 3.43　新疆冬季平均最高气温空间分布

(2)冬季平均最高气温变化趋势

1961—2013 年,新疆冬季平均最高气温总体以 0.192 ℃ · (10 a)⁻¹ 的速率呈不显著(P＝0.05)的略升趋势,53 a 来升高了 1.0 ℃,但年际间波动较大(图 3.44)。

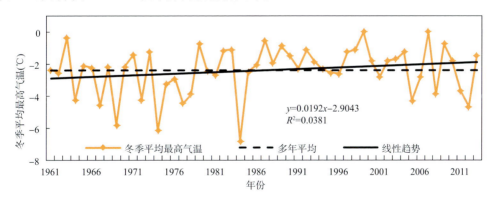

图 3.44　1961—2013 年新疆冬季平均最高气温变化趋势

3.2.6　1 月平均最高气温时空变化

(1)1 月平均最高气温空间分布

全疆平均 1 月平均最高气温−4.6 ℃,其空间分布总体呈现"南疆高,北疆低;平原和盆地高,高山带低"的特点(图 3.45)。塔里木盆地大部多在−1.0 ℃以上,盆地周边的山前倾斜平原−3.0～−1.0 ℃;吐哈盆地、天山南麓低山丘陵地带以及北疆的伊犁河谷一般在−5.0～−3.0 ℃;北疆西部、东疆北部、天山中低山带−8.0～−5.0 ℃。北疆大部−11.0～−8.0 ℃,北疆北部、准噶尔盆地腹地、天山高海拔区域可低至−11.0 ℃以下。

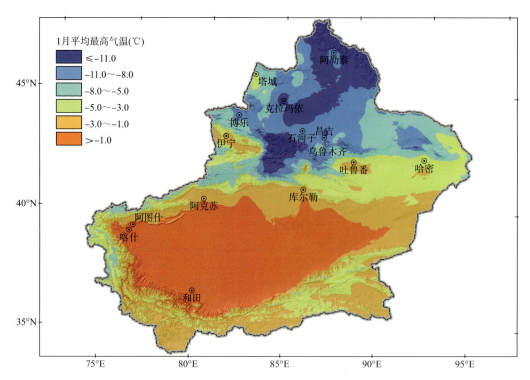

图 3.45　新疆 1 月平均最高气温空间分布

（2）1 月平均最高气温时间变化趋势

1961—2013 年,新疆 1 月平均最高气温年际间波动较大,但总体无明显变化趋势(图 3.46)。

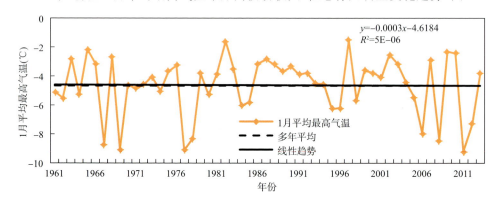

图 3.46　1961—2013 年新疆 1 月平均最高气温变化趋势

3.2.7　2 月平均最高气温时空变化

（1）2 月平均最高气温空间分布

新疆 2 月平均最高气温为 -0.2 ℃,其空间分布总体呈现"南疆高,北疆低;平原和盆地高,高山带低"的特点(图 3.47)。塔里木盆地大部多在 6.0 ℃以上,盆地周边的山前倾斜平原、吐哈盆地腹地 3.0~6.0 ℃;吐哈盆地大部、天山南麓低山丘陵地带以及北疆的伊犁河谷谷底一般在 0.0~3.0 ℃;伊犁河谷、东疆北部、昆仑山大部 -4.0~0.0 ℃。北疆沿天山一带 -7.0~-4.0 ℃,北疆北部、准噶尔盆地腹地、天山高海拔区域可低至 -7.0 ℃以下。

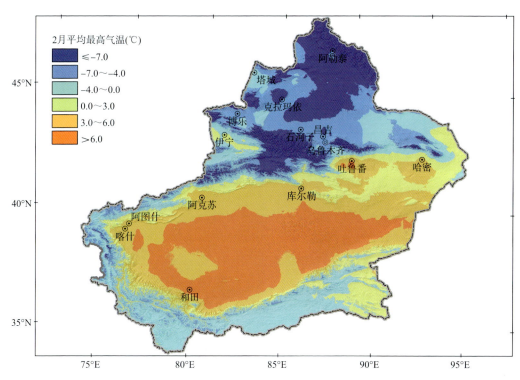

图 3.47　新疆 2 月平均最高气温空间分布

(2)2 月平均最高气温时间变化趋势

1961—2013 年,新疆 2 月平均最高气温总体以 0.430 ℃·(10 a)$^{-1}$的速率呈不显著($P=0.05$)的略升趋势,53 a 来全疆平均 2 月平均最高气温升高了 2.2 ℃(图 3.48)。

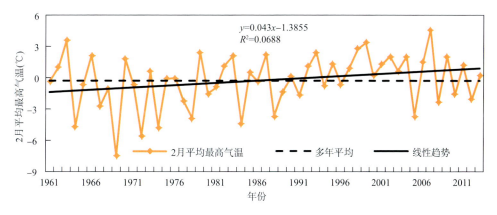

图 3.48　1961—2013 年新疆 2 月平均最高气温变化趋势

3.2.8　3 月平均最高气温时空变化

(1)3 月平均最高气温空间分布

新疆 3 月平均最高气温为 9.0 ℃,其空间分布总体呈现"南疆高,北疆低;平原和盆地高,高山带低"的特点(图 3.49)。塔里木盆地大部在 15.0 ℃以上;塔里木盆地边缘地带以及吐哈盆地大部 12.0～15.0 ℃;南疆的低山丘陵地带以及北疆的伊犁河谷谷底一般在 8.0～12.0 ℃;北疆大部及南疆低山带3.0～8.0 ℃;北疆北部、天山中山带以及昆仑山大部－3.0～3.0 ℃;阿尔泰山区以及天山高山带在－3.0 ℃以下。

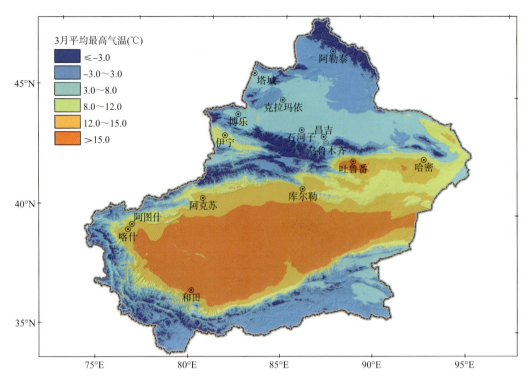

图 3.49　新疆 3 月平均最高气温空间分布

（2）3 月平均最高气温时间变化趋势

1961—2013 年，新疆 3 月平均最高气温总体以 0.232 ℃·(10 a)$^{-1}$ 的速率呈不显著（$P=0.05$）的略升趋势，53 a 来全疆平均 3 月平均最高气温升高了 1.2 ℃，但年际间波动较大（图 3.50）。

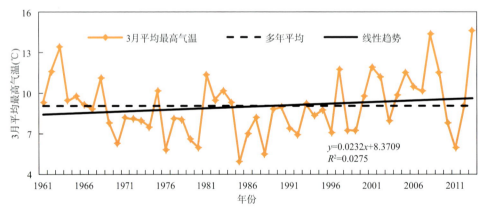

图 3.50　1961—2013 年新疆 3 月平均最高气温变化趋势

3.2.9　4 月平均最高气温时空变化

（1）4 月平均最高气温空间分布

新疆 4 月平均最高气温为 19.0 ℃，其空间分布总体呈现"南疆高，北疆低；平原和盆地高，高山带低"的特点（图 3.51）。塔里木盆地大部及吐哈盆地腹地在 23.0 ℃ 以上；塔里木盆地边缘地带、吐哈盆地大部、准噶尔盆地西南缘及伊犁河谷为 19.0～23.0 ℃；北疆大部、塔里木盆地和吐哈盆地周边山前倾斜平原 15.0～19.0 ℃；北疆北部、天山和昆仑山低山带 9.0～15.0 ℃；阿尔泰山、天山和昆仑山区中山带为 2.0～9.0 ℃，高山带低于 2.0 ℃。

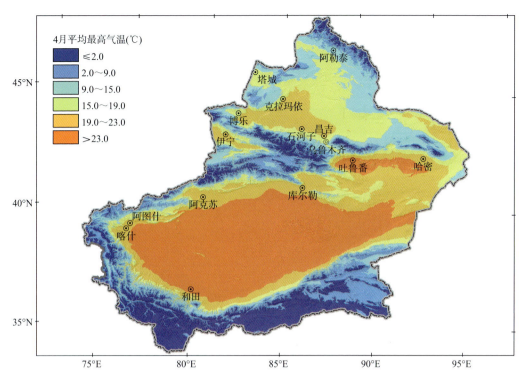

图 3.51 新疆 4 月平均最高气温空间分布

(2)4 月平均最高气温时间变化趋势

1961—2013 年,新疆 4 月平均最高气温总体以 0.339 ℃·(10 a)$^{-1}$ 的速率呈显著($P=0.05$)的上升趋势,53 a 来全疆平均 4 月平均最高气温升高了 1.8 ℃,并且 1997 年以来升温速率有加快的趋势(图3.52)。

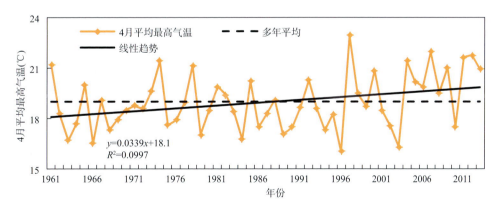

图 3.52 1961—2013 年新疆 4 月平均最高气温变化趋势

3.2.10 5 月平均最高气温时空变化

(1)5 月平均最高气温空间分布

新疆 5 月平均最高气温为 24.8 ℃,其空间分布总体呈现"南疆高,北疆低;平原和盆地高,高山带低"的特点(图 3.53)。塔里木盆地东部、吐哈盆地腹地在 29.0 ℃ 以上;南疆大部、吐哈盆地大部、乌鲁木齐以西的北疆沿天山一带以及东疆北部的淖毛湖、三塘湖一带为 26.0～29.0 ℃;北疆大部、塔里木盆地和吐哈盆地周边山前倾斜平原 22.0～26.0 ℃;阿尔泰山、天山和昆仑山的低山、丘陵地带为 15.0～22.0 ℃,中山带 6.0～15.0 ℃,高山带低于 6.0 ℃。

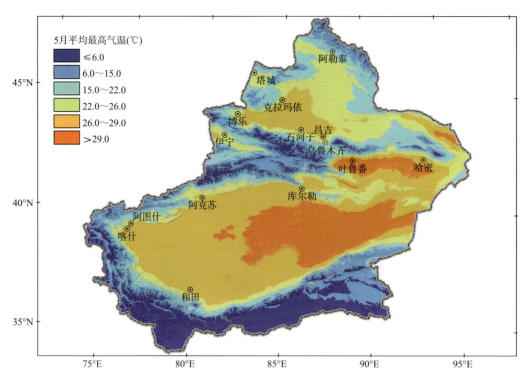

图 3.53 新疆 5 月平均最高气温空间分布

（2）5 月平均最高气温变化趋势

1961—2013 年,新疆 5 月平均最高气温总体以 0.098 ℃·(10 a)$^{-1}$ 的速率呈不显著($P=0.05$)的略升趋势,53 a 来全疆平均 5 月平均最高气温升高了 0.5 ℃(图 3.54)。

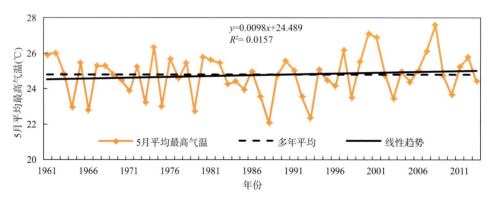

图 3.54 1961—2013 年新疆 5 月平均最高气温变化趋势

3.2.11 6 月平均最高气温时空变化

（1）6 月平均最高气温空间分布

新疆 6 月平均最高气温为 28.8 ℃,其空间分布总体呈现"南疆高,北疆低;平原和盆地高,高山带低"的特点(图 3.55)。塔里木盆地东部、吐哈盆地中部、准噶尔盆地西南缘局部在 32.0 ℃ 以上;南疆大部、吐哈盆地大部、北疆沿天山一带以及东疆北部的淖毛湖、三塘湖一带为 30.0～32.0 ℃;北疆大部、塔里木盆地和吐哈盆地周边山前倾斜平原 26.0～30.0 ℃;阿尔泰山、天山和昆仑山的低山、丘陵地带为 18.0～26.0 ℃,中山带 8.0～18.0 ℃,高山带低于 8.0 ℃。

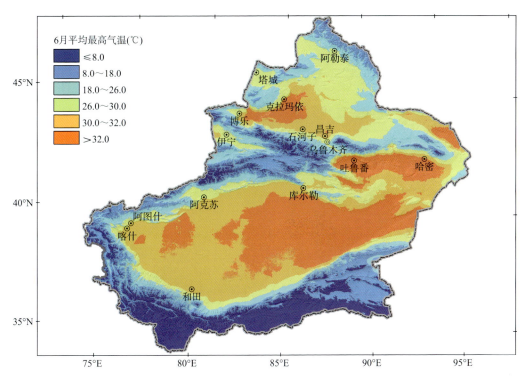

图 3.55　新疆 6 月平均最高气温空间分布

(2)6 月平均最高气温时间变化趋势

1961—2013 年,新疆 6 月平均最高气温总体以 0.165 ℃·(10 a)$^{-1}$的速率呈显著(P=0.05)的上升趋势,53 a 来全疆平均 6 月平均最高气温升高了 0.9 ℃,1990 年以来升温速率有加快的趋势(图3.56)。

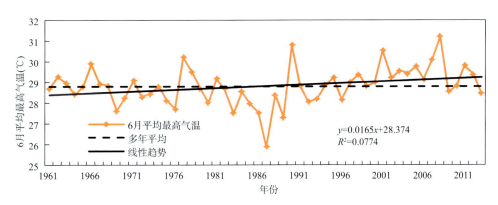

图 3.56　1961—2013 年新疆 6 月平均最高气温变化趋势

3.2.12　7 月平均最高气温时空变化

(1)7 月平均最高气温空间分布

新疆 7 月平均最高气温为 30.5 ℃,其空间分布总体呈现"南疆高,北疆低;平原和盆地高,山区低"的特点(图 3.57)。塔里木盆地东部、喀什地区大部、吐哈盆地及准噶尔盆地西南缘在 33.0 ℃以上;南疆阿克苏地区、和田地区及喀什地区东部、吐哈盆地边缘地带、北疆沿天山一带中部以及东疆北部的淖毛湖、三塘湖一带为 31.0~33.0 ℃;北疆大部、塔里木盆地和吐哈盆地周边山前倾斜平原 28.0~31.0 ℃;阿尔泰山、天山和昆仑山的低山、丘陵地带为 20.0~28.0 ℃,中山带 10.0~20.0 ℃,高山带低于 10.0 ℃。

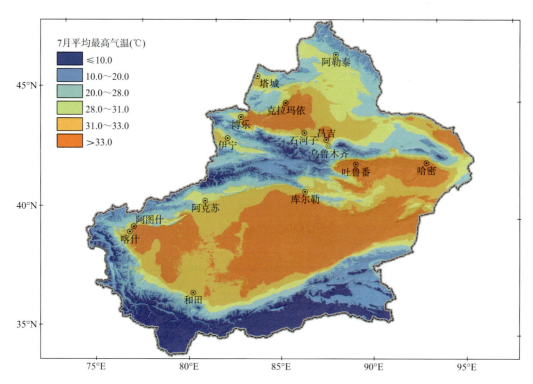

图 3.57 新疆 7 月平均最高气温空间分布

(2)7 月平均最高气温时间变化趋势

1961—2013 年,新疆 7 月平均最高气温总体以 0.111 ℃·(10 a)$^{-1}$的速率呈不显著($P=0.05$)的略升趋势(图 3.58),53 a 来全疆平均 7 月平均最高气温升高了 0.6 ℃。

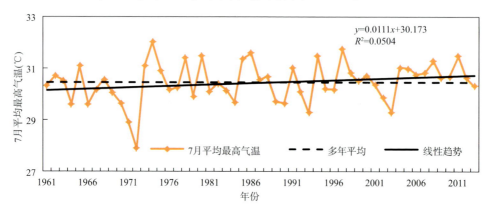

图 3.58 1961—2013 年新疆 7 月平均最高气温变化趋势

3.2.13 8 月平均最高气温时空变化

(1)8 月平均最高气温空间分布

新疆 8 月平均最高气温为 29.5 ℃,其空间分布总体呈现"南疆高,北疆低;平原和盆地高,山区低"的特点(图 3.59)。塔里木盆地和吐哈盆地大部以及准噶尔盆地西南缘在 32.0 ℃以上;南疆西部、北部,吐哈盆地边缘地带,北疆沿天山一带以及东疆北部的淖毛湖、三塘湖一带为 30.0～32.0 ℃;北疆大部、塔里木盆地和吐哈盆地周边山前倾斜平原 27.0～30.0 ℃;阿尔泰山、天山和昆仑山的低山、丘陵地带为 20.0～27.0 ℃,中山带 10.0～20.0 ℃,高山带低于 10.0 ℃。

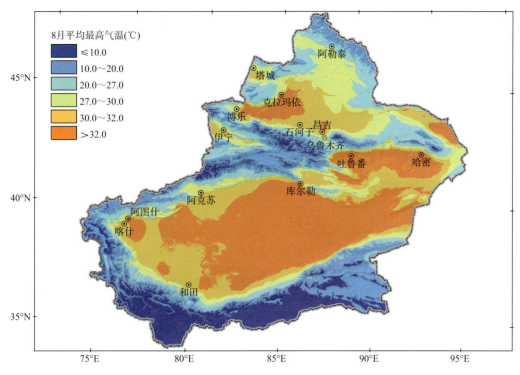

图 3.59 新疆 8 月平均最高气温空间分布

(2)8 月平均最高气温时间变化趋势

1961—2013 年,新疆 8 月平均最高气温总体以 $0.154\ ℃·(10\ a)^{-1}$ 的速率呈显著($P=0.05$)的上升趋势(图 3.60),53 a 来全疆平均 8 月平均最高气温升高了 $0.8\ ℃$,1994 年以来升温速率有加快的趋势。

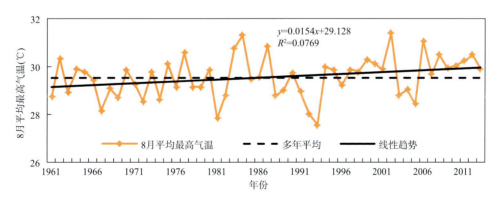

图 3.60 1961—2013 年新疆 8 月平均最高气温变化趋势

3.2.14 9 月平均最高气温时空变化

(1)9 月平均最高气温空间分布

新疆 9 月平均最高气温为 $24.4\ ℃$,其空间分布总体呈现"南疆高,北疆低;平原和盆地高,山区低"的特点(图 3.61)。塔里木盆地东部、吐哈盆地中部在 $28.0\ ℃$ 以上;南疆大部、吐哈盆地边缘地带、北疆准噶尔盆地西南缘局部以及东疆北部的淖毛湖、三塘湖一带为 $26.0\sim28.0\ ℃$;北疆大部、塔里木盆地和吐哈盆地周边山前倾斜平原 $22.0\sim26.0\ ℃$;阿尔泰山、天山和昆仑山的低山、丘陵地带为 $16.0\sim22.0\ ℃$,中山带 $7.0\sim16.0\ ℃$,高山带低于 $7.0\ ℃$。

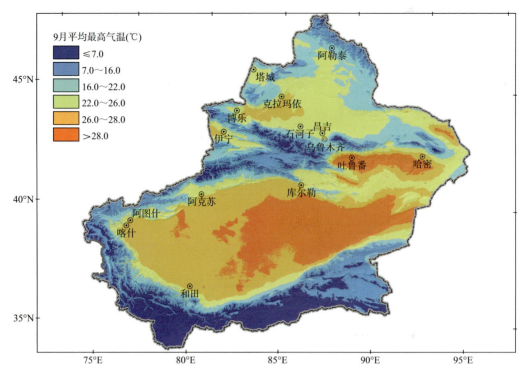

图 3.61　新疆 9 月平均最高气温空间分布

（2）9 月平均最高气温变化趋势

1961—2013 年，新疆 9 月平均最高气温总体以 0.247 ℃·(10 a)$^{-1}$ 的速率呈显著（$P=0.01$）的上升趋势（图 3.62），53 a 来全疆平均 9 月平均最高气温升高了 1.3 ℃，1986 年以来升温速率有加快的趋势。

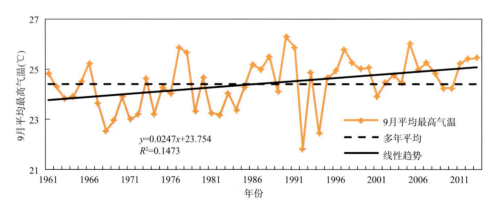

图 3.62　1961—2013 年新疆 9 月平均最高气温变化趋势

3.2.15　10 月平均最高气温时空变化

（1）10 月平均最高气温空间分布

新疆 10 月平均最高气温为 16.4 ℃，其空间分布总体呈现"南疆高，北疆低；平原和盆地高，山区低"的特点（图 3.63）。塔里木盆地大部、吐哈盆地腹地在 20.0 ℃以上；塔里木盆地周边山前倾斜平原、吐哈盆地大部 17.0～20.0 ℃；北疆沿天山一带，东疆北部的淖毛湖、三塘湖一带以及塔里木盆地和吐哈盆地的周边低山丘陵地带为 14.0～17.0 ℃；北疆北部、天山北麓丘陵地带以及塔里木盆地和吐哈盆地周边低山带 9.0～14.0 ℃；阿尔泰山和天山北坡的低山带以及天山南坡和昆仑山的中山带为 3.0～9.0 ℃，高山带低于 3.0 ℃。

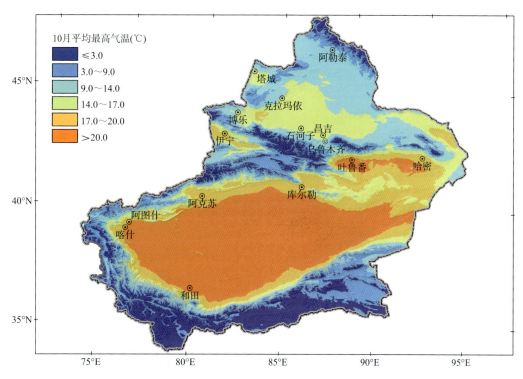

图 3.63　新疆 10 月平均最高气温空间分布

(2)10 月平均最高气温变化趋势

1961—2013 年,新疆 10 月平均最高气温总体以 0.362 ℃·(10 a)⁻¹的速率呈显著($P=0.01$)的上升趋势(图 3.64),53 a 来全疆平均 10 月平均最高气温升高了 1.9 ℃,1997 年以来升温速率有加快的趋势。

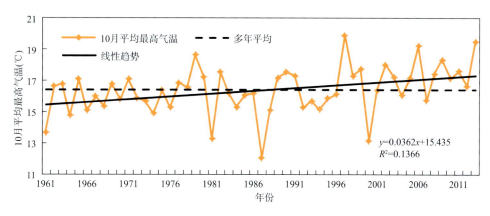

图 3.64　1961—2013 年新疆 10 月平均最高气温变化趋势

3.2.16　11 月平均最高气温时空变化

(1)11 月平均最高气温空间分布

新疆 11 月平均最高气温为 6.2 ℃,其空间分布总体呈现"南疆高,北疆低;平原和盆地高,山区低"的特点(图 3.65)。塔里木盆地大部在 10.0 ℃ 以上;塔里木盆地边缘地带、吐哈盆地腹地、伊犁河谷谷底 8.0～10.0 ℃;塔里木盆地和吐哈盆地周边山前倾斜平原 6.0～8.0 ℃;北疆沿天山一带,东疆北部的淖毛湖、三塘湖一带以及塔里木盆地和吐哈盆地的周边低山丘陵地带为 3.0～6.0 ℃;北疆北部、天山北麓低山丘陵地带以及塔里木盆地和吐哈盆地周边中低山带 0.0～3.0 ℃;阿尔泰山、天山和昆仑山的中、高山带低于 0.0 ℃。

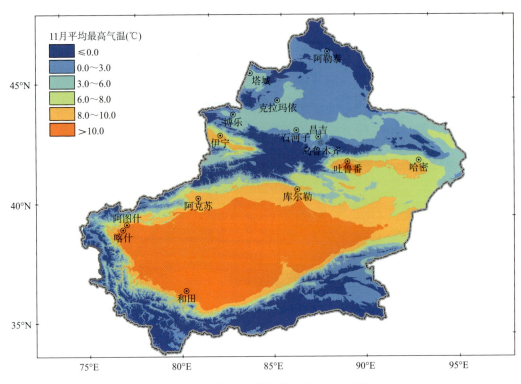

图 3.65　新疆 11 月平均最高气温空间分布

(2)11 月平均最高气温时间变化趋势

1961—2013 年,新疆 11 月平均最高气温总体以 0.377 ℃・(10 a)$^{-1}$ 的速率呈显著($P=0.05$)的上升趋势(图 3.66),53 a 来全疆平均 11 月平均最高气温升高了 2.0 ℃,1994 年以来升温速率有加快的趋势。

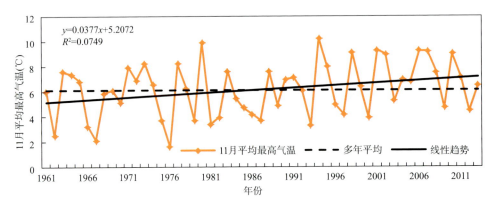

图 3.66　1961—2013 年新疆 11 月平均最高气温变化趋势

3.2.17　12 月平均最高气温时空变化

(1)12 月平均最高气温空间分布

新疆 12 月平均最高气温为 −2.3 ℃,其空间分布总体呈现"南疆高,北疆低"的特点(图 3.67)。塔里木盆地西南部在 2.0 ℃以上;南疆大部、伊犁河谷谷底 0.0~2.0 ℃;天山南麓,吐鲁番、哈密地区大部以及昆仑山大部 −3.0~0.0 ℃;北疆大部 −7.0~−3.0 ℃;北疆北部、准噶尔盆地腹地、天山高山带低于 −7.0 ℃。

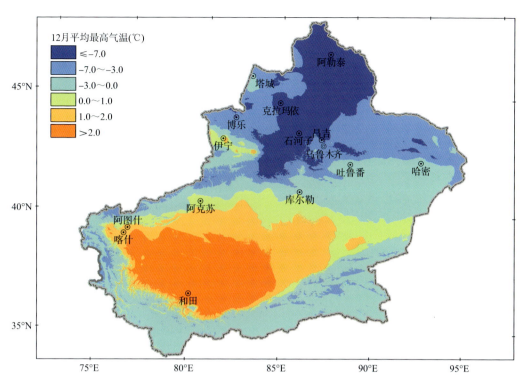

图 3.67 新疆 12 月平均最高气温空间分布

(2)12 月平均最高气温变化趋势

1961—2013 年,新疆 12 月份平均最高气温总体以 0.148 ℃·(10 a)$^{-1}$ 的速率呈不显著($P=0.05$)的略升趋势(图 3.68),53 a 来全疆平均 12 月平均最高气温升高了 0.8 ℃。

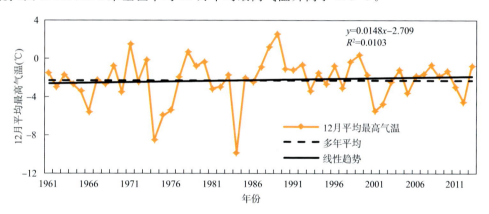

图 3.68 1961—2013 年新疆 12 月平均最高气温变化趋势

3.3 平均最低气温时空变化

3.3.1 年平均最低气温时空变化

(1)年平均最低气温空间分布

新疆年平均最低气温为 1.9 ℃,其空间分布呈现"南疆高,北疆低;平原和盆地高,山区低"的格局(图 3.69)。塔里木盆地大部、吐哈盆地腹地在 4.0 ℃以上;塔里木盆地周边山前倾斜平原、吐哈盆地大部以及准噶尔盆地西南缘 2.0~4.0 ℃;北疆沿天山一带,东疆北部的淖毛湖、三塘湖一带以及塔里木盆地和吐哈盆地的周边低山丘陵地带为 -1.0~2.0 ℃;北疆北部、天山北麓丘陵地带以及塔里木盆地和吐哈盆地周边低山带−5.0～−1.0 ℃;阿尔泰山和天山北坡的低山带以及天山南坡和昆仑山的中山带为−10.0～−5.0 ℃,高山带低于−10.0 ℃。

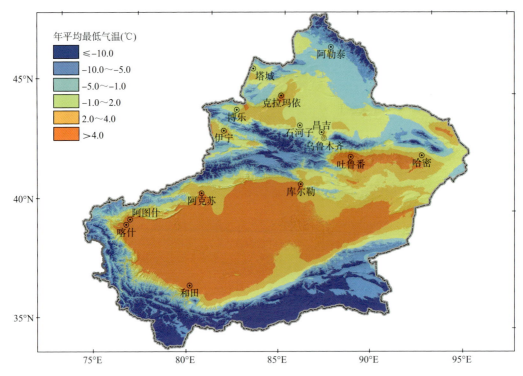

图3.69　新疆年平均最低气温空间分布

(2)年平均最低气温变化趋势

1961—2013年,新疆年平均最低气温总体以0.458 ℃·(10 a)$^{-1}$的速率呈显著($P=0.001$)的上升趋势,53 a来升高了2.4 ℃,并且1989年以来升温速率有加快的趋势(图3.70)。

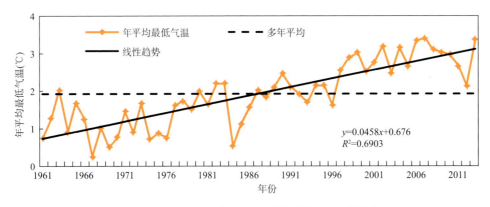

图3.70　1961—2013年新疆年平均最低气温变化趋势

3.3.2　春季平均最低气温时空变化

(1)春季平均最低气温空间分布

新疆春季平均最低气温为4.0 ℃,其空间分布总体呈现"南疆高,北疆低;平原和盆地高,山区低"的特点(图3.71)。塔里木盆地以及吐哈盆地腹地在7.0 ℃以上;塔里木盆地周边山前倾斜平原、吐哈盆地大部以及准噶尔盆地西南缘4.0～7.0 ℃;北疆大部以及塔里木盆地和吐哈盆地周边低山丘陵地带为0.0～4.0 ℃;北疆北部、天山北麓丘陵地带以及塔里木盆地和吐哈盆地周边低山带−5.0～0.0 ℃;阿尔泰山和天山北坡的低山带以及天山南坡和昆仑山的中山带为−10.0～−5.0 ℃,高山带低于−10.0 ℃。

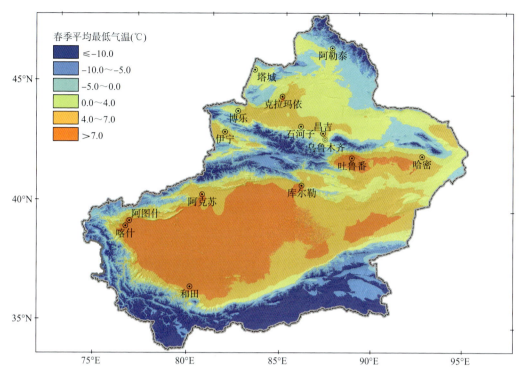

图3.71 新疆春季平均最低气温空间分布

（2）春季平均最低气温变化趋势

1961—2013年，新疆春季平均最低气温总体以0.399 ℃·(10 a)$^{-1}$的速率呈显著($P=0.001$)的上升趋势，53 a来升高了2.1 ℃，并且1997年以来升温速率有加快的趋势(图3.72)。

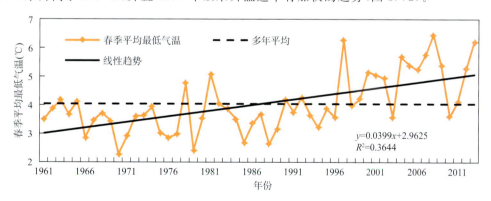

图3.72 1961—2013年新疆春季平均最低气温变化趋势

3.3.3 夏季平均最低气温时空变化

（1）夏季平均最低气温空间分布

全疆平均夏季平均最低气温为15.4 ℃，其空间分布总体呈现"平原和盆地高，山区低"的格局(图3.73)。塔里木盆地东部、吐哈盆地大部以及准噶尔盆地西南缘的局部地区在18.0 ℃以上；南疆大部、北疆沿天山一带为16.0～18.0 ℃；北疆大部、伊犁河谷、南疆山前倾斜平原12.0～16.0 ℃；南、北疆低山、丘陵地带5.0～12.0 ℃，中山带－2.0～5.0 ℃，高山带在－2.0 ℃以下。

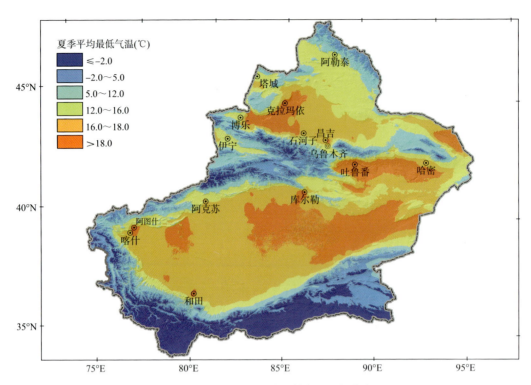

图 3.73　新疆夏季平均最低气温空间分布

（2）夏季平均最低气温变化趋势

1961—2013 年,新疆夏季平均最低气温总体以 0.388 ℃•(10 a)⁻¹的速率呈显著($P=0.001$)的上升趋势,53 a 来升高了 2.0 ℃,并且 1994 年以来升温速率有加快的趋势(图 3.74)。

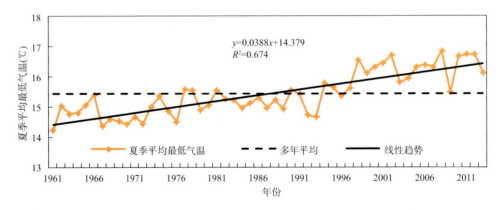

图 3.74　1961—2013 年新疆夏季平均最低气温变化趋势

3.3.4　秋季平均最低气温时空变化

（1）秋季平均最低气温空间分布

新疆秋季平均最低气温为 2.1 ℃,其空间分布也总体呈现"南疆高,北疆低;平原和盆地高,山区低"的格局(图 3.75)。塔里木盆地、吐哈盆地腹地以及准噶尔盆地西南缘在 3.0 ℃以上;塔里木盆地周边山前倾斜平原,吐哈盆地大部以及北疆沿天山一带 0.0～3.0 ℃;北疆北部以及塔里木盆地和吐哈盆地周边低山丘陵地带为 −3.0～0.0 ℃;阿尔泰山和天山北坡的丘陵地带以及天山南坡和昆仑山的低山带为 −6.0～−3.0 ℃;各山区中山带为 −10.0～−6.0 ℃,高山带低于 −10.0 ℃。

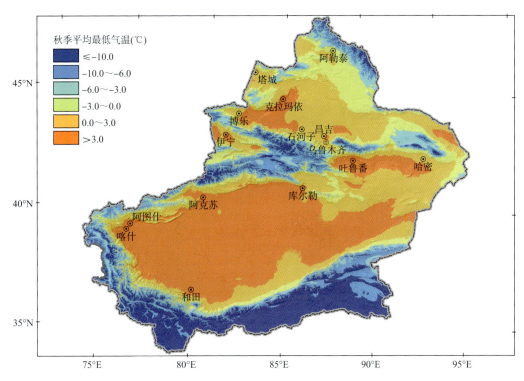

图 3.75　新疆秋季平均最低气温空间分布

（2）秋季平均最低气温变化趋势

1961—2013 年，新疆秋季平均最低气温总体以 0.485 ℃·(10 a)$^{-1}$ 的速率呈显著（$P=0.001$）的上升趋势，53 a 来升高了 2.5 ℃，并且 1994 年以来升温速率有加快的趋势（图 3.76）。

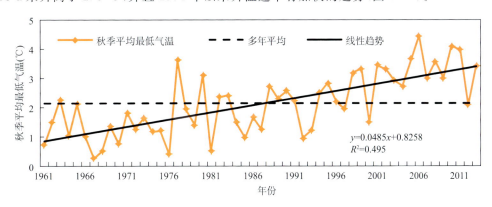

图 3.76　1961—2013 年新疆秋季平均最低气温变化趋势

3.3.5　冬季平均最低气温时空变化

（1）冬季平均最低气温空间分布

全疆冬季平均最低气温－14.0 ℃，其空间分布总体呈现"南疆高，北疆低"的格局（图 3.77）。塔里木盆地大部、吐鲁番盆地腹地在－11.0 ℃以上；塔里木盆地周边山前倾斜平原、吐鲁番盆地大部－13.0～－11.0 ℃；塔里木盆地和吐哈盆地周边低山丘陵地带以及伊犁河谷为－15.0～－13.0 ℃；北疆大部以及昆仑山区一般在－20.0～－15.0 ℃；北疆北部，天山、阿尔泰山高山带可低至－20.0 ℃以下。

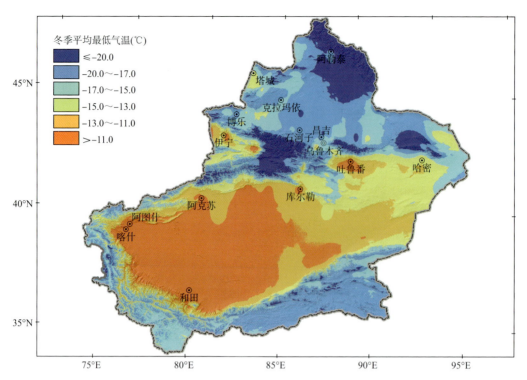

图 3.77 新疆冬季平均最低气温空间分布

(2)冬季平均最低气温时间变化趋势

1961—2013 年,新疆冬季平均最低气温总体以 0.559 ℃ · (10 a)$^{-1}$ 的速率呈显著($P=0.001$)的上升趋势,53 a 来升高了 2.9 ℃,并且 1987 年以来升温速率有加快的趋势(图 3.78)。

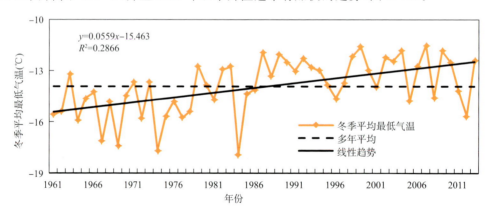

图 3.78 1961—2013 年新疆冬季平均最低气温变化趋势

3.3.6 1 月平均最低气温时空变化

(1)1 月平均最低气温空间分布

全疆平均 1 月平均最低气温−16.4 ℃,其空间分布总体呈现"南疆高,北疆低;平原和盆地高,高山带低"的特点(图 3.79)。塔里木盆地大部多在−14.0 ℃以上,盆地周边的山前倾斜平原以及伊犁河谷、吐鲁番盆地腹地−16.0～−14.0 ℃;吐哈盆地大部、天山南麓低山丘陵地带一般在−18.0～−16.0 ℃;北疆西部及东南部、东疆北部、天山中低山带、昆仑山东部−20.0～−18.0 ℃。准噶尔盆地腹地−22.0～−20.0 ℃;北疆北部、天山高山带可低至−22.0 ℃以下。

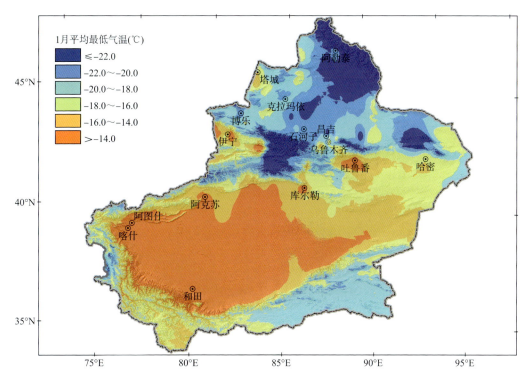

图 3.79　新疆 1 月平均最低气温空间分布图

（2）1 月平均最低气温时间变化趋势

1961—2013 年，新疆 1 月平均最低气温年际间波动较大，但总体以 0.350 ℃ · (10 a)$^{-1}$ 的速率呈显著（$P=0.05$）的上升趋势，53 a 来升高了 1.8 ℃，并且 1979 年以来升温速率有加快的趋势（图 3.80）。

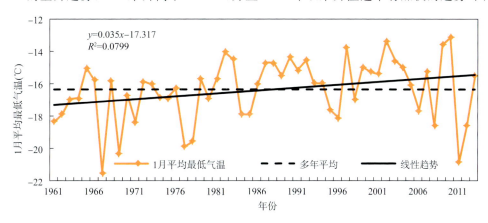

图 3.80　1961—2013 年新疆 1 月平均最低气温变化趋势

3.3.7　2 月平均最低气温时空变化

（1）2 月平均最低气温空间分布

新疆 2 月平均最低气温为 −12.5 ℃，其空间分布总体呈现"南疆高，北疆低；平原和盆地高，高山带低"的特点（图 3.81）。塔里木盆地大部多在 −8.0 ℃ 以上，盆地周边的山前倾斜平原、吐哈盆地腹地 −11.0～−8.0 ℃；吐哈盆地大部、天山南麓低山丘陵地带以及北疆的伊犁河谷一般在 −14.0～−11.0 ℃；北疆西部和东南部、东疆北部、天山中低山带、昆仑山区大部 −17.0～−14.0 ℃。准噶尔盆地腹地 −20.0～−17.0 ℃；北疆北部、天山高山带可低至 −20.0 ℃ 以下。

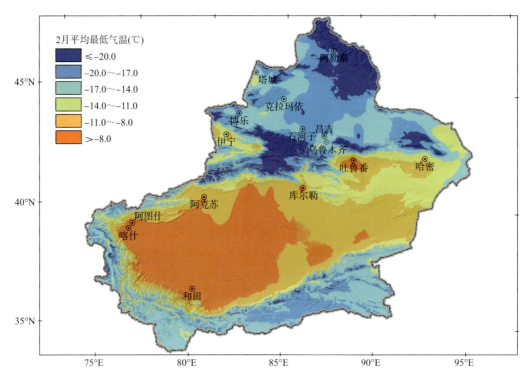

图 3.81　新疆 2 月平均最低气温空间分布

（2）2 月平均最低气温变化趋势

1961—2013 年,新疆 2 月平均最低气温总体以 0.808 ℃ · (10 a)$^{-1}$ 的速率呈显著($P=0.001$)的上升趋势,53 a 来全疆平均 2 月平均最低气温升高了 4.2 ℃(图 3.82)。

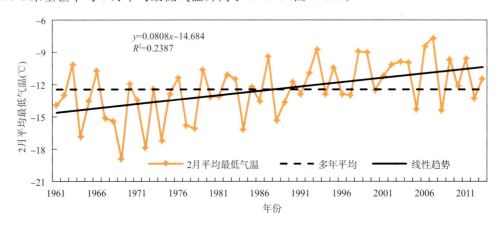

图 3.82　1961—2013 年新疆 2 月平均最低气温变化趋势

3.3.8　3 月平均最低气温时空变化

（1）3 月平均最低气温空间分布

新疆 3 月平均最低气温为 -3.5 ℃,其空间分布总体呈现"南疆高,北疆低;平原和盆地高,高山带低"的特点(图 3.83)。塔里木盆地大部在 0.0 ℃ 以上;塔里木盆地周边的山前倾斜平原、吐哈盆地 $-3.0 \sim 0.0$ ℃;北疆沿天山一带、塔里木盆地和吐哈盆地周边低山丘陵地带 $-7.0 \sim -3.0$ ℃;北疆北部、天山低山丘陵地带 $-11.0 \sim -7.0$ ℃;阿尔泰山和天山北坡的低山带以及天山南坡和昆仑山的中山带为 $-15.0 \sim -11.0$ ℃,高山带低于 -15.0 ℃。

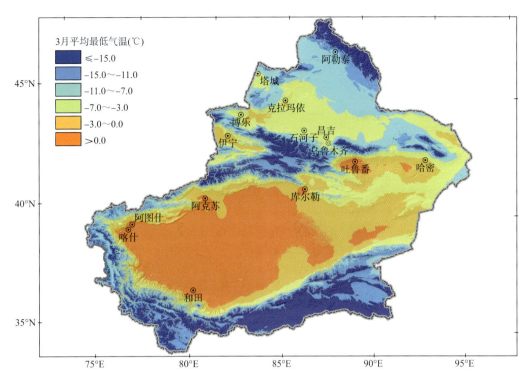

图 3.83　新疆 3 月平均最低气温空间分布

(2)3 月平均最低气温变化趋势

1961—2013 年,新疆 3 月平均最低气温总体以 0.412 ℃·(10 a)$^{-1}$的速率呈显著($P=0.01$)的上升趋势,53 a 来全疆平均 3 月平均最低气温升高了 2.1 ℃(图 3.84)。

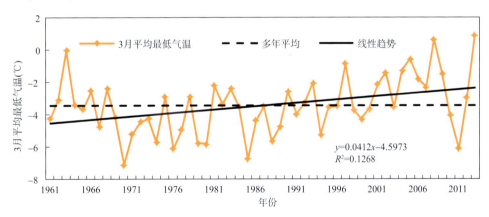

$$y=0.0412x-4.5973$$
$$R^2=0.1268$$

图 3.84　1961—2013 年新疆 3 月平均最低气温变化趋势

3.3.9　4 月平均最低气温时空变化

(1)4 月平均最低气温空间分布

新疆 4 月平均最低气温为 5.0 ℃,其空间分布总体呈现"南疆高,北疆低;平原和盆地高,高山带低"的特点(图 3.85)。塔里木盆地中西部及吐哈盆地腹地在 8.0 ℃以上;塔里木盆地中东部以及盆地边缘地带、吐哈盆地大部、北疆沿天山一代及伊犁河谷为 5.0～8.0 ℃;准噶尔盆地腹地、塔里木盆地和吐哈盆地周边山前倾斜平原 2.0～5.0 ℃;北疆北部、天山和昆仑山低山带−3.0～2.0 ℃;阿尔泰山、天山和昆仑山区中山带为−9.0～−3.0 ℃,高山带低于−9.0 ℃。

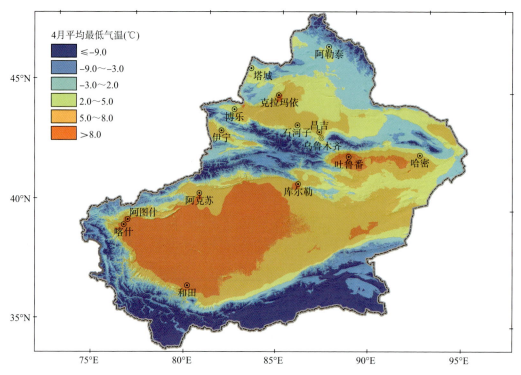

图 3.85　新疆 4 月平均最低气温空间分布

（2）4 月平均最低气温时间变化趋势

1961—2013 年，新疆 4 月平均最低气温总体以 0.466 ℃·$(10 \text{ a})^{-1}$ 的速率呈显著（$P=0.001$）的上升趋势，53 a 来全疆平均 4 月平均最低气温升高了 2.5 ℃，并且 1997 年以来升温速率有加快的趋势（图3.86）。

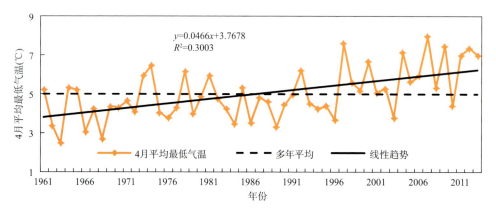

图 3.86　1961—2013 年新疆 4 月平均最低气温变化趋势

3.3.10　5 月平均最低气温时空变化

（1）5 月平均最低气温空间分布

新疆 5 月平均最低气温为 10.6 ℃，其空间分布总体呈现"南疆高，北疆低；平原和盆地高，高山带低"的特点（图 3.87）。塔里木盆地大部、吐哈盆地中部以及准噶尔盆地西南缘在 13.0 ℃ 以上；塔里木盆地周边山前倾斜平原、吐哈盆地大部以及北疆沿天山一带 11.0～13.0 ℃；北疆北部以及塔里木盆地和吐哈盆地周边低山丘陵地带为 7.0～11.0 ℃；阿尔泰山和天山北坡的丘陵地带以及天山南坡和昆仑山的低山带为 1.0～7.0 ℃；各山区中山带为 −7.0～1.0 ℃，高山带低于 −7.0 ℃。

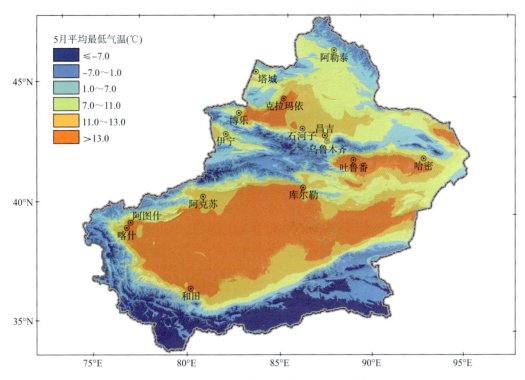

图 3.87 新疆 5 月平均最低气温空间分布

(2)5 月平均最低气温时间变化趋势

1961—2013 年,新疆 5 月平均最低气温总体以 0.319 ℃·(10 a)$^{-1}$ 的速率呈显著(P＝0.001)的上升趋势,53 a 来全疆平均 5 月平均最低气温升高了 1.7 ℃,1994 年以来升温速率有加快的趋势(图3.88)。

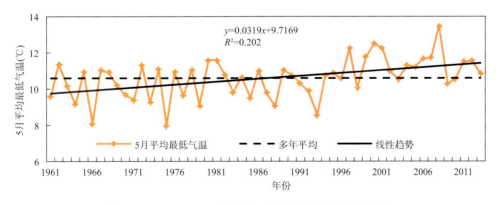

图 3.88 1961—2013 年新疆 5 月平均最低气温变化趋势

3.3.11 6 月平均最低气温时空变化

(1)6 月平均最低气温空间分布

新疆 6 月平均最低气温为 14.7 ℃,其空间分布总体呈现"平原和盆地高,高山带低"的特点,但南、北疆间差异较小(图 3.89)。塔里木盆地东部、吐哈盆地中部、准噶尔盆地西南缘在 17.0 ℃ 以上;南疆大部、吐哈盆地大部、北疆沿天山一带以及东疆北部的淖毛湖、三塘湖一带为 15.0~17.0 ℃;北疆大部、塔里木盆地和吐哈盆地周边山前倾斜平原 12.0~15.0 ℃;阿尔泰山、天山和昆仑山的低山、丘陵地带为6.0~12.0 ℃,中山带−2.0~6.0 ℃,高山带低于−2.0 ℃。

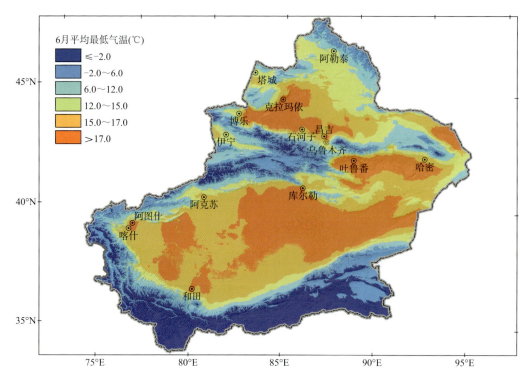

图 3.89 新疆 6 月平均最低气温空间分布

（2）6 月平均最低气温时间变化趋势

1961—2013 年，新疆 6 月平均最低气温总体以 0.444 ℃·(10 a)$^{-1}$的速率呈显著($P=0.001$)的上升趋势，53 a 来全疆平均 6 月平均最低气温升高了 2.3 ℃，1990 年以来升温速率有加快的趋势（图 3.90）。

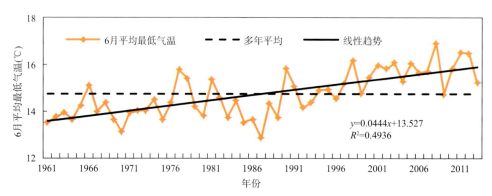

图 3.90 1961—2013 年新疆 6 月平均最低气温变化趋势

3.3.12 7 月平均最低气温时空变化

（1）7 月平均最低气温空间分布

新疆 7 月平均最低气温为 16.5 ℃，其空间分布总体呈现"平原和盆地高，高山带低"，但南、北疆间差异较小的特点（图 3.91）。塔里木盆地东北部、吐哈盆地中部、准噶尔盆地西南缘在 19.0 ℃以上；塔里木盆地大部、吐哈盆地边缘地带、北疆沿天山一带以及东疆北部的淖毛湖、三塘湖一带为 17.0～19.0 ℃；北疆大部、塔里木盆地和吐哈盆地周边山前倾斜平原 14.0～17.0 ℃；阿尔泰山、天山和昆仑山的低山、丘陵地带为 8.0～14.0 ℃，中山带 0.0～8.0 ℃，高山带低于 0.0 ℃。

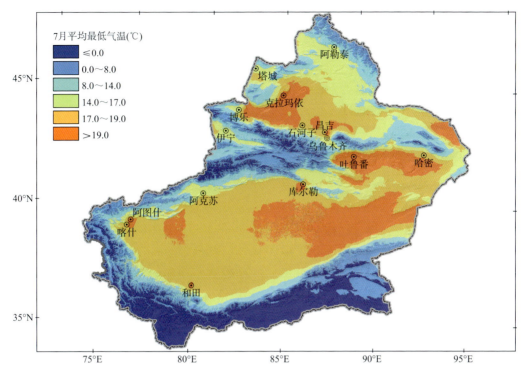

图 3.91　新疆 7 月平均最低气温空间分布

（2）7 月平均最低气温时间变化趋势

1961—2013 年，新疆 7 月平均最低气温总体以 0.333 ℃·(10 a)$^{-1}$ 的速率呈显著($P=0.001$)的上升趋势(图 3.92)，53 a 来全疆平均 7 月平均最低气温升高了 1.7 ℃。

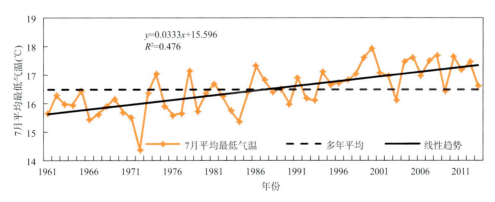

图 3.92　1961—2013 年新疆 7 月平均最低气温变化趋势

3.3.13　8 月平均最低气温时空变化

（1）8 月平均最低气温空间分布

新疆 8 月平均最低气温为 15.1 ℃，其空间分布总体呈现"南疆高，北疆低；平原和盆地高，山区低"的特点(图 3.93)。塔里木盆地和吐哈盆地大部以及准噶尔盆地西南缘在 17.0 ℃ 以上；塔里木盆和吐哈盆地边缘地带、北疆沿天山一带以及东疆北部的淖毛湖、三塘湖一带为 15.0～17.0 ℃；北疆大部，塔里木盆地和吐哈盆地周边山前倾斜平原 13.0～15.0 ℃；阿尔泰山、天山和昆仑山的低山、丘陵地带为7.0～13.0 ℃，中山带 0.0～7.0 ℃，高山带低于 0.0 ℃。

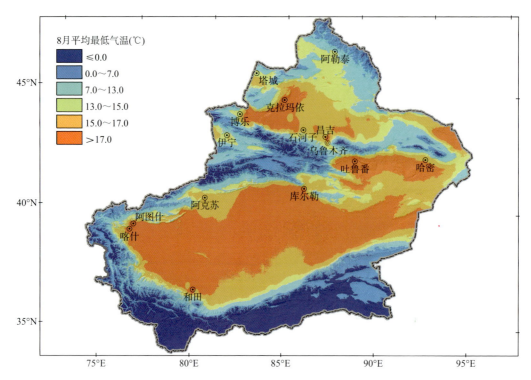

图 3.93　新疆 8 月平均最低气温空间分布

（2）8 月平均最低气温变化趋势

1961—2013 年，新疆 8 月平均最低气温总体以 0.386 ℃ · (10 a)$^{-1}$ 的速率呈显著（$P=0.001$）的上升趋势（图 3.94），53 a 来全疆平均 8 月平均最低气温升高了 2.0 ℃，1994 年以来升温速率有加快的趋势。

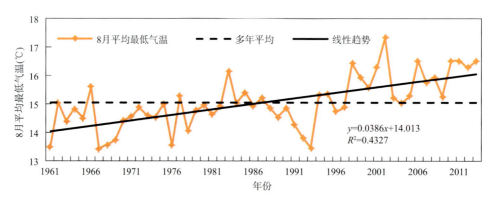

图 3.94　1961—2013 年新疆 8 月平均最低气温变化趋势

3.3.14　9 月平均最低气温时空变化

（1）9 月平均最低气温空间分布

新疆 9 月平均最低气温为 9.6 ℃，其空间分布总体呈现"南疆高，北疆低；平原和盆地高，山区低"的特点（图 3.95）。塔里木盆地西北部、吐哈盆地中部以及准噶尔盆地西南缘局部在 12.0 ℃ 以上；南疆大部、吐哈盆地边缘地带、北疆沿天山一带以及东疆北部的淖毛湖、三塘湖一带为 8.0～12.0 ℃；北疆北部、塔里木盆地和吐哈盆地周边低山、丘陵地带为 4.0～8.0 ℃；阿尔泰山、天山和昆仑山的中山带 -4.0～4.0 ℃，高山带低于 -4.0 ℃。

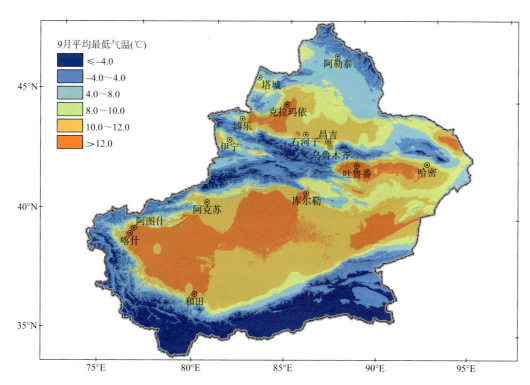

图 3.95　新疆 9 月平均最低气温空间分布

(2)9 月平均最低气温时间变化趋势

1961—2013 年,新疆 9 月平均最低气温总体以 0.422 ℃ · (10 a)$^{-1}$的速率呈显著(P=0.001)的上升趋势(图 3.96),53 a 来全疆平均 9 月平均最低气温升高了 2.2 ℃,1986 年以来升温速率有加快的趋势。

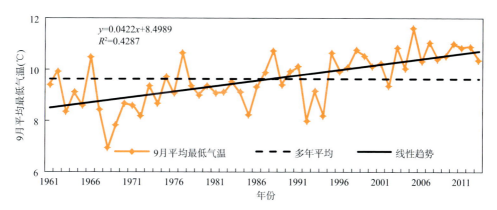

图 3.96　1961—2013 年新疆 9 月平均最低气温变化趋势

3.3.15　10 月平均最低气温时空变化

(1)10 月平均最低气温空间分布

新疆 10 月平均最低气温为 2.2 ℃,其空间分布总体呈现"南疆高,北疆低;平原和盆地高,山区低"的特点(图 3.97)。塔里木盆地大部、吐哈盆地中部、准噶尔盆地西南缘在 3.0 ℃以上;塔里木盆地周边山前倾斜平原、吐哈盆地大部、北疆沿天山一带 1.0~3.0 ℃;北疆北部、塔里木盆地和吐哈盆地的周边低山丘陵地带为-2.0~1.0 ℃;天山北麓低山丘陵地带,以及塔里木盆地和吐哈盆地周边中山带-8.0~-2.0 ℃;阿尔泰山、天山和昆仑山的中高山带低于-8.0 ℃。

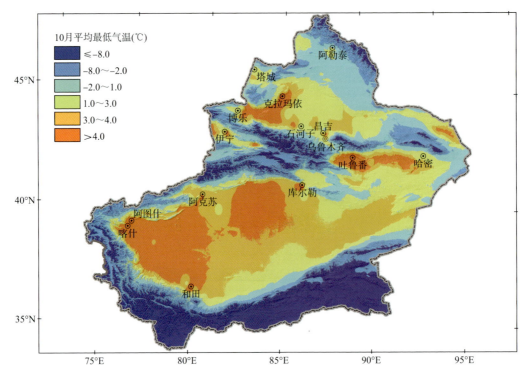

图 3.97 新疆 10 月平均最低气温空间分布

(2)10 月平均最低气温变化趋势

1961—2013 年,新疆 10 月平均最低气温总体以 0.477 ℃·(10 a)$^{-1}$ 的速率呈显著($P=0.001$)的上升趋势(图 3.98),53 a 来全疆平均 10 月平均最低气温升高了 2.5 ℃,1995 年以来升温速率有加快的趋势。

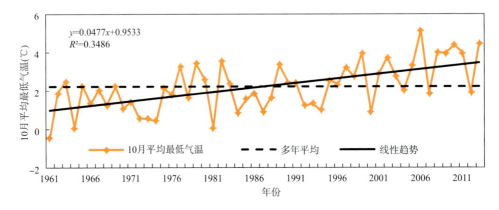

图 3.98 1961—2013 年新疆 10 月平均最低气温变化趋势

3.3.16 11 月平均最低气温时空变化

(1)11 月平均最低气温空间分布

新疆 11 月平均最低气温为 −5.5 ℃,其空间分布总体呈现"南疆高,北疆低;平原和盆地高,山区低"的特点(图 3.99)。塔里木盆地大部、吐哈盆地腹地、准噶尔盆地西南缘局部以及伊犁河谷在 −5.0 ℃ 以上;塔里木盆地和吐哈盆地周边山前倾斜平原、北疆沿天山一带 −7.0～−5.0 ℃;北疆北部、天山北麓低山丘陵地带以及塔里木盆地和吐哈盆地周边中低山带 −14.0～−9.0 ℃;阿尔泰山、天山和昆仑山的中、高山带低于 −14.0 ℃。

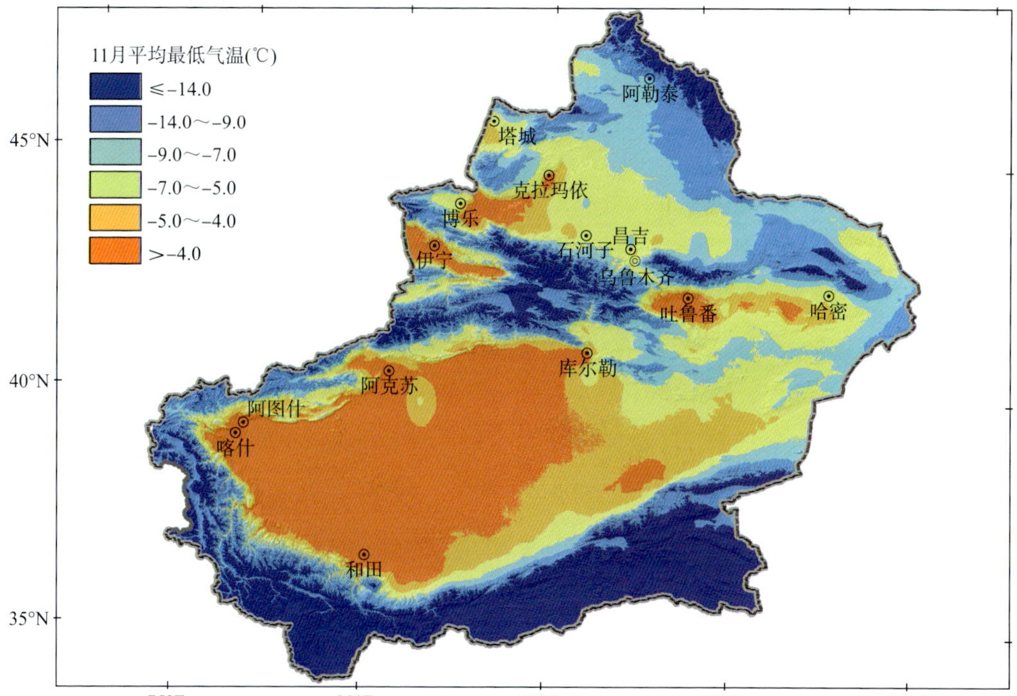

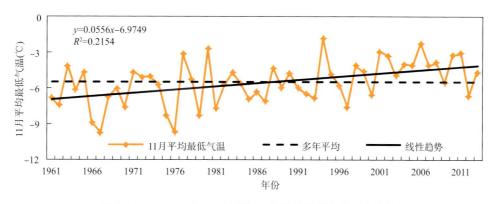

图 3.99　新疆 11 月平均最低气温空间分布

（2）11 月平均最低气温变化趋势

1961—2013 年，新疆 11 月平均最低气温总体以 0.556 ℃·(10 a)$^{-1}$ 的速率呈显著（$P=0.001$）的上升趋势（图 3.100），53 a 来全疆平均 11 月平均最低气温升高了 2.9 ℃，1994 年以来升温速率有加快的趋势。

图 3.100　1961—2013 年新疆 11 月平均最低气温变化趋势

3.3.17　12 月平均最低气温时空变化

（1）12 月平均最低气温空间分布

新疆 12 月平均最低气温为 −13.0 ℃，其空间分布总体呈现"南疆高、北疆低"的特点（图 3.101）。塔里木盆地大部、伊犁河谷谷底在 −11.0 ℃ 以上；塔里木盆地周边山前倾斜平原、吐哈盆地腹地、伊犁河谷大部 −13.0～−11.0 ℃；塔里木盆地周边低山丘陵地带、吐哈盆地大部、北疆西部 −15.0～−13.0 ℃；准噶尔盆地腹地和天山北坡山前倾斜平原 −17.0～−15.0 ℃；北疆北部、昆仑山大部以及天山中低山带 −20.0～−17.0 ℃；阿尔泰山和天山高山带低于 −20.0 ℃。

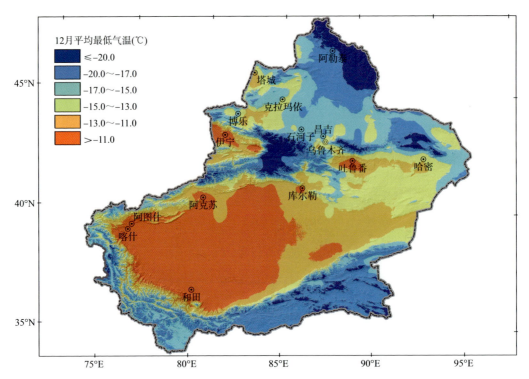

图 3.101　新疆 12 月平均最低气温空间分布

（2）12 月平均最低气温变化趋势

1961—2013 年，新疆 12 月平均最低气温总体以 0.520 ℃·(10 a)$^{-1}$的速率呈显著($P=0.05$)的上升趋势(图 3.102)，53 a 来全疆平均 12 月平均最低气温升高了 2.7 ℃。

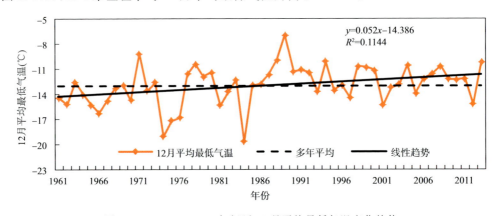

图 3.102　1961—2013 年新疆 12 月平均最低气温变化趋势

3.4　平均气温日较差时空变化

3.4.1　年平均气温日较差时空变化

（1）年平均气温日较差空间分布

新疆年平均气温日较差为 13.2 ℃，其空间分布呈现"南疆大，北疆小；东部大，西部小"的格局(图 3.103)。南疆东部、哈密地区南部在 15.0 ℃以上；南疆中部和东北部、吐哈盆地大部 14.0～15.0 ℃；塔里木盆地周边、北疆东部、东疆北部为 13.0～14.0 ℃；北疆大部、天山山区一般在 12.0～13.0 ℃，其中北疆西北部和天山高山带小于 12.0 ℃。

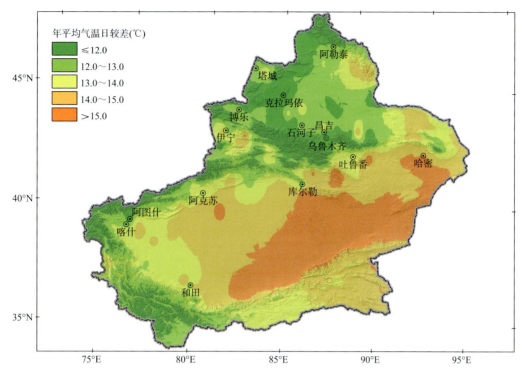

图 3.103 新疆年平均气温日较差空间分布

（2）年平均气温日较差变化趋势

由于年平均最低气温上升速率大于年平均最高气温，因此，1961—2013 年，新疆年平均气温日较差总体以 $-0.236\ ℃\cdot(10\ a)^{-1}$ 的速率呈显著（$P=0.001$）的减小趋势，53 a 来减小了 1.2 ℃，并且 1987 年以来减小速率有加快的趋势（图 3.104）。

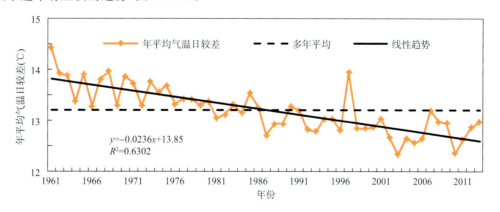

图 3.104 1961—2013 年新疆年平均气温日较差变化趋势

3.4.2 春季平均气温日较差时空变化

（1）春季平均气温日较差空间分布

新疆春季平均气温日较差为 13.5 ℃，其空间分布呈现"南疆大，北疆小；东部大，西部小；平原和盆地大，山区小"的格局（图 3.105）。南疆东部在 16.0 ℃ 以上；南疆中部和东北部、吐哈盆地大部 15.0～16.0 ℃；南疆西部、东疆北部为 14.0～15.0 ℃；北疆东部、塔里木盆地周边山前倾斜平原一般在 13.0～14.0 ℃，北疆北部、西部以及天山、昆仑山区小于 13.0 ℃。

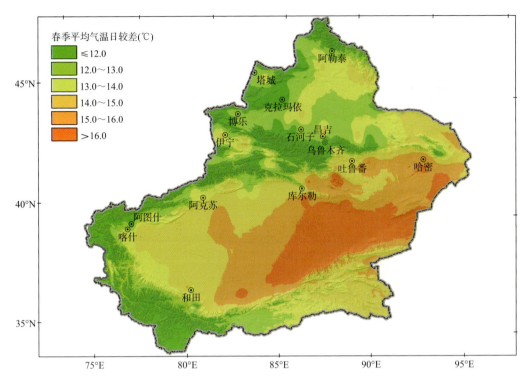

图 3.105 新疆春季平均气温日较差空间分布

（2）春季平均气温日较差变化趋势

1961—2013 年,新疆春季平均气温日较差总体以 $-0.176\ ℃\cdot(10\ a)^{-1}$ 的速率呈显著（$P=0.001$）的减小趋势,53 a 来减小了 0.9 ℃,并且 1984 年以来减小速率有加快的趋势（图 3.106）。

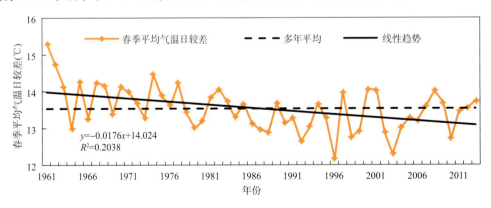

图 3.106 1961—2013 年新疆春季平均气温日较差变化趋势

3.4.3 夏季平均气温日较差时空变化

（1）夏季平均气温日较差空间分布

全疆平均夏季平均气温日较差为 14.1 ℃,其空间分布呈现"南疆大,北疆小;东部大,西部小;平原和盆地大,山区小"的格局（图 3.107）。南疆东部、吐哈盆地大部在 15.0 ℃ 以上;南疆中、西部,准噶尔盆地腹地以及东疆北部为 14.0～15.0 ℃;北疆大部、塔里木盆地周边山前倾斜平原一般在 13.0～14.0 ℃;天山、阿尔泰山以及昆仑山区小于 13.0 ℃。

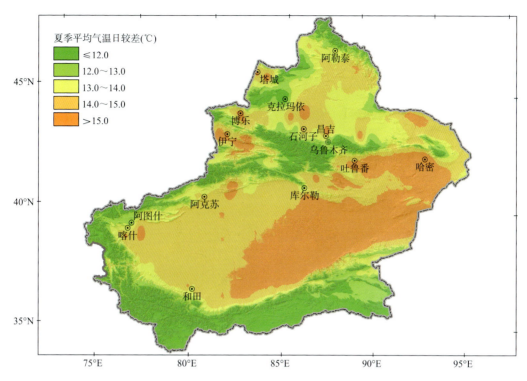

图 3.107　新疆夏季平均气温日较差空间分布

（2）夏季平均气温日较差变化趋势

1961—2013 年，新疆夏季平均气温日较差总体以 $-0.244\ ℃\cdot(10\ a)^{-1}$ 的速率呈显著（$P=0.001$）的减小趋势，53 a 来减小了 1.3 ℃，并且 1987 年以来减小速率有加快的趋势（图 3.108）。

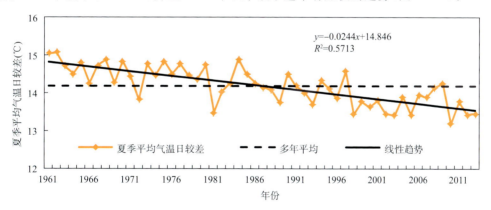

图 3.108　1961—2013 年新疆夏季平均气温日较差变化趋势

3.4.4　秋季平均气温日较差时空变化

（1）秋季平均气温日较差空间分布

新疆秋季平均气温日较差为 13.6 ℃，其空间分布呈现"南疆大、北疆小；东部大、西部小；平原和盆地大、山区小"的格局（图 3.109）。南疆东部在 16.0 ℃ 以上；南疆中部、哈密地区大部为 15.0～16.0 ℃；南疆西部、北部为 14.0～15.0 ℃；塔里木盆地周边山前倾斜平原、东疆北部、伊犁河谷在 13.0～14.0 ℃；北疆东部 12.0～13.0 ℃；北疆大部、天山山区小于 12.0 ℃。

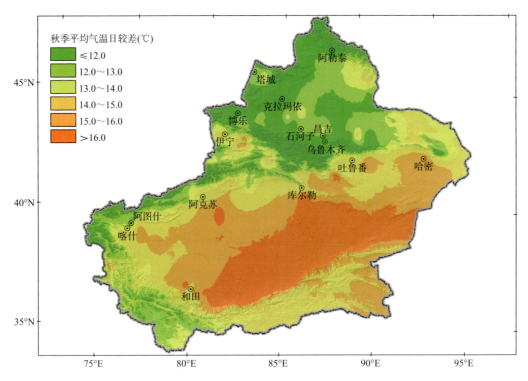

图 3.109　新疆秋季平均气温日较差空间分布

（2）秋季平均气温日较差变化趋势

1961—2013 年，新疆秋季平均气温日较差总体以 $-0.156\ ℃\cdot(10\ a)^{-1}$ 的速率呈显著（$P=0.001$）的减小趋势，53 a 来减小了 0.8 ℃，并且 1981 年以来减小速率有加快的趋势（图 3.110）。

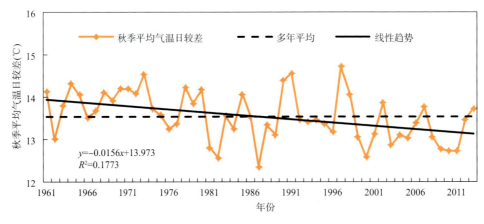

图 3.110　1961—2013 年新疆秋季平均气温日较差变化趋势

3.4.5　冬季平均气温日较差时空变化

（1）冬季平均气温日较差空间分布

全疆冬季平均气温日较差 11.6 ℃，其空间分布总体呈现"由东南向西北递减"的格局（图 3.111）。南疆东部和南部以及北疆东部和东疆北部的部分区域在 13.0 ℃ 以上；南疆大部和吐哈盆地大部 12.0～13.0 ℃；准噶尔盆地周边地区、伊犁河谷以及塔里木盆地西南缘为 11.0～12.0 ℃；北疆大部一般在 11.0 ℃ 以下。

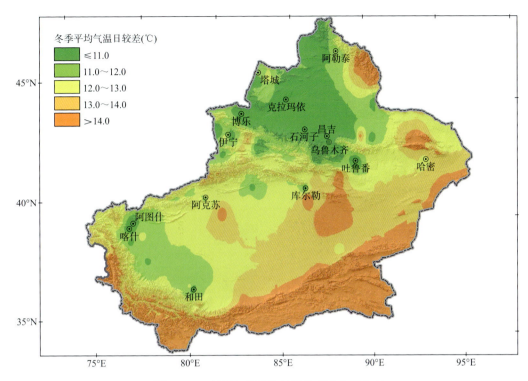

图 3.111　新疆冬季平均气温日较差空间分布

（2）冬季平均气温日较差变化趋势

1961—2013 年，新疆冬季平均气温日较差总体以 $-0.367\ ℃\cdot(10\ a)^{-1}$ 的速率呈显著（$P=0.001$）的减小趋势，53 a 来减小了 1.9 ℃，并且 1987 年以来减小速率有加快的趋势（图 3.112）。

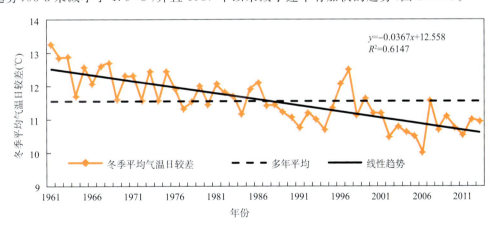

图 3.112　1961—2013 年新疆冬季平均气温日较差变化趋势

3.4.6　1 月平均气温日较差时空分布

（1）1 月平均气温日较差空间分布

全疆平均 1 月平均气温日较差 11.7 ℃，其空间分布总体呈现"由东南向西北递减"的格局（图 3.113）。南疆东部和南部以及北疆东部和东疆北部的部分区域在 13.0 ℃以上；南疆大部和吐哈盆地大部 12.0～13.0 ℃；北疆大部、塔里木盆地西南缘一般在 12.0 ℃以下，其中，准噶尔盆地小于 11.0 ℃。

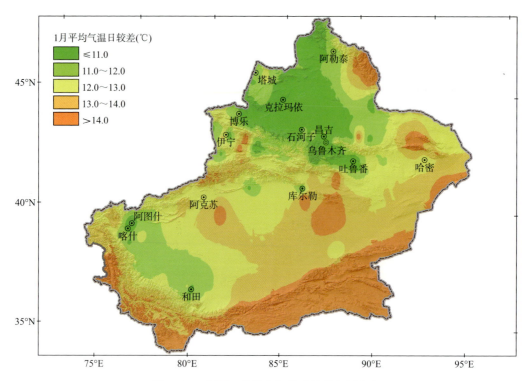

图 3.113　新疆 1 月平均气温日较差空间分布

(2)1 月平均气温日较差变化趋势

1961—2013 年,新疆 1 月平均气温日较差总体以 -0.353 ℃ · (10 a)$^{-1}$ 的速率呈显著($P=0.001$)的减小趋势,53 a 来减小了 1.8 ℃,并且 1988 年以来减小速率有加快的趋势(图 3.114)。

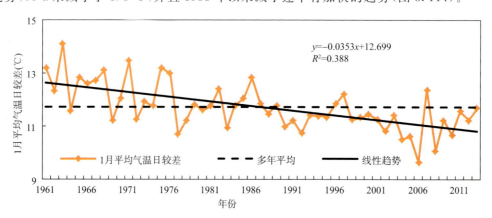

图 3.114　1961—2013 年新疆 1 月平均气温日较差变化趋势

3.4.7　2 月平均气温日较差时空变化

(1)2 月平均气温日较差空间分布

新疆 2 月平均气温日较差为 12.3 ℃,其空间分布总体呈现"由东南向西北递减"的格局(图 3.115)。南疆东南部以及北疆东部和哈密地区大部在 14.0 ℃ 以上;南疆中部和北部、吐鲁番地区大部 13.0~14.0 ℃;北疆大部、塔里木盆地西南部一般在 12.0~13.0 ℃;北疆西部、准噶尔盆地大部以及南疆的喀什、和田地区局部小于 12.0 ℃。

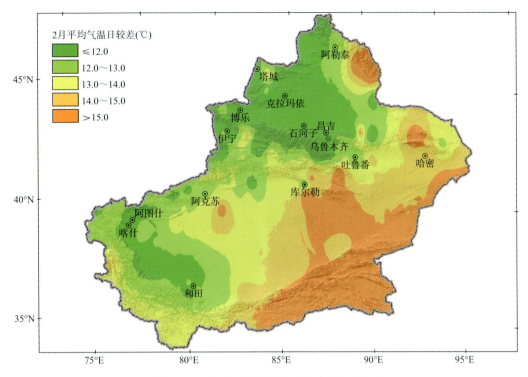

图 3.115　新疆 2 月平均气温日较差空间分布

（2）2 月平均气温日较差变化趋势

1961—2013 年,新疆 2 月平均气温日较差总体以 $-0.377\ ℃\cdot(10\ a)^{-1}$ 的速率呈显著($P=0.001$)
的减小趋势,53 a 来全疆平均 2 月平均气温日较差减小了 2.0 ℃(图 3.116)。

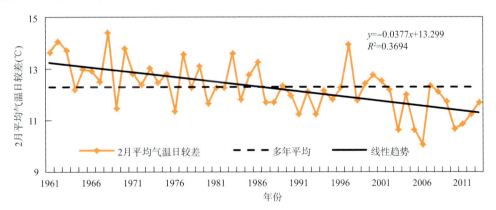

图 3.116　1961—2013 年新疆 2 月平均气温日较差变化趋势

3.4.8　3 月平均气温日较差时空变化

（1）3 月平均气温日较差空间分布

新疆 3 月平均气温日较差为 12.5 ℃,其空间分布总体呈现"由东南向西北递减"的格局(图
3.117)。南疆东部和南部以及哈密地区东南部在 15.0 ℃ 以上;南疆中部、吐哈盆地大部 14.0 ～
15.0 ℃;南疆西部和北部以及北疆东部、东疆北部的部分区域 13.0～14.0 ℃;北疆大部、天山山区一般
小于 13.0 ℃,其中,北疆西部、北部,准噶尔盆地大部以及天山中、高山带在 12.0 ℃ 以下。

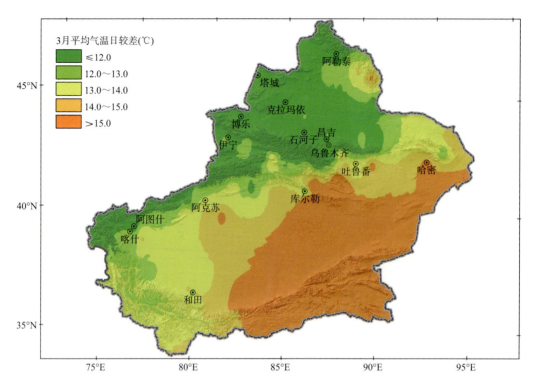

图 3.117　新疆 3 月平均气温日较差空间分布

（2）3 月平均气温日较差变化趋势

1961—2013 年，新疆 3 月平均气温日较差总体以 $-0.180\ ℃\cdot(10\ a)^{-1}$ 的速率呈显著（$P=0.001$）的减小趋势，53 a 来全疆平均 3 月平均气温日较差减小了 0.9 ℃（图 3.118）。

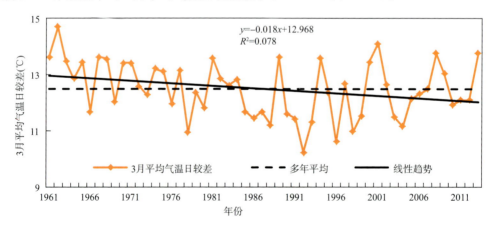

图 3.118　1961—2013 年新疆 3 月平均气温日较差变化趋势

3.4.9　4 月平均气温日较差时空变化

（1）4 月平均气温日较差空间分布

新疆 4 月平均气温日较差为 14.0 ℃，其空间分布总体呈现"南疆大、北疆小；东部大、西部小；平原和盆地大，山区小"的特点（图 3.119）。南疆东部和南部以及哈密地区东南部在 16.0 ℃以上；南疆中部、吐哈盆地大部 15.0～16.0 ℃；南疆西部和北部、伊犁河谷以及准噶尔盆地腹地和东疆北部的部分区域 14.0～15.0 ℃；北疆大部、塔里木盆地周边山前倾斜平原和低山、丘陵地带 13.0～14.0 ℃；北疆北部以及天山、阿尔泰山、昆仑山山区一般在 13.0 ℃以下，其中，中、高山带小于 12.0 ℃。

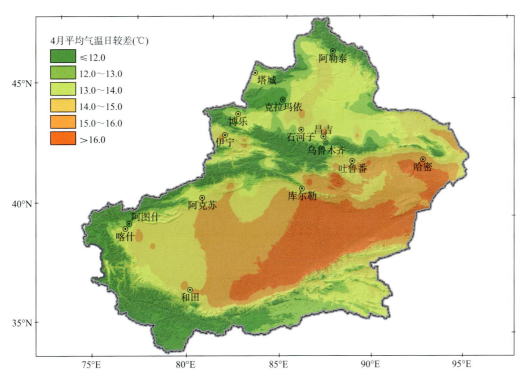

图 3.119 新疆 4 月平均气温日较差空间分布

(2)4 月平均气温日较差变化趋势

1961—2013 年,新疆 4 月平均气温日较差总体以 $-0.126\ \text{℃} \cdot (10\ \text{a})^{-1}$ 的速率呈不显著($P=0.05$)的略减趋势,53 a 来全疆平均 4 月平均气温日较差减小了 0.7 ℃,1989 年以来减小速率有加快的趋势(图 3.120)。

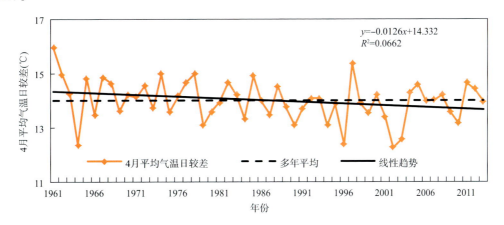

图 3.120 1961—2013 年新疆 4 月平均气温日较差变化趋势

3.4.10 5 月平均气温日较差时空变化

(1)5 月平均气温日较差空间分布

新疆 5 月平均气温日较差为 14.2 ℃,其空间分布总体呈现"南疆大,北疆小;东部大,西部小;平原和盆地大,山区小"的特点(图 3.121)。南疆东南部以及吐哈盆地东南部在 16.0 ℃以上;南疆中部、吐哈盆地大部 15.0～16.0 ℃;南疆西部和北部、伊犁河谷以及准噶尔盆地大部和东疆北部 14.0～15.0 ℃;准噶尔盆地和塔里木盆地周边山前倾斜平原和低山、丘陵地带 13.0～14.0 ℃;北疆北部以及天山、阿尔泰山、昆仑山山区一般在 13.0 ℃以下,其中,中、高山带小于 12.0 ℃。

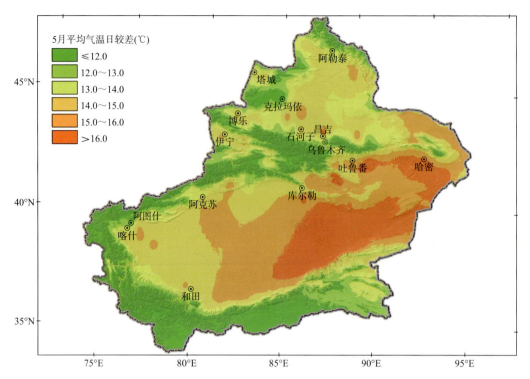

图 3.121　新疆 5 月平均气温日较差空间分布

（2）5 月平均气温日较差变化趋势

1961—2013 年，新疆 5 月平均气温日较差总体以 -0.221 ℃ · $(10\ a)^{-1}$ 的速率呈显著（$P=0.001$）的递减趋势，53 a 来全疆平均 5 月平均气温日较差减小了 1.1 ℃，1984 年以来递减速率有加快的趋势（图 3.122）。

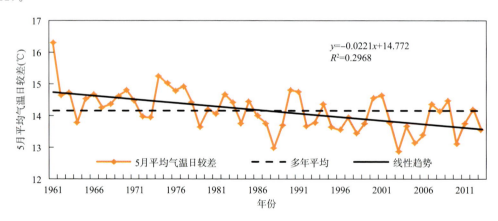

图 3.122　1961—2013 年新疆 5 月平均气温日较差变化趋势

3.4.11　6 月平均气温日较差时空变化

（1）6 月平均气温日较差空间分布

新疆 6 月平均气温日较差为 14.1 ℃，其空间分布总体呈现"南疆大，北疆小；东部大，西部小；平原和盆地大，山区小"的特点（图 3.123）。南疆东部、吐哈盆地大部在 15.0 ℃ 以上；南疆中西部和北部、东疆北部、准噶尔盆地腹地以及伊犁河谷 14.0～15.0 ℃；北疆大部和塔里木盆地周边山前倾斜平原和低山、丘陵地带 13.0～14.0 ℃；天山、阿尔泰山、昆仑山山区一般小于 13.0 ℃，其中，中、高山带在 12.0 ℃ 以下。

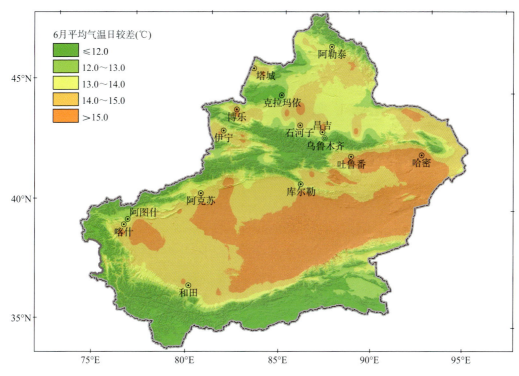

图 3.123　新疆 6 月平均气温日较差空间分布

(2)6 月平均气温日较差变化趋势

1961—2013 年,新疆 6 月平均气温日较差总体以 -0.279 ℃ • $(10\ a)^{-1}$ 的速率呈显著($P=0.001$)的递减趋势,53 a 来全疆平均 6 月平均气温日较差减小了 1.5 ℃,1981 年以来递减速率有加快的趋势(图 3.124)。

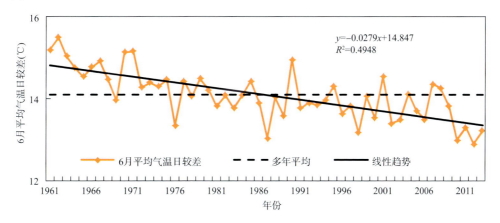

图 3.124　1961—2013 年新疆 6 月平均气温日较差变化趋势

3.4.12　7 月平均气温日较差时空变化

(1)7 月平均气温日较差空间分布

新疆 7 月平均气温日较差为 16.5 ℃,其空间分布总体呈现"南疆大,北疆小;东部大,西部小;平原和盆地大,山区小"的特点(图 3.125)。南疆东南部、吐哈盆地中部在 15.0 ℃以上;南疆大部、东疆北部、伊犁河谷以及准噶尔盆地腹地的局部 14.0～15.0 ℃;北疆大部和塔里木盆地周边山前倾斜平原和低山、丘陵地带 13.0～14.0 ℃;天山、阿尔泰山、昆仑山山区一般小于 13.0 ℃,其中,中、高山带在12.0 ℃以下。

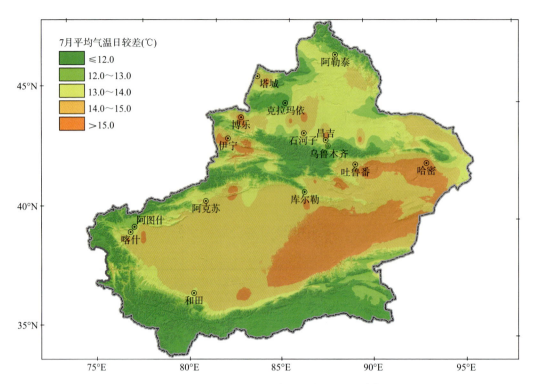

图 3.125　新疆 7 月平均气温日较差空间分布

（2）7 月平均气温日较差变化趋势

1961—2013 年，新疆 7 月平均气温日较差总体以-0.221 ℃·$(10 \ a)^{-1}$的速率呈显著（$P=0.001$）的递减趋势（图 3.126），53 a 来全疆平均 7 月平均气温日较差减小了 1.1 ℃，并且 1989 年以来递减速率有加快的趋势。

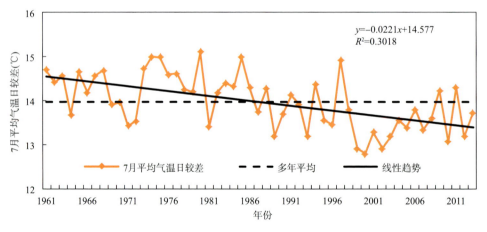

图 3.126　1961—2013 年新疆 7 月平均气温日较差变化趋势

3.4.13　8 月平均气温日较差时空变化

（1）8 月平均气温日较差空间分布

新疆 8 月平均气温日较差为 14.5 ℃，其空间分布总体呈现"南疆大，北疆小；东部大，西部小；平原和盆地大，山区小"的特点（图 3.127）。南疆东部、吐哈盆地大部在 15.0 ℃ 以上；南疆中西部、北疆大部、伊犁河谷 14.0～15.0 ℃；塔里木盆地和准噶尔盆地周边山前倾斜平原和低山、丘陵地带 13.0～14.0 ℃；天山、阿尔泰山、昆仑山山区一般小于 13.0 ℃，其中，中、高山带在 12.0 ℃ 以下。

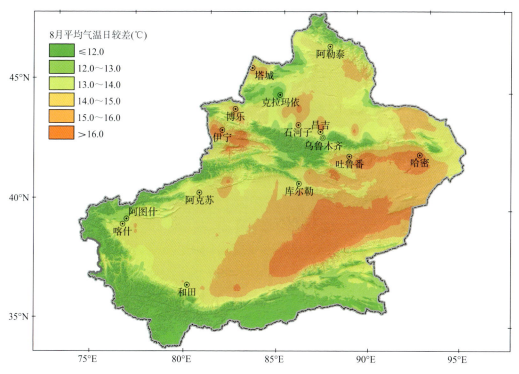

图 3.127　新疆 8 月平均气温日较差空间分布

（2）8 月平均气温日较差变化趋势

1961—2013 年，新疆 8 月平均气温日较差总体以 -0.232 ℃·$(10 \text{ a})^{-1}$ 的速率呈显著（$P=0.001$）的递减趋势（图 3.128），53 a 来全疆平均 8 月平均气温日较差减小了 1.2 ℃，1998 年以来递减速率有加快的趋势。

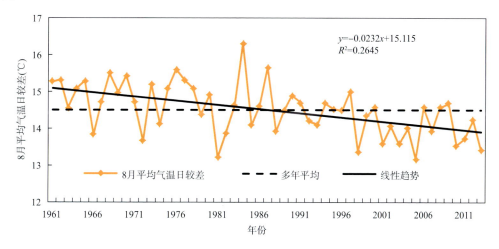

图 3.128　1961—2013 年新疆 8 月平均气温日较差变化趋势

3.4.14　9 月平均气温日较差时空变化

（1）9 月平均气温日较差空间分布

新疆 9 月平均气温日较差为 14.8 ℃，其空间分布总体呈现"南疆大，北疆小；东部大，西部小；平原和盆地大，山区小"的特点（图 3.129）。塔里木盆地东南部、吐哈盆地大部、伊犁河谷在 16.0 ℃ 以上；南疆大部、吐哈盆地边缘地带、东疆北部以及准噶尔盆地局部为 15.0～16.0 ℃；北疆大部、南疆西部为 14.0～15.0 ℃；塔里木盆地和准噶尔盆地周边山前倾斜平原和低山、丘陵地带为 13.0～14.0 ℃；阿尔泰山、天山和昆仑山山区一般小于 13.0 ℃，其中，中、高山带在 12.0 ℃ 以下。

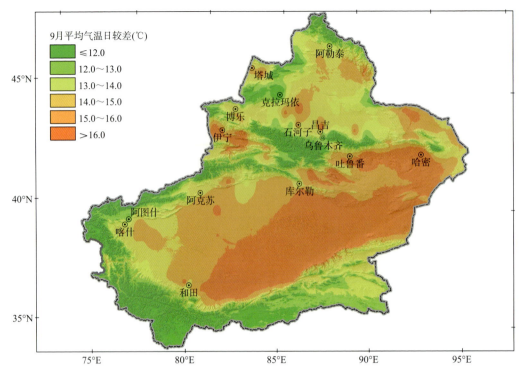

图 3.129　新疆 9 月平均气温日较差空间分布

（2）9 月平均气温日较差变化趋势

1961—2013 年，新疆 9 月平均气温日较差总体以 −0.176 ℃ · (10 a)$^{-1}$ 的速率呈显著（$P=0.001$）的递减趋势（图 3.130），53 年来全疆平均 9 月平均气温日较差减小了 0.9 ℃，并且 1992 年以来递减速率有加快的趋势。

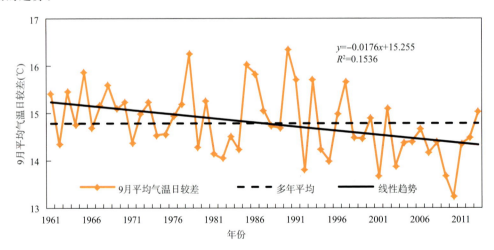

图 3.130　1961—2013 年新疆 9 月平均气温日较差变化趋势

3.4.15　10 月平均气温日较差时空变化

（1）10 月平均气温日较差空间分布

新疆 10 月平均气温日较差为 14.2 ℃，其空间分布总体呈现"南疆大，北疆小；东部大，西部小；平原和盆地大，山区小"的特点（图 3.131）。塔里木盆地东南部在 17.0 ℃ 以上；塔里木盆地西北部、哈密盆地东南部为 16.0～17.0 ℃；塔里木盆地周边山前倾斜平原和吐哈盆地大部为 15.0～16.0 ℃；塔里木盆地周边低山丘陵地带、伊犁河谷和东疆北部部分区域为 14.0～15.0 ℃；北疆大部、天山山区一般在 14.0 ℃ 以下。

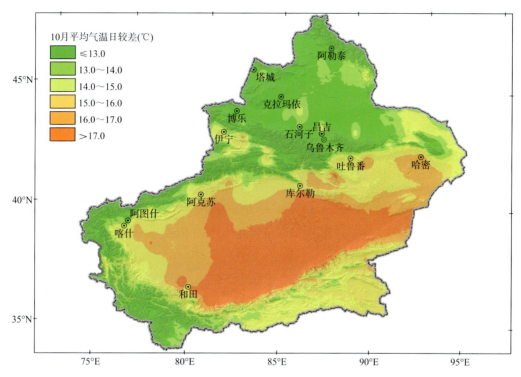

图 3.131 新疆 10 月平均气温日较差空间分布

(2)10 月平均气温日较差变化趋势

1961—2013 年,新疆 10 月平均气温日较差总体以−0.114 ℃·(10 a)$^{-1}$的速率呈不显著($P=$ 0.05)的略减趋势(图 3.132),53 a 来全疆平均 10 月平均气温日较差减小了 0.6 ℃。

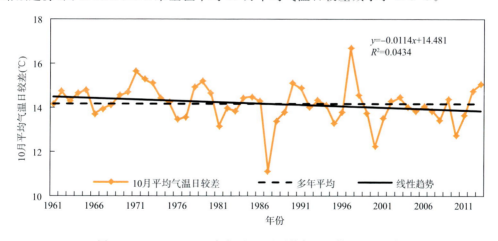

图 3.132 1961—2013 年新疆 10 月平均气温日较差变化趋势

3.4.16 11 月平均气温日较差时空变化

(1)11 月平均气温日较差空间分布

新疆 11 月平均气温日较差为 11.7 ℃,其空间分布总体呈由南向北递减的纬向分布(图 3.133)。昆仑山区在 15.0 ℃ 以上;南疆中部和南部为 14.0～15.0 ℃;塔里木盆地北部和吐哈盆地南部为 13.0～14.0 ℃;天山南麓为 12.0～13.0 ℃;天山山区为 11.0～12.0 ℃;北疆大部小于 11.0 ℃。

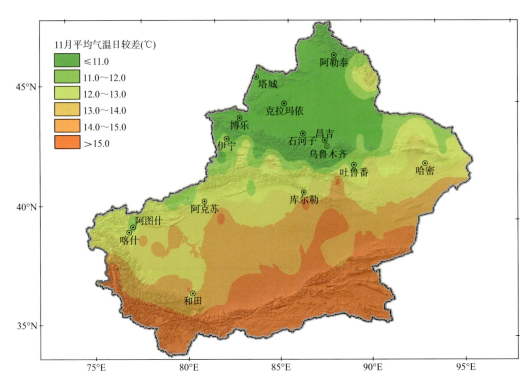

图 3.133　新疆 11 月平均气温日较差空间分布

(2)11 月平均气温日较差变化趋势

1961—2013 年,新疆 11 月平均气温日较差总体以 -0.178 ℃ · (10 a)$^{-1}$ 的速率呈显著($P=0.05$)的递减趋势(图 3.134),53 a 来全疆平均 11 月平均气温日较差减小了 0.9 ℃,1981 年以来递减速率有加快的趋势。

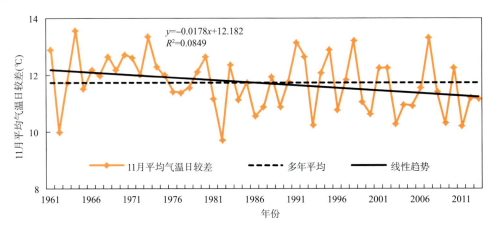

图 3.134　1961—2013 年新疆 11 月平均气温日较差变化趋势

3.4.17　12 月平均气温日较差时空变化

(1)12 月平均气温日较差空间分布

新疆 12 月平均气温日较差为 10.7 ℃,其空间分布总体呈现"南疆大,北疆小;山区大,盆地小"的特点(图 3.135)。天山、昆仑山以及阿尔泰山区一般在 13.0 ℃ 以上;塔里木盆地东部和南部为 12.0 ~ 13.0 ℃;塔里木盆地西部和北部、吐哈盆地大部为 11.0 ~ 12.0 ℃;北疆大部在 11.0 ℃ 以下,其中,北疆沿天山一带、准噶尔盆地小于 10.0 ℃。

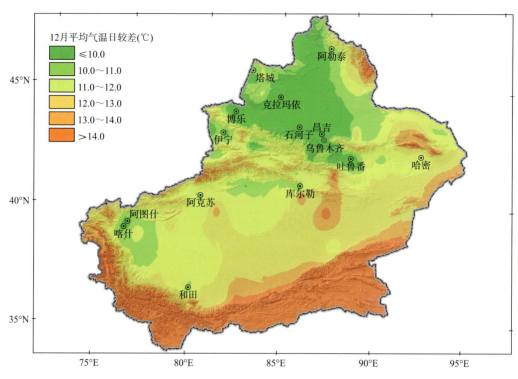

图 3.135　新疆 12 月平均气温日较差空间分布

(2)12 月平均气温日较差变化趋势

1961—2013 年,新疆 12 月份平均气温日较差总体以 -0.372 ℃·$(10 \text{ a})^{-1}$ 的速率呈显著($P=0.001$)的递减趋势(图 3.136),53 a 来全疆平均 12 月平均气温日较差减小了 1.9 ℃,并且 1983 年以来递减速率有加快的趋势。

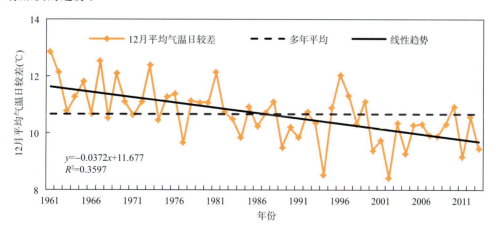

图 3.136　1961—2013 年新疆 12 月平均气温日较差变化趋势

3.5　各界限温度初终日、持续日数、积温时空变化

3.5.1　日平均气温稳定≥0 ℃初日时空变化

(1)日平均气温稳定≥0 ℃初日空间分布

冬末春初日平均气温稳定通过≥0 ℃的初日定义为"开春期",与土壤昼消夜冻、冬小麦返青、牧草萌发、早春作物开始顶凌播种等春季物候和农牧事活动相吻合,因此,对农牧业生产具有十分重要的指示意义。新疆日平均气温稳定≥0 ℃初日空间分布总体呈现"南疆早,北疆晚;平原和盆地早,山区晚"

的格局(图 3.137)。塔里木盆地中部和吐鲁番盆地腹地出现最早,一般在 2 月中旬;塔里木盆地大部和吐哈盆地中部在 2 月下旬至 3 月初;塔里木盆地周边山前倾斜平原和丘陵地带、吐哈盆地大部、北疆沿天山一带、伊犁河谷出现在 3 月上、中旬;北疆北部、天山北坡低山丘陵地带以及塔里木盆地周边低山带在 3 月下旬至 4 月上旬;阿尔泰山低山带以及天山、昆仑山中山带在 4 月上旬至 5 月上旬;阿尔泰山中高山带,天山、昆仑山高山带在 5 月中旬及以后,4000～5000 m 以上的高寒地带终年日平均气温在 0 ℃以下。

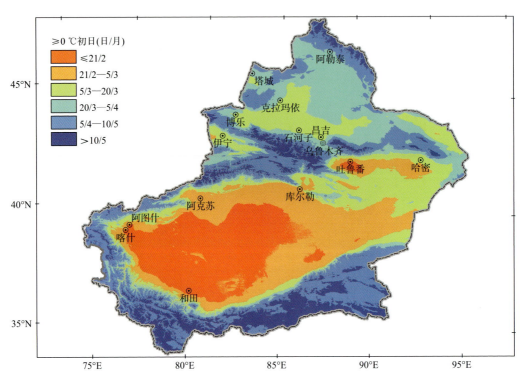

图 3.137　新疆日平均气温稳定≥0 ℃初日空间分布

(2)日平均气温稳定≥0 ℃初日变化趋势

1961—2013 年,新疆日平均气温稳定≥0 ℃初日总体以−0.822 d•(10 a)$^{-1}$的速率呈不显著($P=0.05$)的提早趋势,53 a 来提早了 4.3 d,1997 年以来提早速率有加快的趋势(图 3.138)。

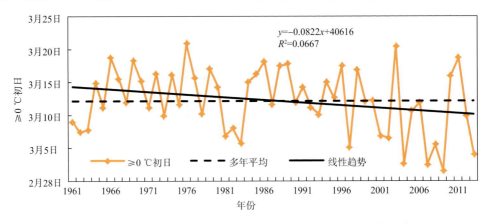

图 3.138　1961—2013 年新疆日平均气温稳定≥0 ℃初日变化趋势

3.5.2　日平均气温稳定≥0 ℃终日时空变化

(1)日平均气温稳定≥0 ℃终日空间分布

秋末冬初日平均气温稳定通过≥0 ℃的终日定义为"入冬期",日平均气温稳定≥0 ℃终日与越冬作物停止生长、土壤开始冻结、牧草休眠的时间相当。新疆日平均气温稳定≥0 ℃终日空间分布与初日大体相反,总体呈现"南疆晚,北疆早;平原和盆地晚,山区早"的格局(图3.139)。塔里木盆地中部和吐鲁番盆地腹地最晚,一般出现在11月下旬;塔里木盆地大部和吐哈盆地中部及伊犁河谷在11月中旬至下旬初;塔里木盆地周边山前倾斜平原和丘陵地带、吐哈盆地大部、北疆沿天山一带出现在11月上、中旬;北疆北部、天山北坡低山丘陵地带以及塔里木盆地周边低山带在10月下旬至11月初;阿尔泰山低山带以及天山、昆仑山中山带在10月上、中旬;阿尔泰山中高山带,天山、昆仑山高山带一般出现在9月底以前,4000~5000 m以上的高寒地带终年日平均气温在0 ℃以下。

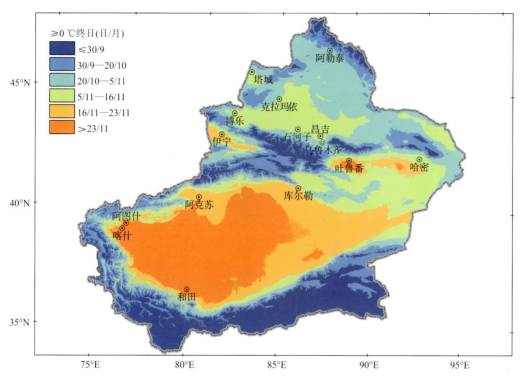

图 3.139　新疆日平均气温稳定≥0 ℃终日空间分布

(2)日平均气温稳定≥0 ℃终日变化趋势

1961—2013年,新疆日平均气温稳定≥0 ℃终日总体以1.549 d・(10 a)$^{-1}$的速率呈显著($P=$0.001)的推迟趋势,53年来推迟了8.1 d,并且1994年以来推迟速率有加快的趋势(图3.140)。

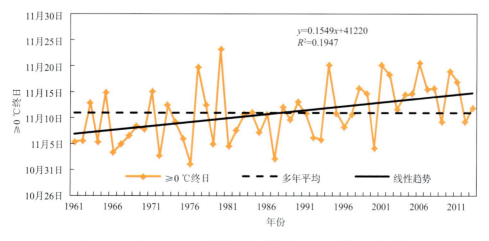

图 3.140　1961—2013年新疆日平均气温稳定≥0 ℃终日变化趋势

3.5.3 日平均气温稳定≥0 ℃持续日数时空变化

(1)日平均气温稳定≥0 ℃持续日数空间分布

日平均气温稳定≥0 ℃持续日数指日平均气温稳定≥0 ℃初日至终日的天数,被认为是作物、牧草和多年生果木的广义生长期,或称农耕期。新疆日平均气温稳定≥0 ℃持续日数空间分布总体呈现"南疆多,北疆少;平原和盆地多,山区少"的格局(图 3.141)。塔里木盆地中部和吐鲁番盆地腹地最多,一般可多达275 d 以上;塔里木盆地大部和吐哈盆地中部在 260~275 d;塔里木盆地周边山前倾斜平原和丘陵地带、吐哈盆地大部、北疆沿天山一带及伊犁河谷 230~260 d;准噶尔盆地周边冲击、洪积平原和塔里木盆地周边低山带 215~230 d;北疆北部、天山北坡低山丘陵地带以及塔里木盆地周边中山带在 150~215 d;阿尔泰山中低山带以及天山、昆仑山中高山带一般不足 150 d,4000~5000 m 以上的高寒地带无≥0 ℃日数。

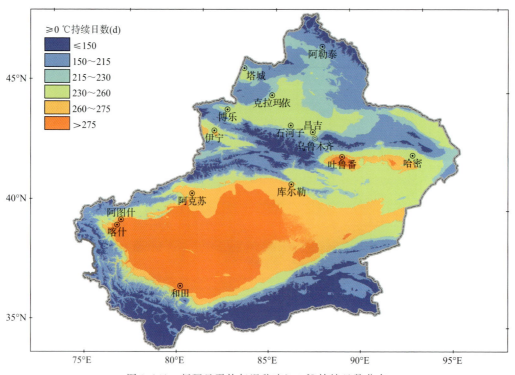

图 3.141 新疆日平均气温稳定≥0 ℃持续日数分布

(2)日平均气温稳定≥0 ℃持续日数变化趋势

受日平均气温稳定≥0 ℃初日提早、终日推迟的综合影响,1961—2013 年,新疆日平均气温稳定≥0 ℃持续日数总体以 2.387 d·(10 a)$^{-1}$的速率呈显著($P=0.001$)的延长趋势,53 a 来延长了 12.4 d,并且 1997 年以来延长速率有加快的趋势(图 3.142)。

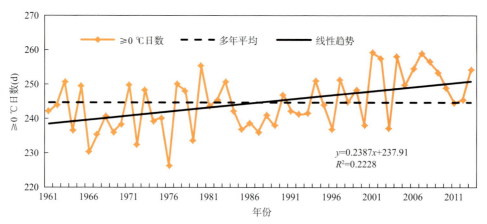

图 3.142 1961—2013 年新疆日平均气温稳定≥0 ℃持续日数变化趋势

3.5.4 日平均气温稳定≥0 ℃活动积温时空变化

(1)≥0 ℃活动积温空间分布

日平均气温稳定≥0 ℃初日至终日间逐日≥0 ℃平均气温的总和称作≥0 ℃活动积温,简称≥0 ℃积温,也称为年总积温,是农牧业生产的重要热量指标。新疆≥0 ℃积温空间分布总体呈现"南疆多,北疆少;平原和盆地多,山区少"的格局(图3.143)。塔里木盆地大部、吐哈盆地中部最多,一般在4600 ℃·d以上;吐哈盆地大部、塔里木盆地周边倾斜平原以及昌吉市以西的北疆沿天山一带在4100～4600 ℃·d;准噶尔盆地中部、伊犁河谷以及塔里木盆地和吐哈盆地周边丘陵地带3500～4100 ℃·d;北疆北部、东部、天山北坡低山丘陵地带,以及塔里木盆地和吐哈盆地周边低山带2500～3500 ℃·d;阿尔泰山中低山带以及天山、昆仑山中山带一般不足2500 ℃·d;4000～5000 m以上的高寒地带基本没有≥0 ℃积温。

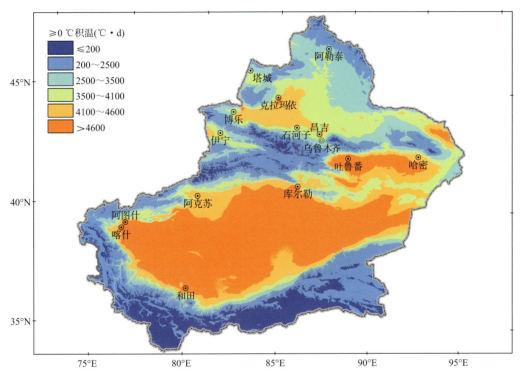

图3.143 新疆≥0 ℃活动积温空间分布

(2)≥0 ℃活动积温变化趋势

1961—2013 年,新疆≥0 ℃活动积温总体以69.332 ℃·d·(10 a)⁻¹的速率呈显著($P=0.001$)的递增趋势,53 a来增多了360.5 ℃·d,并且1997 年以来增加速率有加快的趋势(图3.144)。

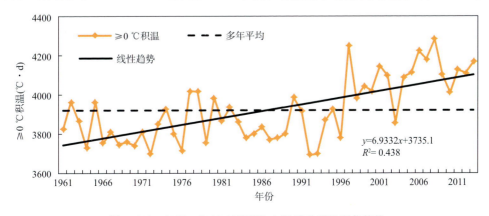

图3.144 1961—2013 年新疆≥0 ℃活动积温变化趋势

3.5.5 日平均气温稳定≥5 ℃初日时空变化

(1)日平均气温稳定≥5 ℃初日空间分布

日平均气温稳定≥5 ℃是春播喜凉作物出苗,冬小麦、牧草起身生长,耐寒的豆类作物开始播种的临界温度,也是喜凉春作物和牧草从缓慢生长到积极生长的过渡期。新疆日平均气温稳定≥5 ℃初日空间分布总体呈现"南疆早,北疆晚;平原和盆地早,山区晚"的格局(图 3.145)。塔里木盆地中部和吐鲁番盆地腹地出现最早,一般在 3 月上旬;塔里木盆地大部和吐哈盆地中部在 3 月中、下旬;塔里木盆地和吐哈盆地周边山前倾斜平原、丘陵地带,北疆沿天山一带,伊犁河谷出现在 3 月下旬至 4 月上旬;北疆北部、天山北坡低山丘陵地带以及塔里木盆地周边低山带在 4 月上、中旬;阿尔泰山低山带以及天山、昆仑山中山带在 4 月下旬至 5 月下旬;阿尔泰山中高山带,天山、昆仑山高山带在 6 月上旬及以后,3500~4500 m 以上的高寒地带终年日平均气温在 5 ℃以下。

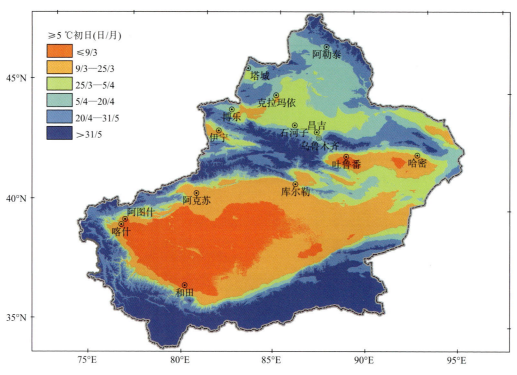

图 3.145 新疆日平均气温稳定≥5 ℃初日空间分布

(2)日平均气温稳定≥5 ℃初日变化趋势

1961—2013 年,新疆日平均气温稳定≥5 ℃初日总体以−0.649 d·(10 a)$^{-1}$的速率呈不显著($P=0.05$)的提早趋势,53 a 来提早了 3.4 d,1997 年以来提早速率有加快的趋势(图 3.146)。

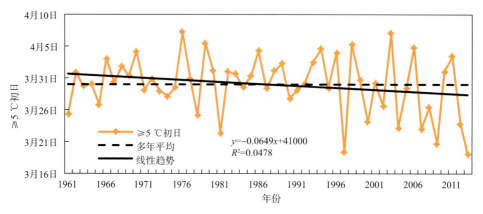

图 3.146 1961—2013 年新疆日平均气温稳定≥5 ℃初日变化趋势

3.5.6 日平均气温稳定≥5 ℃终日时空变化

(1)日平均气温稳定≥5 ℃终日空间分布

新疆日平均气温稳定≥5 ℃终日空间分布与初日大体相反,总体呈现"南疆晚,北疆早;平原和盆地晚,山区早"的格局(图3.147)。塔里木盆地中部和吐鲁番盆地腹地最晚,一般出现在11月上旬;塔里木盆地大部、吐哈盆地中部以及北疆西部的零星区域在10月底至11月初;塔里木盆地周边山前倾斜平原和丘陵地带、吐哈盆地大部、北疆沿天山一带出现在10月中、下旬;北疆北部、天山北坡低山丘陵地带以及塔里木盆地周边低山带在10月上、中旬;阿尔泰山低山带以及天山、昆仑山中山带在9月中、下旬;阿尔泰山中高山带,天山、昆仑山高山带一般出现在9月上旬以前,3500~4500 m以上的高寒地带终年日平均气温在5 ℃以下。

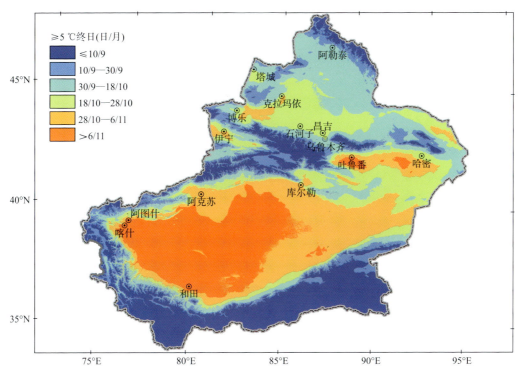

图3.147 新疆日平均气温稳定≥5 ℃终日空间分布

(2)日平均气温稳定≥5 ℃终日变化趋势

1961—2013年,新疆日平均气温稳定≥5 ℃终日总体以1.672 d·(10 a)⁻¹的速率呈显著(P=0.001)的推迟趋势,53 a来推迟了8.9 d,并且1997年以来推迟速率有加快的趋势(图3.148)。

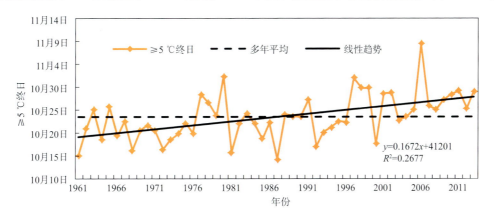

图3.148 1961—2013年新疆日平均气温稳定≥5 ℃终日变化趋势

125

3.5.7 日平均气温稳定≥5 ℃持续日数时空变化

（1）≥5 ℃持续日数空间分布

日平均气温≥5 ℃的持续日数是牧草的青草期,饲草料和耐寒树种的可生长期。新疆日平均气温稳定≥5 ℃持续日数空间分布总体呈现"南疆多,北疆少;平原和盆地多,山区少"的格局(图3.149)。塔里木盆地中部和吐鲁番盆地腹地最多,一般可多达245 d以上;塔里木盆地大部和吐哈盆地中部在220～245 d;塔里木盆地周边山前倾斜平原和丘陵地带、吐哈盆地大部、北疆沿天山一带及伊犁河谷200～220 d;北疆北部、天山北坡低山丘陵地带以及塔里木盆地周边低山带160～200 d;阿尔泰山中低山带以及天山、昆仑山中山带在100～160 d;阿尔泰山中高山带以及天山、昆仑山高山带一般不足100 d,海拔3500～4500 m以上的高寒地带基本无≥5 ℃日数。

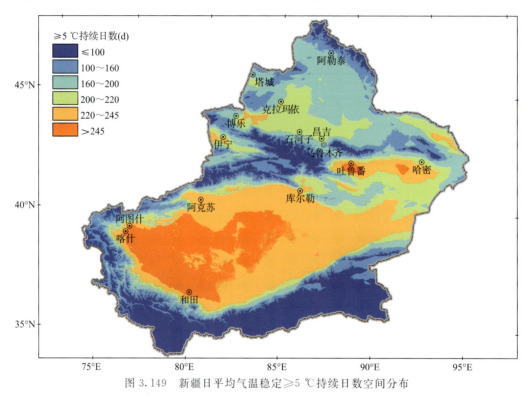

图3.149 新疆日平均气温稳定≥5 ℃持续日数空间分布

（2）≥5 ℃持续日数变化趋势

受日平均气温稳定≥5 ℃初日提早、终日推迟的综合影响,1961—2013年,新疆日平均气温稳定≥5 ℃持续日数总体以2.353 d·(10 a)$^{-1}$的速率呈显著($P=0.001$)的延长趋势,53 a来延长了12.2 d,并且1997年以来延长速率有加快的趋势(图3.150)。

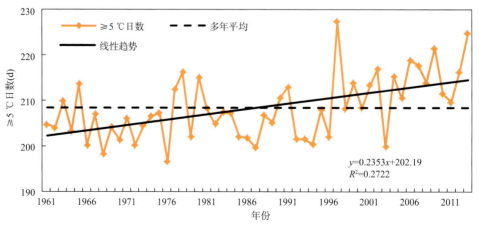

图3.150 1961—2013年新疆日平均气温稳定≥5 ℃持续日数变化趋势

3.5.8 日平均气温稳定≥5 ℃活动积温时空变化

(1)≥5 ℃活动积温空间分布

新疆≥5 ℃积温空间分布总体呈现"南疆多,北疆少;平原和盆地多,山区少"的格局(图3.151)。塔里木盆地大部、吐哈盆地中部最多,一般在4500 ℃·d以上;吐哈盆地大部、塔里木盆地周边倾斜平原以及准噶尔盆地西南部在4000~4500 ℃·d;准噶尔盆地大部、伊犁河谷以及塔里木盆地和吐哈盆地周边丘陵地带3300~4000 ℃·d;北疆北部、东部,天山北坡低山丘陵地带,以及塔里木盆地和吐哈盆地周边低山带2300~3300 ℃·d;阿尔泰山、天山和昆仑山中高山带一般不足2300 ℃·d,其中,海拔3500~4500 m以上的高寒地带基本没有≥5 ℃积温。

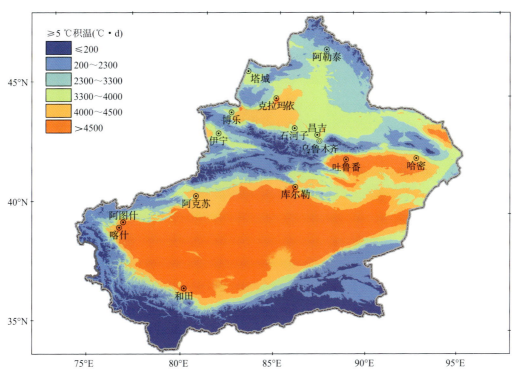

图3.151 新疆≥5 ℃活动积温空间分布

(2)≥5 ℃活动积温变化趋势

1961—2013年,新疆≥5 ℃活动积温总体以67.417 ℃·d·(10 a)$^{-1}$的速率呈显著($P=0.001$)的递增趋势,53 a来增多了350.6 ℃·d,并且1997年以来增加速率有加快的趋势(图3.152)。

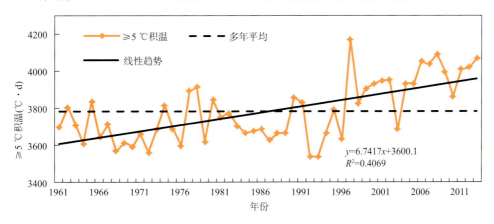

图3.152 1961—2013年新疆≥5 ℃活动积温变化趋势

3.5.9 日平均气温稳定≥10 ℃初日时空变化

(1)日平均气温稳定≥10 ℃初日空间分布

日平均气温≥10 ℃是喜温作物开始生长、喜凉作物积极生长、多年生植物干物质开始快速积累以及牲畜抓膘的临界温度。新疆日平均气温稳定≥10 ℃初日空间分布总体呈现"南疆早,北疆晚;平原和盆地早,山区晚"的格局(图3.153)。塔里木盆地中部和吐哈盆地腹地出现最早,一般在3月下旬;塔里木盆地大部、吐哈盆地中部以及准噶尔盆地西南缘的局部在4月上旬;塔里木盆地和吐哈盆地周边山前倾斜平原、丘陵地带,北疆沿天山一带以及伊犁河谷出现在4月中旬;北疆北部、天山北坡低山丘陵地带以及塔里木盆地周边低山带在4月下旬至5月上旬;阿尔泰山低山带以及天山、昆仑山中山带一般出现在5月初至6月底;阿尔泰山中高山带,天山、昆仑山高山带出现在7月上旬及以后,其中,海拔3000~4000 m以上的高寒地带终年日平均气温在10 ℃以下。

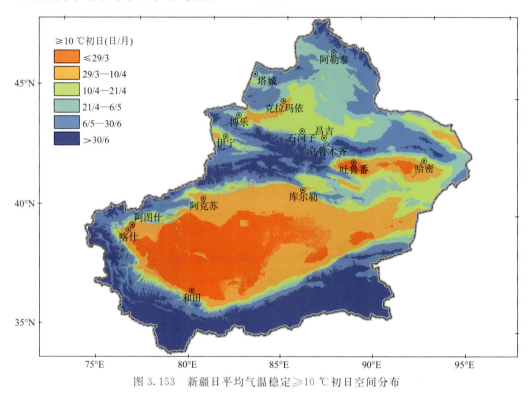

图3.153 新疆日平均气温稳定≥10 ℃初日空间分布

(2)日平均气温稳定≥10 ℃初日变化趋势

1961—2013年,新疆日平均气温稳定≥10 ℃初日总体以−0.871 d·(10 a)$^{-1}$的速率呈不显著(P=0.05)的提早趋势,53 a来提早了4.5 d(图3.154)。

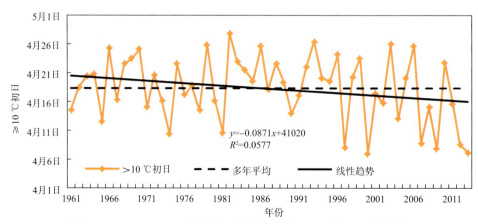

图3.154 1961—2013年新疆日平均气温稳定≥10 ℃初日变化趋势

3.5.10 日平均气温稳定≥10℃终日时空变化

（1）日平均气温稳定≥10℃终日空间分布

新疆日平均气温稳定≥10℃终日空间分布与初日大体相反，总体呈现"南疆晚，北疆早；平原和盆地晚，山区早"的格局（图3.155）。塔里木盆地中部和吐哈盆地腹地最晚出现，一般出现在10月下旬；塔里木盆地大部、吐哈盆地中部以及北疆西部的零星区域在10月中旬；塔里木盆地周边山前倾斜平原和丘陵地带、吐哈盆地大部、北疆沿天山一带以及伊犁河谷出现在10月上旬；北疆北部、天山北坡低山丘陵地带以及塔里木盆地周边低山带在9月中、下旬；阿尔泰山低山带以及天山、昆仑山中山带在8月下旬至9月中旬；阿尔泰山中高山带，天山、昆仑山高山带一般出现在8月中旬及以前，海拔3000～4000 m以上的高寒地带终年日平均气温在10℃以下。

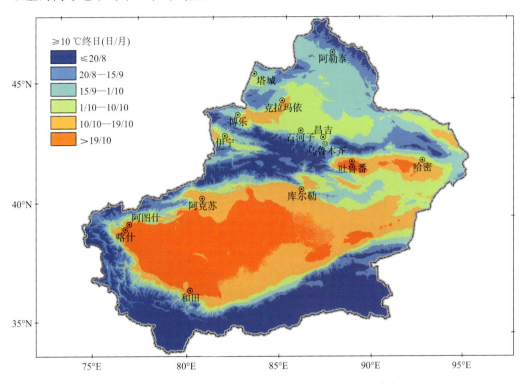

图3.155　新疆日平均气温稳定≥10℃终日空间分布

（2）日平均气温稳定≥10℃终日变化趋势

1961—2013年，新疆日平均气温稳定≥10℃终日总体以1.015 d·(10 a)$^{-1}$的速率呈显著（$P=0.01$）的推迟趋势，53 a来推迟了5.3 d，并且1997年以来推迟速率有加快的趋势（图3.156）。

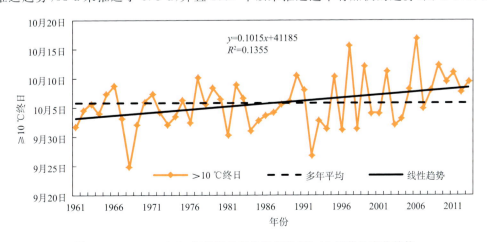

图3.156　1961—2013年新疆日平均气温稳定≥10℃终日变化趋势

3.5.11 日平均气温稳定≥10 ℃持续日数时空变化

（1）日平均气温稳定≥10 ℃持续日数空间分布

通常把日平均气温≥10 ℃的持续期，称为喜温作物生长期，亦称为温暖期。新疆日平均气温稳定≥10 ℃持续日数空间分布总体呈现"南疆多，北疆少；平原和盆地多，山区少"的格局（图3.157）。塔里木盆地中部和吐哈盆地腹地在205 d以上；塔里木盆地和吐哈盆地的大部、准噶尔盆地西南缘在180～205 d；塔里木盆地和吐哈盆地周边的山前倾斜平原和丘陵地带、北疆沿天山一带及伊犁河谷160～180 d；北疆北部、天山北坡低山丘陵地带以及塔里木盆地周边低山带130～160 d；阿尔泰山低山带以及天山、昆仑山中山带在70～130 d；阿尔泰山中高山带以及天山、昆仑山高山带一般不足70 d，海拔3000～4000 m以上的高寒地带基本无≥10 ℃日数。

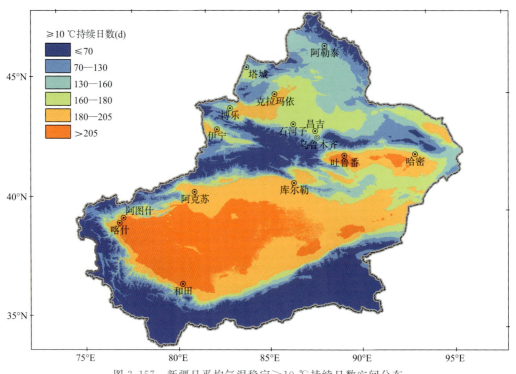

图3.157　新疆日平均气温稳定≥10 ℃持续日数空间分布

（2）日平均气温稳定≥10 ℃持续日数变化趋势

受日平均气温稳定≥10 ℃初日提早、终日推迟的综合影响，1961—2013年，新疆日平均气温稳定≥10 ℃持续日数总体以2.202 d·(10 a)$^{-1}$的速率呈显著（$P=0.001$）的延长趋势，53 a来延长了11.5 d，并且1997年以来延长速率有加快的趋势（图3.158）。

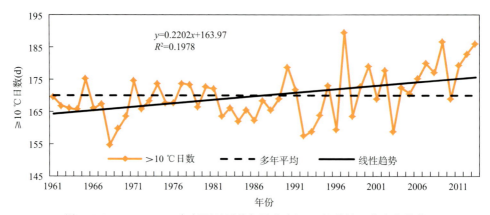

图3.158　1961—2013年新疆日平均气温稳定≥10 ℃持续日数变化趋势

3.5.12 日平均气温稳定≥10 ℃活动积温时空变化

(1)≥10 ℃活动积温空间分布

新疆≥10 ℃积温空间分布总体呈现"南疆多,北疆少;平原和盆地多,山区少"的格局(图 3.159)。塔里木盆地大部、吐哈盆地中部一般在 4200 ℃·d 以上;吐哈盆地大部、塔里木盆地周边倾斜平原以及准噶尔盆地西南部在 3700～4200 ℃·d;准噶尔盆地大部、伊犁河谷以及塔里木盆地和吐哈盆地周边丘陵地带 3000～3700 ℃·d;北疆北部、东部,天山北坡低山丘陵地带,以及塔里木盆地和吐哈盆地周边低山带 2000～3000 ℃·d;阿尔泰山、天山和昆仑山中高山带一般不足 2000 ℃·d,其中,海拔 3000～4000 m 以上的高寒地带基本没有≥10 ℃积温。

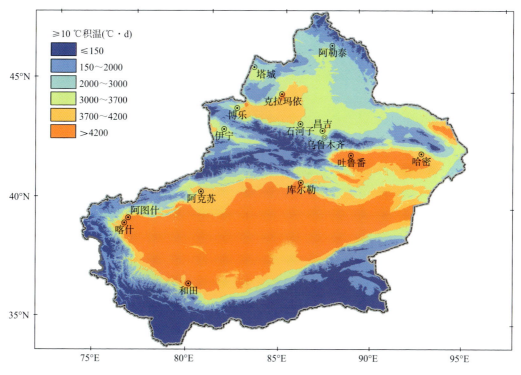

图 3.159 新疆≥10 ℃积温空间分布

(2)≥10 ℃活动积温变化趋势

1961—2013 年,新疆≥10 ℃活动积温总体以 64.591 ℃·d·(10 a)$^{-1}$ 的速率呈显著($P=0.001$)的递增趋势,53 a 来增多了 335.9 ℃·d,并且 1997 年以来增加速率有加快的趋势(图 3.160)。

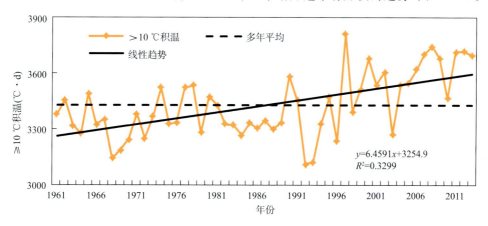

图 3.160 1961—2013 年新疆≥10 ℃活动积温变化趋势

3.5.13 日平均气温稳定≥15 ℃初日时空变化

(1)日平均气温稳定≥15 ℃初日空间分布

日平均气温稳定≥15 ℃是喜温作物和牧草开始积极生长的临界温度。新疆日平均气温稳定≥15 ℃初日空间分布总体呈现"南疆早,北疆晚;平原和盆地早,山区晚"的格局(图 3.161)。塔里木盆地中东部、吐哈盆地中部一般出现在 4 月中、下旬;塔里木盆地大部、吐哈盆地边缘地带在 4 月下旬;塔里木盆地和吐哈盆地周边的山前倾斜平原、丘陵地带以及北疆沿天山一带出现在 5 月上旬;准噶尔盆地边缘地带以及塔里木盆地、吐哈盆地周边低山带在 5 月中、下旬;北疆北部、东部,天山北坡低山丘陵地带,以及昆仑山中低山带一般出现在 5 月下旬至 7 月上旬;阿尔泰山区以及天山、昆仑山中高山带一般出现在 7 月中旬及以后,其中,海拔 2000～3200 m 以上的中高山带终年日平均气温在 15 ℃以下。

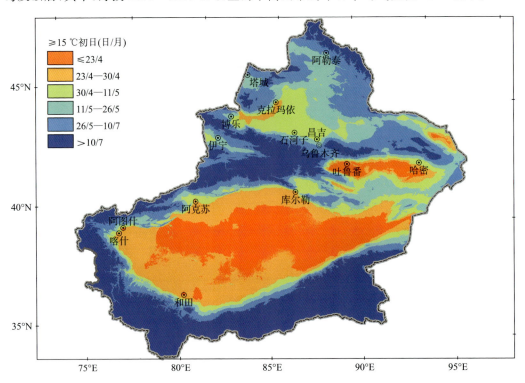

图 3.161 新疆日平均气温稳定≥15 ℃初日空间分布

(2)日平均气温稳定≥15 ℃初日变化趋势

1961—2013 年,新疆日平均气温稳定≥15 ℃初日总体以−1.224 d·(10 a)⁻¹的速率呈显著($P=0.05$)的提早趋势,53 a 来提早了 5.3 d,并且 1997 年以来提早速率有加快的趋势(图 3.162)。

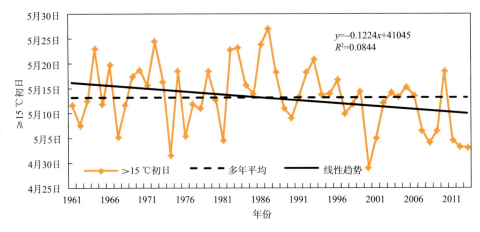

图 3.162 1961—2013 年新疆日平均气温稳定≥15 ℃初日变化趋势

3.5.14 日平均气温稳定≥15℃终日时空变化

(1)日平均气温稳定≥15℃终日空间分布

新疆日平均气温稳定≥15℃终日空间分布与初日大体相反,总体呈现"南疆晚,北疆早;平原和盆地晚,山区早"的格局(图3.163)。塔里木盆地中部和吐哈盆地腹地一般出现在10月上旬;塔里木盆地大部、吐哈盆地中部以及准噶尔盆地西南缘的零星区域在9月下旬至10月初;塔里木盆地周边山前倾斜平原和丘陵地带、吐哈盆地大部、北疆沿天山一带以及伊犁河谷出现在9月中、下旬;北疆大部以及塔里木盆地周边低山、丘陵地带在9月上、中旬;北疆北部,天山、昆仑山中低山带在8月上旬至下旬;阿尔泰山中低山带,天山、昆仑山中山带一般出现在7月底及以前,海拔2000~3200 m以上的中高山带终年日平均气温在15℃以下。

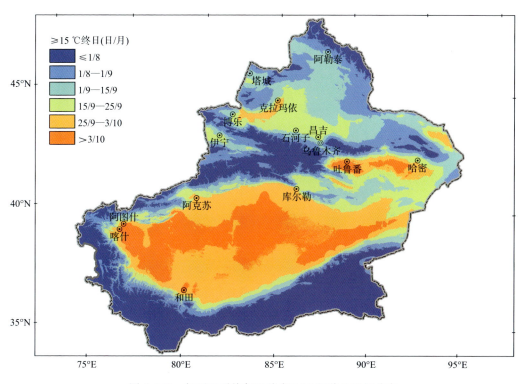

图3.163 新疆日平均气温稳定≥15℃终日空间分布

(2)日平均气温稳定≥15℃终日变化趋势

1961—2013年,新疆日平均气温稳定≥15℃终日总体以1.148 d·(10 a)$^{-1}$的速率呈显著($P=0.001$)的推迟趋势,53 a来推迟了6.0 d,并且1997年以来推迟速率有加快的趋势(图3.164)。

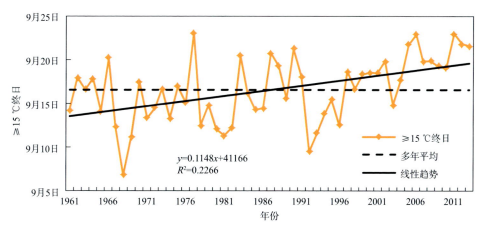

图3.164 1961—2013年新疆日平均气温稳定≥15℃终日变化趋势

133

3.5.15 日平均气温稳定≥15℃持续日数时空变化

（1）日平均气温稳定≥15℃持续日数空间分布

日平均气温稳定≥15℃的持续期称为喜温作物和牧草活跃生长期。新疆日平均气温稳定≥15℃持续日数空间分布总体呈现"南疆多,北疆少;平原和盆地多,山区少"的格局(图3.165)。塔里木盆地中部和吐哈盆地腹地在165 d以上;塔里木盆地和吐哈盆地的大部、准噶尔盆地西南缘在145～165 d;塔里木盆地和吐哈盆地周边的山前倾斜平原和丘陵地带、北疆沿天山一带120～145 d;北疆北部、天山北坡低山丘陵地带以及塔里木盆地周边低山带90～120 d;北疆低山、丘陵地带以及南疆中低山带在40～90 d;阿尔泰山区以及天山、昆仑山中山带一般不足40 d,其中,海拔2000～3200 m以上的中高山带基本无≥15℃日数。

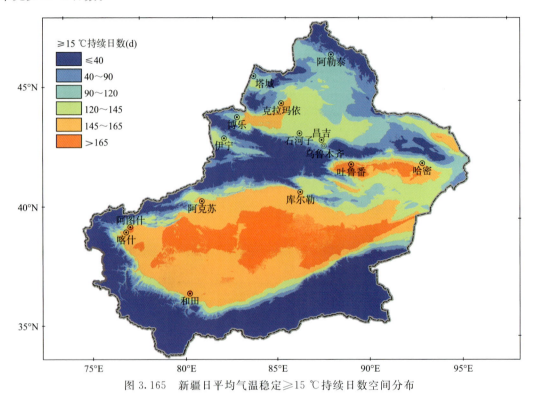

图3.165 新疆日平均气温稳定≥15℃持续日数空间分布

（2）日平均气温稳定≥15℃持续日数变化趋势

受日平均气温稳定≥15℃初日提早、终日推迟的综合影响,1961—2013年,新疆日平均气温稳定≥15℃持续日数总体以2.493 d·(10 a)$^{-1}$的速率呈显著($P=0.001$)的延长趋势,53 a来延长了13.0 d,并且1997年以来延长速率有加快的趋势(图3.166)。

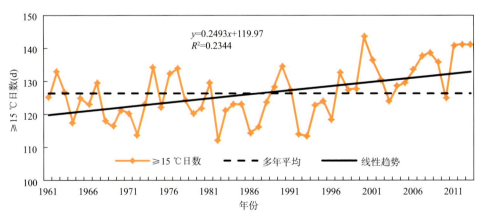

图3.166 1961—2013年新疆日平均气温稳定≥15℃持续日数变化趋势

3.5.16 日平均气温稳定≥15 ℃活动积温时空变化

(1)≥15 ℃活动积温空间分布

新疆≥15 ℃积温空间分布总体呈现"南疆多,北疆少;平原和盆地多,山区少"的格局(图 3.167)。
塔里木盆地中东部、吐哈盆地中部一般在 3700 ℃·d 以上;塔里木盆地大部、吐哈盆地周边倾斜平原以
及准噶尔盆地西南部在 3300～3700 ℃·d;准噶尔盆地大部、伊犁河谷以及塔里木盆地和吐哈盆地周边
丘陵地带 2500～3300 ℃·d;北疆北部、东部,天山北坡低山丘陵地带,以及塔里木盆地和吐哈盆地周边
的低山带 1500～2500 ℃·d;阿尔泰山以及天山和昆仑山的中山带一般不足 1500 ℃·d,其中,海拔
2000～3200 m 以上的中高山带基本没有≥15 ℃积温。

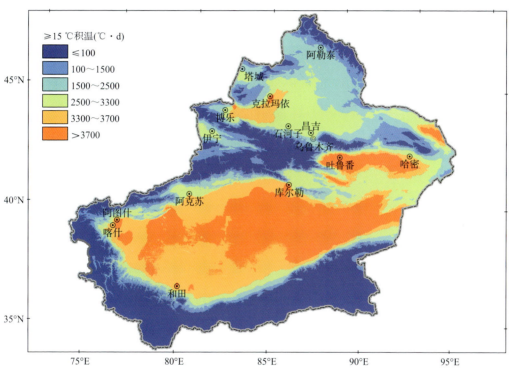

图 3.167　新疆≥15 ℃活动积温空间分布

(2)≥15 ℃活动积温变化趋势

1961—2013 年,新疆≥15 ℃活动积温总体以 65.889 ℃·d·(10 a)$^{-1}$的速率呈显著($P=0.001$)的
递增趋势,53 a 来增多了 342.6 ℃·d,并且 1997 年以来增加速率有加快的趋势(图 3.168)。

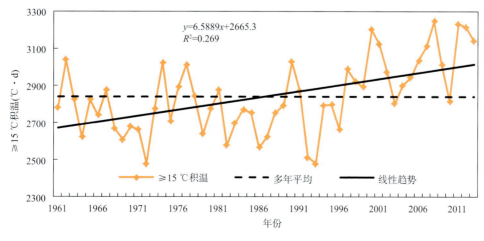

图 3.168　1961—2013 年新疆≥15 ℃活动积温变化趋势

3.5.17 日平均气温稳定≥20℃初日时空变化

(1)日平均气温稳定≥20℃初日空间分布

20℃是喜温作物和牧草光合作用最适温度的下限,是水稻安全抽穗、开花以及玉米、高粱安全灌浆成熟的界限温度指标。新疆日平均气温稳定≥20℃初日空间分布总体呈现"南疆早,北疆晚;平原和盆地早,山区晚"的格局(图3.169)。塔里木盆地和吐哈盆地的大部出现在5月下旬;塔里木盆地和吐哈盆地周边的山前倾斜平原、丘陵地带以及北疆沿天山一带出现在6月上旬;准噶尔盆地边缘地带以及塔里木盆地、吐哈盆地周边低山带在6月中、下旬;北疆北部、东部,天山北坡低山丘陵地带,以及昆仑山中低山带一般出现在7月上旬至下旬;阿尔泰山区以及天山、昆仑山中山带一般出现在7月下旬。海拔1600~2500 m以上的中高山带终年日平均气温在20℃以下。

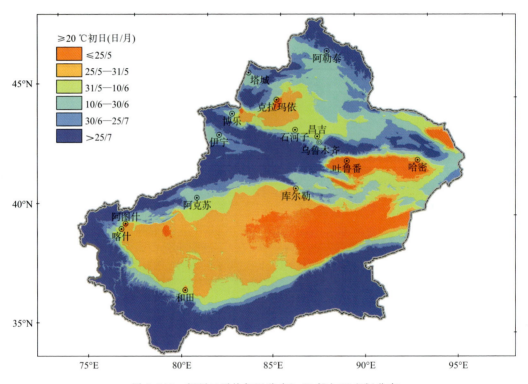

图3.169 新疆日平均气温稳定≥20℃初日空间分布

(2)日平均气温稳定≥20℃初日变化趋势

1961—2013年,新疆日平均气温稳定≥20℃初日总体以$-1.290\ \mathrm{d}\cdot(10\ \mathrm{a})^{-1}$的速率呈显著($P=0.05$)的提早趋势,53 a来提早了6.7 d,并且1990年以来提早速率有加快的趋势(图3.170)。

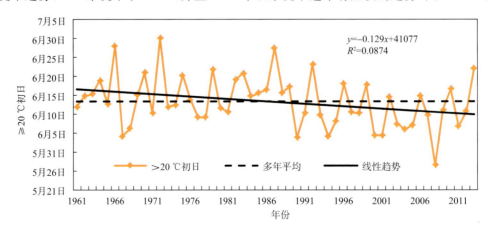

图3.170 1961—2013年新疆日平均气温稳定≥20℃初日变化趋势

3.5.18 日平均气温稳定≥20℃终日时空变化

(1)日平均气温稳定≥20℃终日空间分布

新疆日平均气温稳定≥20℃终日空间分布与初日大体相反,总体呈现"南疆晚,北疆早;平原和盆地晚,山区早"的格局(图3.171)。塔里木盆地和吐哈盆地的大部一般出现在9月上旬;塔里木盆地和吐哈盆地周边山前倾斜平原和丘陵地带、北疆沿天山一带在8月下旬;准噶尔盆地边缘地带以及塔里木盆地周边低山、丘陵地带在8月上、中旬;北疆北部、东部,天山低山带以及昆仑山中低山带在7月下旬至8月上旬;阿尔泰山、天山、昆仑山区一般出现在7月底及以前,其中,海拔1600~2500 m以上的中高山带终年日平均气温在20℃以下。

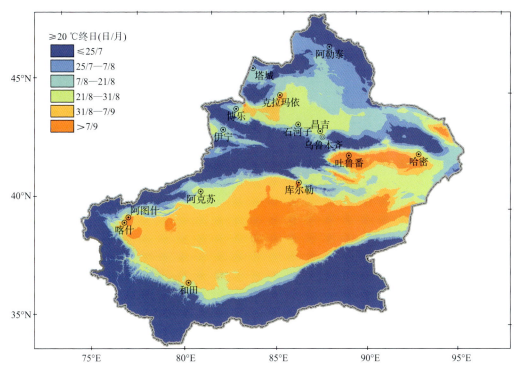

图3.171 新疆日平均气温稳定≥20℃终日空间分布

(2)日平均气温稳定≥20℃终日变化趋势

1961—2013年,新疆日平均气温稳定≥20℃终日总体以1.090 d・(10 a)$^{-1}$的速率呈显著($P=0.05$)的推迟趋势,53 a来推迟了5.7 d,并且1998年以来推迟速率有加快的趋势(图3.172)。

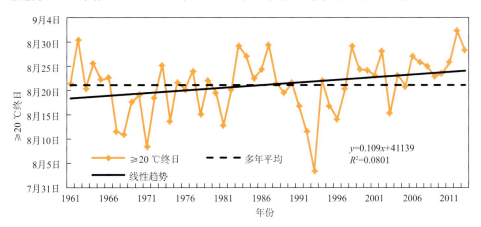

图3.172 1961—2013年新疆日平均气温稳定≥20℃终日变化趋势

3.5.19 日平均气温稳定≥20 ℃持续日数时空变化

（1）日平均气温稳定≥20 ℃持续日数空间分布

新疆日平均气温稳定≥20 ℃持续日数空间分布总体呈现"南疆多，北疆少；平原和盆地多，山区少"的格局（图 3.173）。塔里木盆地东部和吐哈盆地腹地在 110 d 以上；塔里木盆地大部和吐哈盆地边缘地带在 95～110 d；塔里木盆地和吐哈盆地周边的山前倾斜平原和丘陵地带、北疆沿天山一带 75～95 d；准噶尔盆地边缘地带以及塔里木盆地周边低山带 40～75 d；北疆北部、东部，天山北坡低山丘陵地带以及塔里木盆地周边中低山带 10～40 d；阿尔泰山区以及天山、昆仑山中山带一般不足 40 d，其中，海拔 1600～2500 m 以上的中高山带基本无≥20 ℃日数。

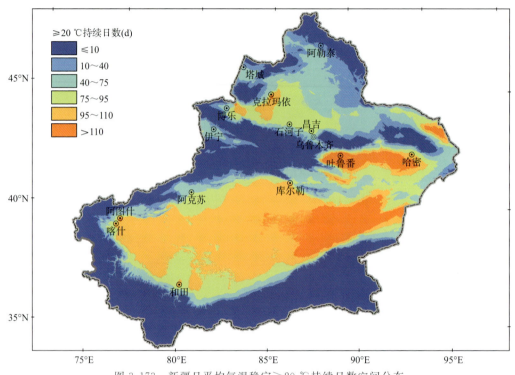

图 3.173 新疆日平均气温稳定≥20 ℃持续日数空间分布

（2）日平均气温稳定≥20 ℃持续日数变化趋势

受日平均气温稳定≥20 ℃初日提早、终日推迟的综合影响，1961—2013 年，新疆日平均气温稳定≥20 ℃持续日数总体以 2.462 d·(10 a)$^{-1}$ 的速率呈显著（$P=0.001$）的延长趋势，53 a 来延长了 12.8 d，并且 1997 年以来延长速率有加快的趋势（图 3.174）。

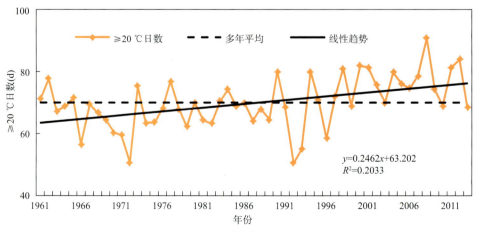

图 3.174 1961—2013 年新疆日平均气温稳定≥20 ℃持续日数变化趋势

3.5.20 日平均气温稳定≥20 ℃活动积温时空变化

(1)≥20 ℃活动积温空间分布

新疆≥20 ℃积温空间分布总体呈现"南疆多,北疆少;平原和盆地多,山区少"的格局(图3.175)。塔里木盆地东部、吐哈盆地中部一般在2600 ℃·d以上;塔里木盆地大部、吐哈盆地周边倾斜平原以及准噶尔盆地西南缘的局部在2300~2600 ℃·d;塔里木盆地周边倾斜平原、吐哈盆地周边丘陵地带以及北疆沿天山一带在2000~2300 ℃·d;准噶尔盆地大部、伊犁河谷以及塔里木盆地和吐哈盆地周边低山带1000~2000 ℃·d;北疆北部、东部,天山北坡低山丘陵地带,以及塔里木盆地和吐哈盆地周边的中低山带一般不足1000 ℃·d,其中,海拔1600~2500 m以上的中高山带基本没有≥20 ℃积温。

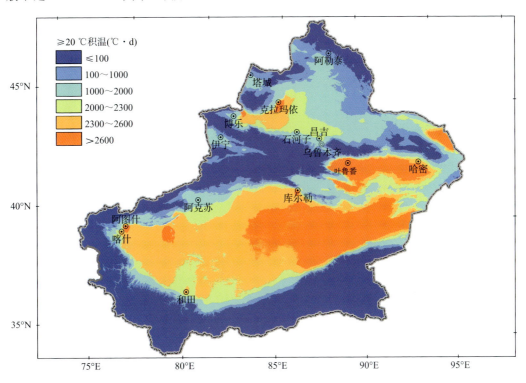

图3.175 新疆≥20 ℃活动积温空间分布

(2)≥20 ℃活动积温变化趋势

1961—2013年,新疆≥20 ℃活动积温总体以61.453 ℃·d·$(10 a)^{-1}$的速率呈显著($P=0.001$)的递增趋势,53 a来增多了319.6 ℃·d,并且1997年以来增加速率有加快的趋势(图3.176)。

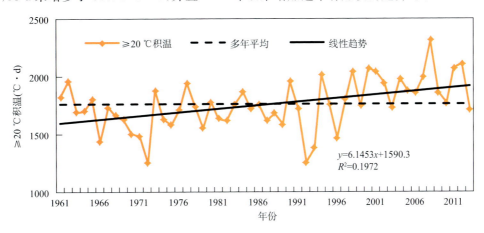

图3.176 1961—2013年新疆≥20 ℃活动积温变化趋势

3.6 初、终霜冻日和无霜冻期时空变化

霜冻是指生长季节里因植株体温降至 0 ℃以下而受害的一种农业气象灾害,新疆以日最低气温 ≤0 ℃作为霜冻指标,将春季最后一次霜冻出现的日期称作终霜冻日,秋季第一次出现霜冻的日期称作初霜冻日,一年中终霜冻日至初霜冻日之间的天数称作无霜冻期,无霜冻期是农业气候热量资源的一种常用表达形式。

3.6.1 终霜冻日时空变化

(1)终霜冻日空间分布

新疆终霜冻日空间分布总体呈现"南疆早,北疆晚;平原和盆地早,山区晚"的格局(图 3.177)。塔里木盆地中西部和吐哈盆地腹地出现最早,一般在 3 月中、下旬;塔里木盆地大部、吐哈盆地中部以及准噶尔盆地西南缘在 3 月下旬末至 4 月上旬;塔里木盆地和吐哈盆地周边山前倾斜平原、丘陵地带,北疆沿天山一带以及伊犁河谷出现在 4 月上旬末至中旬;北疆北部、天山北坡低山丘陵地带以及塔里木盆地周边低山带在 4 月下旬至 5 月上旬;阿尔泰山低山带以及天山、昆仑山中山带一般出现在 5 月初至 6 月下旬;阿尔泰山中高山带,天山、昆仑山高山带出现在 6 月下旬末及以后,其中,海拔 3000~4000 m 以上的高寒地带终年有霜冻。

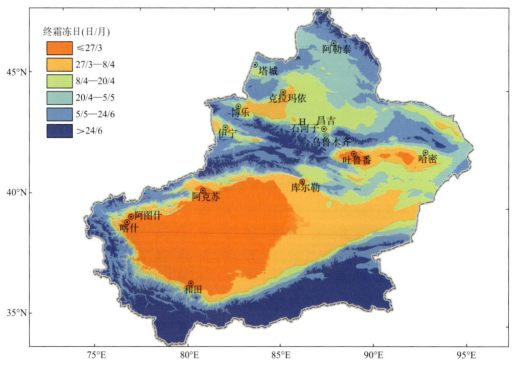

图 3.177 新疆终霜冻日空间分布

(2)终霜冻日变化趋势

1961—2014 年,新疆终霜冻日总体以 $-1.500\ \mathrm{d \cdot (10\ a)^{-1}}$ 的速率呈显著($P=0.001$)的提早趋势,54 a 来提早了 8.1 d,并且 1997 年以来提早速率有加快的趋势(图 3.178)。

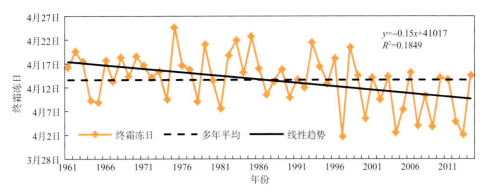

图 3.178　1961—2014 年新疆终霜冻日变化趋势

3.6.2　初霜冻日时空变化

（1）初霜冻日空间分布

新疆初霜冻日空间分布与终霜冻日大体相反,总体呈现"南疆晚,北疆早;平原和盆地晚,山区早"的格局(图 3.179)。塔里木盆地中西部和吐哈盆地腹地最晚出现,一般出现在 10 月下旬后期及以后;塔里木盆地大部、吐哈盆地中部以及准噶尔盆地西南缘在 10 月中、下旬;塔里木盆地周边山前倾斜平原和丘陵地带、吐哈盆地大部、北疆沿天山一带以及伊犁河谷出现在 10 月上、中旬;北疆北部、天山北坡低山丘陵地带以及塔里木盆地周边低山带在 9 月下旬至 10 月上旬;阿尔泰山低山带以及天山、昆仑山中山带在 8 月下旬至 9 月中旬;阿尔泰山中高山带,天山、昆仑山高山带一般出现在 8 月中旬及以前,其中,海拔 3000～4000 m 以上的高寒地带终年有霜冻。

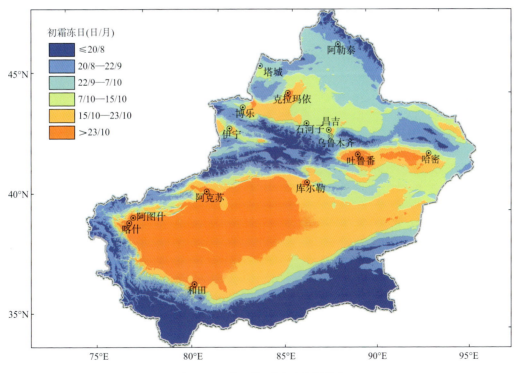

图 3.179　新疆初霜冻日空间分布

（2）初霜冻日变化趋势

1961—2014 年,新疆初霜冻日总体以 2.039 d·(10 a)$^{-1}$的速率呈显著($P＝0.001$)的推迟趋势,54 a 来推迟了 11.0 d,并且 1997 年以来推迟速率有加快的趋势(图 3.180)。

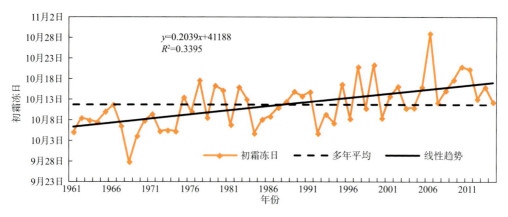

图 3.180　1961—2014 年新疆初霜冻日变化趋势

3.6.3　无霜冻期时空变化

（1）无霜冻期空间分布

新疆无霜冻期空间分布总体呈现"南疆多,北疆少;平原和盆地多,山区少"的格局(图 3.181)。塔里木盆地中西部和吐鲁番盆地腹地在 210 d 以上;塔里木盆地大部、吐哈盆地中部以及准噶尔盆地西南缘在 190～210 d;塔里木盆地和吐哈盆地周边的山前倾斜平原和丘陵地带、北疆沿天山一带以及伊犁河谷 170～190 d;准噶尔盆地边缘地带以及塔里木盆地周边低山带 140～170;北疆北部、天山北坡低山丘陵地带以及塔里木盆地周边中低山带 60～140 d;阿尔泰山、天山、昆仑山中高山带一般不足 60 d,其中,海拔 3000～4000 m 以上的高山带终年有霜冻。

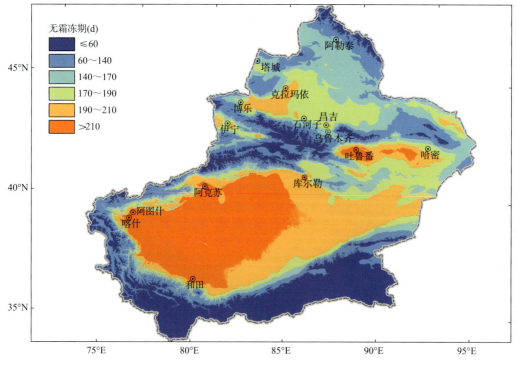

图 3.181　新疆无霜冻期空间分布

（2）无霜冻期变化趋势

受终霜冻日提早、初霜冻日推迟的综合影响,1961—2014 年,新疆无霜冻期总体以 3.538 d·(10 a)$^{-1}$ 的速率呈显著($P=0.001$)的延长趋势,54a 来延长了 19.1 d,并且 1997 年以来延长速率有加快的趋势(图 3.182)。

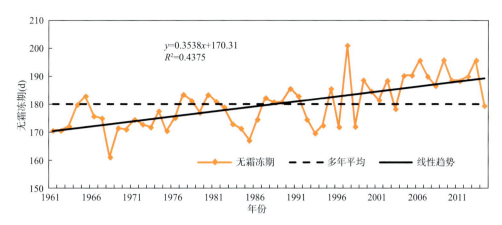

图 3.182　1961—2014 年新疆无霜冻期变化趋势

第4章 水资源

水资源是指大自然供应水分的情况,包括大气降水、地表水、地下水和高山冰雪融水。其中,地表水、地下水和高山冰雪的根本来源也是大气降水。本章主要论述与气象有关的水资源,即自然降水量、潜在蒸散量、干湿指数和水分亏缺量等。

4.1 降水量时空变化

降水是重要的农业自然资源,一个地区的总降水量、降水的季节分配和年际变化都是影响农牧业结构布局和生产力的重要因素。因此,研究分析新疆降水量的时空变化具有重要实际意义。

4.1.1 年降水量时空变化

(1)年降水量空间分布

新疆降水稀少且空间分布不均,全疆平均年降水量只有 155.1 mm,其空间分布总体呈现"北疆多,南疆少;西部多,东部少;山区多,平原和盆(谷)地少"的特点(图 4.1)。天山和阿尔泰山区是新疆降水最多的区域,年降水量一般为 300~500 mm;北疆次之,除准噶尔盆地腹地为 100~150 mm 外,大部在 150~300 mm;昆仑山山区大部年降水量为 150~200 mm;南疆最少,大部分地区不足 100 mm,其中,吐鲁番、哈密盆地,塔里木盆地中东部甚至不足 50 mm。

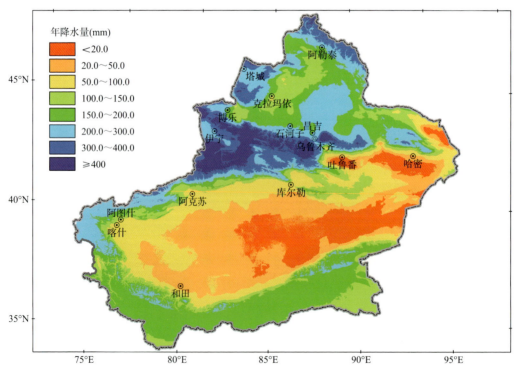

图 4.1 新疆年降水量空间分布

(2)年降水量变化趋势

1961—2013 年,新疆年降水量总体以 9.066 mm·(10 a)$^{-1}$ 的速率呈显著($P=0.001$)的增多趋势,53 a 来全疆平均年降水量增多了 48.6 mm(图 4.2)。

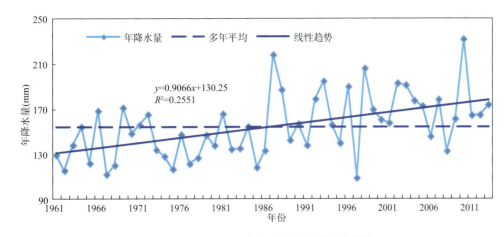

图 4.2　1961—2013 年新疆年降水量变化趋势

4.1.2　春季降水量时空变化

（1）春季降水量空间分布

新疆春季平均降水量 41.5 mm，占年降水量的 26.6%。其空间分布总体呈现"北疆多，南疆少；西部多，东部少；山区多，平原和盆（谷）地少"的特点（图 4.3）。中天山和阿尔泰山区春季降水较多，一般在 70 mm 以上；北疆大部和南天山为 45～70 mm；北疆东部、准噶尔盆地腹地、天山南坡低山丘陵地带以及昆仑山中山带在 25～45 mm；塔里木盆地周边山前倾斜平原以及昆仑山大部 15～25 mm；南疆大部春季降水较少，一般在 15 mm 以下，其中，塔里木盆地中东部，吐鲁番，哈密盆地甚至不足 5 mm。

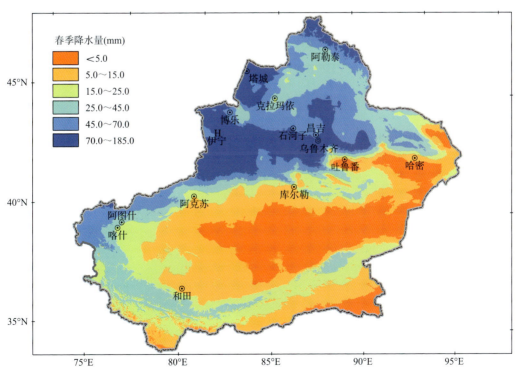

图 4.3　新疆春季降水量空间分布

（2）春季降水量变化趋势

1961—2013 年，新疆春季降水量总体以 1.733 mm・$(10\ a)^{-1}$ 的速率呈不显著（$P=0.05$）的略增趋势，53 a 来全疆平均春季降水量增多了 9.0 mm（图 4.4）。

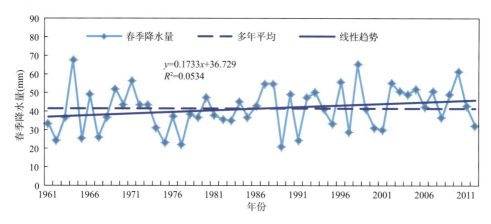

图 4.4　1961—2013 年新疆春季降水量变化趋势

4.1.3　夏季降水量时空变化

（1）夏季降水量空间分布

夏季是新疆降水最多的季节,全疆平均降水量 65.0 mm,占年降水量的 42.0％。其空间分布总体呈现"北疆多,南疆少;西部多,东部少;山区多,平原和盆(谷)地少"的特点(图 4.5)。天山、阿尔泰山和昆仑山区夏季降水较多,一般在 80 mm 以上,其中,中山带可达 150 mm 以上;北疆大部和南疆低山带为 50～80 mm;准噶尔盆地腹地和塔里木盆地山前倾斜平原为 30～50 mm;南疆大部和吐鲁番、哈密盆地一般在 30 mm 以下,其中,塔里木盆地南部和东部,吐鲁番、哈密盆地中部甚至不足 20 mm。

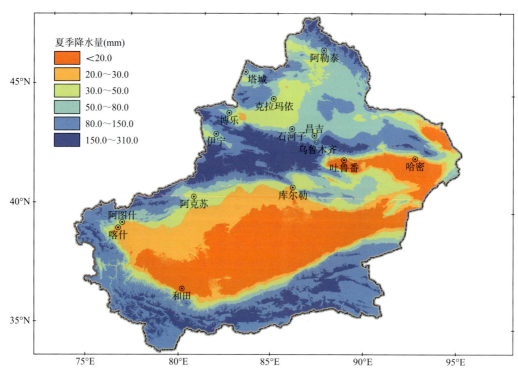

图 4.5　新疆夏季降水量空间分布

（2）夏季降水量变化趋势

1961—2013 年,新疆夏季降水量总体以 3.494 mm・(10 a)$^{-1}$ 的速率呈显著($P=0.001$)的增多趋势,53 a 来全疆平均夏季降水量增多了 18.2 mm(图 4.6)。

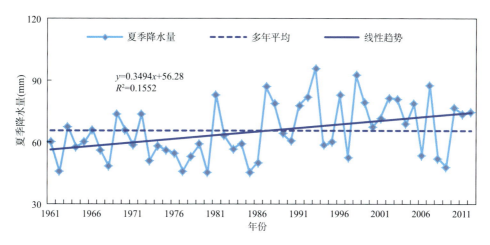

图 4.6 1961—2013 年新疆夏季降水量变化趋势

4.1.4 秋季降水量时空变化

（1）秋季降水量空间分布

新疆平均秋季降水量 32.2 mm,占年降水量的 20.8%。其空间分布总体呈现"北疆多,南疆少;西部多,东部少;山区多,平原和盆(谷)地少"的特点(图 4.7)。天山、阿尔泰山区以及北疆沿天山一带秋季降水较多,一般在 35 mm 以上,其中,天山、阿尔泰山中、高山带可达 50~125 mm;北疆大部、昆仑山区以及和南疆低山带为 20~35 mm;南疆大部和吐鲁番、哈密盆地一般在 20 mm 以下,其中,塔里木盆地中东部,吐鲁番、哈密盆地中部甚至不足 5 mm。

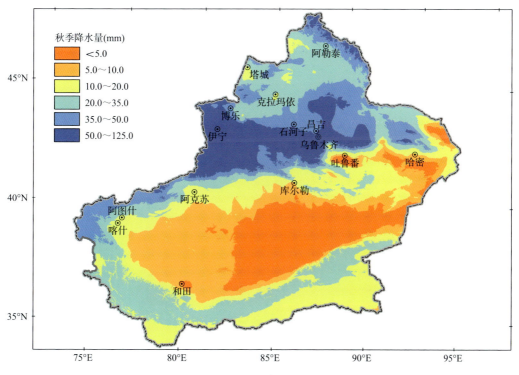

图 4.7 新疆秋季降水量空间分布

（2）秋季降水量变化趋势

1961—2013 年,新疆秋季降水量总体以 1.686 mm·(10 a)$^{-1}$ 的速率呈显著($P=0.05$)的增多趋势,53 a 来全疆平均秋季降水量增多了 8.7 mm(图 4.8)。

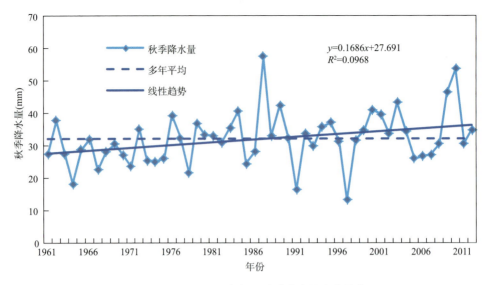

图 4.8　1961—2013 年新疆秋季降水量变化趋势

4.1.5　冬季降水量时空变化

（1）冬季降水量空间分布

新疆平均冬季降水量 16.8 mm，占年降水量的 10.8%。其空间分布总体呈现"由东南向西北递增"的特点（图 4.9）。南疆大部、昆仑山区以及吐鲁番、哈密盆地冬季降水较少，一般在 8 mm 以下；天山南麓 8～14 mm；北疆大部以及天山、阿尔泰山区为 14～34 mm，其中，伊犁河谷、北疆西部山区可达 34～73 mm。

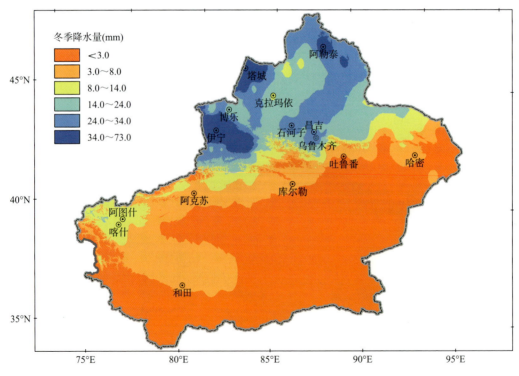

图 4.9　新疆冬季降水量空间分布

（2）冬季降水量变化趋势

1961—2013 年，新疆冬季降水量总体以 2.494 mm·(10 a)$^{-1}$ 的速率呈显著（$P=0.001$）的增多趋势，53 a 来全疆平均冬季降水量增多了 12.9 mm（图 4.10）。

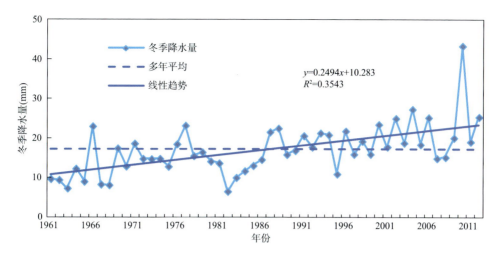

图 4.10　1961—2013 年新疆冬季降水量变化趋势

4.1.6　1 月降水量时空变化

（1）1 月降水量空间分布

1 月是新疆降水量最少的月份，全疆平均 1 月降水量 5.1 mm，占年降水量的 3.3%。其空间分布总体呈现"由东南向西北递增"的特点（图 4.11）。南疆大部、昆仑山区以及吐鲁番、哈密盆地 1 月降水较少，一般在 3 mm 以下；天山南麓 3～6 mm；北疆大部、天山山区为 6～9 mm，伊犁河谷、北疆西部山区以及阿尔泰山区 9～22 mm。

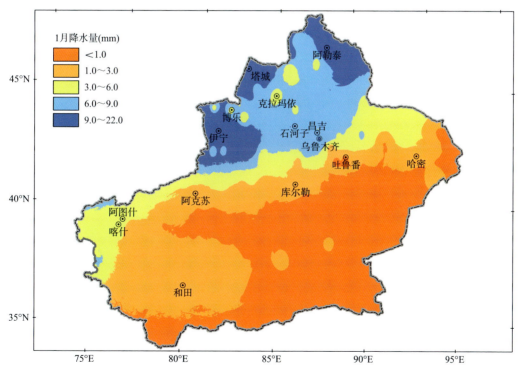

图 4.11　新疆 1 月降水量空间分布

（2）1 月降水量变化趋势

1961—2013 年，新疆 1 月降水量总体以 0.681 mm·$(10\ a)^{-1}$ 的速率呈显著（$P=0.001$）的增多趋势，53 a 来全疆平均 1 月降水量增多了 3.5 mm（图 4.12）。

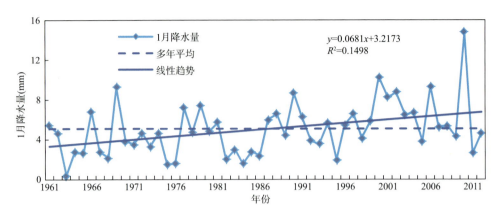

图 4.12　1961—2013 年新疆 1 月降水量变化趋势

4.1.7　2 月降水量时空变化

(1)2 月降水量空间分布

新疆平均 2 月降水量 5.3 mm,占年降水量的 3.4%。其空间分布总体呈现"由东南向西北递增"的特点(图 4.13)。南疆大部,吐鲁番、哈密盆地 2 月降水较少,一般不足 3 mm;南疆西部、北部、北疆沿天山东部、准噶尔盆地北部为 3～6 mm;天山南麓、北疆大部 6～9 mm;天山山区、伊犁河谷、北疆西部山区以及阿尔泰山区 9～22 mm。

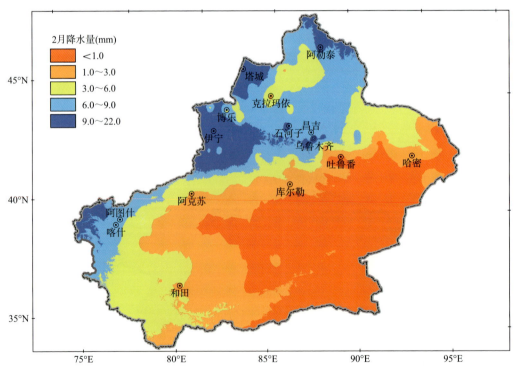

图 4.13　新疆 2 月降水量空间分布

(2)2 月降水量变化趋势

1961—2013 年,新疆 2 月降水量总体以 0.781 mm·(10 a)$^{-1}$ 的速率呈显著($P=0.001$)的增多趋势,53 a 来全疆平均 2 月降水量增多了 4.1 mm(图 4.14)。

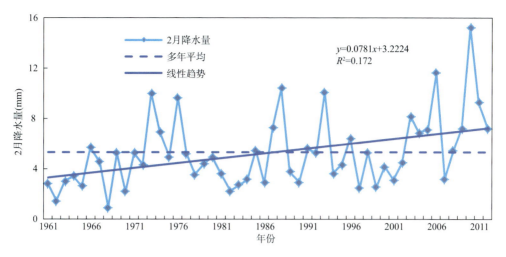

图 4.14　1961—2013 年新疆 2 月降水量变化趋势

4.1.8　3 月降水量时空变化

（1）3 月降水量空间分布

新疆平均 3 月降水量 8.0 mm，占年降水量的 5.2%。其空间分布总体呈现"北疆多，南疆少；西部多，东部少；山区多，平原和盆（谷）地少"的特点（图 4.15）。中天山和北疆西部山区 3 月降水较多，一般在 12 mm 以上；北疆大部和阿尔泰山区为 8～12 mm；准噶尔盆地北部、北疆沿天山东部、天山南麓在 4～8 mm；南疆大部，吐鲁番、哈密盆地 3 月降水较少，一般不足 4 mm。

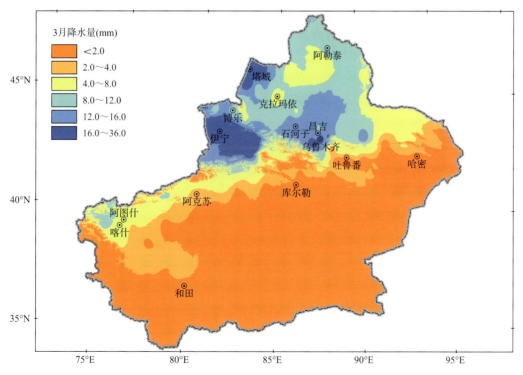

图 4.15　新疆 3 月降水量空间分布

（2）3 月降水量变化趋势

1961—2013 年，新疆 3 月降水量总体以 0.387 mm·(10 a)$^{-1}$的速率呈不显著（$P=0.05$）的略增趋势，53 a 来全疆平均 3 月降水量增多了 2.0 mm（图 4.16）。

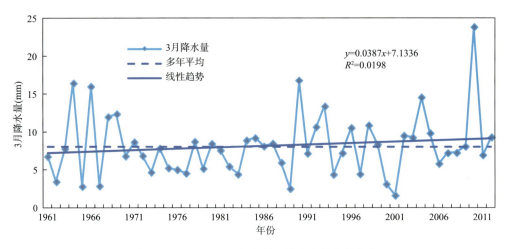

图 4.16　1961—2013 年新疆 3 月降水量变化趋势

4.1.9　4 月降水量时空变化

（1）4 月降水量空间分布

新疆平均 4 月降水量 13.9 mm，占年降水量的 9.0%。其空间分布总体呈现"北疆多，南疆少；西部多，东部少；山区多，平原和盆（谷）地少"的特点（图 4.17）。中天山、北疆西部山区以及阿尔泰山区 4 月降水较多，一般在 24 mm 以上；北疆大部、天山南麓在 12～24 mm；南疆大部，吐鲁番，哈密盆地 4 月降水较少，一般少于 12 mm，其中，塔里木盆地中、东部，吐鲁番、哈密盆地腹地甚至不足 3 mm。

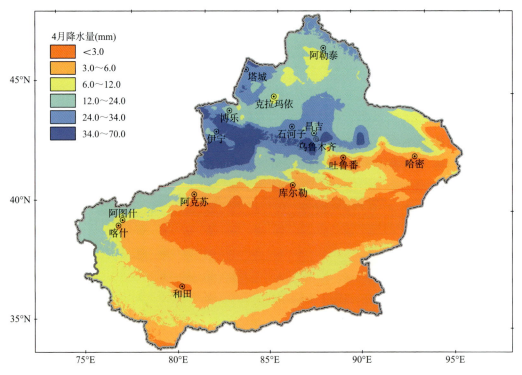

图 4.17　新疆 4 月降水量空间分布

（2）4 月降水量变化趋势

1961—2013 年，新疆 4 月降水量总体以 0.311 mm・(10 a)$^{-1}$ 的速率呈不显著（$P=0.05$）的略增趋势，53 a 来全疆平均 4 月降水量增多了 1.6 mm（图 4.18）。

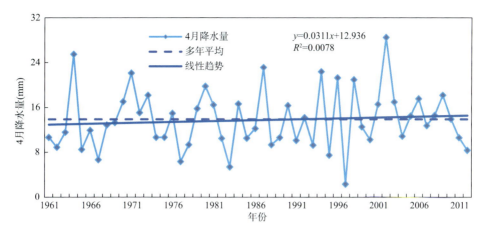

图 4.18　1961—2013 年新疆 4 月降水量变化趋势

4.1.10　5 月降水量时空变化

（1）5 月降水量空间分布

新疆平均 5 月降水量 19.4 mm，占年降水量的 12.6%。其空间分布总体呈现"北疆多，南疆少；西部多，东部少；山区多，平原和盆（谷）地少"的特点（图 4.19）。天山、阿尔泰山以及北疆西部山区 5 月降水较多，一般在 35 mm 以上，其中天山中高山带可达 50 mm 以上；准噶尔盆地周边山前倾斜平原、塔里木盆地西部、北部的中低山带以及南部昆仑山区高山带在 25～35 mm；北疆大部、塔里木盆地周边低山、丘陵地带为 15～25 mm；南疆大部、吐鲁番、哈密盆地 5 月降水较少，一般少于 15 mm，其中，塔里木盆地中、东部，吐鲁番、哈密盆地中部甚至不足 8 mm。

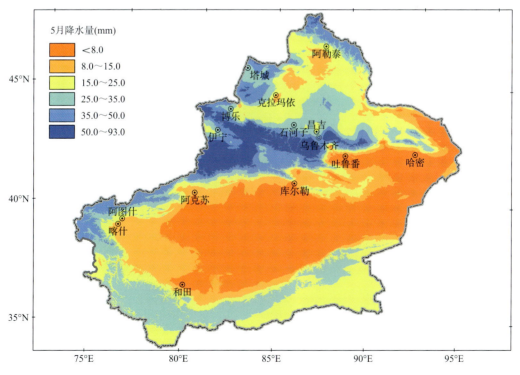

图 4.19　新疆 5 月降水量空间分布

（2）5 月降水量变化趋势

1961—2013 年，新疆 5 月降水量总体以 0.999 mm·(10 a)$^{-1}$ 的速率呈不显著($P=0.05$)的略增趋势，53 a 来全疆平均 5 月降水量增多了 5.1 mm（图 4.20）。

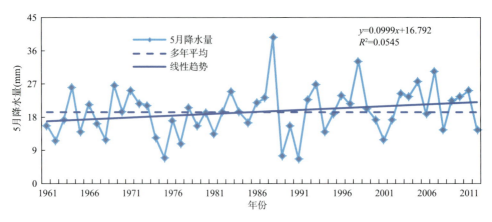

图 4.20　1961—2013 年新疆 5 月降水量变化趋势

4.1.11　6 月降水量时空变化

（1）6 月降水量空间分布

新疆平均 6 月降水量 22.7 mm，占年降水量的 14.7%。其空间分布总体呈现"北疆多，南疆少；西部多，东部少；山区多，平原和盆（谷）地少"的特点（图 4.21）。天山、阿尔泰山和昆仑山区中高山带 6 月降水较多，一般在 60 mm 以上，其中天山中山带可达 80 mm 以上；准噶尔盆地周边山前倾斜平原，塔里木盆地周边中低山带在 40～60 mm；北疆大部、塔里木盆地周边低山、丘陵地带为 20～40 mm；南疆大部，吐鲁番、哈密盆地以及准噶尔盆地中西部 6 月降水较少，一般少于 20 mm，其中，塔里木盆地中、东部，吐鲁番、哈密盆地中部甚至不足 10 mm。

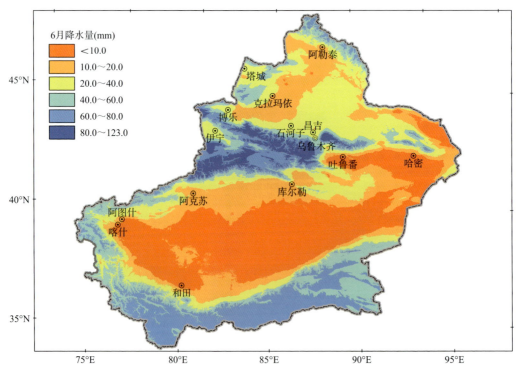

图 4.21　新疆 6 月降水量空间分布

（2）6 月降水量变化趋势

1961—2013 年，新疆 6 月降水量总体以 0.815 mm·(10 a)$^{-1}$ 的速率呈不显著（$P=0.05$）的略增趋势，53 a 来全疆平均 6 月降水量增多了 4.2 mm（图 4.22）。

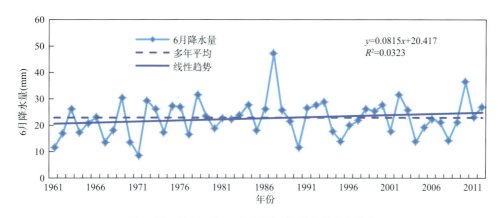

图 4.22　1961—2013 年新疆 6 月降水量变化趋势

4.1.12　7 月降水量时空变化

（1）7 月降水量空间分布

7 月是新疆降水量最多的月份，全疆平均 7 月降水量 24.5 mm，占年降水量的 15.9%。其空间分布总体呈现"北疆多，南疆少；西部多，东部少；山区多，平原和盆（谷）地少"的特点（图 4.23）。天山、阿尔泰山区中高山带 7 月降水较多，一般在 60 mm 以上，其中天山中山带可达 80 mm 以上；准噶尔盆地周边山前倾斜平原，塔里木盆地周边中高山带在 40～60 mm；北疆大部、塔里木盆地周边低山、丘陵地带为 25～40 mm；准噶尔盆地中部以及塔里木盆地周边山前倾斜平原一般在 12～25 mm；塔里木盆地大部以及吐鲁番、哈密盆地中部 7 月降水甚至不足 12 mm。

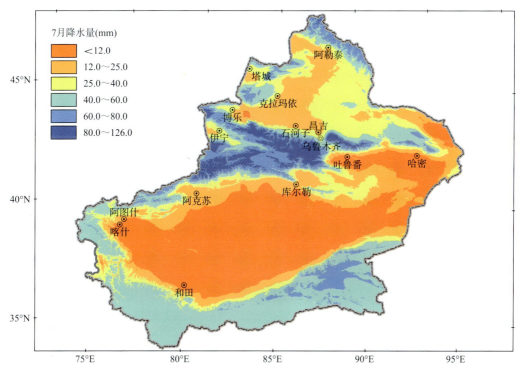

图 4.23　新疆 7 月降水量空间分布

（2）7 月降水量变化趋势

1961—2013 年，新疆 7 月降水量总体以 1.739 mm·(10 a)$^{-1}$ 的速率呈显著（$P=0.05$）的增多趋势，53 a 来全疆平均 7 月降水量增多了 9.2 mm（图 4.24）。

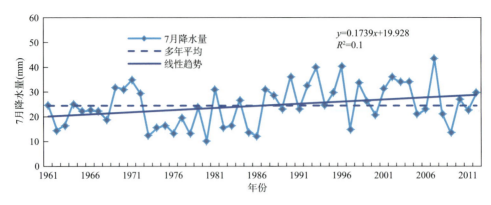

图 4.24　1961—2013 年新疆 7 月降水量变化趋势

4.1.13　8 月降水量时空变化

（1）8 月降水量空间分布

新疆平均 8 月降水量 17.8 mm,占年降水量的 11.5%。其空间分布总体呈现"北疆多,南疆少;山区多,平原和盆(谷)地少"的特点(图 4.25)。天山、阿尔泰山和昆仑山区中高山带 8 月降水较多,一般在 55 mm 以上,其中天山中、高山带可达 70 mm 以上;各山体中低山带为 40～55 mm;准噶尔盆地周边山前倾斜平原、塔里木盆地周边中低山带在 20～40 mm;准噶尔盆地中部以及塔里木盆地周边山前倾斜平原一般在 10～20 mm;塔里木盆地大部以及吐鲁番、哈密盆地中部 8 月降水较少,不足 10 mm。

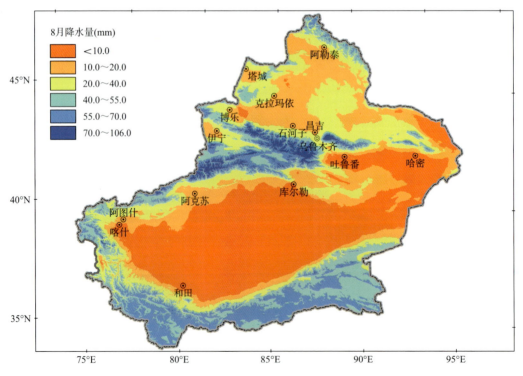

图 4.25　新疆 8 月降水量空间分布

（2）8 月降水量变化趋势

1961—2013 年,新疆 8 月降水量总体以 0.875 mm·(10 a)$^{-1}$ 的速率呈不显著($P=0.05$)的略增趋势,53 a 来全疆平均 8 月降水量增多了 4.5 mm(图 4.26)。

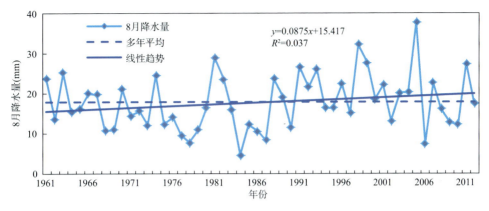

图 4.26　1961—2013 年新疆 8 月降水量变化趋势

4.1.14　9 月降水量时空变化

（1）9 月降水量空间分布

新疆平均 9 月降水量 13.0 mm，占年降水量的 8.4%。其空间分布总体呈现"北疆多，南疆少；西部多，东部少；山区多，平原和盆（谷）地少"的特点（图 4.27）。天山、阿尔泰山区中高山带 9 月降水较多，一般在 20 mm 以上，其中天山高山带可达 30 mm 以上；准噶尔盆地周边中低山带和山前倾斜平原以及昆仑山中山带在 15～20 mm；准噶尔盆地大部、塔里木盆地周边山前倾斜平原以及昆仑山高山带在 10～15 mm；塔里木盆地大部，吐鲁番，哈密盆地以及准噶尔盆地腹地 9 月降水较少，一般不足 10 mm，其中，塔里木盆地中、东部，吐鲁番、哈密盆地中部甚至不足 5 mm。

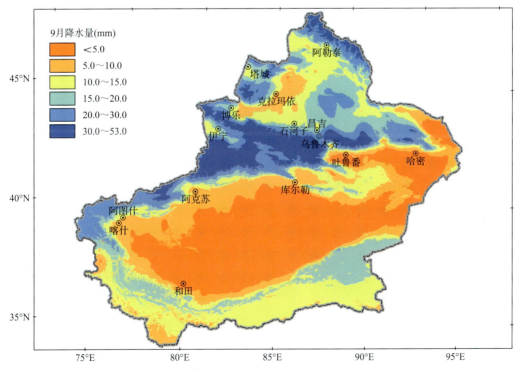

图 4.27　新疆 9 月降水量空间分布

（2）9 月降水量变化趋势

1961—2013 年，新疆 9 月降水量变化趋势不明显（图 4.28）。

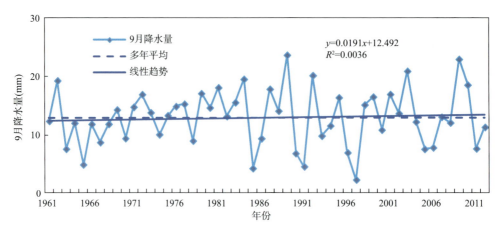

图 4.28　1961—2013 年新疆 9 月降水量变化趋势

4.1.15　10 月降水量时空变化

(1)10 月降水量空间分布

新疆平均 10 月降水量 10.4 mm,占年降水量的 6.7%。其空间分布总体呈现纬向分布,即从南到北逐渐增多的趋势(图 4.29)。南疆大部,吐鲁番、哈密盆地 10 月降水较少,一般不足 4 mm;天山南麓和准噶尔盆地西北部在 4~12 mm;天山、阿尔泰山区以及准噶尔盆地大部一般在 12~18 mm,其中,伊犁河谷、北疆沿天山一带、北疆西部山区以及阿尔泰山区在 18 mm 以上。

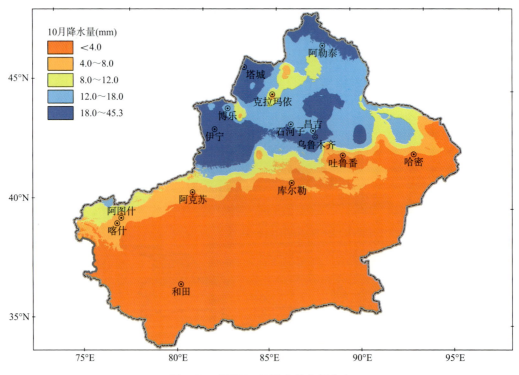

图 4.29　新疆 10 月降水量空间分布

(2)10 月降水量变化趋势

1961—2013 年,新疆 10 月降水量总体以 0.699 mm·$(10\ a)^{-1}$ 的速率呈不显著($P=0.05$)的略增趋势,53 a 来全疆平均 10 月降水量增多了 3.6 mm(图 4.30)。

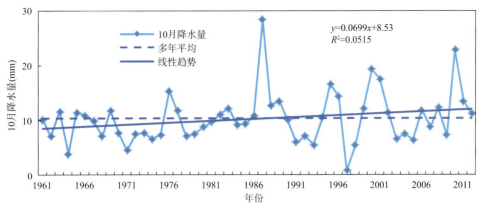

图 4.30　1961—2013 年新疆 10 月降水量变化趋势

4.1.16　11 月降水量时空变化

(1)11 月降水量空间分布

新疆平均 11 月降水量 8.6 mm,占年降水量的 5.5%。其空间分布总体呈现纬向分布,即从南到北逐渐增多的趋势(图 4.31)。南疆大部,吐鲁番、哈密盆地 11 月降水较少,一般不足 2 mm;天山南麓在 2~10 mm;天山、阿尔泰山区以及北疆大部一般在 10~15 mm,其中,伊犁河谷、北疆西部山区以及阿尔泰山区在 15 mm 以上。

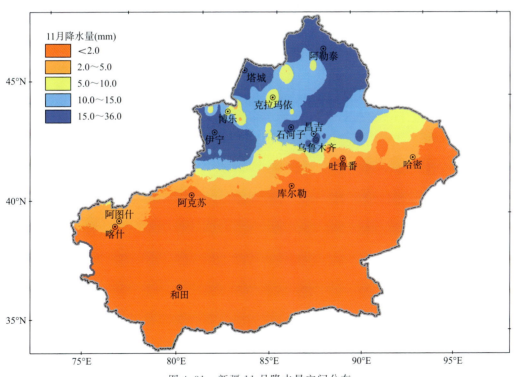

图 4.31　新疆 11 月降水量空间分布

(2)11 月降水量变化趋势

1961—2013 年,新疆 11 月降水量总体以 0.779 mm · $(10 \text{ a})^{-1}$ 的速率呈显著($P=0.05$)的增多趋势,53 a 来全疆平均 11 月降水量增多了 4.0 mm(图 4.32)。

4.1.17　12 月降水量时空变化

(1)12 月降水量空间分布

新疆平均 12 月降水量 6.4 mm,占年降水量的 4.1%。其空间分布总体呈现从南到北逐渐增多的纬向

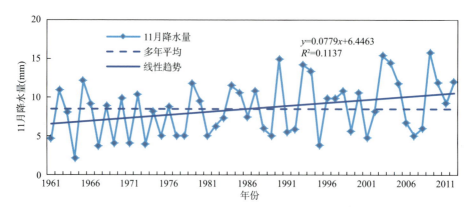

图 4.32　1961—2013 年新疆 11 月降水量变化趋势

变化特征(图 4.33)。南疆大部,吐鲁番、哈密盆地 12 月降水较少,一般不足 2 mm;天山南麓在 2~8 mm;天山山区、北疆大部一般在 8~12 mm,其中,伊犁河谷、北疆西部山区以及阿尔泰山区在 12 mm 以上。

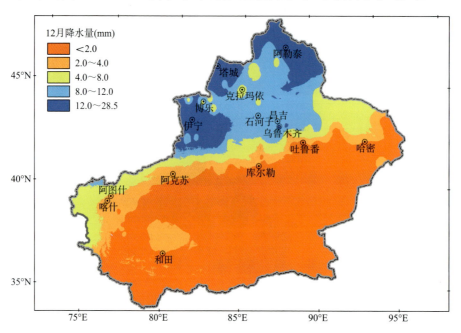

图 4.33　新疆 12 月降水量空间分布

(2)12 月降水量变化趋势

1961—2013 年,新疆 12 月降水量总体以 1.007 mm·$(10\ a)^{-1}$的速率呈显著($P=0.001$)的增多趋势,53 a 来全疆平均 12 月降水量增多了 5.2 mm(图 4.34)。

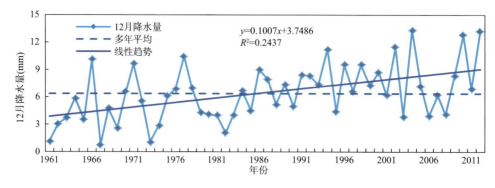

图 4.34　1961—2013 年新疆 12 月降水量变化趋势

4.2 潜在蒸散量时空变化

潜在蒸散量是表征大气蒸散能力,评价气候干旱程度、植被耗水量、生产潜力以及水资源供需平衡的重要指标。有关潜在蒸散量的计算方法很多,其中,1998年联合国粮农组织(FAO)推荐的Penman-Monteith公式综合考虑了气温、风速、湿度、太阳辐射、气压等多个气候因子的影响,具有明确的物理意义,能够客观真实地反映实际气候的蒸散发能力,因此,本文采用该公式计算新疆潜在蒸散量。公式的具体形式如下:

$$ET_O = \frac{0.408\Delta(R_n - G) + \gamma \frac{900}{T + 273}U_2(e_a - e_d)}{\Delta + \gamma(1 + 0.34U_2)} \tag{4.1}$$

式(4.1)中,ET_O 为潜在蒸散量(mm·d^{-1}),R_n 是冠层表面净辐射(MJ·m^{-2}·d^{-1}),G 是土壤热通量(MJ·m^{-2}·d^{-1}),Δ 为饱和水气压曲线在气温为 T 时的斜率(kPa·℃$^{-1}$),T 为平均气温(℃),γ 为干湿表常数(kPa·℃$^{-1}$),U_2 为距地面2 m高处的风速(m·s^{-1}),e_a 为饱和水汽压(kPa),e_d 为实际水汽压(kPa)。

4.2.1 年潜在蒸散量时空变化

(1)年潜在蒸散量空间分布

新疆蒸散强烈,全疆平均年潜在蒸散量为1031.2 mm,但空间差异悬殊,其空间分布特征与年降水量大体相反,总体呈现"南疆大,北疆小;东部大,西部小;平原和盆(谷)地大,山区小"的格局,见图4.35。吐鲁番、哈密盆地,塔里木盆地东部为新疆年潜在蒸散量的高值区,一般为1200~1300 mm,其中,风口风线和荒漠戈壁地带甚至高达1300~1750 mm;天山、阿尔泰山和昆仑山区为600~900 mm,天山高山带甚至不足600 mm,是新疆年潜在蒸散量最小的区域;全疆的其余大部分地区年潜在蒸散量为南疆1000~1200 mm,北疆900~1200 mm。

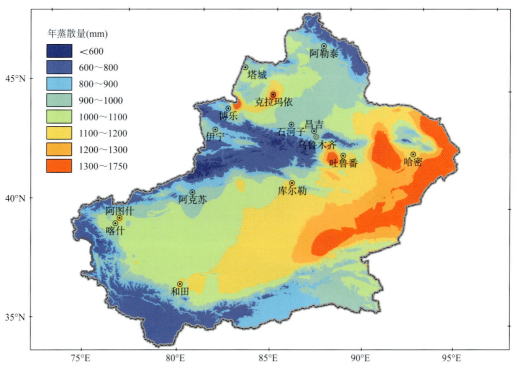

图4.35 新疆年潜在蒸散量空间分布

（2）年潜在蒸散量变化趋势

1961—2013 年,新疆年潜在蒸散量总体以－24.158 mm·(10 a)$^{-1}$的速率呈显著($P=0.001$)的减小趋势,53 a 来全疆平均年潜在蒸散量减小了 125.6 mm(图 4.36)。

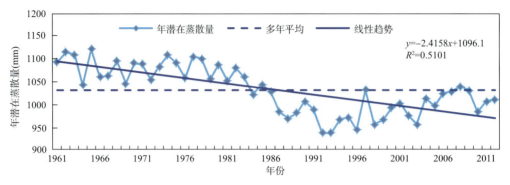

图 4.36　1961—2013 年新疆年潜在蒸散量变化趋势

4.2.2　春季潜在蒸散量时空变化

（1）春季潜在蒸散量空间分布

新疆春季平均潜在蒸散量为 301.6 mm,占全疆年潜在蒸散量的 29.3%。但空间差异悬殊,其空间分布特征与年潜在蒸散量基本相似,也呈现"南疆大,北疆小;东部大,西部小;平原和盆(谷)地大,山区小"的格局,见图 4.37。吐鲁番、哈密盆地,塔里木盆地中东部为新疆春季潜在蒸散量的高值区,一般在 330 mm 以上,其中,哈密地区大部、塔里木盆地东部的荒漠戈壁地带以及风口风线可高达 370～530 mm;天山、阿尔泰山和昆仑山区为一般小于 250 mm,高山带甚至不足 200 mm,是新疆春季潜在蒸散量最小的区域;全疆的其余大部分地区年潜在蒸散量为,南疆 280～330 mm,北疆 250～330 mm。

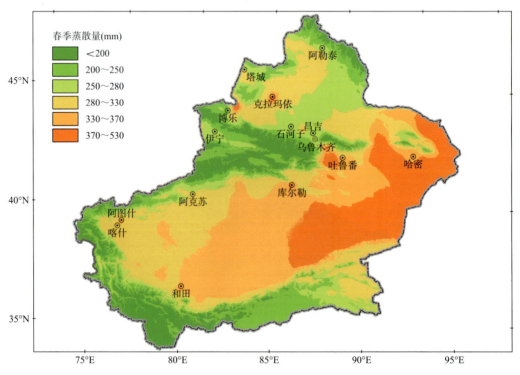

图 4.37　新疆春季潜在蒸散量空间分布

（2）春季潜在蒸散量变化趋势

1961—2013 年,新疆春季潜在蒸散量总体以－5.930 mm·(10 a)$^{-1}$的速率呈显著($P=0.001$)的减小趋势,53 a 来全疆平均春季潜在蒸散量减小了 30.8 mm(图 4.38)。

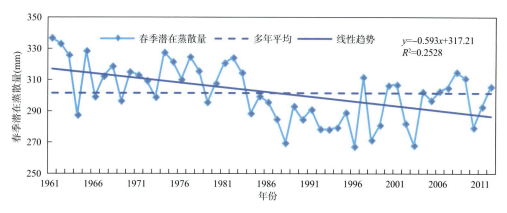

图 4.38 1961—2013 年新疆春季潜在蒸散量变化趋势

4.2.3 夏季潜在蒸散量时空变化

(1)夏季潜在蒸散量空间分布

夏季是新疆蒸散最强烈的季节,全疆平均夏季潜在蒸散量为 470.3 mm,占年潜在蒸散量的 45.6%。但空间差异悬殊,其空间分布特征与年潜在蒸散量基本相似,也呈现"东部大,西部小;平原和盆(谷)地大,山区小"的格局,见图 4.39。哈密盆地大部,吐鲁番盆地和塔里木盆地东部,准噶尔盆地西南部为新疆夏季潜在蒸散量的高值区,一般在 520 mm 以上;北疆大部、南疆中东部 460~520 mm,南疆中西部为 400~460 mm;天山、阿尔泰山和昆仑山区为一般小于 400 mm,高山带不足 320 mm。

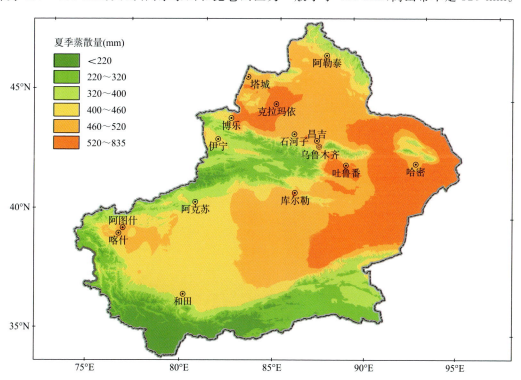

图 4.39 新疆夏季潜在蒸散量空间分布

(2)夏季潜在蒸散量变化趋势

1961—2013 年,新疆夏季潜在蒸散量总体以 -11.323 mm·$(10 \text{ a})^{-1}$的速率呈显著($P=0.001$)的减小趋势,53 a 来全疆平均夏季潜在蒸散量减小了 58.8 mm(图 4.40)。

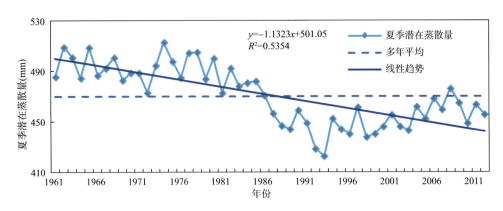

图 4.40　1961—2013 年新疆夏季潜在蒸散量变化趋势

4.2.4　秋季潜在蒸散量时空变化

（1）秋季潜在蒸散量空间分布

新疆平均秋季潜在蒸散量为 206.3 mm，占年潜在蒸散量的 20.0%。其空间分布总体呈现"由东南向西北递减"的格局，见图 4.41。哈密盆地大部，吐鲁番盆地和塔里木盆地东部为新疆秋季潜在蒸散量的高值区，一般在 240 mm 以上；塔里木盆地中东部、北疆沿天山东部 220～240 mm；塔里木盆地西部和北部的山前倾斜平原、南部的低山带以及准噶尔盆地西南缘为 200～220 mm；北疆大部和南疆西部、南部山区为 160～200 mm；天山、阿尔泰山中高山带一般小于 160 mm。

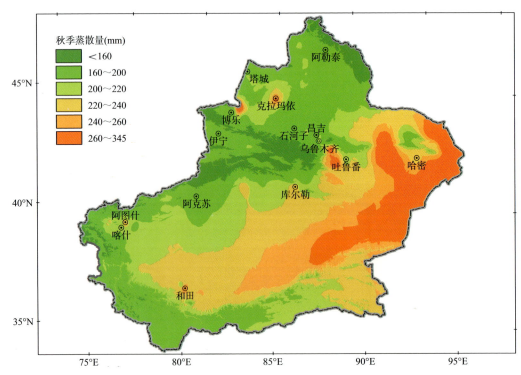

图 4.41　新疆秋季潜在蒸散量空间分布

（2）秋季潜在蒸散量变化趋势

1961—2013 年，新疆秋季潜在蒸散量总体以 -4.825 mm·$(10 \text{ a})^{-1}$ 的速率呈显著（$P=0.001$）的减小趋势，53 a 来全疆平均秋季潜在蒸散量减小了 25.1 mm（图 4.42）。

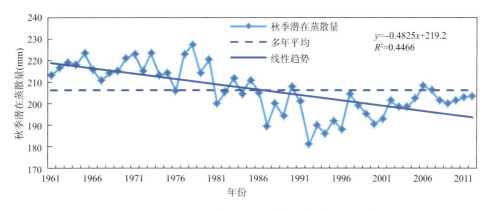

图 4.42　1961—2013 年新疆秋季潜在蒸散量变化趋势

4.2.5　冬季潜在蒸散量时空变化

(1)冬季潜在蒸散量空间分布

冬季是新疆潜在蒸散量最小的季节,全疆平均冬季潜在蒸散量为 51.2 mm,占年潜在蒸散量的 5.0%。其空间分布总体呈现"由南向北递减"的纬向分布格局,见图 4.43。南疆南部为新疆冬季潜在蒸散量的高值区,一般在 80~120 mm;南疆中部和北部为 60~80 mm;天山山区及其南麓为 40~60 mm;北疆大部一般小于 40 mm。

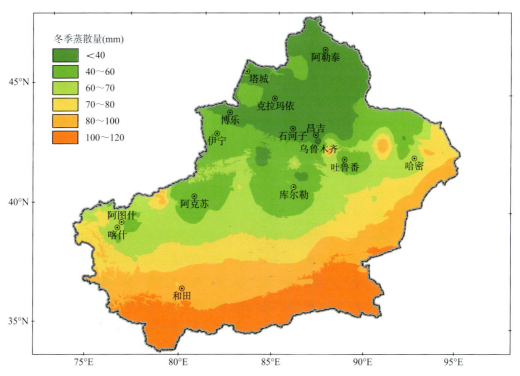

图 4.43　新疆冬季潜在蒸散量空间分布

(2)冬季潜在蒸散量变化趋势

1961—2013 年,新疆冬季潜在蒸散量总体以 -0.952 mm·$(10\ a)^{-1}$ 的速率呈显著($P=0.01$)的减小趋势,53 a 来全疆平均冬季潜在蒸散量减小了 4.9 mm(图 4.44)。

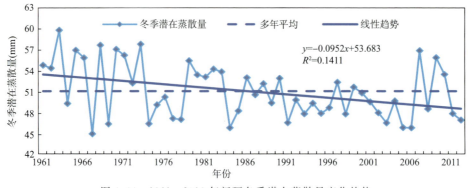

图 4.44 1961—2013 年新疆冬季潜在蒸散量变化趋势

4.3 干湿指数时空变化

干湿指数是表示大气降水和潜在蒸散量这两个最重要的地表水分收支分量之间相对平衡关系的物理量,其表达式为:

$$K = P/ET_0 \qquad (4.2)$$

式(4.2)中,K 为干湿指数;P 为降水量(mm);ET_0 为潜在蒸散量(mm)。

4.3.1 年干湿指数时空变化

(1)年干湿指数空间分布

新疆降水稀少、蒸散强烈,气候干燥,年平均干湿指数为 0.17,其空间分布总体呈现"北疆大,南疆小;西部大,东部小;山区大,平原和盆(谷)地小"的特点,见图 4.45。天山、阿尔泰山和昆仑山区是新疆气候最湿润的区域,年干湿指数一般在 0.40～0.81;北疆大部和南疆低山带次之,为 0.20～0.40;准噶尔盆地中西部、北疆沿天山东部以及南疆塔里木盆地周边山前倾斜平原为 0.05～0.20;塔里木盆地和吐鲁番、哈密盆地气候十分干燥,年干湿指数小于 0.05。

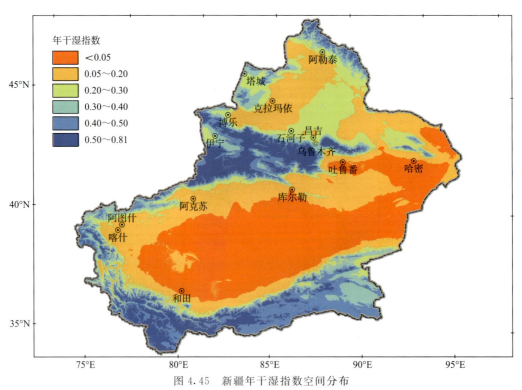

图 4.45 新疆年干湿指数空间分布

（2）年干湿指数变化趋势

1961—2013 年,新疆年干湿指数总体以 0.012 · (10 a)$^{-1}$ 的速率呈显著($P=0.001$)的增大趋势,53 a 来全疆平均年干湿指数增大了 0.05(图 4.46)。

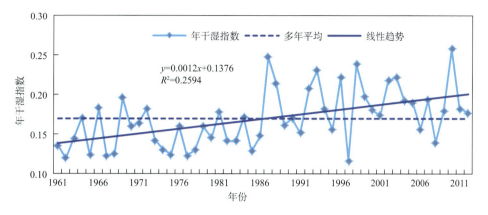

图 4.46　1961—2013 年新疆年干湿指数变化趋势

4.3.2　春季干湿指数时空变化

（1）春季干湿指数空间分布

新疆春季平均干湿指数为 0.14,其空间分布总体呈现"北疆大,南疆小;西部大,东部小;山区大,平原和盆(谷)地小"的特点,见图 4.47。天山山区是新疆春季气候最湿润的区域,干湿指数一般在0.40～0.91;北疆大部和阿尔泰山、昆仑山区次之,为 0.20～0.40;准噶尔盆地中北部、北疆沿天山东部以及南疆塔里木盆地周边山前倾斜平原为 0.05～0.20;塔里木盆地和吐鲁番、哈密盆地春季干湿指数小于 0.05。

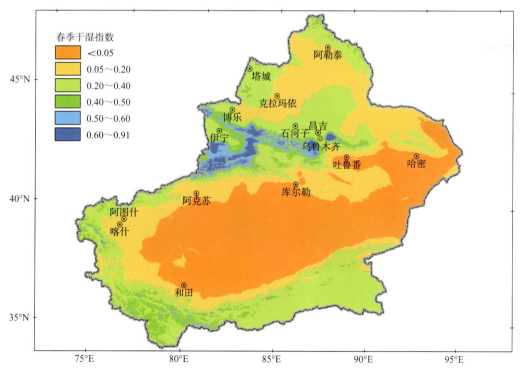

图 4.47　新疆春季干湿指数空间分布

（2）春季干湿指数变化趋势

1961—2013 年,新疆春季干湿指数总体以 0.008 · 10 a^{-1} 的速率呈显著($P=0.05$)的增大趋势,

53 a 来全疆平均春季干湿指数增大了 0.04(图 4.48)。

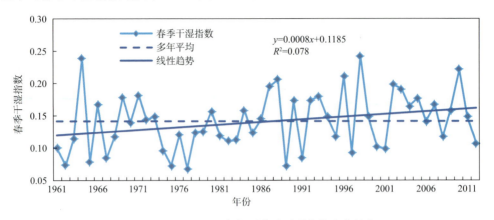

图 4.48　1961—2013 年新疆春季干湿指数变化趋势

4.3.3　夏季干湿指数时空变化

(1)夏季干湿指数空间分布

新疆夏季平均干湿指数为 0.14,其空间分布总体呈现"山区大,平原和盆(谷)地小;北疆大,南疆小;西部大,东部小"的特点,见图 4.49。天山、阿尔泰山、昆仑山区夏季干湿指数一般在 0.50~0.98;南北疆低山、丘陵地带为 0.20~0.50;准噶尔盆地和塔里木盆地大部为 0.05~0.20;塔里木盆地东南部和吐鲁番、哈密盆地大部夏季干湿指数小于 0.05。

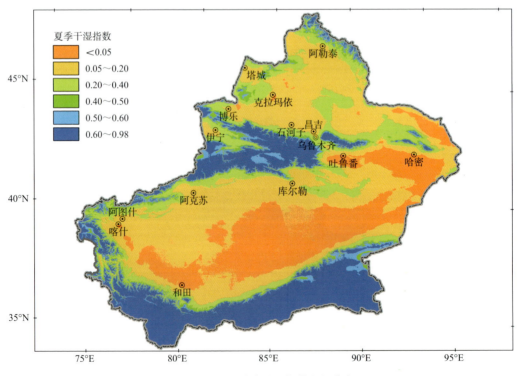

图 4.49　新疆夏季干湿指数空间分布

(2)夏季干湿指数变化趋势

1961—2013 年,新疆夏季干湿指数总体以 $0.011 \cdot (10 \text{ a})^{-1}$ 的速率呈显著($P=0.001$)的增大趋势,53 a 来全疆平均夏季干湿指数增大了 0.05(图 4.50)。

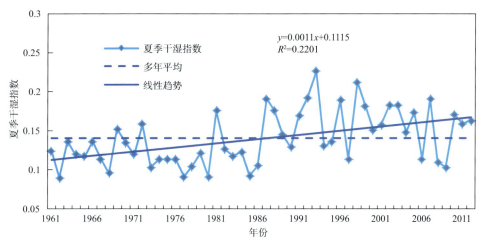

图 4.50　1961—2013 年新疆夏季干湿指数变化趋势

4.3.4　秋季干湿指数时空变化

（1）秋季干湿指数空间分布

新疆秋季平均干湿指数为 0.16，其空间分布总体呈现"山区大，平原和盆（谷）地小；北疆大，南疆小"的特点，见图 4.51。天山山区秋季干湿指数一般在 0.40～0.74；阿尔泰山、昆仑山区以及天山两侧山前倾斜平原地带为 0.20～0.40；北疆西部、北部以及北疆沿天山东部为 0.05～0.20；塔里木盆地大部和吐鲁番、哈密盆地秋季干湿指数小于 0.05。

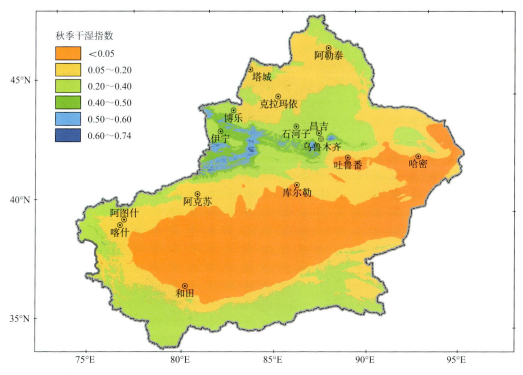

图 4.51　新疆秋季干湿指数空间分布

（2）秋季干湿指数变化趋势

1961—2013 年，新疆秋季干湿指数总体以 0.012·(10 a)$^{-1}$的速率呈显著（$P=0.01$）的增大趋势，53 a 来全疆平均秋季干湿指数增大了 0.05（图 4.52）。

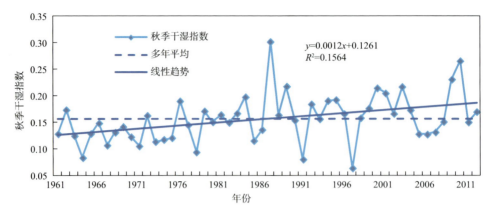

图4.52 1961—2013年新疆秋季干湿指数变化趋势

4.3.5 冬季干湿指数时空变化

（1）冬季干湿指数空间分布

新疆冬季平均干湿指数为0.34,其空间分布总体呈现纬向分布,见图4.53。南疆大部冬季干湿指数一般在0.05以下;南疆北部、西部以及吐鲁番、哈密盆地为0.05~0.20;天山山区0.20~0.50;北疆大部在0.50以上。

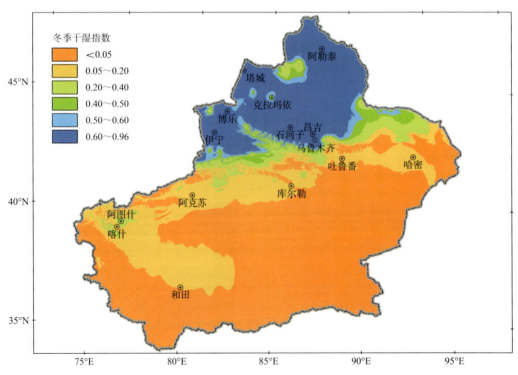

图4.53 新疆冬季干湿指数空间分布

（2）冬季干湿指数变化趋势

1961—2013年,新疆冬季干湿指数总体以0.054·(10 a)$^{-1}$的速率呈显著($P=0.001$)的增大趋势,53 a来全疆平均冬季干湿指数增大了0.25(图4.54)。

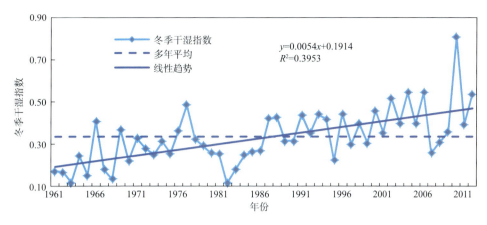

图 4.54　1961—2013 年新疆冬季干湿指数变化趋势

4.4　各界限温度期间降水量时空变化

4.4.1　日平均气温稳定≥0 ℃期间降水量时空变化

（1）日平均气温稳定≥0 ℃期间降水量空间分布

新疆日平均气温稳定≥0 ℃期间降水量空间分布格局与年降水量相似,也总体呈现"山区多,平原和盆地少;北疆多,南疆少;西部多,东部少"的特点(图 4.55)。阿尔泰山和天山北坡的中高山带,及天山南坡的高山带为 250～500 mm;准噶尔盆地周边山前倾斜平原和低山带、天山南坡中高山带为 150～250 mm;准噶尔盆地大部及塔里木盆地周边中低山带 100～150 mm;塔里木盆地周边山前倾斜平原和中高山带及准噶尔盆地局部 50～100 mm;塔里木盆地大部、昆仑山高山带和吐哈盆地大部在 50 mm 以下,其中塔里木盆地东部、吐哈盆地中部不足 30 mm。

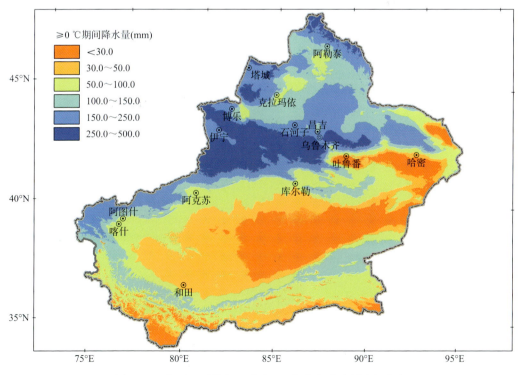

图 4.55　新疆日平均气温稳定≥0 ℃期间降水量空间分布

（2）日平均气温稳定≥0 ℃期间降水量变化趋势

1961—2014 年新疆日平均气温稳定≥0 ℃期间降水量总体以 6.410 mm·(10 a)⁻¹的速率呈显著 $(P=0.001)$ 的增多趋势(图 4.56)，其中，1987 年以来增多尤为明显。54 a 来全疆平均日平均气温稳定≥0 ℃期间降水量增多了 34.5 mm。

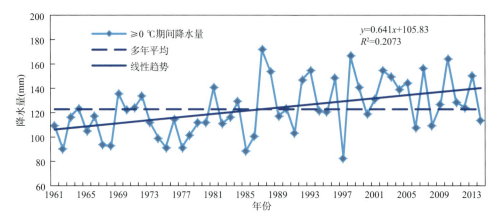

图 4.56 1961—2014 年新疆日平均气温稳定≥0 ℃期间降水量变化趋势

4.4.2 日平均气温稳定≥5 ℃期间降水量时空变化

（1）日平均气温稳定≥5 ℃期间降水量空间分布

新疆日平均气温稳定≥5 ℃期间降水量空间分布也总体呈现"山区多，平原和盆地少；北疆多，南疆少；西部多，东部少"的特点(图 4.57)。阿尔泰山、天山和北疆的大部为 120～200 mm，其中，天山北坡和伊犁河谷中高山带在 200 mm 以上；准噶尔盆地中部和北部，天山南坡中低山带和山前倾斜平原70～120 mm；南疆大部 35～70 mm；昆仑山区、塔里木盆地东部、吐哈盆地大部在 35 mm 以下，其中部分地区不足 20 mm。

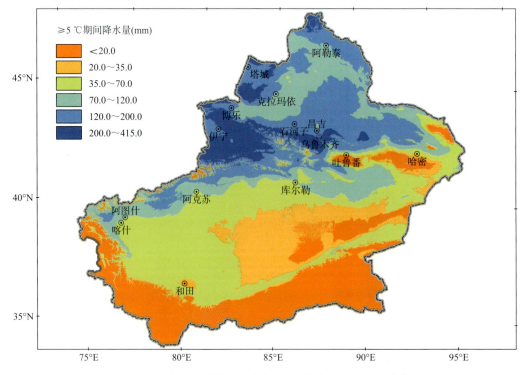

图 4.57 新疆日平均气温稳定≥5 ℃期间降水量空间分布

（2）日平均气温稳定≥5 ℃期间降水量变化趋势

1961—2014 年新疆日平均气温稳定≥5 ℃期间降水量总体以 5.588 mm·(10 a)$^{-1}$ 的速率呈显著（$P=0.001$）的增多趋势（图 4.58），其中，1987 年以来增多尤为明显。54 a 来全疆平均日平均气温稳定≥5 ℃期间降水量增多了 30.2 mm。

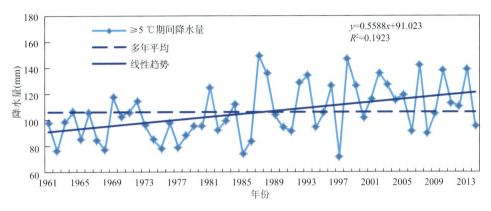

图 4.58　1961—2014 年新疆日平均气温稳定≥5 ℃期间降水量变化趋势

4.4.3　日平均气温稳定≥10 ℃期间降水量时空变化

（1）日平均气温稳定≥10 ℃期间降水量空间分布

新疆日平均气温稳定≥10 ℃期间降水量空间分布也呈现"山区多，平原和盆地少；北疆多，南疆少；西部多，东部少"的特点（图 4.59）。阿尔泰山区、北疆西部山区和天山山区大部以及北疆沿天山一带大部为 100~150 mm，其中，天山北坡中西部和伊犁河谷的中高山带在 150 mm 以上；准噶尔盆地中部和北部，天山南坡山前倾斜平原至中高山带 50~100 mm；塔里木盆地和吐哈盆地的大部 15~40 mm；昆仑山区、天山海拔 4500 m 以上的高山带以及吐哈盆地腹地不足 15 mm。

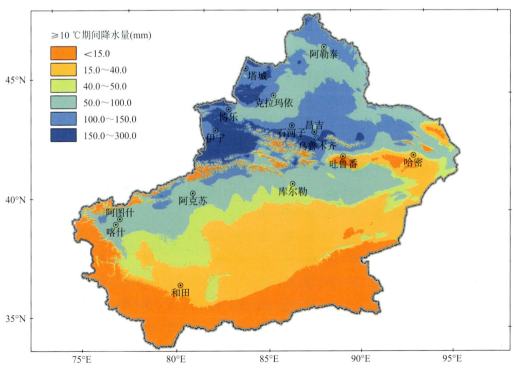

图 4.59　新疆日平均气温稳定≥10 ℃期间降水量空间分布

（2）日平均气温稳定≥10 ℃期间降水量变化趋势

1961—2014 年新疆日平均气温稳定≥10 ℃期间降水量总体以 5.595 mm·$(10\ a)^{-1}$ 的速率呈显著（$P=0.001$）的增多趋势（图 4.60），其中，1987 年以来增多尤为明显。54 a 来全疆平均日平均气温稳定≥10 ℃期间降水量增多了 30.2 mm。

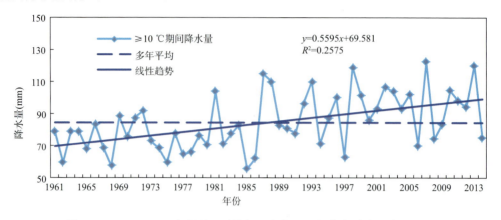

图 4.60 1961—2014 年新疆日平均气温稳定≥10 ℃期间降水量变化趋势

4.4.4 日平均气温稳定≥15 ℃期间降水量时空变化

（1）日平均气温稳定≥15 ℃期间降水量空间分布

新疆日平均气温稳定≥15 ℃期间降水量空间分布总体呈现"北疆多，南疆少；平原和盆地多，山区少"的特点（图 4.61）。虽山区年降水量较多，但由于海拔高，日平均气温稳定≥15 ℃的日数较少，高山带几乎没有日平均气温稳定≥15 ℃出现，因此，阿尔泰山、天山和昆仑山区日平均气温稳定≥15 ℃期间降水量一般不足 10 mm；南疆南部、东部，吐哈盆地大部 10～40 mm；北疆北部和南疆北部 40～60 mm；北疆大部 60～80 mm；北疆沿天山一带、伊犁河谷多于 80 mm。

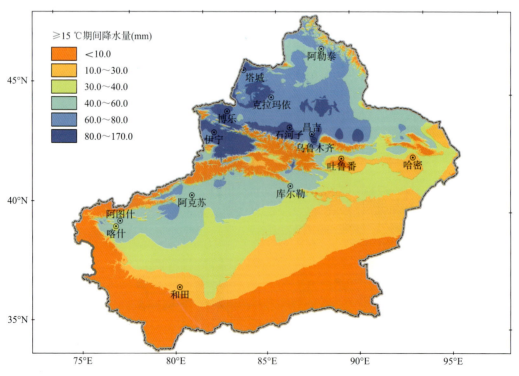

图 4.61 新疆日平均气温稳定≥15 ℃期间降水量空间分布

（2）日平均气温稳定≥15 ℃期间降水量变化趋势

1961—2014 年,新疆日平均气温稳定≥15 ℃期间降水量总体以 4.791 mm·(10 a)$^{-1}$ 的速率呈显著($P=0.001$)的增多趋势,其中,1987 年以来增多尤为明显。54 a 来全疆平均日平均气温稳定≥15 ℃期间降水量增多了 25.9 mm(图 4.62)。

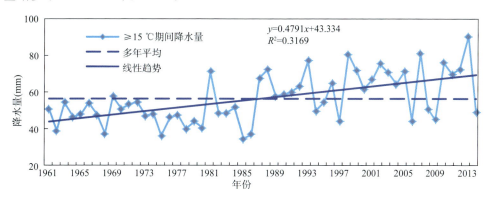

图 4.62　1961—2014 年新疆日平均气温稳定≥15 ℃期间降水量变化趋势

4.4.5　日平均气温稳定≥20 ℃期间降水量时空变化

（1）日平均气温稳定≥20 ℃期间降水量空间分布

新疆日平均气温稳定≥20 ℃期间降水量空间分布总体呈现“平原和盆地多,山区少”的特点(图 4.63)。由于阿尔泰山、天山和昆仑山区海拔高,日平均气温稳定≥20 ℃的日数很少,中、高山带几乎没有日平均气温稳定≥20 ℃的出现,因此,日平均气温稳定≥20 ℃期间降水量一般不足 10 mm;北疆北部和准噶尔盆地周边山前倾斜平原及低山丘陵地带,塔里木盆地周边山前倾斜平原 10～20 mm;北疆的准噶尔盆地大部、伊犁河谷及南疆的塔里木盆地中、北部为 20～50 mm。

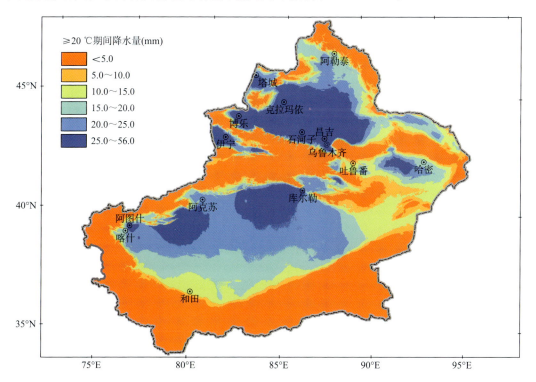

图 4.63　新疆日平均气温稳定≥20 ℃期间降水量空间分布

（2）日平均气温稳定≥20 ℃期间降水量变化趋势

1961—2014 年新疆日平均气温稳定≥20 ℃期间降水量总体以 3.078 mm·(10 a)$^{-1}$ 的速率呈显著

（$P=0.001$）的增多趋势，其中，1987 年以来增多尤为明显。54 a 来全疆平均日平均气温稳定≥20 ℃期间降水量增多了 16.6 mm（图 4.64）。

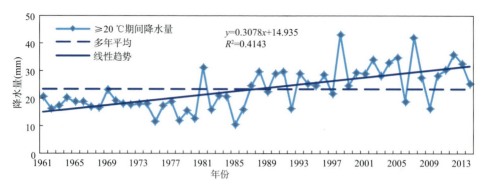

图 4.64　1961—2014 年新疆日平均气温稳定≥20 ℃期间降水量变化趋势

第5章 农业气象灾害时空变化

农作物生长发育需要一定的气象条件,当气象条件不能达到要求时,作物的生长和成熟就会受到影响。由于不利的气象条件造成的农作物减产歉收,称为农业气象灾害。例如寒潮、倒春寒等,在气象上是一种天气气候现象或过程,不一定造成灾害,但当它们威胁到农作物的生长成熟时,会造成冻害、霜冻、春季低温冷害等农业气象灾害。

新疆是农业气象灾害多发、重发的省区之一。由于新疆受西风带天气系统、极地北冰洋系统、副热带天气系统等多种天气系统影响,而且地形地貌复杂,使得新疆农业气象灾害年年都有发生,不同的季节有不同的农业气象灾害发生。冬季新疆位于蒙古冷高压的西南沿,极地冷空气常顺西北气流南下,引起急剧降温,并伴有降雪,发生冻害或雪灾;春季冷暖交替频繁,常形成霜冻、大风、沙尘暴等危害;夏季新疆为南亚大陆热低压控制,大气结构不稳定,多阵性风雨天气,暴雨可形成洪水灾害,阵性大风遇干热环境易酿成干热风,在中低山区、沙漠边缘绿洲地带和山麓地带常有冰雹灾害发生;秋末冷空气入侵频繁,常形成初霜冻和冻害。从农业气象灾害的发生规律来看,新疆农业气象灾害具有种类多、范围广、分布不均匀、局地性强、发生频率高、群发性显著、突发性强、持续性和周期性等特点。常见的农业气象灾害主要有干旱、大风、沙尘暴、冰雹、暴雨洪水、低温冷害、干热风、高温、霜冻、冻害、暴雪等。

新疆地形地貌复杂、生态环境脆弱,各种农业气象灾害频发,给新疆农牧业生产带来了严重的损失。据统计,1984—2014年的30年间新疆因各类灾害每年造成农作物受灾面积约50万 hm²,经济损失约21亿元。其间因灾害造成的农作物受灾面积大小依次为:干旱、大风、暴雨洪水、冰雹、低温冷害、沙尘暴、雪灾、霜冻、高温等。其中,干旱所占的比例最大为33.5%;其次是大风为27.1%;冰雹和暴雨洪水分别为16.1%和12.1%;其他各灾害所占比例均不足5%,其所占比例大小依次为:低温冷害3.1%、沙尘暴3.0%、雪灾2.2%、霜冻2.0%、冻害1.0%、高温0.1%。

1984—2014年,新疆平均每年因各类气象灾害造成的经济损失大小依次为:暴雨洪水、大风、冰雹、干旱、低温冷害、雪灾等。其中,暴雨洪水所占的比例最大为33.4%;其次是大风为28.2%;冰雹为14.6%;其他各灾害所占比例均不足10%,其所占比例大小依次为:干旱7.7%、低温冻害6.6%、雪灾3.8%、沙尘暴2.8%。

在全球气候变暖背景下,新疆极端天气气候事件越来越频繁,随着新疆社会、经济的快速发展,1984—2014年新疆农业气象灾害造成的经济损失呈明显增加趋势。1996年以前经济损失均在5亿元以下,1996年以后经济损失明显增加,其中有10年经济损失超过了30亿元,有5年超过了50亿元,也就是说平均每2年就有1年经济损失超过50亿元。2007—2014年,8年期间就有7年经济损失超过了30亿元,尤其是2010年接近100亿元,为近30年中最高;2014年为次高,约78亿元;2001年是第三高,约为77亿元。

1984—2014年,新疆气象灾害造成农作物受灾面积随时间也呈增加趋势。1995年以前农作物受灾面积均在30万 hm²以下,1995年以后,农作物受灾面积明显增加,其中有8年农作物受灾面积超过了50万 hm²,也就是说平均每2年就有1年受灾面积超过50万 hm²。近30年中,1999年农作物受灾面积超过514万 hm²,为最高;2010年接近100万 hm²,为次高;2009年接近90万 hm²,为第三高。

5.1 干旱

5.1.1 干旱的定义

干旱,通常是指因长期无降水或降水显著偏少,造成空气干燥、土壤缺水,从而使作物种子或牧草无法萌发出苗,正常生育的作物或牧草体内水分亏缺,影响正常生长发育,最终导致产量下降甚至绝收的气候现象。

5.1.2　干旱影响

新疆是典型的干旱地区,降水稀少,且分布极不均匀,从而形成山地、绿洲和荒漠三大生态系统和不宜人类活动及生物生长的沙漠、戈壁。占新疆主要地位的绿洲生态系统只能依靠河流而存在,河流成为维系干旱区人类活动的命脉。新疆历史上严重干旱是由于长期少雨或者河流来水偏少而造成的。然而,新疆径流的地区分布与农田灌溉需求极不协调,伊犁、阿勒泰地区面积仅分别占全疆总面积3.4%和9.9%,年径流量却分别占21.6%和15.8%,吐鲁番、哈密、且末、若羌,其土地面积约占全疆总面积的30%,年径流量却只占5%。因此,吐鲁番、哈密和南疆西南部、东部为缺水区。另外,新疆河流水量季节性变化较大,其季节分布与农田灌溉需求也存在较大差异。在春季农作物大量需水期,灌溉用水量占全年用水量的40%,而同期河流来水量只占全年的百分之十几,甚至百分之几,因此,春旱是影响新疆农业生产的主要灾害。

虽然新疆是灌溉农业,但对降水的依赖性仍然较高,干旱是新疆农业生产最严重和常见的气象灾害,其对农业生产的影响和危害程度与其发生季节、时间长短以及作物所处的生育期有关;春旱往往造成耕地缺水,不能适时播种,影响作物的正常生长,延迟果树的发芽时间和降低生育期等;夏季作物生长盛期的干旱"卡脖旱"影响作物的生长发育、正常灌浆,造成产量下降,严重干旱可造成作物死亡而绝收;秋旱影响秋收作物的生长发育和产量形成。干旱对畜牧的影响首先表现在牧草,春旱影响天然牧草的正常返青,导致青草期相对缩短,夏旱影响牧草产量,而连旱往往导致牧草产量降低、品质劣化、适口性变差;其次是影响畜产品和家畜的生存;最后是加剧草场退化和沙漠化,造成牧草长势差,牲畜吃草困难,同时造成水资源紧缺,引起牲畜饮水困难。干旱对生态环境影响往往会造成水资源减少,甚至造成一些小型水域逐渐干涸、河流干枯断流,成为沙尘暴的源地,使脆弱的生态环境进一步恶化,出现大面积土地退化沙化、土壤盐渍化和水土流失。例如①1974年,新疆大旱。全区农田受旱面积达21.8万hm²,粮食减产4.78亿kg,占总产15.6%。②1989年,新疆干旱。13个地州44个县受灾,旱情较重的有28个县市,受旱面积18万hm²。467万hm²草场受灾,农牧区100万人和801万头牲畜缺水,瘦弱牲畜达700万头,牧草减产6060万t。③1997年,新疆干旱。11个地州60多个县(市)37.9万hm²农作物受旱,成灾24.6万hm²,绝收7.1万hm²,草场受旱面积约2200万hm²,死亡牲畜45万余头(只),造成直接经济损失27亿元。④2008年5—9月,全疆各地气温持续异常偏高,偏高程度为50 a一遇;大部分地区降水偏少,尤其是北疆和天山山区明显偏少,偏少4～6成,其中伊宁县、霍城、巩留偏少幅度破历史同期极值;同时山区积雪明显偏少。受其影响,新疆、特别是北疆发生了严重的春夏秋连旱,旱情仅次于1974年,是历史上第二个干旱严重年。7月初,昌吉、塔城个别水库临近空库,造成农业大面积受灾,绝收小麦达4.67万hm²;天然草场大面积干枯,全区有1870万hm²天然草场严重受旱,尤其是阿勒泰地区、塔城地区和伊犁河谷天然草场受灾极为严重,北疆及天山山区草场还发生了大面积的鼠害、虫害。⑤2009年南疆1—8月降水量连续偏少,平均降水量仅17.4 mm,偏少59%,为1961年以来同期最少值,同时气温偏高,农田失墒快,使得南疆在经历了2008年春夏秋连旱后,再次出现严重干旱,气象干旱程度超过2008年,对农业生产造成严重影响,尤其是喀什地区旱情最为严重。另外,南疆夏季高空零度层高度为近20年最低,山区冰雪融化不足,主要河流来水量明显偏少,初夏时节塔里木河干流断流达1100 km。

5.1.3　干旱指标

新疆发生干旱的成因是多方面的,它既受降水量、降水强度、气温、光照、风速、空气湿度等多种气候因素的制约,也受农业结构、耕作制度、农作物种类、作物或牧草生育时期以及耕作措施等农业生产本身的影响;另外,土壤、水文、地形、地貌等自然地理因素以及灌溉条件、土壤水分保持技术等社会经济因素对农业干旱也有重要影响,因此,确定干旱指标是一个复杂的问题,根据2006年颁布的《中华人民共和国国家标准——气象干旱等级》(GB/T 20481—2006)推荐的降水量距平百分率等级标准(表5.1),进行新疆干旱等级的划分,并据此进行不同等级干旱出现概率时空变化分析。

降水量距平百分率是表征某时段降水量较气候平均状况偏少程度的指标之一,能直观反映降水异常引起的农业干旱程度,其表达式为:

$$P_a = \frac{P - \overline{P}}{\overline{P}} \times 100\% \tag{5.1}$$

式中,P_a 为某时段降水量距平百分率(%);P 为该时段降水量(mm);$\overline{P}$ 为该时段同期气候平均降水量(mm)。

表5.1 降水量距平百分率气象干旱等级划分表

等级	类型	降水量距平百分率(%)
0	无旱	$-15 < P_a$
1	轻旱	$-30 < P_a \leqslant -15$
2	中旱	$-40 < P_a \leqslant -30$
3	重旱	$-45 < P_a \leqslant -40$
4	特旱	$P_a \leqslant -45$

5.1.4 干旱空间分布

新疆农区干旱平原较山区明显,南疆比北疆严重(图5.1)。特别是喀什地区、和田地区、塔里木盆地东南部、巴州南部、吐鲁番地区、哈密地区为特旱区;喀什地区、塔城地区南部、准噶尔盆南缘、阿克苏地区等为重旱区;两大盆地边缘为中至轻旱区,天山中段和中天山的森林和草场不存在永久性干旱。同时,林木和牧草迅速生长的季节,正是山区降水量最多的时候,也不存在季节性干旱。新疆山区干旱是属于临时干旱。

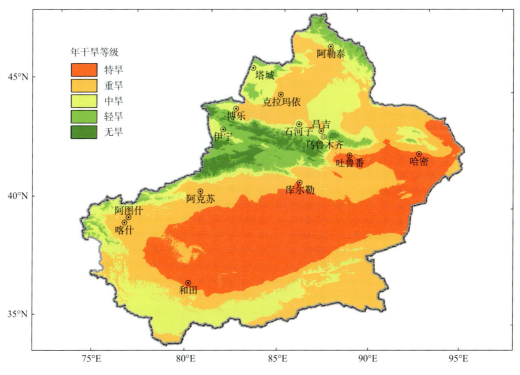

图5.1 新疆年干旱等级空间分布

5.1.5　干旱时间变化

1984—2014 年新疆干旱发生频率呈减少的趋势(图 5.2)。但是,尽管如此,新疆每年都有不同程度的干旱出现,新疆干旱大体上是 3 年 1 中旱,6～7 年 1 大旱,年年有局部旱灾,农区干旱可持续 7～10个月。尤其是冬春连旱和 4 月至 6 月的干旱,对农作物、特别是对粮食作物和牧草以及树木的生长危害极大。经常受干旱威胁的重点县(市)有 20～35 个,受旱农田 33 万～66 万 hm²。而且发生频次高,持续时间长。如 1989 年是严重干旱年,哈密、昌吉、塔城等地州为重旱区,不仅有春旱,而且有夏旱、秋旱、冬旱,基本是全年持续干旱。1966—1968 年、1985—1987 年基本上是 3 年持续干旱。

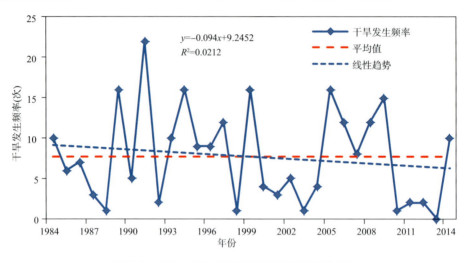

图 5.2　1984—2014 年新疆年干旱发生频率变化

5.2　暴雪

5.2.1　新疆暴雪定义

在新疆区域内,暴雪指 24 h 内降雪量超过 12 mm 或 12 h 降雪量超过 10 mm。雪灾的形成主要有三个基本条件,一是降雪量,二是积雪深度,三是积雪持续时间。新疆雪灾主要由暴雪、暴风雪、雪暴等造成,也可因积雪过厚而产生白灾、雪腐病或融雪型洪水、山体滑坡、雪崩等气象次生灾害。

5.2.2　暴雪影响

1984—2014 年新疆由于雪灾造成的经济损失平均每年超过 8 千万元,其中有 7 年超过 1 亿元,1999 年最多 8.4 亿元;其次是 2010 年为 5.8 亿元;第三是 2006 年,约 2.5 亿元;2008 年约 1.6 亿元,1996 年、2009 年、2014 年约为 1 亿元。

雪灾出现时,可能造成农田被掩埋、设施农业受损害并造成农作物死亡;致使牲畜冻伤、老弱幼畜饥寒交迫和死亡增多,畜牧业减产、牧区生活发生困难等极为严重的危害;雪灾对畜牧业的影响最为严重。例如①1969 年 1 月 19～30 日塔城、伊犁地区出现雪灾,伊宁县连续降雪 9 天 9 夜,平原地区积雪 55～100 cm,山区积雪厚达 100 cm 以上,个别地方 200～300 cm,三台至果子沟一带大雪加大风,形成特大雪暴、雪崩,公路雪深 150 cm 以上,道路阻塞,牲畜埋入雪中,大量牲畜被冻、饿死,霍城县、察布查尔县牲畜死亡近 15 万头,死亡率达 54％。②1996 年冬,阿勒泰、塔城、伊犁及南疆巴州的巴音布鲁克出现了历史上罕见的大雪,持续不断的降雪过程,使北疆及南疆的部分地区积雪明显偏厚,局部地区异常偏厚,阿勒泰市区积雪 88 cm,塔城部分地区 100 cm,伊犁的山区雪深 100～150 cm,巴音布鲁克积雪 55 cm,草场积雪 80～90 cm,全疆 6 个地区发生雪灾,受灾草场 1.04 万亩,牲畜 1100 万头,12.3 万牧民被大雪围困,倒塌棚圈 6120 余座,死亡牲畜 9.87 万头(只)。③2009 年 12 月下旬至 2010 年 1 月,北疆受多次寒潮和暴雪天气影响,出现 60 a 以来最强雪灾,北疆冬季最大积雪深度普遍在 30 cm 以上,其中北部在 60 cm 以上,阿勒泰达 94 cm,山区在 1~2 m 之间,阿勒泰、伊宁县、乌苏等 16 测站突破历史极值;福海、富蕴、青河和蔡家湖冬季极端最低气温在 −40 ℃ 以下,青河县塔克什肯口岸为 −47.5 ℃。北疆异常偏厚的积雪和寒冷的天气,不仅给畜牧业带来严重"白灾",而且对设施农业以及冬小麦造成极大损失和不利影响。据统计,此次暴雪受损棚圈及蔬菜大棚 8652 座(间);死伤大小牲畜 26.1 万余头(只),45.67 万头(只)大小牲畜觅食困难;直接经济损失达 5.78 亿元。

5.2.3　暴雪日数的空间分布

新疆暴雪日数总体来说比较少,分布基本是沿着山脉的走向较多,山区多平原少,北疆多南疆少,西部多东部少,主要分布在天山山区、北疆沿天山一带、伊犁河谷、阿勒泰和塔城部分地区。年暴雪日数大值区位于天山、阿尔泰山、昆仑山中高山带,普遍在 1 d 以上,其中大西沟年暴雪日数在全疆最多,为 3.2 d;天池次之,为 2.1 d;小渠子第三多,为 1.4 d;塔里木盆地周边的平原地带和吐鲁托盆地、红柳河、淖毛湖几乎很少出现暴雪。

暴雪灾害是新疆的主要气象灾害之一。新疆每年都有雪灾发生,遍及南北疆。新疆雪灾一年四季都可能发生,多发季节不在隆冬,而在春季,占 54.1%;冬季次之,占 28.4%;秋季较少,占 13.1%;夏季很少,仅 4.5%,主要发生在高山地区。草原牧区大雪灾大致有十年一遇的规律,至于一般性的雪灾,出现次数很频繁,但大雪灾很少有连年发生的现象。

新疆在山区、平原和盆地都有雪灾发生。新疆的地形由高山和盆地相间组成,降雪量、降雪日数、稳定积雪日和积雪深度从北向南、从西向东、从山区向盆地、从高山带向中山带呈减少的特征,雪灾的分布基本与其一致,即北疆多,南疆少,西部多,东部少,山区多,平原、盆地少(图 5.3),但不同类型的雪灾又受山地海拔、坡向、坡度、地形等的影响。新疆雪灾多发区是塔城地区、伊犁河谷、阿勒泰地区、巴州巴音布鲁克牧区,为 1 d 以上,其次是博尔塔拉自治州、克孜勒苏自治州牧区、天山中部其他山区、天山东部山区,为 0.5 d 以上,阿克苏、喀什发生较少,为 0.1 d 以上,最少是吐鲁番地区,小于 0.1 d。

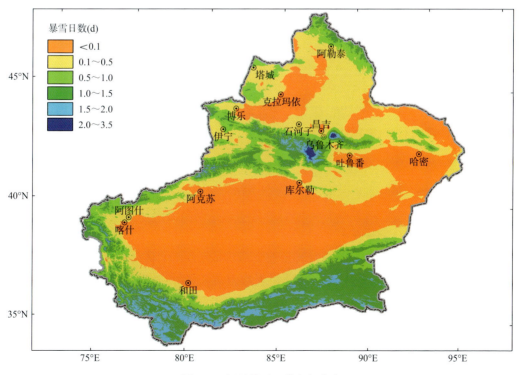

图 5.3　新疆暴雪日数空间分布

5.2.4 暴雪日数时间变化

新疆春季暴雪最多,春季暴雪日数占全年暴雪日数的 33.3%;其次是冬季,占全年暴雪日数的 26.8%;秋季约占全年暴雪日数的 25.9%;夏季山区会出现暴雪,约占全年暴雪日数的 14%。新疆暴雪主要集中在 11 月至次年 4 月,其中 4 月暴雪出现最多,其次是 11 月和 3 月,冬季 12 月至次年 2 月比 4 月、11 月和 3 月少,1 月是冬季中出现暴雪最少的月份。可见暴雪的多发期在秋末初冬和初春,由于正值牲畜转场期间,对畜牧业影响较大。

1961—2014 年,全疆平均暴雪日数总体以 0.047 d·(10 a)$^{-1}$ 的速率呈显著($P=0.01$)增多趋势,54 a 来增多了 0.25 d(图 5.4),暴雪出现的区域也有所扩大。

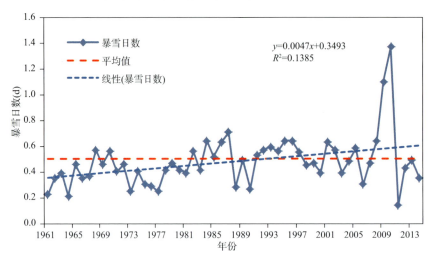

图 5.4 1961—2014 年新疆暴雪日数变化

5.3 暴雨

5.3.1 新疆暴雨的定义

新疆降水稀少,气象部门规定,日降水量≥25 mm 的雨为"暴雨",≥50 mm 的降雨为"大暴雨"。

暴雨型洪涝是新疆的主要洪水灾害,新疆多为坡地,降水量大时,集流迅速,洪水往往来势凶猛、陡涨陡落,洪峰大,并挟带泥石流,破坏性极强。

5.3.2 暴雨影响

暴雨致灾有两种类型,一类是暴雨自身造成的灾害,如导致平地积水、房屋倒塌、毁坏农作物等;另一类是暴雨引发洪水造成的灾害,暴雨来势迅猛,常常引起地面径流沿坡沟地形迅速下泻,造成突发性洪水,也会引发泥石流和山体滑坡次生灾害。

1984—2014 年,新疆因暴雨洪涝造成的经济损失平均每年约 7.2 亿元。30 年期间暴雨洪涝造成的经济损失呈明显增加趋势。1996 年前平均经济损失均为 1.2 亿元,1996 年以后平均经济损失增加为 10.9 亿元,期间有 6 年经济损失超过了 10 亿元,损失最多的年份为 1999 年,超过 46.5 亿元;其次是 2009 年,超过 35 亿元;第三是 2007 年,超过 33 亿元;1996 年超过 22 亿元,2010 年接近 14 亿元,2012 年也超过 10 亿元(图 5.5)。

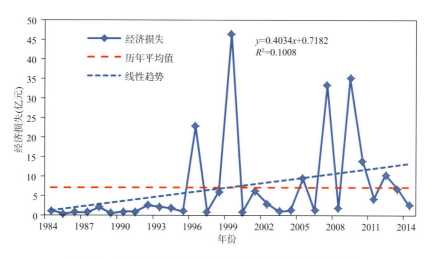

图 5.5　1984—2014 年新疆暴雨洪涝造成的经济损失变化

暴雨洪水冲毁、淹没农田,造成作物减产,甚至绝收。暴雨洪水对水利设施的破坏也是很严重,包括垮坝,冲毁渠道,破坏发电设施等。此外暴雨洪水会导致水土流失,破坏土地资源和生态环境。例如①1987 年 7 月 14—16 日乌鲁木齐市小渠子、达坂城等地的暴雨洪水冲毁农田 200 hm²、干渠 4.5 km;②1996 年 7 月中下旬新疆接连出现三次大降水天气过程,暴雨成灾,洪水泛滥(乌鲁木齐成"孤岛"三天),有 8 条河流出现历史第一位洪水,5 条河流出现历史第二位洪水,并造成山体滑坡、泥石流等衍生灾害,影响到 12 个地(州、市)。③2006 年 7 月 3 日,吐鲁番突发山洪、泥石流,11 名民工被泥石流掩埋,10 人死亡。④2008 年 4 月 30 日,伊犁河谷霍城县清水河镇小西沟流域暴雨引发洪水,具有突发性强、来势迅猛、洪水过程历时短等特点,造成该县清水河镇城西二村多名放学回家的学生死亡。⑤2009 年 8 月 19 日 17 时至 19 时,阿克苏地区柯坪县 2 h 降水量达 74 mm,约占该站年平均降水量的 76%,尤其是 17:30—18:00 的半个小时降水量达 68.7 mm,降水强度为新疆有气象记录以来最强,造成房屋、棚圈倒塌受损,城市出现积涝,道路、水利设施受损严重,玉米、棉花等农作物受灾面积 1353.3 hm²,受灾人口 18600 人,直接经济损失 5.54 亿元;⑥2010 年 3 月中旬塔额盆地出现了近 60 年来罕见的升温雪型洪水,并引发了泥石流、山体滑坡等灾害,死亡大小牲畜 19979 头(只),毁耕地 1143 hm²,冬草场受灾 30 万 hm²,倒塌围墙 14359 m,790 t 玉米被洪水浸泡,经济损失近 1.3 亿元。⑦2010 年 7 月 28—31 日,南疆各地相继出现暴雨过程,14 站累计降水量超过 20 mm,4 站超过 40 mm,岳普湖达 64.9 mm,库车大龙池景区高达 104 mm,暴雨及前期高温融雪的共同作用,造成南疆各主要河流来水量剧增,出现了大范围的严重汛情,部分河流出现超保证流量和有资料记载以来的第一、二位洪水,库车大龙池景区一千余名游客及牧民被困。

5.3.3　暴雨日数空间分布

新疆暴雨具有局地性强、持续时间短、强度大的特点。新疆暴雨多发生于天山山区及两侧,北疆多于南疆,西部多于东部,山区多于平原,迎风坡多于背风坡。年暴雨日数高值区位于天山山区中段,其中天池暴雨最多,年平均日数为 4 d,最多一年 11 d(2007 年);其次是小渠子,年平均 2.5 d,最多一年 8 d(2007 年),巴仑台和大西沟分别为 1.6 d 和 1 d;次高值区位于伊犁河谷,其中新源最多,年平均为 1.5天,昭苏为 1 d;还有一个高值区位于天山东段的木垒,年平均日数为 1.5 d(图 5.6)。

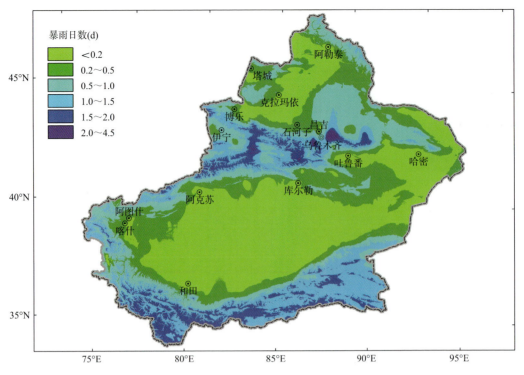

图 5.6　新疆年平均暴雨日数空间分布

5.3.4　暴雨日数时间变化

新疆暴雨主要集中在夏季(6—8月),夏季暴雨日数占全年暴雨日数的63.1%;其次是春季,占全年暴雨日数的23.9%;秋季占全年暴雨日数的12.4%;冬季最少,仅占全年暴雨日数的0.5%。新疆暴雨以5—8月最为频繁,其中7月最多;6月次之;再者是5月、8月;9月、4月也时有发生;3月、10月和11月较少。

1961—2014年,新疆暴雨出现的频次呈现增加的趋势,平均以0.191 d·(10 a)$^{-1}$的速率呈不显著($P=0.05$)的略增趋势(图5.7)。20世纪60至80年代暴雨出现相对较少,在平均线以下。90年代以来新疆暴雨出现的频率高,在平均线以上,且范围大。同时年际变化也大,新疆干旱区夏季暴雨的变率远远超过年降水量,在低山区的一些山洪沟,平日干涸无水,只在夏季降暴雨后才有水流,这种情况有时几年甚至几十年才会出现一次。

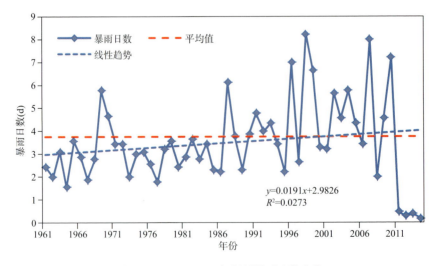

图 5.7　1961—2014年新疆暴雨日数变化

5.4 大风

5.4.1 大风的定义

风力大于等于 8 级(即瞬时风速≥17 m·s^{-1})的风叫大风。

5.4.2 大风影响

通常 5～6 级的风对农牧业生产就会产生一定的影响,风力大于等于 8 级的大风更是一种破坏力很大的灾害性天气,对农作物的危害,主要是造成作物的机械损伤,引起植株的茎秆折断或倒伏,严重影响作物的正常生长,对已近成熟的作物会引起大量籽粒脱落,它给农业生产带来严重的威胁和破坏。

新疆大风对农、林、牧业的影响较大。对农业和林业的危害,以春夏季作物生长期间影响最大,3—4 月正值作物播种、出苗、生长及果树开花期,大风撕毁农田地膜、毁坏塑料温室大棚、折断幼苗、吹落花朵、吹起的沙尘掩埋田地或作物等;5—6 月的大风主要危害高秆作物和成熟的庄稼、果树,引起倒伏、落粒、落果、拔树、折苗;春末夏初出现的高温、低湿、并伴有一定风力的干热风使正在开花、灌浆至成熟期的小麦蒸发加剧,使其水分循环失调带来不利的影响;新疆每年因大风受灾的农田少则几千亩,多则上百万亩,损失惨重。此外,大风还增强蒸发作用,使作物水分失调而受旱。新疆大风对牧业危害最重的是冬春季大风,特别是春季,正处于牲畜转场和产羔育幼期间,此时大风常伴有风雪,能见度随之降低,致使牧区人畜迷途而被冻死。另外,新疆地表沙源丰富,在盛行大风的地区还常常造成风沙危害,导致耕地风蚀和沙害。例如:①1998 年 4 月 17 日 8 时至 19 日 9 时,北疆的伊犁、昌吉,东疆的哈密,南疆的喀什、阿克苏、巴音郭楞等 6 地州的 20 个县(市)的牧区遭受 20 年未见的大风袭击,农作物受灾面积 160 万 hm²,成灾 120 万 hm²,死亡牲畜 10.5 万头(只)。②2009 年 4 月 16—19 日,南疆出现强大风、沙尘天气过程,风力普遍 6～8 级,并伴有沙尘天气,此次大风、沙尘天气影响范围广、持续时间长、风力强、灾情重;南疆 31 个县(市)的农业、林果业、设施农业等遭受极大损失,其中阿克苏地区灾情最为严重;特别是正值棉花出苗的关键时期,大风造成大面积已铺棉膜刮破,棉苗死亡,补种、重播面积较大,损失严重。

1984—2014 年,新疆因大风造成的经济损失平均每年约 6.1 亿元。虽然近 54 a 新疆年平均大风日数明显下降,但随着社会经济的快速发展,大风造成的经济损失仍呈增加趋势。其中 2001 年最多,超过 61 亿元;第二是 2010 年,超过 44 亿元;第三是 2014 年,超过 20 亿元。

5.4.3 大风日数空间分布

新疆是中国盛行大风的地区之一,大风日数多,风力强,持续时间长,独特的地理环境,使大风分布具有区域特征,新疆大风日数的空间分布与大气环流走向和地形地貌有关。每当冷空气入侵新疆时,北疆首当其冲,因西部多风口、河谷,因此,大风较多,而南疆因天山山脉的阻挡,大风较少。大风的空间分布是北疆多于南疆,中、低山区多于平原地区。地形开阔的高山和高原地区接近自由大气,大风也较多。从全疆看,首先大风日数的高值区在北疆西北部、东部和南疆西部(图 5.8),这些大风较多的地区,多是农业很少的山口、河谷、山脉的隘口和戈壁,其中准噶尔盆地西部的阿拉山口大风日数最多,近 54 a (1961—2014 年)年平均大风日数 155 d,其中 1977 年出现 188 d,是 1961 年以来最多年份。其次是南北疆气流通道的达坂城,1961—2014 年年平均有 147 d,其中 1985 年出现 228 d,也是 1961 年以来最多年份。再其次是东疆的七角井,年平均大风日数是 123 d,最多一年是 224 d,出现在 2010 年。"三十里风区"、"百里风区"、三塘湖—淖毛湖戈壁一线为 90～100 d;北疆北部的哈巴河、黑山头、吉木乃、和布克赛尔,准噶尔盆地的克拉玛依,南疆西部的托云,东疆的托克逊,年平均大风日数在 50～90 d 之间;北疆的额尔齐斯和河谷、塔额盆地,东疆的伊吾、红柳河,南疆的乌恰、塔什库尔干、巴音布鲁克、库尔勒、和静、巴仑台大风日数为 20～50 d,北疆沿天山一带、伊犁河谷、东疆的哈密,南疆塔里木盆地的东、西、北缘年平均大风日数在 10～20 d 之间。北疆东部的青河、西部的博乐、乌苏,准噶尔盆地南部的炮台、莫索湾、乌兰乌苏、玛纳斯、米泉、阜康,天山山区的昭苏、特克斯、天池、大西沟、小渠子,巴州的和硕、轮台,塔里木盆地的西部和南部以及、盆地中心地区大风日数不足 10 d。

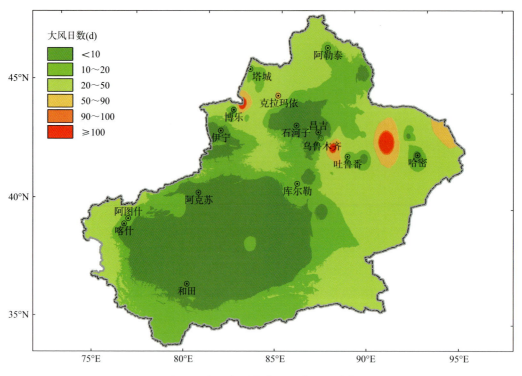

图 5.8 新疆年平均大风日数空间分布

5.4.4 大风日数时间变化

新疆年平均大风日数为 20.6 d,其中 1966 年出现大风最多为 33.8 d,2011 年最少为 8.3 d。1986 年之前年均大风日数为 26.8 d,明显高于近 54 年平均值,而 1986 年之后的 29 a(1986—2014 年)平均大风日数为 14.8 d,均在 54 a 平均值以下,1986 年之前的减少速率小于之后的减少速率,也就是说 1986 年之后大风减少速率在加快,尽管 1998—2001 年、2006—2010 年大风相对于前几年为多发时段,但仍然远远小于近 54 a 平均值。1961—2014 年,新疆大风日数总体以 $-3.974 \text{ d} \cdot (10 \text{ a})^{-1}$ 的速率呈显著($P=0.001$)的减少趋势(图 5.9)。

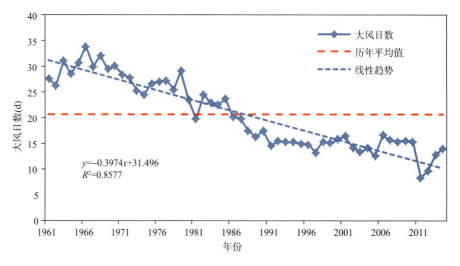

图 5.9 1961—2014 年新疆平均大风日数变化

5.5 沙尘暴

5.5.1 沙尘暴的定义

沙尘暴是指强风把地面大量沙尘卷入空中，使空气浑浊，水平能见度<1 km 的天气现象。

5.5.2 沙尘暴的影响

沙尘暴天气会以大风、风蚀、流沙等多种方式给作物、牲畜、生态环境和人类社会造成严重损失。沙尘暴常迅速刮蚀农田肥力，吹失种子，吹死幼苗，打落瓜果和经济作物花朵，幸存作物的叶子蒙尘之后，其光合作用和呼吸作用大大减弱，严重影响作物生长，特别是农作物赖以生存的微薄的表土刮走后，贫瘠的土地将严重影响农作物的产量。牲畜会患呼吸道及肠胃疾病，严重时将导致大量"春乏"牲畜死亡。特大沙尘暴还可掩埋农田、公路、铁路、水源等。此外，还可能引发火灾等次生灾害。沙尘暴的频繁发生导致全球荒漠化的加剧，从某种意义上讲这更甚于水灾、地震等，因为它毁坏了人类赖以生存的自然环境。例如：①1986 年 5 月 18 和田地区和田市、洛浦、民丰、策勒、于田等县出现历史上特强沙尘暴，俗称"黑风"，最大风力 10 级，8 级以上的大风持续了 3 个多小时，这场风沙天气维持时间较长，沙尘暴持续时间长达 48 h，1.67 万 hm^2 农田受灾，棉花受灾面积近 0.80 万 hm^2，0.56 万 hm^2 枯死；小麦减产 2.5 万 t，刮倒树木 25.9 万棵，果树落果率达 50%；丢失牲畜 4800 头（只），死亡数百头（只）；失踪 12 人，死亡 11 人，重伤 6 人。②2006 年 4 月 8—11 日，新疆出现强寒潮过程，全疆大部分地区出现了 6~8 级大风，风口风力 10~12 级，十三间房瞬间最大风速达 51 m·s^{-1}（16 级），托克逊瞬间最大风速 34 m·s^{-1}（12 级）；东疆、南疆大部出现沙尘暴和扬沙天气，东疆遭遇特强沙尘暴，吐鲁番地区遭遇 22 年以来最强的浓沙尘天气，最低能见度仅 20 m，给春耕生产、设施农业、林果业、畜牧业等造成较大影响。③2010 年 3 月 12 日，和田地区出现了俗称"黑风"的特强沙尘暴天气，自西向东各县（市）沙尘暴持续 1~3 h，最低能见度普遍不足 20 m，部分地区甚至是"伸手不见五指"，此次沙尘暴强度强、时间长、影响大，在即将春播的时候发生，对当地农林牧业、设施农业以及生态环境、人民生活等造成严重影响。

5.5.3 沙尘暴日数空间分布

新疆是中国沙尘暴的多发区之一。北疆有古尔班通古特大沙漠，气候干燥，植被稀少。南疆有著名的塔克拉玛干大沙漠，为沙尘暴的产生提供了良好的物质条件。沙源的存在是形成沙尘暴的基本物质条件；大风是形成沙尘暴的动力条件。

新疆沙尘暴的空间分布与沙源、地势、地貌和下垫面密切相关。南疆明显多于北疆，东部多于西部，平原和盆地多于山区（图 5.10）。沙尘暴的高发区在南北两大沙漠，并以沙漠为中心向四周逐渐减少。北疆古尔班通古特沙漠中沙尘暴年平均日数在 10 d 以上，沙漠南缘、天山北麓一线除粮棉基地石河子年平均小于 2 d 外，其余均在 5~10 d 之间，高于其他周边地区。南疆年平均高于 5 d 的高发区呈扇形覆盖整个塔克拉玛干沙漠，沙漠南缘、沿昆仑山北麓一线沙尘暴的年平均日数为 10~34 d，高于沙漠其他周边地区。与甘肃接壤的淖毛湖年平均日数高达 5.3 d，是哈密盆地经河西走廊的沙尘暴多发区。

处于准噶尔界山缺口处的北疆北部平原和西部的塔额盆地各有一个沙尘暴年平均日数 2~5 d 的闭合中心，成为北疆沙尘暴的次高发区。

新疆沙尘暴有 5 个多发区：①南疆地区，以策勒、民丰、柯坪、和田、柯坪最为突出，年平均沙尘暴日数在 15~34 d 之间，其中民丰最多为 33.8 d，柯坪次多为 17.9 d。皮山、塔中、且末等为 10~15 d。和硕、阿合奇、巴楚、阿拉尔、若羌、英吉沙、麦盖提、莎车、叶城等地为 5~10 d。②北疆沿天山一带。③焉耆盆地、吐鲁番盆地和哈密盆地。④哈密地区的东北部。⑤塔城盆地、博乐和阿勒泰西部平原地区。

新疆沙尘暴发生最少的地区是伊犁地区的南部山区、天山山区和阿尔泰山区平均每 10 年大约有一次左右。山区出现的沙尘暴远少于盆地，沙尘暴年平均日数随着海拔高度的增加而明显减少。伊犁河谷少有沙尘暴发生,年平均日数不超过 1 d,这是植被密布的下垫面条件造成的。

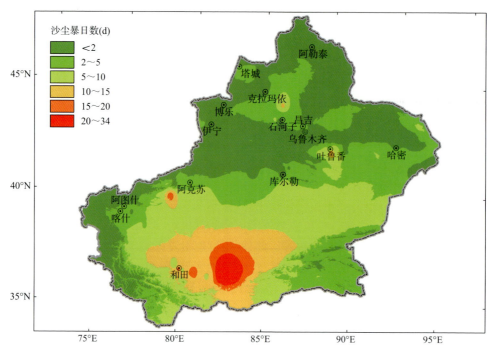

图 5.10 新疆沙尘暴日数空间分布

5.5.4 沙尘暴日数时间变化

新疆的沙尘暴主要出现在 4—8 月,10 月到翌年 3 月少有发生。其中春季最多,春季沙尘暴日数占全年沙尘暴日数的 48.3%;其次是夏季,占全年沙尘暴日数的 38.5%;秋季占全年沙尘暴日数的 9.7%;冬季很少,仅占全年沙尘暴日数的 3.5%。北疆的准噶尔盆地沙尘暴集中在 4—8 月出现,7 月最多;北疆北部平原沙尘暴集中出现在 4—5 月,4 月最多;西部的塔城盆地在 6 月最多;伊犁河谷的沙尘暴主要出现在 7 月。南疆的焉耆盆地、吐鲁番盆地、哈密盆地沙尘暴的高发期在 3—5 月,峰值在 4 月;喀什地区、和田地区沙尘暴的高发期在 4—7 月,峰值在 5—6 月。1961—2014 年,由于气候变暖,影响新疆的冷空气活动次数减少,新疆沙尘暴出现的日数总体以 -1.601 d·$(10 \text{ a})^{-1}$ 的速率呈极显著($P=0.001$)的减少趋势(图 5.11);其中 1986 年以前为沙尘暴多发期,沙尘暴出现日数平均为 7.6 d,而 1986 年以后显著减少,平均为 2.5 d,是 1986 年以前的 1/3,说明沙尘暴出现日数明显减少。1979 年沙尘暴出现最多,为 9.3 d;2012 年最少,仅为 0.8 d。

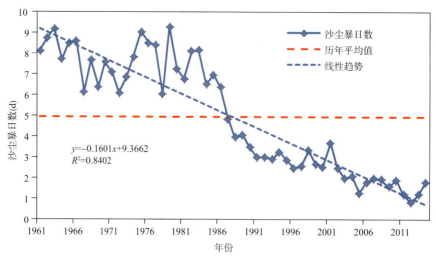

图 5.11 1961—2014 年新疆沙尘暴日数变化

5.6 干热风

5.6.1 干热风的定义

干热风是一种高温、低湿、并伴有一定风速的农业气象灾害,主要发生在春夏之间。干热风盛行之时,正是小麦抽穗、灌浆至成熟的时期,对小麦产量影响很大。

5.6.2 干热风的影响

群众形容干热风危害的小麦是"250 kg 的长相,150 kg 的产量";"看起来长得好,收起来一把草";丰收变成了"风收"。据托克逊县的资料,每年由于干热风的影响,小麦损失 10% 以上。新疆干热风比较普遍,有些地区还十分严重,成为全国的重干热风区之一。这与新疆地处欧亚大陆腹地,远离海洋,周围高山环绕,地面植被覆盖率低这样的自然地理条件有关。

干热风主要危害小麦,但对棉花、玉米、水稻、瓜类等作物也有一定影响。

5.6.3 干热风的类型

新疆干热风类型分高温低湿型和大风低湿型两类。

高温低湿型干热风发生时,表现为急剧地增温降湿,之后又维持较长时间的高温低湿天气。特点是高温、低湿,风速不一定大。如遇较大风速,则会加重危害。这是新疆干热风的主要类型,多出现在 5 月和 6 月,即小麦开花至成熟期。

大风低湿型(即旱风型)干热风以风速大、湿度低为特点。这类干热风多发生在风口和多大风地带的春、夏转换季节,具有焚风性质,危害严重。

5.6.4 干热风的气象指标

干热风对农作物的危害是多种因素综合作用的结果。危害程度主要取决于干热风天气过程的特点和强度、作物所处的发育期和抗逆性(长势、品种)等。由于干热风对新疆小麦危害尤为明显,因此,结合小麦的生物学特性以及干热风对其生长发育和产量形成的影响机理,根据《中华人民共和国气象行业标准——小麦干热风灾害等级》确定干热风气象指标(表 5.2)。

表 5.2　新疆干热风气象指标

类型	级别	最高温度(℃)	相对湿度(%)	风速(m/s)
高温低湿	轻	≥35	≤30	≥3
	重	≥38	≤25	≥3
大风低湿	轻	≥28	≤30	≥8
	重	≥32	≤30	≥10

5.6.5 小麦干热风日数空间分布

(1)轻度及以上干热风日数

新疆是冬、春小麦兼种区,各地小麦开花至成熟期不一,北疆大多在 6 月上旬—7 月中旬,南疆提前 10～15 d,大致在 5 月下旬—7 月上旬。近 55 a(1961—2015 年),新疆平均每年在小麦开花到成熟期发生轻度及以上干热风日数约 7 d,但具有明显的区域性差异,其空间分布总体呈现"南疆多于北疆、东部多于西部、盆地腹部多于边缘"的特点(图 5.12)。三塘湖、淖毛湖山间盆地的腹地、吐哈盆地中部以及阿拉山口等地下垫面多为戈壁沙漠,夏季太阳辐射强,升温迅速,散热不易,气温高,加之降水稀少,空气干燥,风速较大,因此平均每年发生轻度及以上干热风日数最多,在 20～33 d;塔里木盆地东部的若羌、铁干里克一带,吐哈盆地腹部,三塘湖、淖毛湖盆地边缘 15～20 d;塔里木盆地东部的大部分区域、盆地西部的局部区域,准噶尔盆地西南部和南部局部区域,巴里坤县和伊吾县北部平原戈壁地带 10～15 d;北疆准噶尔盆地和南疆塔里木盆地大部为 5～10;北疆北部、伊犁河谷、天山山区和昆仑山山前倾斜平原和低山丘陵地带少于 5 d;北疆海拔 1200～1600 m 以上以及南疆 1600～2100 m 以上为无干热风区。

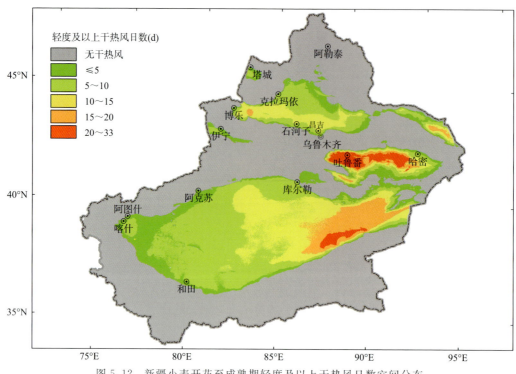

图 5.12　新疆小麦开花至成熟期轻度及以上干热风日数空间分布

（2）重干热风日数

重干热风对小麦的危害更为严重,但其发生日数所占比例较低,近 55 a 新疆小麦开花到成熟期平均每年发生重干热风日数约 1 d,占轻、重度干热风总日数的 15%,其空间分布格局总体呈现"东部多于

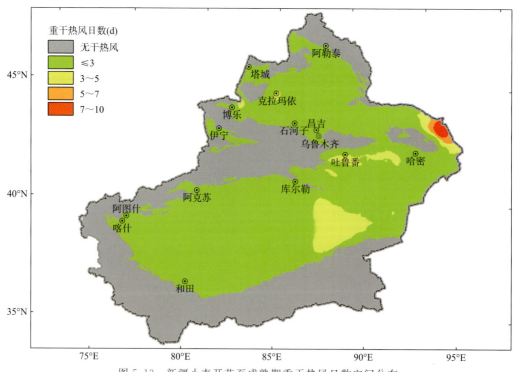

图 5.13　新疆小麦开花至成熟期重干热风日数空间分布

西部，盆地腹部多于边缘"的特点(图 5.13)。三塘湖、淖毛湖山间盆地最多，在 5～10 d；塔里木盆地的东部、吐哈盆地腹部，三塘湖、淖毛湖盆地边缘以及准噶尔盆地西南缘的克拉玛依、阿拉山口等地在 3～5 d；北疆准噶尔盆地和伊犁河谷以及南疆塔里木盆地大部一般在 3 d 以下；北疆海拔 1000～1300 m 以上以及南疆 1100～1800 m 以上为无重干热风区。

5.6.6　小麦干热风日数时间变化

(1)轻度及以上干热风日数

1961—2015 年新疆小麦开花至成熟期发生轻度及以上干热风日数总体以 −0.514 d·(10 a)$^{-1}$ 倾向率呈显著($P=0.001$)的减少趋势(图 5.14)，55 a 来减少了 2.9 d。

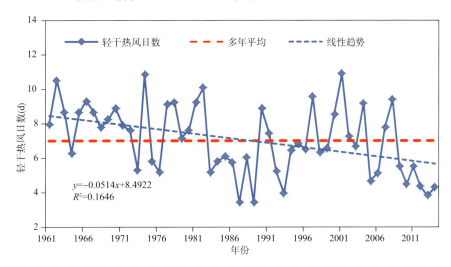

图 5.14　1961—2015 年新疆小麦开花—成熟期轻度及以上干热风日数变化

(2)重度干热风日数

1961—2015 年，新疆小麦开花至成熟期发生重干热风日数以 −0.088 d·(10 a)$^{-1}$ 的倾向率呈显著($P=0.05$)的减少趋势(图 5.15)，55 a 来减少了 0.5 d。

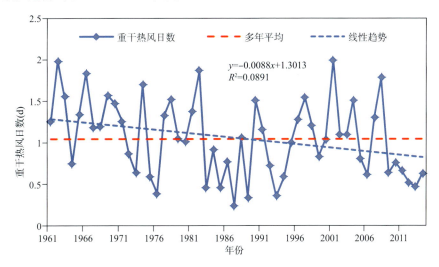

图 5.15　1961—2015 年新疆小麦开花至成熟期重干热风日数变化

在气候变暖背景下，近 55 a 新疆小麦开花至成熟期干热风日数呈减小趋势的主要原因是空气湿度增大、风速减小的缘故。

5.7 低温冷害

5.7.1 低温冷害的定义

低温冷害是指温度>0℃情况下的农作物生育期间,某一时期的低温低于作物发育的要求,引起农作物生育期延迟或使生殖器官的生理机能受到损害,从而造成农业减产的一种自然灾害。

5.7.2 低温冷害类型及其影响

低温冷害分为延迟型冷害、障碍型冷害和混合型冷害三种。

延迟型冷害是指作物营养生长阶段,因受低温危害引起作物生育期延迟,导致后期不能正常成熟而减产;障碍型冷害是指作物生殖生长阶段,生殖器官受低温危害,不能健全发育,形成空壳秕粒而减产;混合型冷害是两者兼有之。不同的地区、不同的农作物,或者同一农作物在不同的发育时期,对温度条件的要求都不相同,因此,低温冷害具有明显的地域性和农作物种类性。

低温冷害对新疆棉花产量和品质影响最大,特别是延迟型冷害(7—9月出现低温、初霜期又提前的冷害),其成灾面积特别大、灾害十分严重,且往往不易察觉,它不仅造成棉花大幅度减产,而且造成棉花品质急剧下降。例如,1996年南疆的主要棉区出现的严重延迟型冷害,使棉花单产下降了40%,霜前花不足常年的1/3,直接经济损失15.0亿元以上。2001年北疆棉区出现了少见的障碍型冷害(一般指棉花花铃期严重低温),棉花单产下降5成左右,直接经济损失20亿元左右。

5.7.3 低温冷害指标

新疆不同时段不同强度低温冷害指标(表5.3)。

表5.3 新疆低温冷害指标

低温冷害发生时段	低温冷害指标因子	低温冷害强度等级标准		
		重度	中度	轻度
夏秋季低温冷害	8—9月平均气温距平值 ΔT_{8-9}(℃)	$\Delta T_{8-9} \leqslant -2.0$	$-2 < \Delta T_{8-9} \leqslant -1$	$-1 < \Delta T_{8-9} \leqslant 0$
春、夏、秋三季低温冷害	4—9月平均气温距平累计 ΔT_{4-9}(℃)	$\Delta T_{4-9} \leqslant -6.0$	$-6 < \Delta T_{4-9} \leqslant -3$	$-3 < \Delta T_{4-9} \leqslant 0$

5.7.4 新疆夏秋季低温冷害发生频次空间分布

(1)夏秋季轻度及以上低温冷害发生频次空间分布

近55 a新疆夏秋季轻度及以上(含轻、中和重度)低温冷害发生频次的空间分布总体呈现"南疆高,北疆低"的特征。北疆沿天山平原、准噶尔盆地中西部、塔额盆地发生频次较低,每10 a发生3.5～4.5次;北疆大部、吐哈盆地、南疆北部4.5～5.0次;南疆大部、天山山区在5.0～5.5次;昆仑山区发生频次相对较高,一般在每10 a 5.5～6.0次(图5.16)。

(2)夏秋季中度及以上低温冷害发生频次时空变化

近55 a新疆夏秋季中度及以上(含中度和重度)低温冷害发生频次的空间分布总体呈现"北疆高,南疆低;山区高,平原和盆地低"的特征(图5.17)。塔里木盆地东部和西部的部分区域发生频次较低,每10 a不足1.0次;塔里木盆地大部、哈密盆地东南部、北疆伊犁河谷、博尔塔拉河谷以及北疆北部的局部区域为1.0～1.5次;北疆大部、天山山区以及南疆南部在1.5～2.0次;北疆东部发生频次相对较高,一般每10 a发生2.0～3.0次。

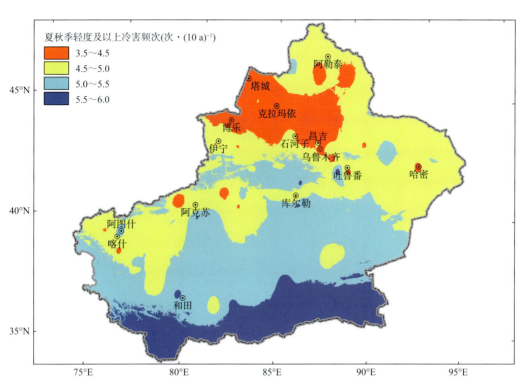

图 5.16　新疆夏秋季轻度及以上低温冷害发生频次空间分布

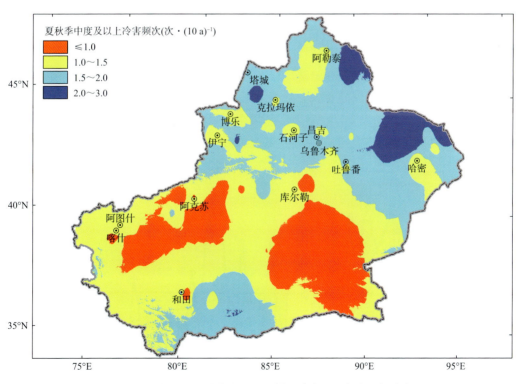

图 5.17　新疆夏秋季中度及以上低温冷害发生频次空间分布

（3）夏秋季重度低温冷害发生频次空间分布

新疆夏秋季重度低温冷害发生频次的空间分布总体呈现自北向南递减的纬向分布特征（图5.18）。北疆北部每10 a发生0.6~0.9次；北疆沿天山一带0.4~0.6次；天山山区及其南麓0.1~0.4次；南疆大部几乎不出现重度低温冷害，发生频次每10 a不足0.1次。

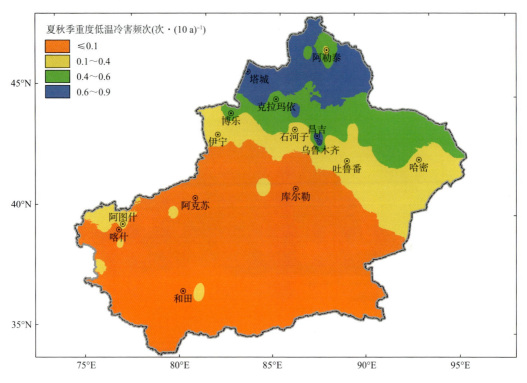

图5.18　新疆夏秋季重度低温冷害发生频次空间分布

5.7.5　新疆夏秋季低温冷害变化趋势

（1）夏秋季轻度及以上低温冷害变化趋势

1961—2016年新疆夏秋季出现轻度及以上低温冷害的气象台站占全疆总台站数的比率总体以 $-11.243\% \cdot (10\ a)^{-1}$ 倾向率呈显著（$P=0.001$）的减少趋势（图5.19），55 a来减少了近62个百分点。

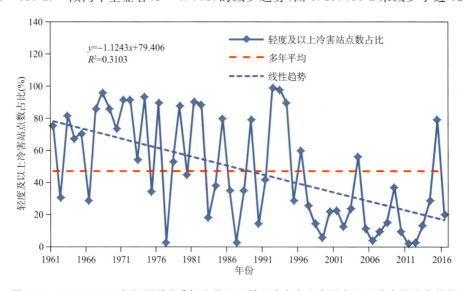

图5.19　1961—2016年新疆夏秋季轻度及以上低温冷害发生台站占比百分率的变化趋势

（2）夏秋季中度及以上低温冷害变化趋势

1961—2016 年新疆夏秋季出现中度及以上低温冷害的气象台站占全疆总台站数的比率具有明显的阶段性差异(图 5.20)，1994 年以前平均每年有 22％的台站监测到夏秋季中度及以上低温冷害的出现，其中，1968 年、1992 年高达 73％和 75％；1995 年以后夏秋季中度及以上低温冷害较少出现。1961—2016 年新疆夏秋季出现中度及以上低温冷害的气象台站占比总体以－5.584％·(10 a)$^{-1}$倾向率呈极显著(P<0.001)的减少趋势，55 a 来减少了近 30 个百分点。

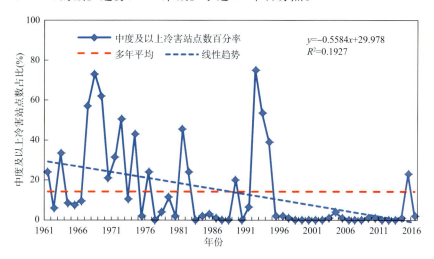

图 5.20 1961—2016 年新疆夏秋季中度及以上低温冷害发生台站占比百分率的变化趋势

（3）夏秋季重度低温冷害变化趋势

1961—2016 年新疆出现夏秋季重度低温冷害的气象台站占全疆总台站数的比率较低，平均只有 2.7％，并且主要发生在 1993 年以前(图 5.21)，其中，1967—1969 年和 1992 年是两个重发期，发生区域较大，出现重度低温冷害的台站占比百分率分别高达 20％～35％和 47％，其他年份较少发生，其中，1994 年以来全疆无气象台站监测到夏秋季重度低温冷害的发生。

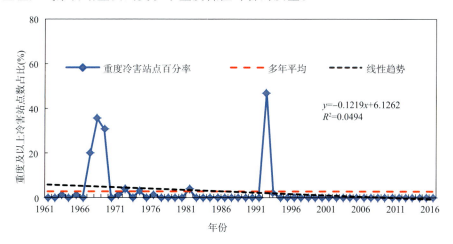

图 5.21 1961—2016 年新疆夏秋季重度低温冷害发生台站占比百分率的变化趋势

5.8 冻害

5.8.1 冻害的定义及影响

冻害是指植物在越冬休眠期间因日平均气温 0 ℃以下的低温使植物遭受生理伤害甚至死亡的现象。

植物休眠深度不同,抗冻能力不同,出现冻害的情况也不同。在隆冬季节植物进入稳定休眠期时,有很强的抗冻能力,需要长时间的严寒才能造成植物冻害;在秋末冬初、冬末春初,植物在不稳定休眠期间,抗寒能力较弱,在不很强的低温下就可以发生冻害。

新疆地处中纬度欧亚大陆腹地,冬季严寒,越冬冻害是影响新疆冬小麦、果树安全越冬的主要农业气象灾害。

5.8.2　果树和冬小麦冻害指标

通常情况下,冬季气温过低,变化剧烈,小气候条件不良,品种抗寒力差,土壤盐碱大,水肥不足,栽培管理技术粗放等,均可造成果树和冬麦冻害。产生冻害有内在因素(冬前锻炼程度)和外界条件。但是,当寒冷超出了植物所能忍受的限度时都会受冻。

(1)果树冻害指标

新疆主要果树安全越冬的临界温度(表 5.4)。

表 5.4　新疆主要果树安全越冬临界温度指标

树种	苹果	大枣	杏	核桃	香梨	蟠桃	巴旦杏
极端最低气温(℃)	−30.0	−30.0	−30.0	−25.0	−22.0	−22.0	−22.0

(2)冬小麦冻害指标

新疆冬小麦越冬的安全性主要受极端最低气温的影响,另外和冬季稳定积雪的深度也有密切关系,其临界气候指标(表 5.5)。

表 5.5　冬小麦安全越冬临界气候指标

积雪深度(cm)	<3	3~5	5~8
极端最低气温(℃)	>−23.0	>−27.0	>−32.0

5.8.3　不同保证率极端最低气温空间分布

保证率是指某一现象在某一定数值以前或以上所发生机会的频率。就某种越冬作物可忍受的极端最低气温而言,一般考虑的保证率越高,作物遭受冻害的风险越低,但种植区域会受到一定限制;反之,保证率越低,作物的种植区域越大,但遭受冻害的风险会越大。因此,在安排作物布局时,应根据作物的类型、品种的耐寒性、经济价值的高低以及承担冻害风险的能力使用不同保证率的极端最低气温。从高产稳产角度考虑,一般对一年生越冬作物(如冬小麦)来说采用 80%保证率的极端最低气温较适宜,多年生果树要求达到 90%的保证率,而对于一些名贵优质的树种或育种作物,需要达到 95%的保证率。

(1)平均极端最低气温

极端最低气温多年平均值相当于 50%保证率的极端最低气温,是评价冬季寒冷程度的常用指标之一。新疆多年平均极端最低气温的空间分布总体呈现"南疆高,北疆低;平原和盆地高,山区低"的特点(图 5.22a)。南疆大部为−26.9~−14.5 ℃,其中,塔里木盆地和吐鲁番盆地腹地为−19.9~−14.5 ℃,是新疆冬季极端最低气温最高的区域;北疆大部和天山山区中低山带为−34.9~−27.0 ℃;北疆北部及阿尔泰山区、天山高海拔区域可低至−35.0 ℃以下。

(2)80%保证率极端最低气温

80%保证率极端最低气温的空间分布格局与平均极端最低气温大体一致,也呈现"南疆高,北疆低;平原和盆地高,山区低"的特点(图 5.22b)。南疆大部为−29.9~−17.0 ℃,其中,塔里木盆地和吐鲁番盆地腹地为−21.9~−17.0 ℃;北疆大部和天山中低山带为−37.9~−30.0 ℃;北疆北部及阿尔泰山区、天山高海拔区域可低至−38.0 ℃以下。

(3)90%保证率极端最低气温

90%保证率极端最低气温,南疆大部为−31.9~−18.3 ℃,其中,塔里木盆地和吐鲁番盆地腹地为

−22.9～−18.3 ℃；北疆大部和天山山区中低山带为−39.9～−32.0 ℃；北疆北部及阿尔泰山区、天山高海拔区域可低至−40.0 ℃以下(图5.22c)。

(4)95%保证率极端最低气温

南疆大部95%保证率极端最低气温为−32.9～−19.4 ℃，其中，塔里木盆地和吐鲁番盆地腹地为−23.9～−19.4 ℃；北疆大部和天山山区中低山带为−40.9～−33.0 ℃；北疆北部及阿尔泰山区、天山高海拔区域可低至−41.0 ℃以下(图5.22d)。

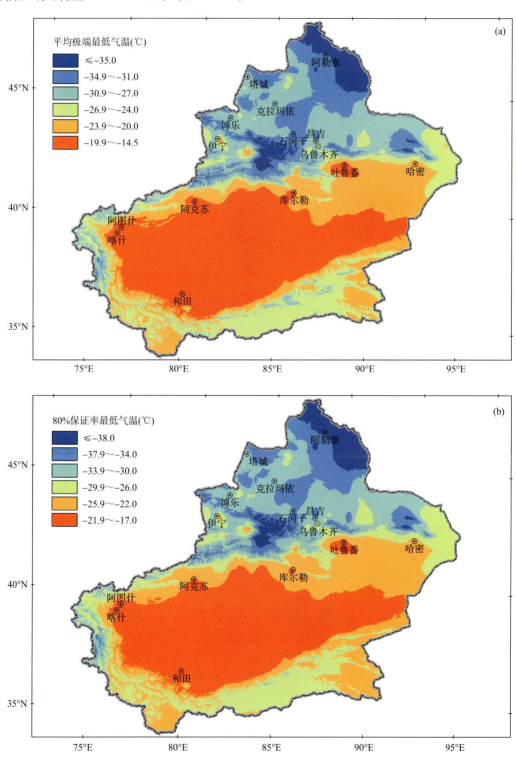

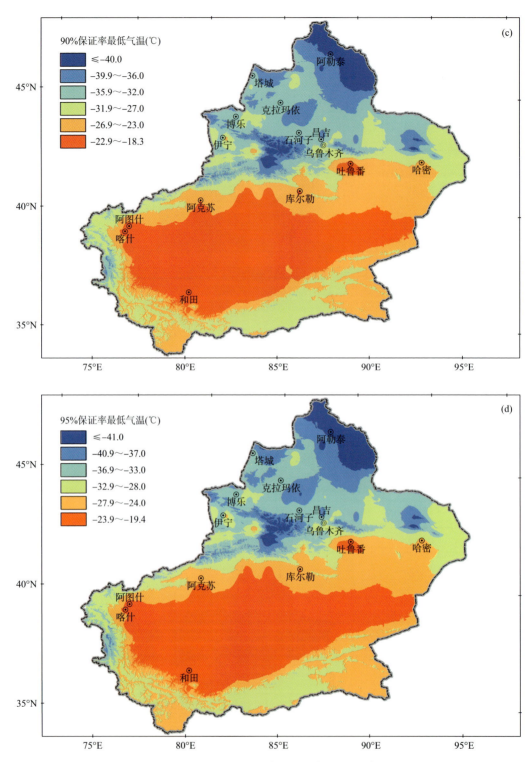

图 5.22 1961—2014 年新疆平均极端最低气温(a)及 80%(b)、90%(c)和 95%(d)保证率的极端最低气温空间分布

5.8.4 各级保证率极端最低气温与平均极端最低气温差的空间分布

虽然 80%、90% 和 95% 保证率的极端最低气温与 50% 保证率(平均)极端最低气温的分布格局基本一致,但其温度值均不同程度地低于平均极端最低气温,并且保证率越大,偏低的程度也越大。全疆平均,80%、90% 和 95% 保证率的极端最低气温分别较平均极端最低气温偏低−2.7 ℃、−4.2 ℃和−5.4 ℃(表 5.6)。由于地理环境和气候背景不同,新疆各地极端最低气温及其年际间稳定性差异较大,因此,各级保证率极端最低气温较平均极端最低气温偏低的幅度具有明显的区域性差异。以下给出不

同保证率极端最低气温较平均极端最低气温偏低幅度的空间分布,以便利用各地平均极端最低气温资料方便快捷地推算出不同保证率的极端最低气温,对开展精细化农业气象服务,科学调整农业种植结构和越冬作物的布局提供理论依据。

表 5.6　1961—2014 年新疆各级保证率极端最低气温及其与平均极端最低气温之差

保证率	50%	80%	90%	95%
极端最低气温(℃)	−24.7	−27.4	−28.9	−30.1
差值(℃)	0	−2.7	−4.2	−5.4

(1)80%保证率极端最低气温与平均极端最低气温的差值

80%保证率极端最低气温较平均极端最低气温偏低幅度的空间分布总体呈现由东南向西北递增的特点(图 5.23a)。塔里木盆地东南部为−1.9～−0.7 ℃;塔里木盆地中部、吐哈盆地大部和天山山区中东部为−2.4～−2.0 ℃;北疆沿天山一带、天山西部以及南疆西北部为−2.9～−2.5 ℃;北疆北部和西部偏低幅度较大,为−4.1～−3.0 ℃。

(2)90%保证率极端最低气温与平均极端最低气温的差值

90%保证率极端最低气温较平均极端最低气温偏低幅度的空间分布也呈现由东南向西北递增的特点。但与80%保证率极端最低气温相比,90%保证率极端最低气温的偏低幅度各地均有不同程度的增大,塔里木盆地东南部偏低−3.1～−1.1 ℃;塔里木盆地中部、吐哈盆地大部和天山山区中东部为−3.7～−3.2 ℃;北疆沿天山一带、天山西部以及南疆西北部为−4.4～−3.8 ℃;北疆北部和西部偏低幅度较大,为−6.2～−4.5 ℃(图 5.23b)。

(3)95%保证率极端最低气温与平均极端最低气温的差值

95%保证率极端最低气温低于平均极端最低气温的幅度再次有所增大,塔里木盆地东南部偏低−4.0～−1.5 ℃;塔里木盆地中部、吐哈盆地大部和天山山区中东部为−4.9～−4.1 ℃;北疆沿天山一带、天山西部为−5.7～−5.0 ℃,北疆北部、西部偏低幅度可达−8.0～−5.8 ℃(图 5.23c)。

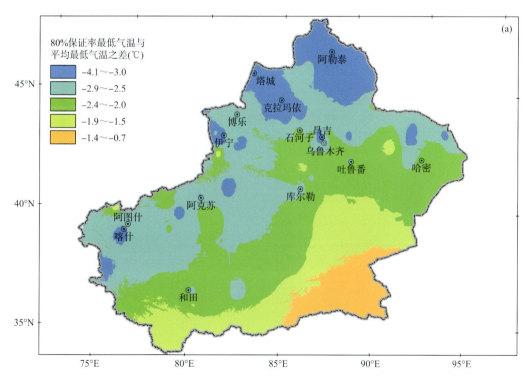

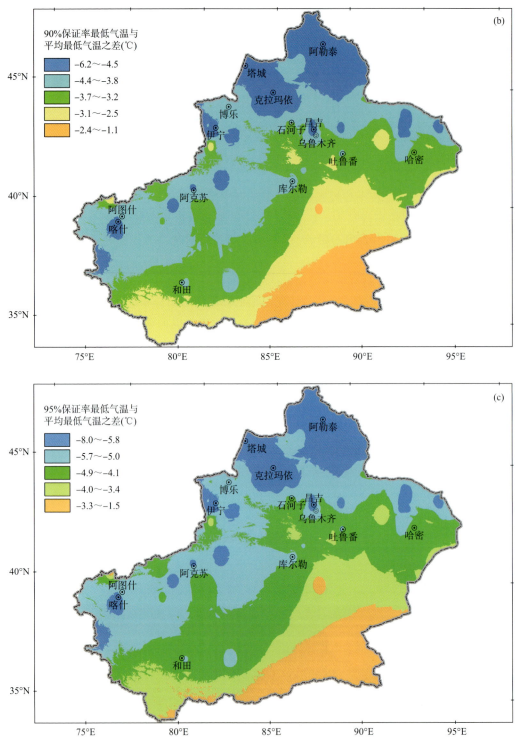

图 5.23　1961—2014 年新疆 80%（a）、90%（b）和 95%（c）保证率极端
最低气温较平均极端最低气温偏低幅度的空间分布

5.8.5　平均极端最低气温变化趋势

1961—2015 年，新疆平均极端最低总体以 0.588 ℃ · (10 a)$^{-1}$ 的速率呈显著（$P=0.001$）的上升趋势（图 5.24），55 a 来全疆平均极端最低气温升高了 3.2 ℃，1987 年以来升温速率有加快的趋势。

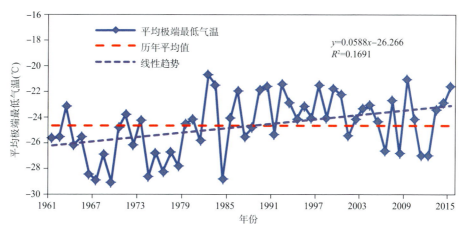

图 5.24   1961—2015 年新疆平均极端最低气温变化

5.9   霜冻

5.9.1   霜冻的定义

霜冻是一种限制作物生长期内热量资源充分利用的农业气象灾害。一般当最低气温降低到 0 ℃时,大部分作物都会遭受冻害,因此,在新疆以最低气温≤0 ℃作为霜冻指标。

5.9.2   霜冻的危害

日平均气温稳定≥10 ℃代表喜温作物的生长期,如果平均终霜冻日晚于日平均气温≥10 ℃初日,或初霜冻日早于日平均气温≥10 ℃终日,作物遭受霜冻危害的可能性就较大,并且随着终霜冻日晚于日平均气温≥10 ℃初日或初霜冻日早于日平均气温≥10 ℃终日日数的增多,霜冻灾害的风险就越大;反之,如多年平均终霜冻日早于日平均气温≥10 ℃初日,或初霜冻日晚于日平均气温≥10 ℃终日,作物遭受霜冻危害的几率就较低,并且随着终霜冻日晚于日平均气温≥10 ℃初日或初霜冻日早于日平均气温≥10 ℃终日日数的增多,霜冻灾害的风险就越小。尽管新疆多年平均终霜冻日早于日平均气温≥10 ℃初日约 5 d,初霜冻日晚于日平均气温≥10 ℃终日约 6 d,无霜冻期较日平均气温≥10 ℃持续日数长 11 d 左右,从理论上说喜温作物生长期内遭受霜冻危害的几率较低,但由于新疆地域辽阔,各地气候差异明显,加之春、秋季冷空气活动频繁,气温变化不稳,初、终霜的年际间变化很大,很多地区秋季初霜冻过早来临或春季终霜冻较晚结束的现象常有发生,对农作物尤其是喜温作物正常生长发育和产量形成造成严重影响。

5.9.3   霜冻区划指标

根据初、终霜冻对新疆农业影响的实际,将日平均气温≥10 ℃初日与终霜冻日之差以及初霜冻日与日平均气温≥10 ℃终日之差分别作为终霜冻和初霜冻灾害区划的指标(表 5.7)。

表 5.7   新疆初、终霜冻灾害等级指标

终霜冻灾害区划指标 终霜冻日早于≥10 ℃初日的天数(d)	初霜冻灾害区划指标 初霜冻日迟于≥10 ℃终日的天数(d)	危害等级
≤2	≤3	重度区
2~10	3~8	中度区
>10	>8	轻度区

5.9.4 霜冻灾害等级分布及其评述

（1）终霜冻

新疆终霜冻灾害等级的空间分布总体呈现"东部高，西部低；平原和盆地高，山区低"的特点（图5.25）。东疆的吐鲁番、哈密地区大部，南疆东部，以及北疆东北部等地多年平均终霜冻日多出现在日平均气温≥10 ℃的初日之后，常对喜温作物（如，棉花、玉米）的幼苗以及正处于展叶、开花期的部分果树（杏、桃、葡萄等）造成冻害，因此，为终霜冻灾害重度风险区；南、北疆平原地区以及伊犁河谷虽多年平均终霜冻日多出现在日平均气温≥10 ℃的初日之前，但提前日数一般只有2～10 d，一些年份终霜冻还会出现在日平均气温≥10 ℃的初日之后，仍会对部分作物（果树）造成一定霜冻危害，因此，属于终霜冻灾害中度风险区；天山、昆仑山区及其山前丘陵、倾斜平原地带多年平均终霜冻日多出现在≥10 ℃初日之前10 d以上，农作物遭受春霜冻的几率很低，加之山区多为牧区，农作物种植面积较小，因此，属于终霜冻灾害轻度风险区。

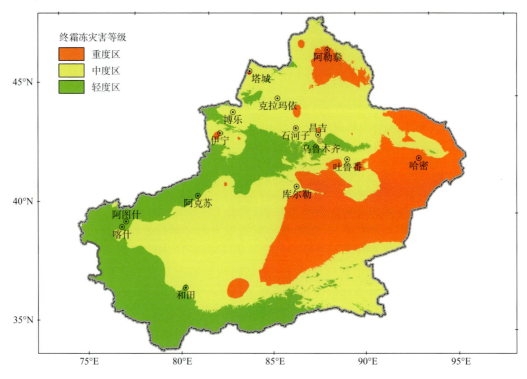

图5.25 新疆终霜冻灾害等级分布

（2）初霜冻

新疆初霜冻灾害等级的空间分布与终霜冻大体相似，也总体呈现"东部高，西部低；平原和盆地高，山区低"的特点（图5.26）。东疆的哈密地区大部，南疆的塔里木盆地东部，北疆东北部以及伊犁河谷东部等地多年平均初霜冻日多出现在日平均气温≥10 ℃的终日之前，常对大秋作物（如，棉花、玉米）形成秋霜冻危害，造成农作物不能正常成熟，产量和品质均受到严重影响，因此，为初霜冻灾害重度区；南、北疆平原地区以及伊犁河谷大部虽多年平均初霜冻日多出现在日平均气温≥10 ℃的终日之后，但延后日数一般只有3～8 d，一些年份还会出现初霜冻日在日平均气温≥10 ℃的终日之前，仍会对部分作物（果树）造成一定霜冻危害，因此，属于初霜冻灾害中度区；天山、昆仑山区及其山前丘陵、倾斜平原地带多年平均初霜冻日多出现在日平均气温≥10 ℃终日之前8 d以上，农作物遭受秋霜冻的几率很低，加之这些地区多为牧区，农作物种植面积较小，因此，属于初霜冻灾害轻度区。

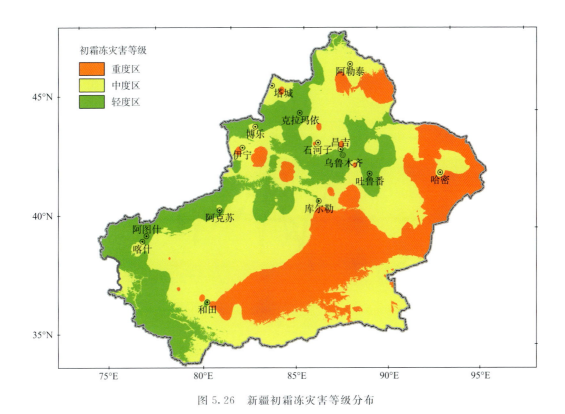

图 5.26 新疆初霜冻灾害等级分布

5.9.5 霜冻灾害风险变化趋势

（1）终霜冻

在全球变暖背景下，1961—2015 年新疆终霜冻日和日平均气温≥10 ℃初日分别以 1.580 d·(10 a)⁻¹ 和 1.100 d·(10 a)⁻¹ 的速率呈显著($P=0.05$)的提早趋势(图略)，由于终霜冻日提早速率大于日平均气温≥10 ℃初日，受其影响，新疆终霜冻日早于日平均气温≥10 ℃初日的天数以 0.484 d·(10 a)⁻¹ 的速率呈不显著的略增趋势，55 a 来增多了 2.6 d(图 5.27)。这说明，近 55 a 新疆春季终霜冻灾害风险总体呈不显著的减弱趋势。

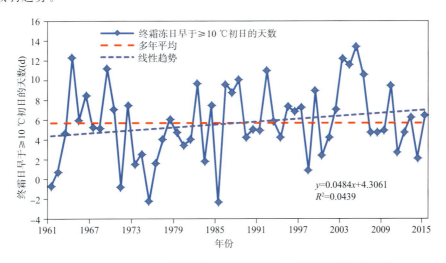

图 5.27 1961—2015 年新疆终霜冻日早于≥10 ℃初日天数的变化

（2）初霜冻

1961—2015 年新疆初霜冻日和日平均气温≥10 ℃终日分别以 1.890 d·(10 a)$^{-1}$ 和 0.930 d·(10 a)$^{-1}$ 的速率呈显著（$P=0.001$）的推迟趋势（图略）。由于初霜冻日推迟速率大于日平均气温≥10 ℃终日，受其影响，新疆初霜冻日迟于日平均气温≥10 ℃终日的天数以 0.924 d·(10 a)$^{-1}$ 的速率呈显著（$P=0.001$）的增多趋势，55 年来增多了 5.3 d（图 5.28）。这说明，近 55 a 新疆秋季初霜冻灾害风险总体呈显著的减弱趋势。

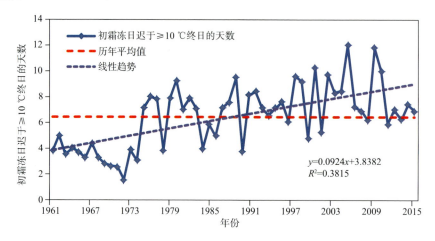

图 5.28　1961—2015 年新疆初霜冻日迟于≥10 ℃终日天数的变化

5.10　冰雹

5.10.1　冰雹定义

冰雹是从积雨云中降落下来的一种固态降水。它主要发生在春夏之交的过渡季节对流发展旺盛的时候。冰雹的核心是由霰或冻结的雨滴构成，外面交替地包以数层乃至 20 多层透明或不透明的冰层，通常可以有 3～5 层，多的可达 28 层，其直径一般约为 0.2～3.0 cm，大的直径可达 6 cm，形状很多，有球状、圆锥状、椭球状或其他不规则的形状。冰雹的密度约为 0.8 g·cm^{-3}。

5.10.2　冰雹的危害

冰雹降落常常砸毁大片农作物、果园，甚至威胁人类和家畜安全，是一种严重的自然灾害，通常发生在春、夏、秋季节里。春季处于苗期的农作物恢复能力强，遭灾后能恢复生长；夏、秋两季农作物遭雹灾后，农作物叶碎秆折，花穗被毁，籽粒脱落，严重的颗粒无收。

冰雹是新疆春、夏季主要农业灾害性天气之一。出现时常伴有大风、剧烈降温和强雷电现象，具有明显的季节性和局地性特征。

5.10.3　年冰雹日数空间分布

由于新疆的特殊地形、地貌，造成天山山脉及向东开口的喇叭形河谷和山脉的背风坡有利于积雨云向雹云发展，在有利的降雹天气配合下，就容易形成冰雹。使得新疆冰雹的地理分布为"三多一少"形式：山区的盆、谷地多；山地的背风坡多；向东开口的喇叭形河谷地区多；盆地中心少。新疆冰雹主要集中出现在天山、阿尔泰山和昆仑山区，年降雹日数多在 3 d 以上，其中，天山中高山带的盆、谷地可多达 7～18 d；山前丘陵和倾斜平原 1～3 d；准噶尔盆地、塔里木盆地以及吐哈盆地大部冰雹少有出现，平均年降雹日数一般在 1 d 左右（图 5.29）。

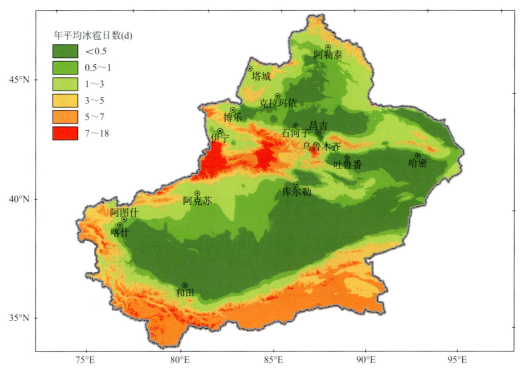

图 5.29　新疆冰雹日数空间分布

5.10.4　年冰雹日数变化趋势

1961—2014 年,新疆年平均冰雹日数总体以 -0.162 d・$(10\ a)^{-1}$ 的速率呈显著($P=0.001$)的减少趋势(图 5.30),54 a 来减少了 8.7 d。1987 年以前以偏多为主,之后明显减少,1973 年平均冰雹日数为 1.9 天,是 1961 年以来最多年;2014 年只有 0.4 d,是 1961 年以来最少年。

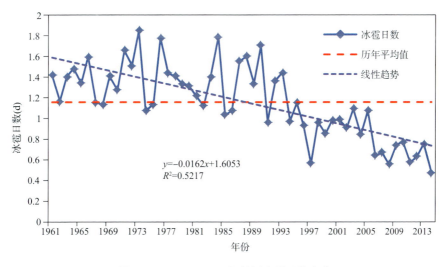

图 5.30　1961—2014 年新疆冰雹日数变化

5.11 高温热害

5.11.1 高温热害的定义

高温热害是指由于高温超过植物或家畜正常生长发育的上限温度,而对其生长发育和产量形成造成危害的现象。

5.11.2 高温热害的危害

形成高温热害的原因是,对植物而言,高温会使植株叶绿素和酶的活性降低,光合速率下降,自身消耗增强,使光合同化物输送到谷类作物穗部和籽粒的能力下降,致使灌浆期缩短,籽粒不饱满,或者使棉花蕾铃脱落增加,产量下降;对家畜(禽)来说,高温将致其精神萎靡、食欲不佳,生产力下降。

5.11.3 炎热日数空间分布

日最高气温超过 35 ℃会对喜凉作物造成严重危害,对喜温作物的生长发育和产量形成也将造成一定影响,如,可造成小麦千粒重降低,棉花蕾铃脱落增多,玉米授粉不良、秃尖率增加、籽粒重下降等。气象部门将日最高气温≥35 ℃的日子称作"炎热日"。

新疆除中高山带外,从南到北都有≥35 ℃的高温出现,总的来说,日最高气温≥35 ℃的炎热日数南疆多于北疆(图 5.31)。北疆北部、伊犁河谷、天山和昆仑山低山、丘陵地带不足 10 d;准噶尔盆地大部、塔里木盆地中、西部为 10~30 d;塔里木盆地东南部、吐哈盆地大部在 30 d 以上,其中,吐鲁番盆地大部、塔里木盆地东部的罗布泊地区在 50 d 以上,位于吐鲁番盆地腹地的我国陆地最低处艾丁湖地区年平均炎热日数多达 110~120 d,成为全国之最,是我国著名的炎热中心。

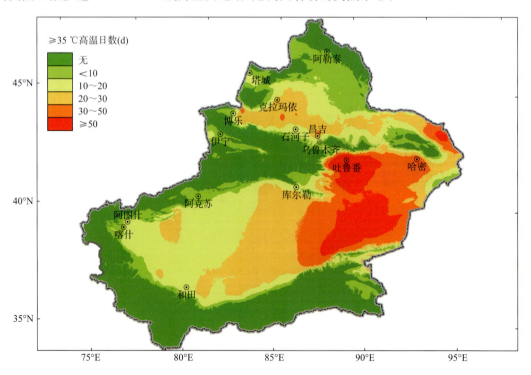

图 5.31　新疆日最高气温≥35 ℃炎热日数空间分布

5.11.4 炎热日数时间变化

1961—2014 年,新疆日最高气温≥35 ℃的炎热日数总体以 1.173 d·(10 a)$^{-1}$的倾向率呈显著的增加趋势(图 5.32),54 a 来,全疆平均增多了 6.3 d。

　　新疆日最高气温≥35 ℃高温主要出现在 4—9 月,集中在夏季(6—8 月),夏季高温日数占全年高温日数的 92.4%。其中 7 月最多,占全年高温日数的 40%;其次是 8 月,占全年高温日数的 29.1%;第三是 6 月,占全年高温日数的 23.3%;4 月、5 月、9 月占全年高温日数均不足 5%;10 月仅出现过 1 站次的≥35 ℃高温;其他月份无日最高气温≥35 ℃高温天气出现。

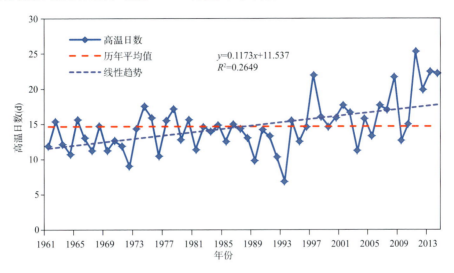

图 5.32　1961—2014 年新疆逐年高温日数变化

第6章　气候变化对农作物种植的影响及区划

　　新疆是中国重要的粮食、棉花以及特色瓜果生产基地。不同作物或同种作物的不同品种对气象条件的要求不同。大量研究表明,在过去的50多年里,新疆气候发生了以气温升高、降水增多为主要特征的"暖湿化"变化,气候变化必将对各种作物的生长发育、产量形成、适宜种植区域以及种植制度、品种熟型产生影响。因此,根据各种作物的生物学习性及其对气候条件要求,探讨气候变化对各种作物种植适宜性的影响,并据此开展气候变化背景下各种作物种植适宜性的气候区划,对适应气候变化,科学制定农业发展规划,调整农业种植结构和种植制度,采取趋利避害的农业生产管理技术措施,促进农业经济的持续稳定发展均具有重要意义。

6.1　气候变化对小麦种植的影响

　　小麦是新疆种植面积最多、分布最广的粮食作物。2016年全疆小麦种植面积约123.4万 hm^2 ,其中冬小麦86.7万 hm^2 ,春小麦36.7万 hm^2 。

　　新疆地域辽阔,地形复杂,气候类型多样,形成了多种小麦生态类型。冬小麦的越冬安全性和冬、春小麦孕穗、抽穗、开花和灌浆期的高温、干热风的危害是影响小麦生长发育、产量形成以及冬、春小麦种植布局及其比例搭配的重要影响因素。因此,在对影响新疆小麦生产的主要气候条件时空变化规律进行分析的基础上,结合新疆小麦种植气候区划指标,开展气候变化对新疆冬、春小麦种植气候适宜性的影响分析,为科学制定和合理安排新疆小麦种植发展规划和区域布局,提高新疆粮食安全的保障能力提供理论依据。

6.1.1　小麦气候生态条件

　　小麦从种子萌发至结实成熟,完成一个生长周期要经历播种、出苗、分蘖(冬小麦还有越冬、返青、起身)、拔节、孕穗、抽穗、开花、灌浆、成熟等生长发育阶段。每一个发育阶段均需要一定的气候条件确保其生长发育的正常进行。

　　(1)光照条件

　　小麦是长日照作物,当其通过春化阶段进入光照阶段后,缩短日照会延迟开花甚至停止开花。小麦全生育期光照强、日照时数长对产量形成非常有利。新疆空气干燥、云量少,光照资源丰富,特别是小麦拔节至成熟期日照时数长、太阳辐射强,有利于光合作用的提高和干物质的积累。因此,光照条件能够满足小麦生长发育、产量形成的需求。

　　(2)温度条件

　　小麦是喜凉作物,种子0~3℃便开始发芽。春小麦适宜播种期的温度指标为日平均气温稳定通过0℃,播种过晚,春小麦生育的中后期处于较高的温度条件下,穗粒数少,千粒重轻,产量低。冬小麦适宜播种期的确定以冬前形成2~4个分蘖的壮苗为标准,播种过早,易导致麦苗冬前旺长,旺而不壮,不利于安全越冬;播种过晚,不能形成2个以上分蘖,将导致单位面积小麦穗数下降,影响产量。新疆冬小麦群体形成2~4个分蘖的气候条件是冬前≥0℃积温450~600℃·d,播种时日平均气温15~17℃为宜。小麦分蘖的适宜温度为13~18℃,低于3℃停止分蘖。冬小麦从返青到孕穗,春小麦从三叶到孕穗是小麦幼穗分化期,是决定有效穗数和穗粒数的关键时期,该期间温度适当偏低利于小穗的增加,一般以不超过15~16℃为宜;小麦抽穗后直至成熟是灌浆、黄熟阶段,一般以20~22℃最为适宜,低于12℃或高于24℃对灌浆都有影响。新疆小麦孕穗、抽穗、开花、灌浆期大多在5—6月完成,该期间,部分地区气温高,日最高气温≥35℃的日数较多,造成高温、干热风危害,对小麦产量影响较大。

　　图6.1给出了利用积分回归计算出的乌鲁木齐市冬小麦从9月下旬播种至翌年6月下旬成熟以旬为

时间尺度的平均气温对小麦产量影响系数的变化情况。从中可以看出,越冬前(9月下旬—12月上旬)各旬平均气温对冬小麦产量的影响总体为正效应,影响系数－0.4～11.3 kg·hm⁻²·℃⁻¹,这主要是由于秋季降温较快,入冬前气温适当偏高对增加有效分蘖、形成壮苗有利。越冬期(12月中旬—3月中旬)小麦进入休眠阶段,并且乌鲁木齐地区一般都有5 cm以上的稳定积雪覆盖,因此小麦对一定幅度的温度变化反应不敏感,该时段各旬平均气温对冬小麦产量的影响很小,影响系数只有－1.2～2.0 kg·hm⁻²·℃⁻¹。返青至成熟(3月下旬—6月下旬)是冬小麦生长发育和产量形成的主要阶段,也是对温度条件要求较高、反应较敏感的时段,该时段各旬平均气温对冬小麦产量的影响为持续的负效应,影响系数为－2.3～－27.5 kg·hm⁻²·℃⁻¹,这主要是由于乌鲁木齐地区开春后至6月底气温回升较快,该阶段气温适当偏低,对促进幼穗分化、增加小穗数和穗粒数、减轻干热风危害、增加千粒质量均十分有利,其中,拔节至灌浆、乳熟期的5月上旬—6月上旬影响系数－23.0～－27.5 kg·hm⁻²·℃⁻¹,是生长季内影响系数绝对值最大的时段,因此该时期也是气温影响冬小麦产量高低的关键期。

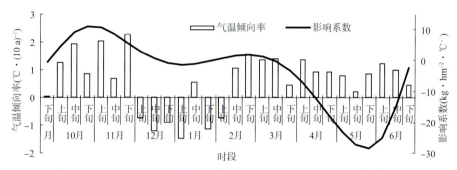

图6.1 乌鲁木齐市冬小麦生长季各旬平均气温对产量影响系数的变化

春小麦生长季温度条件的变化对产量的影响与冬小麦返青后的情况相似。图6.2是奇台县春小麦从4月上旬播种至7月下旬成熟以旬为时间尺度的平均气温对春小麦产量影响系数的变化情况,可以看出,春小麦生长季内各时段平均气温对产量的影响均为负效应,即气温高将导致产量下降,反之,气温适当偏低则利于增产。播种至三叶期(4月上旬—5月上旬),气温对产量的影响表现为弱的负效应,影响系数为－1.9～－9.9 kg·hm⁻²·℃⁻¹,这是因为,奇台县春季气温上升较快,播种至三叶期间气温适当偏低利于麦苗稳健生长,形成壮苗。5月中旬以后,气温上升进一步加快,对春小麦生长发育和产量形成的不利影响也趋于明显,其影响系数也明显增大。春小麦分蘖、拔节期的5月中、下旬气温适当偏低可增加有效分蘖,促进幼穗分化,对增加有效穗数和穗粒数有利,该阶段气温的影响系数为－23.1～－38.4 kg·hm⁻²·℃⁻¹;小麦孕穗、抽穗和开花期以日平均气温18～20℃最为适宜,气温高,尤其是日最高气温≥35℃,对小麦开花、授粉危害较重,奇台县小麦孕穗、抽穗和开花期(6月上、中旬)各旬平均气温的影响系数高达－47.4～－48.3 kg·hm⁻²·℃⁻¹,即,该发育时段各旬平均气温每升高(降低)1.0℃,将导致小麦单产降低(升高)48.0 kg·hm⁻²·℃⁻¹左右,因此,该期间是气温影响春小麦产量高低的关键期。灌浆、乳熟期气温适当偏低可减轻干热风危害,延长灌浆时间,对提高小麦

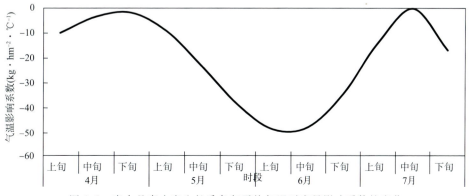

图6.2 奇台县春小麦生长季各旬平均气温对产量影响系数的变化

千粒重有利,奇台县春小麦灌浆、乳熟期(6月下旬—7月上旬)各旬平均气温对产量的影响系数为 $-13.9 \sim -34.3 \ kg \cdot hm^{-2} \cdot ℃^{-1}$。黄熟—成熟期的7月中、下旬气温对春小麦产量虽仍为负效应,但影响相对较小,其影响系数为 $-0.2 \sim -16.8 \ kg \cdot hm^{-2} \cdot ℃^{-1}$。

越冬冻害是影响新疆冬小麦种植的主要气象灾害,造成小麦越冬冻害的因素很多,在稳定积雪期较短的地区,冬小麦能否安全越冬主要取决于冬季温度状况,据前人科学试验和生产实践表明,在日最低气温 $\geqslant -25 ℃$ 时,一般冻害较轻,而当日最低气温 $< -30 ℃$ 时,即便有薄的积雪(1~3 cm),也可造成冬小麦大量死亡;冬季有稳定积雪的地区,引起小麦越冬死亡的原因较多,机制也较复杂,越冬安全性既受冬季温度的影响,也与积雪深度有关。新疆有、无稳定积雪区冬小麦冻害气候指标见表6.1和见表6.2。

表6.1 冬季有稳定积雪区冬小麦冻害气候指标

最低气温(℃)	积雪深度(cm)		
$\geqslant -25$	$\geqslant 3$	1~3	<1
$-30 \sim -25$	$\geqslant 5$	3~5	<3
< -30	$\geqslant 8$	5~8	<5
冻害程度	无或轻度	中度	重度

表6.2 冬季无稳定积雪区冬小麦冻害气候指标

最低气温(℃)	$\geqslant -23$	$-28 \sim -23$	< -28
冻害程度	无或轻度	中度	重度

农作物完成整个生命周期需要一定的热量积累,通常用大于其生物学零度积温来表示。对小麦而言,其开始发育的下限温度为 0 ℃,因此,用 $\geqslant 0$ ℃积温作为其完成整个生命周期所需要的热量指标。新疆不同熟型冬、春小麦从播种至成熟的整个生育期所需 $\geqslant 0$ ℃积温(表6.3)。

表6.3 不同生态型小麦的热量指标

作物	冬小麦			春小麦		
熟型	早	中	晚	早	中	晚
全生育期所需积温(℃·d)	2150~2450	2450~2750	2750~3050	1850~2050	2050~2250	2250~2450

(3)水分条件

新疆小麦整个生育期约需水 500~680 mm(合每 666.7 m² 需水 350~450 m³),其中,播种至拔节期,植株小,温度低,地面蒸发量小,耗水量占全生育期耗水量的 35%~40%,每 666.7 m² 日平均耗水量为 0.4 m³ 左右;拔节到抽穗,进入旺盛生长时期,耗水量急剧上升,期间耗水量占总耗水量的 20%~25%,每 666.7 m² 日耗水量为 2.5~3.5 m³,此期是小麦需水的临界期,如缺水会严重减产;抽穗到成熟,耗水量占总耗水量 26%~42%,日耗水量比前一段略有增加,每 666.7 m² 约耗水 4 m³ 左右。小麦抽穗、扬花至灌浆期,叶面积达整个生育期的最大值,气温较高,蒸腾和蒸发作用强烈,对水分反应十分敏感,缺水会造成受精不良,穗粒数少或籽粒不饱满,遇旱及时浇水,不仅利于抽穗扬花,增加穗粒数,且可改善田间小气候条件,防御干热风危害,一般当 0~50 cm 土层水分低于田间持水量的 60%~65% 时应灌水。新疆除伊犁河谷、天山北坡、塔城盆地和阿尔泰山南坡的中低山带的旱作春小麦种植区年降水量 300~550 mm,可基本满足春小麦生长发育对水分的需求外,全疆大部冬、春小麦种植区降水较少,远不能满足小麦生长发育和产量形成对水分条件的需求,但依靠较稳定的山区降水和高山冰川积雪融水所汇集的河川径流和地下水的灌溉,因此,新疆小麦生产所需的水分条件较有保障。

6.1.2 小麦种植气候适宜性区划指标的确定

根据新疆小麦生产实际,并参考前人(徐德源,1989)有关新疆小麦种植气候区划的部分成果,本区划共分三级:①新疆光照和降水对小麦种植影响较小,热量条件能否满足小麦正常生长发育和产量形成的需求,是决定小麦能否种植的先决条件,因此,将其作为第一级区划,并以早熟冬小麦或中早熟春小麦全生育期所需热量条件的下限≥0 ℃积温 2100 ℃·d 作为划分小麦能否种植区的界限指标(表6.4)。②冬小麦与春小麦相比,具有能充分利用秋、冬季水热资源,缓解春季劳动力紧张的矛盾,可提前成熟,中后期受高温、干热风危害较轻,利于提高单产等很多优势,但越冬安全性是决定某地能否种植冬小麦或确定冬、春小麦种植比例的主要因素。因此,将冬、春小麦种植区及其兼种区的划分作为本区划的第二级区划。除冬季温度和越冬期(日平均气温稳定≤0 ℃期间)的长短外,积雪情况对冬小麦安全越冬也有重要影响,因此,根据冬季有、无稳定积雪区,判别指标(表6.5),分别给出第二级区划指标(表6.6);③抽穗至黄熟期的高温是影响新疆许多地区小麦产量的主要气象灾害,因此根据小麦抽穗至黄熟期的5—6月最高气温≥35 ℃的日数,将小麦可种植区划分为适宜区、次适宜区和不适宜区是本区划的第三级区划,其指标(表6.7)。

表6.4 新疆小麦种植一级区划指标

分区	小麦可种植区	小麦不可种植区
≥0 ℃积温(℃·d)	≥2100	<2100

表6.5 新疆冬季有、无稳定积雪区的判别指标

分区	冬季无稳定积雪区	冬季有稳定积雪区
历年积雪日数(d)	≤30	>30

表6.6 新疆小麦种植二级区划指标

冬季无稳定积雪区	指标要素	年极端最低气温(℃)			1月平均气温(℃)		
	分级	≤−30	−30～−25	>−25	≤−17	−17～−13	>−13
	分区	春麦区	冬、春麦兼种区	冬麦区	春麦区	冬、春麦兼种区	冬麦区
冬季有稳定积雪区	指标要素	12月最大积雪深度<5 cm 频率			越冬期(d)		
	分级	>0.60	0.15～0.60	≤0.15	>150	140～150	≤140
	分区	春麦区	冬、春麦兼种区	冬麦区	春麦区	冬、春麦兼种区	冬麦区

表6.7 新疆小麦种植三级区划指标

5—6月最高气温≥35 ℃日数(d)	≤6	6～18	>18
适宜性分区	适宜区	次适宜区	不适宜区

6.1.3 影响小麦种植的主要气候要素变化趋势

(1)≥0 ℃积温

1961—2015 年,新疆日平均气温稳定≥0 ℃积温总体以 68.047 ℃·d·(10 a)$^{-1}$ 的倾向率呈显著($P=0.001$)的增多趋势(图6.3),55 a 来增多了 374.2 ℃·d。累积距平和 t 检验表明(表6.8),近 55 a 新疆≥0 ℃积温于 1997 年发生了突变,突变后较突变前全疆平均≥0 ℃积温增多了 270.1 ℃·d。

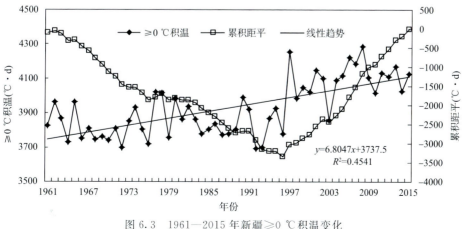

图6.3 1961—2015 年新疆≥0 ℃积温变化

表 6.8 新疆小麦区划指标气候要素突变点信度检验

指标	检测年份	n_1	n_2	$|t_0|$
≥0 ℃积温(℃·d)	1997	36	19	9.7520 ***
年积雪日数(d)	2006	44	11	1.9060
12 月最大积雪深度(mm)	1991	30	25	3.2343 **
年极端最低气温(℃)	1982	21	34	4.6876 ***
1 月平均最低气温(℃)	1981	20	35	3.3439 **
越冬期(d)	1994	33	22	4.6884 ***
5—6 月最高气温≥35 ℃日数(d)	1996	35	20	3.6194 **

n_1，n_2 分别为检测点前后气候要素序列的样本数。** 和 *** 分别表示通过 $P=0.01$ 和 $P=0.001$ 的显著性检验。

(2)年积雪日数

1961—2015 年，新疆年积雪日数总体以 -1.395 d·$(10\ a)^{-1}$ 的倾向率呈不显著的略减趋势(图 6.4)，55 a 来减少了 7.6 d。累积距平和 t 检验表明，近 55 a 新疆年积雪日数没有发生突变。

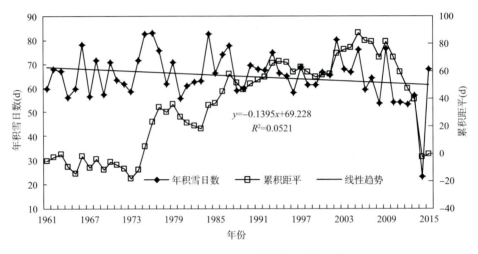

图 6.4 1961—2015 年新疆积雪日数变化

(3)12 月最大积雪深度

1961—2015 年，新疆 12 月最大积雪深度总体以 0.676 cm·$(10\ a)^{-1}$ 的倾向率呈显著($P=0.001$)的增大趋势(图 6.5)，55 a 来增大了 3.7 cm。累积距平和 t 检验表明，近 55 a 新疆 12 月最大积雪深度于 1991 年发生了突变，突变后较突变前全疆平均 12 月最大积雪深度增大了 2.3 cm。

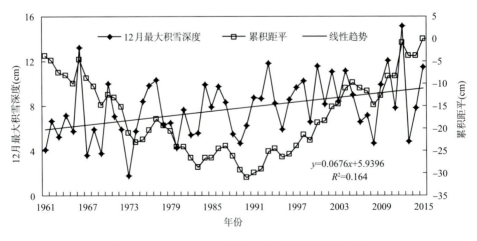

图 6.5 1961—2015 年新疆 12 月最大积雪深度变化

(4)年极端最低气温

1961—2015 年,新疆平均年极端最低气温总体以 0.593 ℃ · (10 a)$^{-1}$ 的倾向率呈极显著($P=$ 0.001)上升趋势(图 6.6),55 a 来上升了 3.2 ℃。累积距平和 t 检验表明,近 55 a 新疆年极端最低气温于 1982 年发生了突变,突变后较突变前全疆平均年极端最低气温升高了 2.6 ℃。

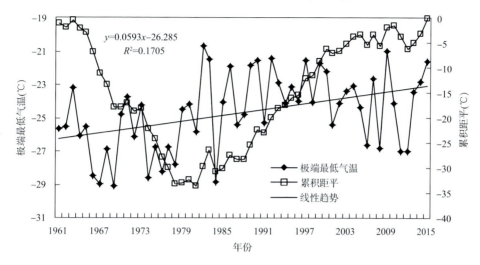

图 6.6　1961—2015 年新疆年极端最低气温变化

(5)1 月平均最低气温

1961—2015 年,新疆 1 月平均最低气温总体以 0.424 ℃ · (10 a)$^{-1}$ 的倾向率呈显著($P=0.001$)的上升趋势(图 6.7),55 a 来上升了 2.3 ℃。累积距平和 t 检验表明,近 55 a 新疆 1 月平均最低气温于 1982 年发生了突变,突变后较突变前全疆平均 1 月平均最低气温升高了 1.7 ℃。

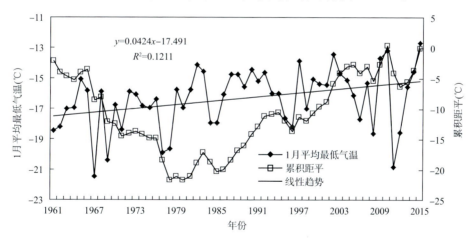

图 6.7　1961—2015 年新疆 1 月平均最低气温变化

(6)越冬期

1961—2015 年,新疆越冬期(冬季日平均气温稳定≤0 ℃持续日数)总体以 −2.591 d · (10 a)$^{-1}$ 的倾向率呈显著($P=0.001$)缩短趋势(图 6.8),55 a 来缩短了 14.3 d。累积距平和 t 检验表明,近 55 a 新疆越冬期于 1994 年发生了突变,突变后较突变前全疆平均越冬期缩短了 8.8 d。

(7)5—6 月最高气温≥35 ℃日数

1961—2015 年,新疆 5—6 月最高气温≥35 ℃日数总体以 0.251 d · (10 a)$^{-1}$ 的倾向率呈显著($P=$ 0.05)的增多趋势(图 6.9),55 a 来增多了 1.4 d。累积距平和 t 检验表明,近 55 a 新疆 5—6 月最高气温≥35 ℃日数于 1996 年发生了突变,突变后较突变前全疆平均 5—6 月最高气温≥35 ℃日数增多了 1.3 d。

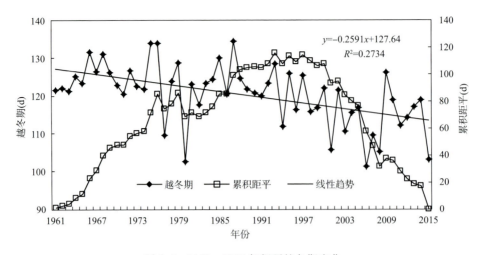

图 6.8　1961—2015 年新疆越冬期变化

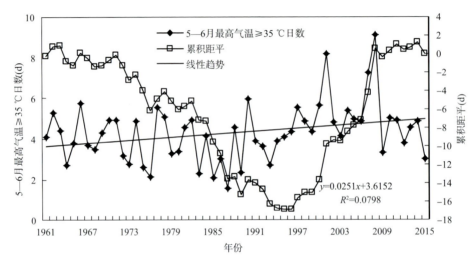

图 6.9　1961—2015 年新疆 5—6 月最高气温≥35 ℃日数变化

6.1.4　影响小麦种植的气候要素空间分布及其变化

以上述 7 项指标要素中发生突变最迟的≥0 ℃积温的突变点 1997 年为时间节点,分析 1997 年前(1961—1996 年)、后(1997—2015 年)各指标气候要素空间分布的特点及其变化。

(1)≥0 ℃积温

新疆日平均气温稳定≥0 ℃积温的空间分布总体呈现"南疆多,北疆少;平原和盆地多,山区少"的格局(图 6.10)。将≥0 ℃积温 2100 ℃·d 等值线作为新疆小麦可否种植区域的界线,将全疆≥0 ℃积温的分布进行划分,可以看出,1997 年前,≥0 ℃积温 2100 ℃·d 等值线的海拔高度,北疆大致在 1800～1900 m;南疆的北部在 2000～2500 m,南部上升到 2500～2900 m(图 6.10a)。1997 年后较其之前,≥0 ℃积温 2100 ℃·d 等值线的海拔高度,北疆抬升了 150 m 左右,南疆抬升了约 100 m,受其影响,全疆≥0 ℃积温多于 2100 ℃·d 的区域较 1997 年前有所扩大(图 6.10b)。

(2)年积雪日数

新疆年积雪日数的空间分布呈现"北疆多,南疆少;山区多,平原和盆地少"的特点,且 1997 年前(图 6.11a)、后(图 6.11b)无明显差异。北疆地区以及阿尔泰山、天山、昆仑山区年积雪日数在 30 d 以上,南疆大部和东疆一般不足 30 d。

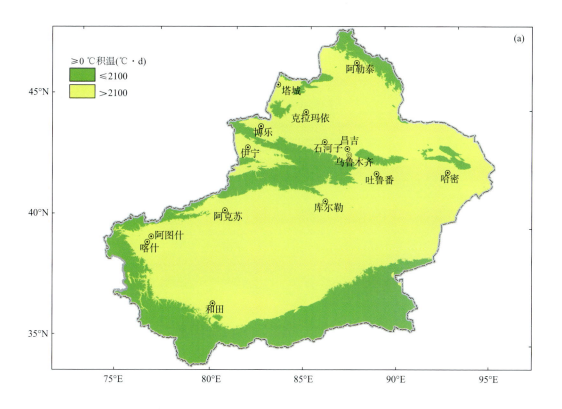

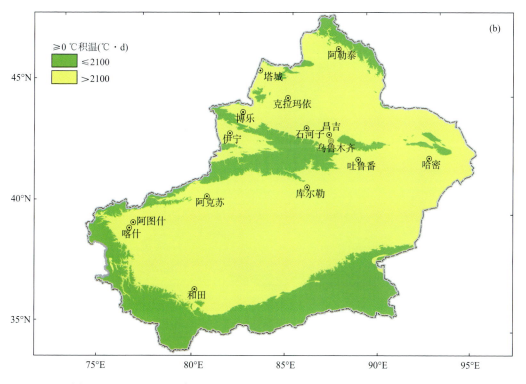

图 6.10　1961—1996 年(a)和 1997—2015 年(b)新疆≥0 ℃积温的空间分布

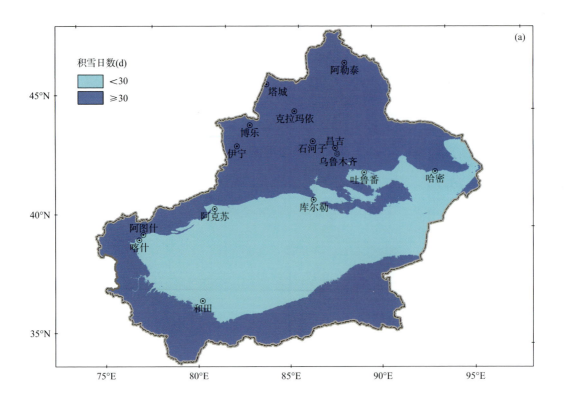

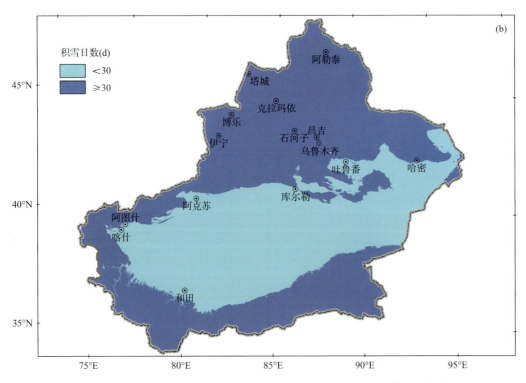

图 6.11 1961—1996 年(a)和 1997—2015 年(b)新疆年积雪日数空间分布

（3）12 月最大积雪深度＜5 cm 频率

新疆 12 月最大积雪深度＜5 cm 频率的空间分布总体呈现"南疆高，北疆低"的特点（图 6.12）。1997 年前，南疆和东疆均在 0.60 以上，天山山区和北疆中西部 0.15～0.60；北疆北部、东部、北疆沿天山一带≤0.15（图 6.12a）。1997 年后较其之前，南疆和东疆无明显变化，但北疆≤0.15 的区域明显增大，其中，伊犁河谷、北疆沿天山一带增大尤为明显。而 0.15～0.60 的区域明显减小（图 6.12b）。

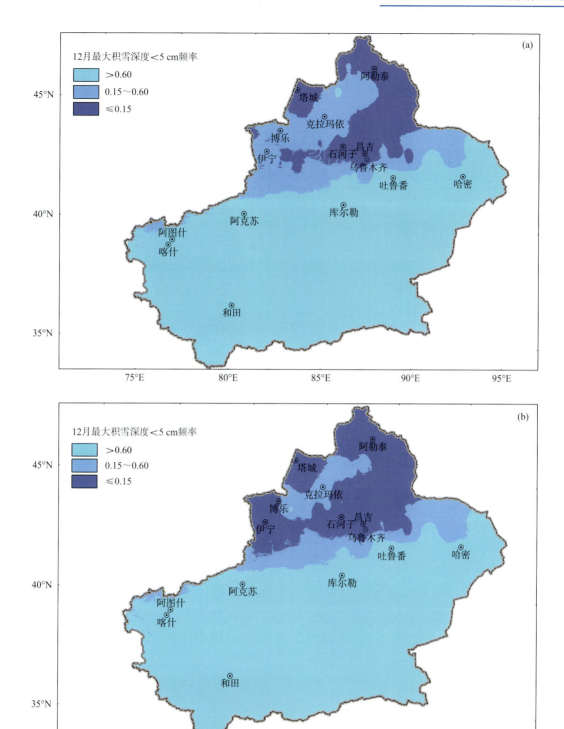

图 6.12 1961—1996 年(a)和 1997—2015 年(b)新疆 12 月最大积雪深度<5 cm 频率的空间分布

(4)年极端最低气温

新疆年极端最低气温多年平均值的空间分布总体呈现"南疆高、北疆低"的特点(图 6.13)。1997 年前,南疆和东疆均在−25 ℃以上;伊犁河谷、北疆沿天山一带西部和东部及天山中、低山带为−30.0～−25.0 ℃;北疆北部、北疆沿天山中部、天山高山带≤−30.0 ℃(图 6.13a)。1997 年后较其之前,南疆和东疆无明显变化,但北疆≤−30.0 ℃的区域明显减小,而−30.0～−25.0 ℃的区域明显增大(图 6.13b)。

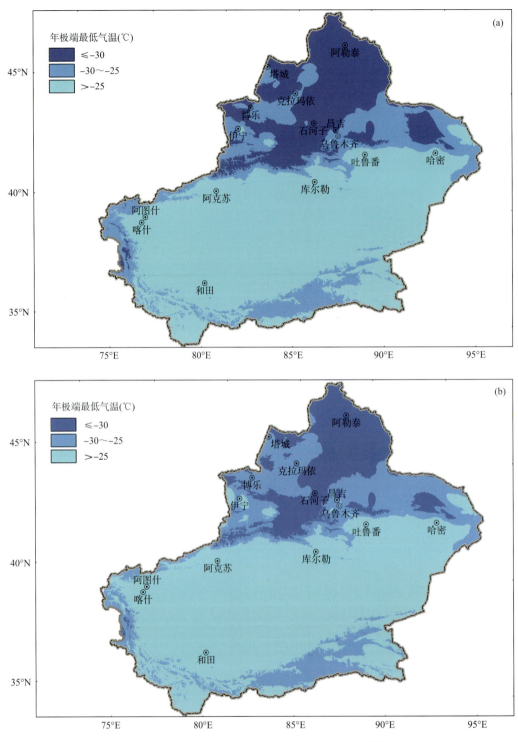

图 6.13　1961—1996 年(a)和 1997—2015 年(b)新疆年极端最低气温的空间分布

（5）1 月平均最低气温

新疆 1 月平均最低气温的空间分布总体呈现"南疆高，北疆低"的特点（图 6.14）。1997 年前，1 月平均最低气温＞−13 ℃的区域仅出现在南疆的塔里木盆地西南部；南疆大部、东疆和伊犁河谷平原为−17.0～−13.0 ℃；北疆大部、天山山区≤−17.0 ℃（图 6.14a）。1997 年后较其之前，南疆西南部＞−13 ℃的区域明显向东部和北部扩展，另外，吐鲁番盆地、伊犁河谷也有零星出现，面积明显增大；南、北疆−17.0～−13.0 ℃区域的海拔上限略有抬升，但受＞−13 ℃区域扩大的"挤压"，其面积有所减小，其中南疆减小更为明显。北疆、天山山区≤−17.0 ℃的区域也有所减小（图 6.14b）。

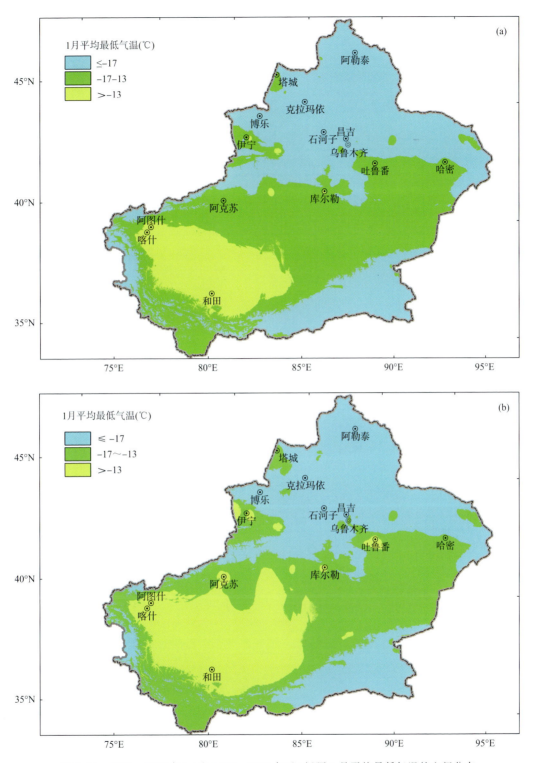

图 6.14　1961—1996 年(a)和 1997—2015 年(b)新疆 1 月平均最低气温的空间分布

（6）越冬期

新疆越冬期的空间分布总体呈现"北疆长,南疆短;山区长,平原和盆地短"的特点(图 6.15)。1997 年前,北疆北部、阿尔泰山、天山和昆仑山区越冬期>150 d;准噶尔盆地周边山前倾斜平原和塔里木盆地周边低山丘陵地带 140~150 d;准噶尔盆地、吐哈盆地及塔里木盆地大部≤140 d(图 6.15a)。1997 年后较其之前,南疆变化不明显,但北疆≤140 d 和 140~150 d 的区域明显向高纬度、高海拔扩张,>150 d 的区域明显缩小(图 6.15b)。

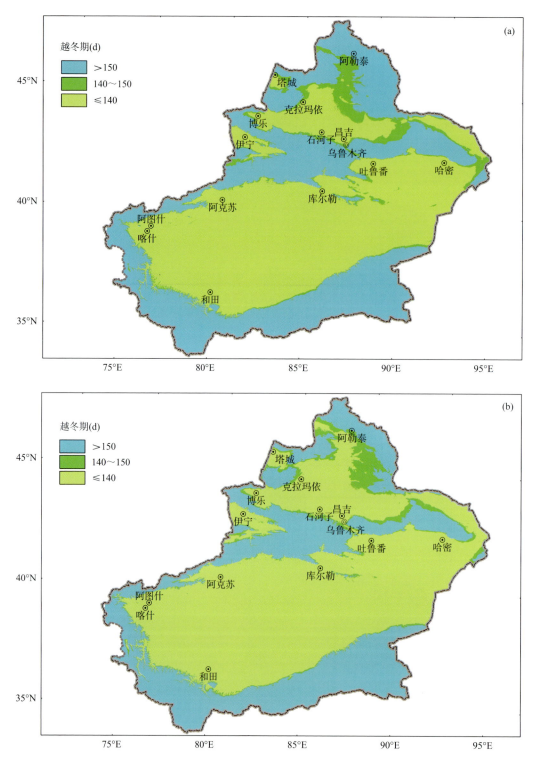

图 6.15　1961—1996 年(a)和 1997—2015 年(b)新疆越冬期的空间分布

(7)5—6 月最高气温≥35 ℃日数

新疆 5—6 月最高气温≥35 ℃日数的空间分布总体呈现"东部多,西部少;盆地和平原多,山区少"的特点(图 6.16)。1997 年前,5—6 月最高气温≥35 ℃日数 18 d 以上的区域仅在吐鲁番盆地和罗布泊盆地有少量存在;6～18 d 的区域主要分布在塔里木盆地东部、吐哈盆地大部,另在准噶尔盆地西南缘、哈密地区北部淖毛湖荒漠戈壁地带也有少量存在;全疆其余地区在 6 d 以下(图 6.16a)。

1997 年后较其之前,5—6 月最高气温≥35 ℃日数 18 d 以上的区域有所扩大;6～18 d 的区域在塔里木盆地东部和吐哈盆地大部也明显扩大,另,北疆沿天山一带也被 6～18 d 的区域所覆盖;5—6 月最

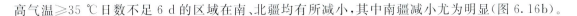

高气温≥35 ℃日数不足 6 d 的区域在南、北疆均有所减小,其中南疆减小尤为明显(图 6.16b)。

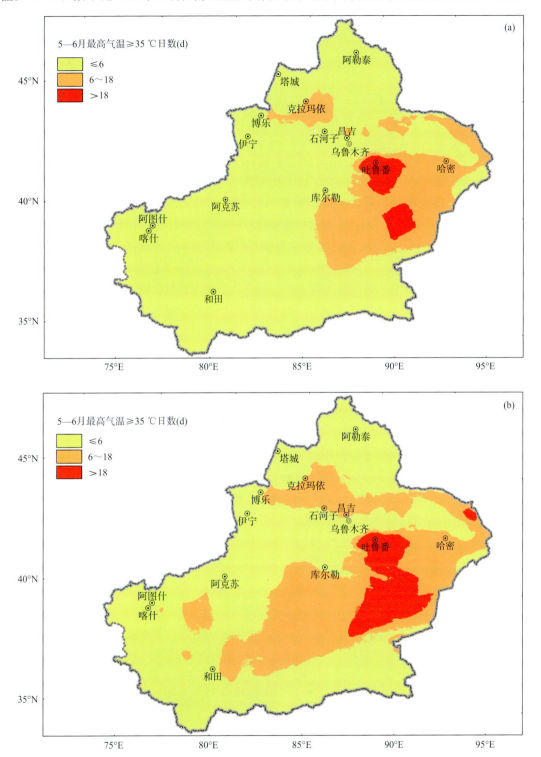

图 6.16　1961—1996 年(a)和 1997—2015 年(b)新疆 5—6 月最高气温≥35 ℃日数的空间分布

6.1.5　小麦种植气候适宜性区划及其变化

图 6.17 给出了综合考虑 1997 年前、后≥0 ℃积温、年极端最低气温、1 月平均气温、年积雪日数、12 月最大积雪深度、越冬期和 5—6 月最高气温≥35 ℃日数 7 项气候要素变化的新疆小麦种植气候区划。从中可以看出,新疆小麦种植气候区可划分为春小麦种植区,冬小麦种植区,冬、春小麦兼种区和小麦不能种植区 4 个大区。若再考虑小麦抽穗至成熟期高温的影响,新疆小麦种植气候区划共划分为 8 个亚

区。以下对各分区的变化情况进行分析及评述。

（1）冬小麦区

本区85%以上的年份冬小麦可安全越冬，小麦生育期间气候条件也较适宜冬小麦的种植。根据中、后期高温的危害程度，可分为适宜种植区和次适宜种植区两个亚区。

①适宜种植区

1997年前，新疆冬小麦适宜种植区主要在北疆的准噶尔盆地南部乌苏至奇台的山前冲积平原，以及南疆塔里木盆地西南部的喀什和田地区，另在北疆的塔额盆地、伊犁谷地东部也有少量分布（图6.17a），总面积$2.60×10^5$ km²，占新疆总面积的15.6%（表6.9）。1997年后，冬小麦适宜种植区总体向高纬度、高海拔转移，北疆主要分布在阿勒泰地区中南部、塔额盆地以及北疆沿天山海拔600～1000 m山前倾斜平原、伊犁河谷海拔1400 m以下的河谷平原和低山丘陵地带，另在博乐市的山间谷地也有少量分布；南疆主要在阿克苏地区和克孜勒苏州的南部、喀什地区大部以及和田地区的西部和南部（图6.17b），总面积增至$2.91×10^5$ km²，占比增大到17.5%，较1997年前增大了$3.05×10^4$ km²和1.9个百分点（表6.9）。北疆冬小麦适宜种植区越冬期较长，为110～140 d，冬季气温较低，但有比较稳定的积雪覆盖，12月最大积雪深度<5 cm的年份在15%以下，安全越冬较有保障；南疆冬小麦适宜种植区冬季气温较高，最冷月（1月）平均最低气温>－13.0 ℃，年极端最低气温>－25.0 ℃，冬小麦越冬条件较好。冬小麦生长发育期间，北疆气候温和，≥0 ℃积温4000 ℃·d左右，南疆热量丰富，≥0 ℃积温4500～5000 ℃·d，孕穗至黄熟期高温、干热风危害较轻，利于高产，因此该区是新疆冬小麦种植区最理想的区域。

②次适宜种植区

1997年前，新疆冬小麦次适宜种植区仅在北疆有少量出现，且主要分布在北疆冬小麦适宜种植区西部和东部的局部区域，南疆没有冬小麦次适宜种植区（图6.17a），其总面积只有$1.56×10^4$ km²，仅占新疆总面积的0.9%（表6.9）。1997年后，冬小麦次适宜种植区明显扩大，在北疆，沿天山平原地带几乎完全被该区所覆盖，南疆在塔里木盆地中部和喀什地区北部也有大面积的出现（图6.17b），其总面积增至$1.97×10^5$ km²，占比增大到11.8%，较1997年前增大了$1.81×10^5$ km²和10.9个百分点（表6.9）。冬小麦次适宜种植区与适宜种植区的气候条件大体相似，只是小麦孕穗至黄熟期的高温日数较多，干热风危害相对较重，对产量有一定影响。

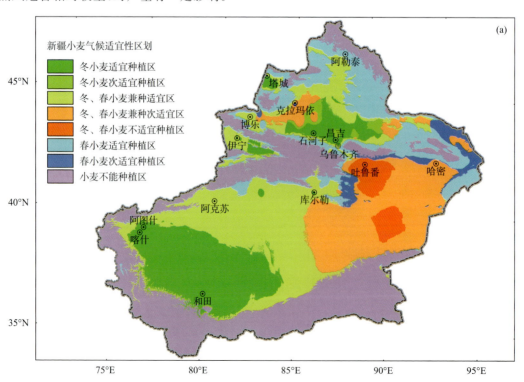

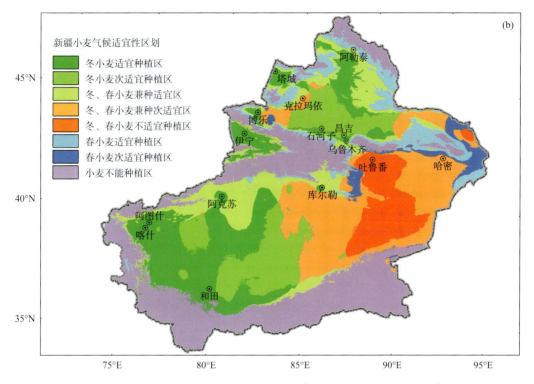

图 6.17　1961—1996 年(a)和 1997—2015 年(b)新疆小麦种植气候区划

表 6.9　1997 年前后新疆小麦气候适宜性分区面积的变化

分区	1997 年前		1997 年后		1997 年前后变化	
	面积(km²)	占比(%)	面积(km²)	占比(%)	面积(km²)	占比(%)
冬小麦适宜种植区	260073	15.6	290610	17.5	30537	1.9
冬小麦次适宜种植区	15563	0.9	197051	11.8	181488	10.9
冬、春小麦兼种适宜区	373488	22.4	197358	11.9	−176130	−10.5
冬、春小麦兼种次适宜区	252387	15.2	266046	16.0	13660	0.8
冬、春小麦不适宜种植区	48703	2.9	114763	6.9	66060	4.0
春小麦适宜种植区	202981	12.2	114918	6.9	−88064	−5.3
春小麦次适宜种植区	40383	2.4	40407	2.4	24	0.0
小麦不能种植区	471323	28.3	443748	26.7	−27574	−1.6

（2）冬、春小麦兼种区

冬、春小麦兼种区冬小麦安全越冬的气候条件次于冬小麦种植区,冬小麦能够安全越冬的年份一般为 40%～85%,在越冬安全性较高的区域或年份可以冬小麦种植为主、春小麦为辅;反之,在越冬安全性较低的区域或年份应适当压缩冬小麦的种植,增大春小麦的种植比例。根据生长发育中、后期高温的危害程度,冬、春小麦兼种区可分为适宜种植区、次适宜种植区和不适宜种植区三个亚区。

①适宜种植区

1997 年前,新疆冬、春小麦兼种的适宜区,北疆主要分布在准噶尔盆地中北部、北疆沿天山海拔 600～1000 m山前倾斜平原、伊犁河谷海拔 1400 m 以下的河谷平原和低山丘陵地带,另在塔额盆地丘陵地带和博乐市山间谷地也有少量分布;南疆主要分布在包括阿克苏地区和克孜勒苏州的平原以及巴音郭楞蒙古自治州除和静县和若羌县以外的塔里木盆地北部和东南部(图 6.17a),总面积 3.73×10^5 km²,占全疆总面积的 22.4%(表 6.9)。1997 年后,冬、春小麦兼种适宜区总体向高纬度、高海拔区域转移(图 6.17b),分布区域明显压缩,总面积降至 1.97×10^5 km²,占比减小到 11.9%,较 1997 年前减小了 1.76×10^5 km²和 10.5 个百分点(表 6.9)。北疆的冬、春小麦兼种适宜区冬季气温较低,越冬期从南至北 140～150 d,12 月最大积雪深度<5 cm 的年份在 15%～40%,最冷月(1 月)平均最低气温−25.0～

−18.0 ℃,年极端最低气温−35.0～−25.0 ℃。南疆的冬、春小麦兼种适宜区冬季少积雪,越冬期90～110 d,最冷月(1月)平均最低气温−17.0～−12.0 ℃,年极端最低气温−22.0～−18.0 ℃,冬小麦越冬安全性低于纯冬小麦种植区。≥0 ℃积温,北疆3300～3800 ℃·d,南疆4000～4800 ℃·d,小麦孕穗至黄熟期高温、干热风危害较轻,5—6月最高气温≥35 ℃的高温日数不足6 d,对提高单产较有利。

②次适宜种植区

1997年前,新疆冬、春小麦兼种次适宜区主要分布在东疆吐哈盆地以及南疆东部的若羌县一带,北疆仅在准噶尔盆地西南和东南缘的局部有少量出现(图6.17a),其面积2.52×10⁵ km²,占新疆总面积的15.2%(表6.9)。1997年后,冬、春小麦兼种次适宜区在北疆变化不大,但在南疆明显向西扩展(图6.17b),其面积增至2.66×10⁵ km²,占比增大到16.0%,较1997年前增大了1.37×10⁴ km²和0.8个百分点(表6.9)。冬、春小麦兼种次适宜区与适宜区的越冬气候条件大体相似,但热量条件增多,≥0 ℃积温4300～5000 ℃·d,小麦孕穗至黄熟期的5—6月最高气温≥35 ℃的高温日数较多,一般在6～18 d,高温、干热风危害相对较重,对产量有一定影响。

③不适宜种植区

新疆冬、春小麦兼种不适宜区仅在东疆的吐鲁番盆地和南疆罗布泊盆地的腹地有少量分布(图6.17a),1997年前其面积为4.87×10⁴ km²,占新疆总面积的2.9%;1997年后,该区有所扩大(图6.17b),面积增至1.15×10⁵ km²,占比增大到6.9%,较1997年前增大了6.61×10⁴ km²和4.0个百分点(表6.9)。该区冬季无稳定积雪,冬季极端最低气温−15～−20 ℃,最冷月平均最低气温−12～−15 ℃,≥0 ℃积温4500～6200 ℃·d,是新疆热量条件最丰富的区域,但小麦孕穗至黄熟期的5—6月最高气温≥35 ℃的高温日数在18 d以上,高温、干热风危害严重,对小麦开花、授粉及千粒重的提高有很大影响,因此小麦产量低,品质劣。但该区的气候条件非常利于无核白葡萄、哈密瓜、优质长绒棉的种植。从扬长避短、充分利用农业气候资源的角度来看,该区应大力发展优势瓜果和长绒棉的种植,尽量避免小麦的种植。

(3)春小麦区

本区因冬季寒冷且漫长,加之稳定积雪期短,春小麦难以安全越冬,因此只能种植春小麦。根据小麦生长发育中、后期温度的适宜程度,可分为适宜种植区和次适宜种植区两个亚区。

①适宜种植区

春小麦适宜种植区是新疆热量条件最少的小麦区,全年≥0 ℃积温2100～3500 ℃·d,气候温凉,小麦生育期间基本无高温、干热风危害,气候条件适宜小麦的生长发育,利于形成大穗,提高粒重。1997年前,该区主要分布在北疆北部山前冲积平原和天山北坡、伊犁河谷的低山丘陵地带,另在天山南坡低山带和昆仑山中低山带也有少量存在(图6.17a),面积为2.03×10⁵ km²,占新疆总面积的12.2%(表6.9)。受气候变暖的影响,1997年后,春小麦适宜种植区总体向高纬度、高海拔退缩,其中北疆退缩更为明显(图6.17b),面积降至1.15×10⁵ km²,占比减小到6.9%,较1997年前减小了8.81×10⁴ km²和5.3个百分点(表6.9)。

②次适宜种植区

新疆春小麦次适宜种植区较小,北疆仅在阿拉山口、精河以及伊吾县北部有零星分布,南疆和东疆主要存在于东天山南麓的低山丘陵地带(图6.17)。该区冬冷夏热,降水稀少,冬季稳定积雪期短,热量丰富,全年≥0 ℃积温4000～5000 ℃·d,小麦孕穗至黄熟期的5—6月最高气温≥35 ℃的高温日数一般在6～18 d,高温、干热风危害相对较重,对产量有一定影响。1997年前、后该区分布区域变化不大,面积基本维持4.04×10⁴ km²左右,仅占新疆总面积的2.4%(表6.9)。

(4)小麦不能种植区

新疆阿尔泰山、天山和昆仑山区的中高山带≥0 ℃积温不足2100 ℃·d,难以满足小麦生长发育对热量条件的基本需求,因此是小麦不能种植区。1997年前小麦不能种植区的海拔下限大致是:北疆1700～1900 m;南疆北部2000～2500 m,南疆南部2500～2900 m(图16.17a),其总面积为4.71×10⁵ km²,

占新疆总面积的 28.3%。受气候变暖的影响,1997 年后较其之前小麦不能种植区的海拔下限均不同程度地抬升,北疆一般抬升了 150 m 左右,南疆抬升了约 100 m(图 16.17b),其总面积降至 4.44×10^5 km²,占比减小到 26.7%,较 1997 年前减小了 2.76×10^4 km²,减小 1.6 个百分点(表 6.9)。

6.1.6 新疆小麦种植适应气候变化的对策措施

在全球变暖背景下,过去的 50 多年新疆气候总体呈现以气温升高、降水增多为主要特征的"暖湿化"趋势,气候变化对小麦种植既有有利的方面,也有不利的影响。

(1)有利方面

①气温升高,热量资源增多,小麦可种植区面积扩大。

②冬季气温升高,冬小麦遭受越冬冻害的风险降低,适合冬小麦种植的区域增大。

③虽然降水对新疆小麦生产的直接影响相对较小,但冬季降雪增多、积雪深度增大,对冬小麦安全越冬较有利;另外,小麦生长发育中后期降水量增多对减轻高温、干热风危害,延长灌浆时间,增加小麦穗粒数和千粒重有利。

(2)不利方面

①小麦生长发育中后期,尤其是孕穗、抽穗、开花、灌浆期气温升高,最高气温≥35 ℃的日数增多,高温危害趋于严重,对增加小麦穗粒数和粒重、提高产量都会造成不利的影响。

②气候变暖、降水增多,将导致麦蚜、雪腐病、条锈病等小麦病虫害趋于严重,对小麦产量和品质造成不利影响。

(3)对策措施

针对上述影响,各地应采取趋利避害的对策措施积极应对:

①调整作物种植结构和布局,将小麦的种植区域向夏季气候相对温凉的较高纬度或较高海拔地带转移。

②改变小麦播种期,与 1961—1996 年平均相比,1997—2015 年全疆平均冬小麦播期应推迟 7～10 d,春小麦播期须提早 5～7 d。

③冬小麦和春小麦兼种区,须根据不同年份的冬季气温和积雪情况,科学调整冬、春小麦种植比例和种植布局,促进小麦高产稳产。

④夏季气温较高的小麦种植区,可通过适时灌好开花、灌浆水等技术方法,减轻高温、干热风为害,提高小麦产量。

⑤重视对小麦病虫害的防治。

6.2 气候变化对玉米种植的影响

新疆是我国重要的玉米生产基地之一。2015 年新疆玉米种植面积约 8.37×10^5 hm²,是仅次于小麦的第二大种植作物。玉米不仅是新疆主要粮食和饲料作物,而且在农业种植结构的调整、作物轮作倒茬、提高复种指数等方面也具有其他作物无可替代的重要作用。

近年来,新疆玉米种植业迅猛发展的同时,部分地区出现了因忽视气候条件的适宜性而盲目扩大玉米种植规模,提高玉米复种指数,或品种熟型选择不合理,导致玉米遭受霜冻、低温冷害等气象灾害的事件频繁,严重影响了玉米的高产稳产。因此,在对影响新疆玉米生产的主要气候条件时空变化规律进行分析的基础上,结合新疆玉米种植气候区划指标,研究分析气候变化对新疆玉米种植区划的影响,为科学制定新疆玉米发展规划和种植区域,确定适宜的种植制度和品种熟型,采取趋利避害的生产管理技术措施,促进新疆玉米产业的持续稳定发展提供参考依据。

6.2.1　玉米气候生态条件分析

（1）光照

玉米是高光效 C_4 作物，玉米叶片的光饱和点和光合效率都较高，而光补偿点很低。日照长，光照强，光合生产潜力高，利于玉米高产。新疆空气干燥、云量少，绿洲平原地带玉米生育期（≥10 ℃期间）日照时数多在 1700～1900 h，高于我国中东部同纬度玉米主产区，因此，光照条件能够满足玉米生长发育的需求。

（2）温度

玉米为喜温作物，10～12 ℃为适宜的发芽温度。出苗后，幼苗期可耐−1～−2 ℃的霜冻。拔节后玉米要求日平均气温 18 ℃以上。抽雄、开花期日平均气温以 20～25 ℃为宜，最高气温高于 32～35 ℃花丝易枯萎，造成受精不全、缺粒秃尖。玉米籽粒灌浆、成熟期，要求日平均气温保持在 20～24 ℃比较有利，若气温低于 16 ℃或高于 25 ℃将导致籽粒中养分的运转、积累不能正常进行。新疆春玉米一般在 8、9 月份处于灌浆、成熟期，一些地区 8 月上、中旬温度偏高，9 月份又偏低，对玉米产量形成有一定影响；对夏玉米来说，成熟期在 9 月中旬至 10 月初，更易受低温冷害和霜冻的影响。

由新疆玉米主产区的奇台县春玉米生长季内逐旬平均气温对产量影响来看（图 6.18），播种、出苗期的 4 月下旬至 5 月上旬气温对产量的影响为正效应，影响系数为 12.2～44.3 kg·hm^{-2}·℃$^{-1}$，即气温高利于玉米出苗。三叶至开花、吐丝期的 5 月中旬—7 月下旬气温对产量的影响为持续的负效应，影响系数为−0.1～−16.4 kg·hm^{-2}·℃$^{-1}$，这主要是因为，玉米三叶至拔节期气温偏高，会加剧土壤干旱，对其生长不利；玉米孕穗、抽雄、开花和吐丝期的 7 月上旬—下旬是一年中气温最高的时段，奇台县玉米该发育期间的平均气温多在 23 ℃以上，若气温偏高，对玉米开花、授粉不利。玉米灌浆、乳熟和成熟期的 8 月上旬至 9 月中旬气温下降很快，对玉米灌浆不利，若气温偏高，则对提高玉米灌浆速率，延长灌浆时间，增加千粒重十分有利，该期间各旬气温对产量的影响系数为 6.0～43.1 kg·hm^{-2}·℃$^{-1}$，其中 9 月上、中旬是气温影响玉米产量形成的关键期。

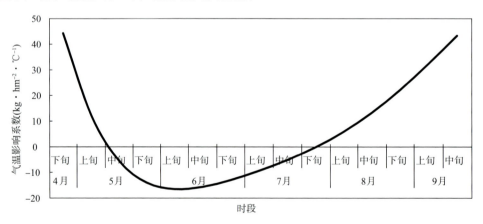

图 6.18　奇台县春玉米生长季各旬平均气温对产量影响系数的变化

（3）降水

玉米蒸腾系数为 260～368，小于小麦、水稻，是水分利用率较高的作物，但由于生育期较长、植株高大，全生育期仍需较多的水分。新疆玉米生长季降水较少，其需水量主要靠灌溉供给，因此降水不是制约玉米生长发育的气候因子。

6.2.2　玉米种植气候适宜性区划指标的确定

新疆光照充足，种植玉米全部实行灌溉，因此，玉米的种植制度、品种布局主要决定于热量条件。玉米生长季气候的适宜性主要受低温冷害和高温热害的影响。据此，将玉米气候区划分为两级，第一级选择≥10 ℃积温和无霜冻期作为区划因子，将全疆划分为早熟春玉米种植区、中熟春玉米种植区和晚熟春玉米种植区以及复播早熟夏玉米种植区、中熟夏玉米种植区;根据新疆不同熟型春、夏玉米生育期的长短及对热量条件的要求,并将复播玉米的前茬作物按早中熟冬小麦、油菜考虑,其对≥10 ℃积温的需求按2000 ℃·d(含前茬作物收获后至复播玉米播种期间的农耗100 ℃·d)计算,确定不同种植制度下各熟型玉米全年所需的热量指标(表6.10)。其中,无霜冻期和≥10 ℃积温两项指标必须同时具备。

表 6.10　新疆玉米种植一级区划指标

气候指标	春玉米			复播夏玉米	
	早熟	中熟	晚熟	早熟	中熟
无霜冻期(d)	90~115	115~135	135~190	190~205	＞205
≥10 ℃积温(℃·d)	2100~2500	2500~2900	2900~3900	3900~4200	＞4200

第二级区划分适宜、次适宜、不适宜三种类型,仍以≥10 ℃积温考察冷害的影响,并以7月(8月)平均气温、7月(8月)日最高气温≥35 ℃日数来考察春玉米(复播夏玉米)开花授粉期温度的适宜程度及高温的影响。

成熟期冷害:各种熟型玉米所需≥10 ℃积温的下限(如,早熟春玉米为2100 ℃·d)是该品种玉米在某一特定种植制度(春播或夏季复播)下所要求的基本热量条件。但玉米成熟期间日平均气温降至15 ℃以下时,即会因形成冷害而影响成熟,因此,当某地热量条件能使玉米品种在日平均气温≥15 ℃的终日到来前成熟,便可免受冷害;反之,若在该界限之后成熟则会遭受一定的冷害。基于以上原因,将秋季日平均气温稳定降至15 ℃的终日至10 ℃终日期间≥10 ℃积温值作为衡量冷害的指标。在新疆该值约为150~200 ℃·d。依此规定:≥10 ℃积温小于下限与200 ℃·d(春玉米)或150 ℃·d(夏玉米)之和为该项指标的次适宜区;反之,大于下限与200 ℃·d(春玉米)或150 ℃·d(夏玉米)之和为该项指标的适宜区(表6.11)。

花期温度条件及高温热害:春玉米(复播夏玉米)开花、授粉期的7月(8月)以日平均气温20~25 ℃为宜;18~20 ℃或25~27 ℃为次适宜;低于18 ℃或高于27 ℃则对开花、授粉极不利,为不适宜。

另外,对春玉米(复播夏玉米)来说,7月(8月)最高气温≥35 ℃日数少于10 d为适宜;10~20 d为次适宜;大于20 d为不适宜(表6.12)。

在判别气候适宜性时,二级区划中的成熟期冷害,开花、授粉期的温度条件及高温的影响三项指标也必须同时具备。

表 6.11　新疆玉米种植二级区划之成熟期冷害影响指标

气候指标		春玉米			复播夏玉米	
		早熟	中熟	晚熟	早熟	中熟
≥10 ℃积温(℃·d)	次适宜	2100~2300	2500~2700	2900~3100	3900~4050	4200~4350
	适宜	2300~2500	2700~2900	3100~3900	4050~4200	＞4350

表 6.12　新疆玉米种植二级区划之开花、授粉期温度适宜程度及高温影响指标

适宜程度	适宜	次适宜	不适宜
7月(春玉米)或8月(复播夏玉米)平均气温(℃)	20~25	18~20,25~27	≤18,＞27
7月(春玉米)或8月(复播夏玉米))最高气温≥35 ℃日数(d)	≤10	10~20	＞20

6.2.3　影响玉米种植的主要气候要素变化趋势

(1)无霜冻期

1961—2015 年,新疆无霜冻期总体以3.607 d·(10 a)^{-1}的倾向率呈显著($P=0.001$)延长趋势(图6.19),55 a 来延长了19.8 d。累积距平和 t 检验表明,近55 a 新疆无霜冻期于1997年发生了突变,突变后较突变前全疆平均无霜冻期延长了12.4 d。

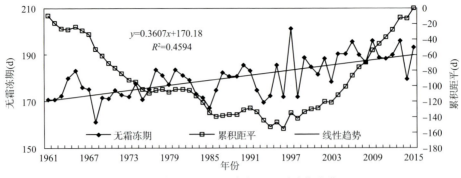

图 6.19 1961—2015 年新疆无霜冻期变化

（2）日平均气温≥10 ℃积温

1961—2015 年，新疆日平均气温≥10 ℃积温总体以 64.660 ℃·d·(10 a)$^{-1}$ 的倾向率呈显著(P=0.001)增多趋势(图 6.20)，55 a 来增加了 355.6 ℃·d。累积距平和 t 检验表明，近 55 a 新疆日平均气温≥10 ℃积温于 1997 年发生了突变(表 6.13)，突变后较突变前全疆平均≥10 ℃积温增多了 259.4 ℃·d。

表 6.13 新疆玉米区划指标气候要素突变点信度检验

指标	检测年份	n_1	n_2	$\lvert t_0 \rvert$
无霜冻期(d)	1997	36	19	7.1484***
≥10 ℃积温(℃·d)	1997	36	19	7.3881***
7 月平均气温(℃)	1994	33	22	3.2901**
8 月平均气温(℃)	1997	36	19	4.3363***
7 月最高气温≥35 ℃日数(d)	1973	12	43	2.9959**
8 月最高气温≥35 ℃日数(d)	1996	35	20	1.6994

n_1、n_2 分别为检测点前后气候要素序列的样本数。** 和 *** 分别表示通过 $P=0.01$ 和 $P=0.001$ 的显著性检验。

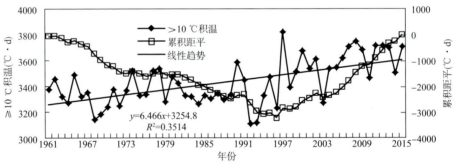

图 6.20 1961—2015 年新疆≥10 ℃积温变化

（3）7 月平均气温

1961—2015 年，新疆 7 月平均气温总体以 0.200 ℃·(10 a)$^{-1}$ 的倾向率呈显著(P=0.001)上升趋势(图 6.21)，55 a 来上升了 1.1 ℃。累积距平和 t 检验表明，近 55 a 新疆 7 月平均气温于 1994 年发生了突变(表 6.13)，突变后较突变前全疆平均 7 月平均气温升高了 0.63 ℃。

（4）8 月平均气温

1961—2015 年，新疆 8 月平均气温总体以 0.210 ℃·(10 a)$^{-1}$ 的倾向率呈显著(P=0.001)上升趋势(图 6.22)，55 a 来上升了 1.2 ℃。累积距平和 t 检验表明，近 55 a 新疆 8 月平均气温于 1997 年发生了突变(表 6.13)，突变后较突变前全疆平均 8 月平均气温升高了 0.84 ℃。

（5）7 月最高气温≥35 ℃日数

1961—2015 年，新疆 7 月最高气温≥35 ℃日数总体以 0.392 d·(10 a)$^{-1}$ 的倾向率呈显著(P=0.05)增多趋势(图 6.23)，55 a 来上升了 2.2 d。累积距平和 t 检验表明，近 55 a 新疆 7 月最高气温≥35 ℃日数于 1973 年发生了突变(表 6.13)，突变后较突变前全疆平均 7 月最高气温≥35 ℃日数增多了 1.9 d。

图 6.21　1961—2015 年新疆 7 月平均气温变化

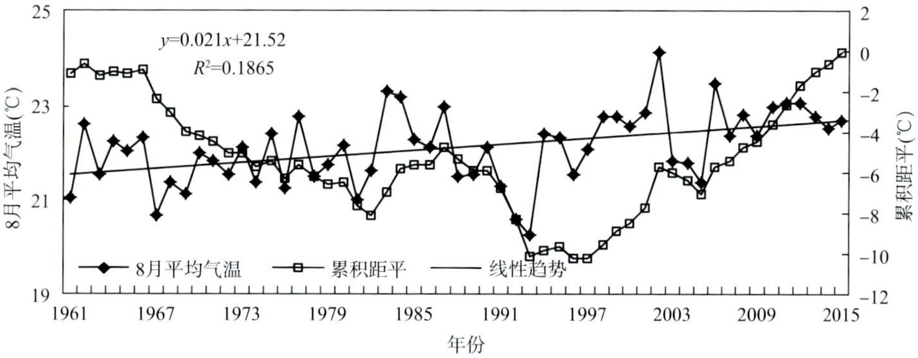

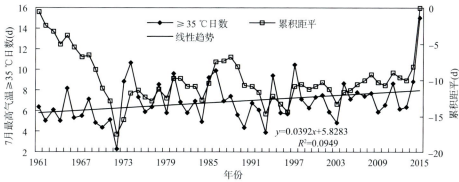

图 6.22　1961—2015 年新疆 8 月平均气温变化

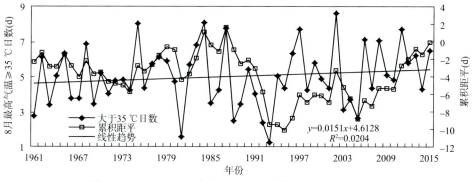

图 6.23　1961—2015 年新疆 7 月最高气温≥35 ℃日数变化

（6）8 月最高气温≥35 ℃日数

1961—2015 年，新疆 8 月最高气温≥35 ℃日数总体以 0.151 · (10 a)$^{-1}$ 的倾向率呈不显著($P=$ 0.05)的略增趋势(图 6.24)，55 a 来上升了 0.83 d。累积距平和 t 检验表明，近 55 a 新疆 8 月最高气温≥35 ℃日数没有发生突变。

図 6.24　1961—2015 年新疆 8 月最高气温≥35 ℃日数变化

6.2.4 影响玉米种植的主要气候要素空间分布及其变化

以发生突变的各气候要素中突变最迟的无霜冻期、≥10 ℃积温、8月平均气温的突变点1997年为时间节点,探讨1997年前(1961—1996年)、后(1997—2015年)各气候要素空间分布的差异。

(1)无霜冻期

新疆的无霜冻期表现为"南疆长,北疆短;平原和盆地长,山区短"的空间分布格局(图6.25)。从不同种植制度和品种熟型玉米对无霜冻期要求分级的各级无霜冻期的分布情况来看,1997年前,无霜冻期多于205 d的区域分布在塔里木盆地中西部和吐哈盆地腹地;塔里木盆地东部、吐哈盆地大部以及准噶尔盆地西南缘局部为190~205 d;北疆大部、伊犁河谷、南疆塔里木盆地周边山前倾斜平原和低山丘陵地带为135~190 d;北疆准噶尔盆地周边山前倾斜平原和丘陵地带为115~135 d,低山带90~115 d;阿尔泰山、天山和昆仑山中、高山带一般少于90 d(图6.25a)。

1997年后,无霜冻期多于205 d的区域明显扩大,具体表现为,1997年前塔里木盆地和吐哈盆地无霜冻期少于190 d的区域,1997年后几乎完全被多于205 d所覆盖,另在准噶尔盆地西南缘也有局部无霜冻期多于205 d的区域出现;190~205 d的区域在南疆被明显压缩,北疆有所增大;无霜冻期不足135 d的各区域均不同程度地向高海拔抬升并压缩,平均抬升100~300 m(图6.25b)。

(2)≥10 ℃积温

新疆日平均气温稳定≥10 ℃积温的空间分布总体呈现"南疆多,北疆少;平原和盆地多,山区少"的格局(图6.26)。以不同种植制度及品种熟型玉米对≥10 ℃积温的要求分级的各级≥10 ℃积温的分布情况来看,1997年前≥10 ℃积温多于3900 ℃·d的区域主要在南疆的塔里木盆地和东疆的吐哈盆地,北疆仅准噶尔盆地西南缘局部有零星分布;北疆准噶尔盆地大部,南疆塔里木盆地和东疆的吐哈盆地周边山前倾斜平原2900~3900 ℃·d;准噶尔盆地周边山前倾斜平原及塔里木盆地和吐哈盆地周边低山、丘陵地带2500~2900 ℃·d;准噶尔盆地周边低山丘陵地带2100~2500 ℃·d;各山体中高山带日平均气温≥10 ℃积温少于2100 ℃·d(图6.26a)。1997年后较其之前,日平均气温≥10 ℃积温多于3900 ℃·d的区域明显扩大,具体表现在,北疆准噶尔盆地西南部海拔高度低于500 m的地区出现了规模、连片的日平均气温≥10 ℃积温多于3900 ℃·d的区域,南疆的塔里木盆地和东疆的吐哈密盆地日平均气温≥10 ℃积温多于3900 ℃·d的区域也有所扩大。与此同时,北疆日平均气温≥10 ℃积温2900~3900 ℃·d的区域明显东扩、北抬,2500~2900 ℃·d及2100~2500 ℃·d的区域也向高纬度、高海拔地区压缩,日平均气温≥10 ℃积温不足2100 ℃·d的区域向高海拔地区抬升并压缩,平均抬升150~250 m(图6.26b)。

(3)7月平均气温

新疆7月平均气温的空间分布总体呈现"南疆高,北疆低;平原和盆地高,山区低"的特点(图6.27)。以春玉米对7月平均气温的要求分级的各级7月平均气温的分布情况来看,1997年前塔里木盆地东部、吐哈盆地中部、哈密北部的淖毛湖戈壁及准噶尔盆地西南缘局部在27.0 ℃以上;南疆的塔里木盆地大部、吐哈盆地边缘地带、北疆沿天山一带中西部为25.0~27.0 ℃;北疆大部,塔里木盆地和吐哈盆地周边山前倾斜平原20.0~25.0 ℃;准噶尔盆地周边丘陵地带及塔里木盆地周边低山、丘陵地带18.0~20.0 ℃;阿尔泰山和天山山区以及昆仑山中高山带低于18.0 ℃(图6.27a)。

1997年后较其之前,7月平均气温>27.0 ℃区域明显扩大,其中,塔里木盆地东部和吐哈密盆地扩大尤甚;25.0~27.0 ℃的区域在塔里木盆地明显扩大,但在北疆沿天山一带扩大不明显;在塔里木盆地,受25.0~27.0 ℃区域扩大的"挤压",20.0~25.0 ℃区域有所减小,但北疆20.0~25.0 ℃区域变化不明显;7月平均气温18.0~20.0 ℃及<18.0 ℃的区域向高海拔地区抬升并压缩了约20~50 m(图6.27b)。

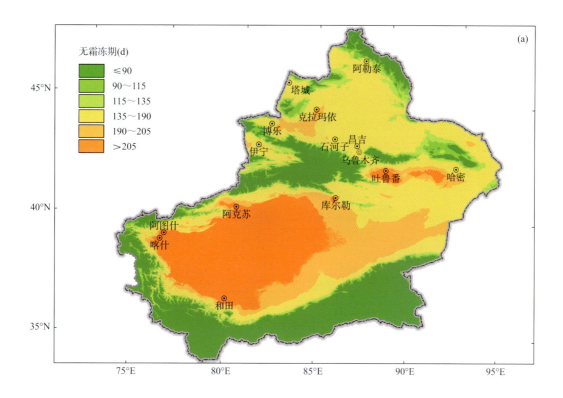

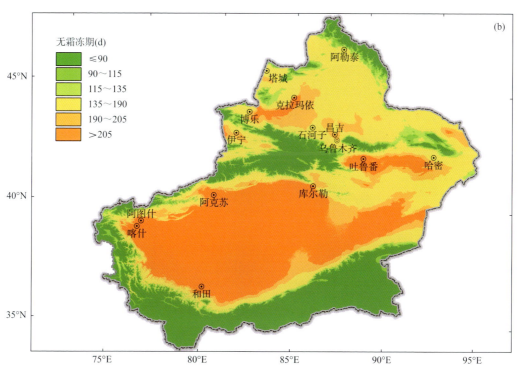

图 6.25 1961—1996 年(a)和 1997—2015 年(b)新疆无霜冻期的空间分布

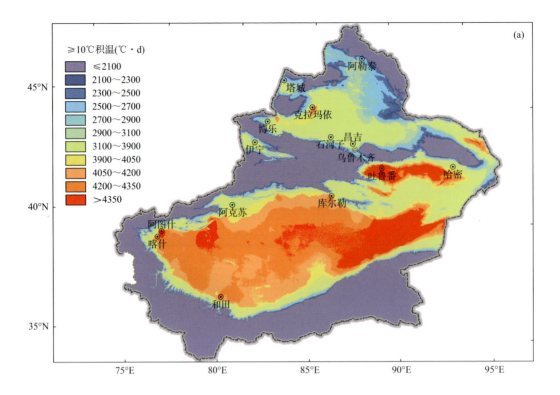

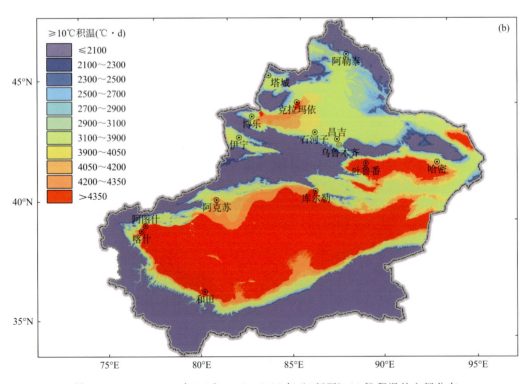

图 6.26　1961—1996 年(a)和 1997—2015 年(b)新疆≥10 ℃积温的空间分布

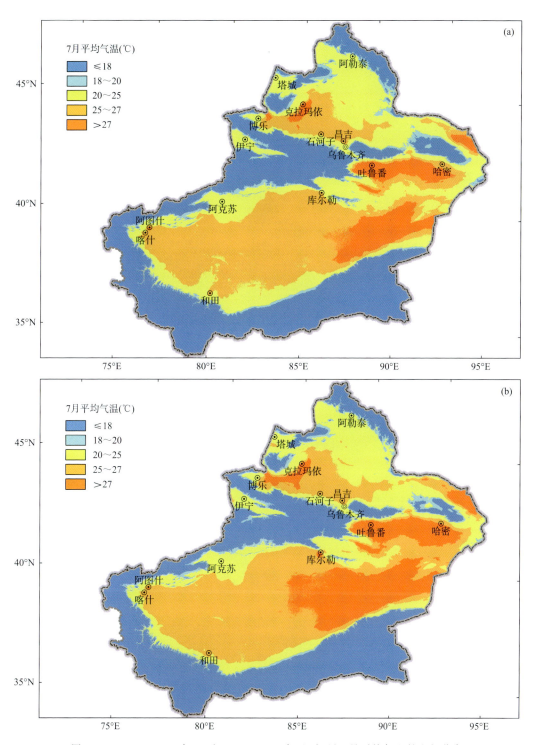

图 6.27　1961—1996 年(a)和 1997—2015 年(b)新疆 7 月平均气温的空间分布

(4)8 月平均气温

新疆 8 月平均气温的空间分布总体呈现"南疆高,北疆低;平原和盆地高,山区低"的特点(图 6.28)。以 8 月平均气温对复播夏玉米适宜程度分级的各级气温的分布情况来看,1997 年前,8 月平均气温 27.0 ℃以上的区域主要存在于吐哈盆地腹地,另在塔里木盆地东部的罗布泊地区也有零星分布; 25.0~27.0 ℃的区域主要在塔里木盆地东部和吐哈盆地部分地区,另在准噶尔盆地西南缘和哈密北部淖毛湖也有少量存在;北疆地区、南疆大部及吐哈盆地周边倾斜平原 20.0~25.0 ℃;准噶尔盆地周边山前倾斜平原和丘陵地带以及塔里木盆地周边低山、丘陵地带 18.0~20.0 ℃;阿尔泰山、天山以及昆仑山区低于 18.0 ℃(图 6.28a)。

1997 年后较其之前,8 月平均气温≥27.0 ℃的区域在塔里木盆地东部和吐哈盆地均有所扩大,另在哈密北部的淖毛湖戈壁地区也有零星出现;25.0～27.0 ℃区域在塔里木盆地、吐哈密盆地以及准噶尔盆地西南缘均不同程度地扩大;20.0～25.0 ℃的区域,在南疆的塔里木盆地受 25.0～27.0 ℃区域扩大的"挤压"而有所减小,但北疆 20.0～25.0 ℃的区域则明显向北扩张;18.0～20.0 ℃及＜18.0 ℃的区域向高海拔地区抬升并压缩,平均抬升约 50～80 m(图 6.28b)。

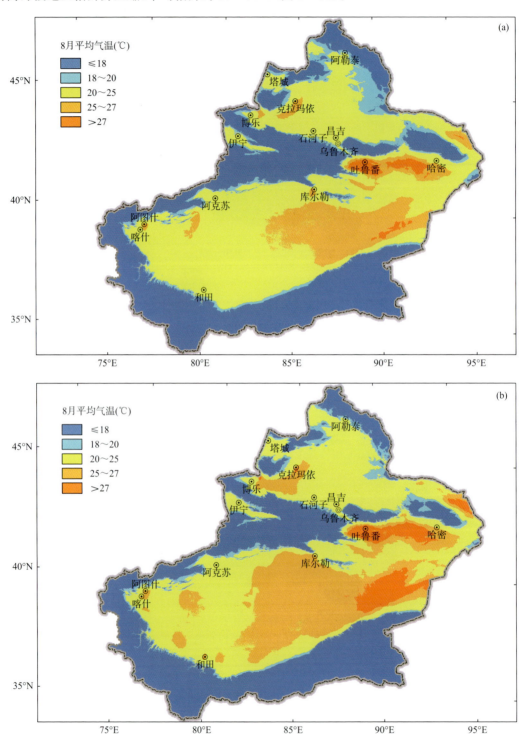

图 6.28　1961—1996 年(a)和 1997—2015 年(b)新疆 8 月平均气温的空间分布

(5)7 月最高气温≥35 ℃日数

新疆 7 月最高气温≥35 ℃日数的空间分布总体呈现"东部多,西部少;盆地多,山区少"的特点(图

6.29)。以对春玉米吐丝开花期影响程度分级的各级 7 月最高气温≥35 ℃日数的分布情况来看,1997 年前,7 月最高气温≥35 ℃日数 20 d 以上的区域仅存在于吐哈盆地腹地;10～20 d 的区域主要分布在 塔里木盆地东部、吐哈盆地大部,另在准噶尔盆地西南缘、哈密地区北部的淖毛湖荒漠戈壁地带以及塔 里木盆地西北部也有少量存在;全疆其余地区均在 10 d 以下(图 6.29a)。

1997 年后较其之前,吐哈盆地 7 月最高气温≥35 ℃日数 20 d 以上的区域有所扩大,与此同时,塔 里木盆地东部的罗布泊荒漠戈壁地区也新增了较大面积的该高温区,另在淖毛湖荒漠戈壁地带也有少 量出现;10～20 d 的区域在南疆的塔里木盆地东部和东疆的吐哈盆地明显扩大,但北疆地区变化不明 显;10 d 以下的区域在南疆明显缩小,北疆变化不大(图 6.29b)。

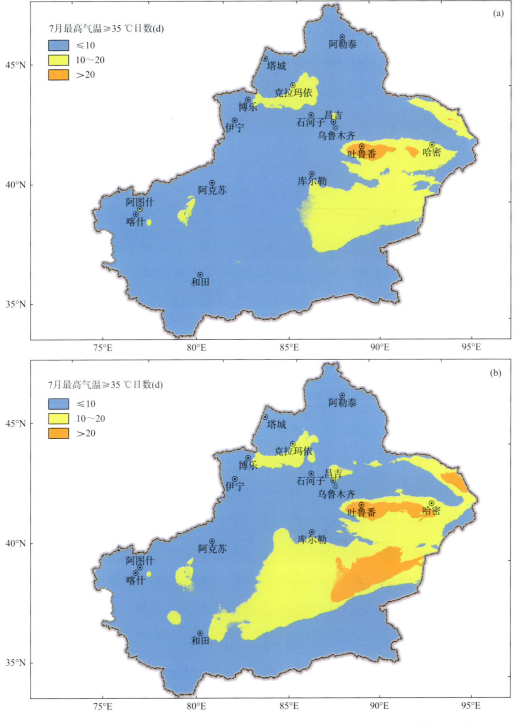

图 6.29　1961—1996 年(a)和 1997—2015 年(b)新疆 7 月最高气温≥35 ℃日数的空间分布

(6)8月最高气温≥35 ℃日数

新疆8月最高气温≥35 ℃日数的空间分布总体呈现"东部多，西部少；盆地多，山区少"的特点（图6.30）。以对夏玉米吐丝开花期影响程度分级的各级8月最高气温≥35 ℃日数的分布情况来看，1997年前，8月最高气温≥35 ℃日数20 d以上的区域仅存在于吐鲁番盆地腹地；10～20 d的区域主要分布在塔里木盆地东部、吐哈盆地大部，另在哈密地区北部的淖毛湖荒漠戈壁地带也有少量存在；全疆其余地区在10 d以下（图6.30a）。

1997年后较其之前，8月最高气温≥35 ℃日数在20 d以上的区域在吐哈盆地略有扩大；10～20 d的区域在塔里木盆地东部、吐哈盆地明显扩大；10 d以下的区域在南疆有所减小，北疆变化不大（图6.30b）。

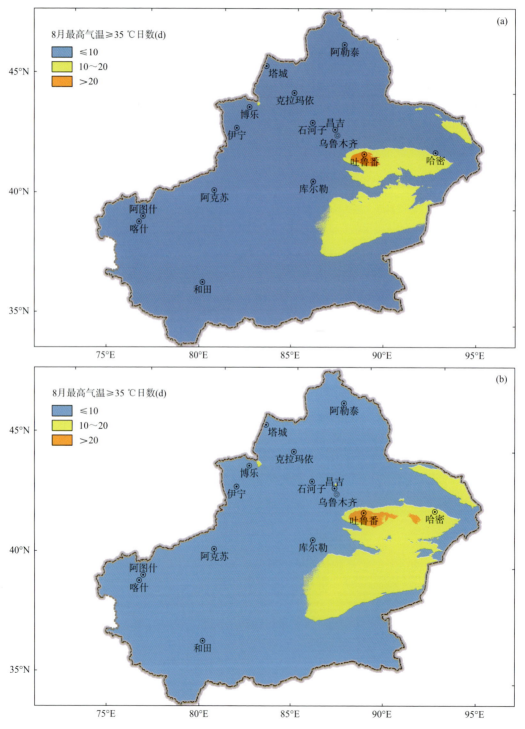

图 6.30　1961—1996 年(a)和 1997—2015 年(b)新疆 8 月最高气温≥35 ℃日数的空间分布

6.2.5 玉米种植气候适宜性区划及其变化

图 6.31 给出了综合考虑 1997 年前、后无霜冻期、日平均气温≥10 ℃积温、7 月和 8 月平均气温以及 7 月和 8 月最高气温≥35 ℃日数变化的新疆玉米种植气候区划。从中可以看出,新疆可划分为早熟、中熟、晚熟春玉米种植区和复播早熟、中熟夏玉米种植区以及玉米不宜种植区 6 个大区。若再考虑玉米成熟期热量或温度条件以及吐丝开花期高温的影响,各熟型玉米种植区又可分为适宜区和次适宜区 2 个亚区,这样,新疆玉米种植气候区划共划分为 11 个亚区。以下对各分区的变化情况进行分析及评述。

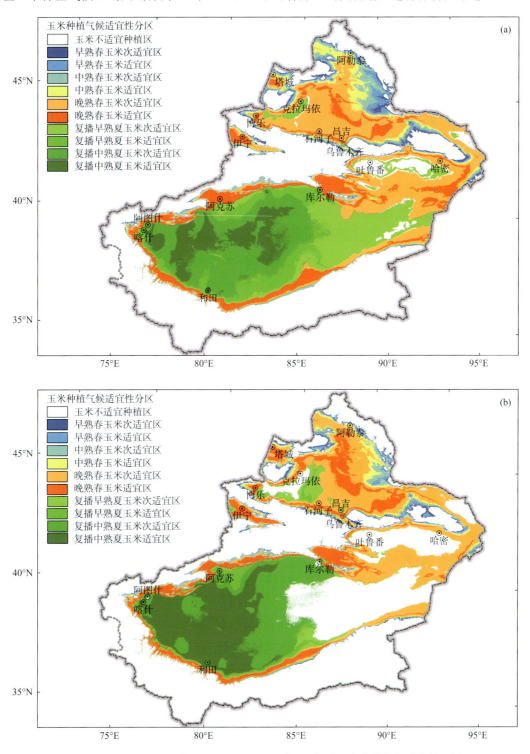

图 6.31 1961—1996 年(a)和 1997—2012 年(b)新疆玉米种植气候适宜性区划

(1)早熟春玉米种植区

①适宜区

新疆早熟春玉米气候适宜区主要分布在北疆准噶尔盆地周边及伊犁河谷的低山、丘陵地带,本区日平均气温≥10 ℃积温 2300～2500 ℃·d,无霜冻期 135～145 d,7 月平均气温在 20 ℃以上,热量条件能够满足早熟品种玉米的正常成熟,但该亚区面积较小。1997 年前,该区的海拔高度范围约 1150～1300 m,面积只有 2.57×10⁴ km²,占新疆总面积的 1.54%(图 6.31a)。1997 年后,受气候变暖、中熟春玉米种植区向高纬度、高海拔抬升的影响,早熟春玉米气候适宜区受到明显"挤压",海拔高度普遍抬升了 180 m 左右(图 6.31b),面积和占比分别减至 1.54×10⁴ km² 和 0.92%,较 1997 年前减少了 1.03×10⁴ km² 和 0.62 个百分点(表 6.14)。

②次适宜区

新疆早熟春玉米次适宜区主要分布在适宜区外围、海拔高度较适宜区高 150 m 左右的准噶尔盆地周边及伊犁河谷的低山带,本区是新疆热量资源最少的玉米种植区,日平均气温≥10 ℃积温 2100～2300 ℃·d,无霜冻期 125～135 d 左右,7 月平均气温在 18～20 ℃,能基本满足早熟玉米的种植,但成熟期有遭受一定低温危害的风险。1997 年前,该区的海拔高度范围约 1300～1450 m,面积只有 3.40×10⁴ km²,占新疆总面积的 2.04%(图 6.31a)。1997 年后,受气候变暖的影响,其分布区域抬升了 170 m 左右(图 6.31b),面积和占比分别减至 2.84×10⁴ km² 和 1.70%,较 1997 年前减少了 0.56×10⁴ km² 和 0.34 个百分点(表 6.14)。

表 6.14　1997 年前后新疆不同种植制度各熟型玉米气候适宜性分区面积的变化

分区 \ 类型		早熟春玉米		中熟春玉米		晚熟春玉米		早熟夏玉米		中熟夏玉米		不宜种植区
		次适宜区	适宜区	次适宜区	适宜区	次适宜区	适宜区	次适宜区	适宜区	次适宜区	适宜区	
1997年前	面积(km²)	33950	25664	61312	50409	267815	137439	151318	72806	159754	85103	619330
	占比(%)	2.04	1.54	3.68	3.03	16.09	8.26	9.09	4.37	9.60	5.11	37.20
1997年后	面积(km²)	28377	15397	47066	37131	242155	138297	106898	26744	229467	164870	628498
	占比(%)	1.70	0.92	2.83	2.23	14.54	8.31	6.42	1.61	13.78	9.90	37.75
1997年前后变化量	面积(km²)	−5573	−10267	−14246	−13278	−25660	858	−44420	−46062	69713	79767	9168
	占比(%)	−0.34	−0.62	−0.85	−0.80	−1.55	0.05	−2.67	−2.76	4.18	4.79	0.55

(2)中熟春玉米种植区

①适宜区

新疆中熟春玉米气候适宜区主要分布在北疆准噶尔盆地周边及伊犁河谷的山前倾斜平原地带,本区日平均气温≥10 ℃积温 2700～2900 ℃·d,无霜冻期 145～155 d,7 月平均气温 21～23 ℃,7 月最高气温≥35 ℃日数在 4 d 以下,热量条件能够满足中熟品种玉米的种植,是新疆玉米单产较高的地区。1997 年前,该区在准噶尔盆地周边及伊犁河谷分布的海拔高度范围约 850～1000 m,面积 5.04×10⁴ km²,占新疆总面积的 3.03%(图 6.31a)。受气候变暖的影响,1997 年后,其分布区域向高海拔抬升了 200 m 左右(图 6.31b),面积和占比分别减至 3.71×10⁴ km² 和 2.23%,较 1997 年前减少了 1.33×10⁴ km² 和 0.80 个百分点(表 6.14)。

②次适宜区

新疆中熟春玉米次适宜区主要分布在适宜区外围海拔高度较适宜区高 150 m 左右的准噶尔盆地周边及伊犁河谷的低山、丘陵地带,本区日平均气温≥10 ℃积温 2500～2700 ℃·d,无霜冻期 140～150 d,7 月平均气温在 21～22 ℃,气候条件能基本满足中熟品种玉米的种植,但成熟期有一定低温危害的风险。1997 年前,该区的海拔高度范围约 1000～1150 m(图 6.31a),面积 6.13×10⁴ km²,占新疆总面积的 3.68%;1997 年后其分布区域抬升了 180 m 左右(图 6.31b),面积和占比分别减至 4.71×10⁴ km² 和 2.83%,较 1997 年前减少了 1.42×10⁴ km² 和 0.85 个百分点(表 6.14)。

（3）晚熟春玉米种植区

①适宜区

1997年前,新疆晚熟春玉米气候适宜区主要在北疆准噶尔盆海拔500~750 m,南疆塔里木盆地北部海拔1100~1500 m、南部1500~1800 m的带状区域以及伊犁河谷海拔800 m以下的区域内(图6.31a),本区日平均气温≥10 ℃积温3100~3900 ℃·d,无霜冻期165~195 d,7月平均气温23~25 ℃,7月最高气温≥35 ℃日数在7 d以下,热量条件能够满足晚熟品种玉米的种植,是新疆玉米单产最高的地区,面积1.37×10⁵ km²,占新疆总面积的8.26%(表6.14)。

1997年后较其之前,北疆准噶尔盆地及伊犁河谷的晚熟春玉米气候适宜区海拔下限变化不大,但海拔上限抬升了190 m左右,该区域的北部也明显向北扩展,其面积较1997年前有所扩大。在南疆,晚熟春玉米气候适宜区的海拔上限较1997年前抬升了70~140 m,其下限受复播夏玉米次适宜区扩大、海拔上限升高的影响,抬升了150~200 m,因此南疆的晚熟春玉米气候适宜区面积有所减小(图6.31b)。综合南、北疆的变化,1997年后新疆晚熟春玉米气候适宜区面积为1.38×10⁵ km²,占新疆总面积的8.31%,较1997年前增大了858 km²,占比增大0.05个百分点(表6.14)。

②次适宜区

晚熟春玉米次适宜区是新疆面积最大的玉米种植亚区。在北疆,以环状的晚熟春玉米适宜区为界,晚熟春玉米次适宜区分为两个片区:(a)由适宜区包围的准噶尔盆地大部。该区热量条件较丰富,日平均气温≥10 ℃积温3100~3900 ℃·d,无霜冻期165~195 d,但7月平均气温25~27 ℃,高于玉米吐丝、开花期的适宜温度,对玉米授粉有一定影响;(b)适宜区外的"环状"区域。该区无霜冻期135~155 d,7月平均气温20~25 ℃且≥35 ℃日数在7 d以下,但≥10 ℃积温不及适宜区,为2900~3100 ℃·d,玉米成熟期会受到一定低温影响。在南疆,晚熟春玉米次适宜区也有两个片区:(a)晚熟春玉米适宜区外围,海拔高度较适宜区高100 m左右的带状区域内。该区无霜冻期135~165 d,7月最高气温≥35 ℃日数在7 d以下,但日平均气温≥10 ℃积温较少,为2900~3100 ℃·d,7月平均气温较低,在18~20 ℃,因此,成熟期和吐丝、开花期会受到一定的低温影响;(b)塔里木盆地东部边缘地带。该区无霜冻期165~190 d,日平均气温≥10 ℃积温在4000 ℃·d以上,但7月平均气温较高,为25~27 ℃,7月最高气温≥35 ℃日数在10~20 d,对玉米吐丝和开花授粉会造成一定的高温危害,因此,也属于晚熟春玉米次适宜区(图6.31)。

1997年前,该区面积2.68×10⁵ km²,占新疆总面积的16.09%。1997年后,北疆准噶尔盆地日平均气温≥10 ℃积温明显增多的同时,7月平均气温也有所升高,盆地中部玉米吐丝、开花期遭受高温的风险加大,加之受晚熟春玉米适宜区扩大的"挤压",晚熟春玉米次适宜区面积和占比分别减至2.42×10⁵ km²和14.54%,较1997年前减少了2.57×10⁴ km²和1.55个百分点(表6.14)。

（4）复播早熟夏玉米种植区

①适宜区

1997年前,新疆复播早熟夏玉米气候适宜区主要分布在南疆塔里木盆地北部海拔950~1150 m、南部1150~1350 m的带状区域内(图6.31a),本区日平均气温≥10 ℃积温4050~4200 ℃·d,无霜冻期205~215 d,8月平均气温20~25 ℃,8月最高气温≥35 ℃日数在5 d以下,热量条件能够满足复播早熟夏玉米的种植,面积7.28×10⁴ km²,占新疆总面积的4.37%。

1997年后较其之前,塔里木盆地的复播早熟夏玉米气候适宜区海拔上限普遍抬升了70~150 m,但下限受复播中熟夏玉米次适宜区扩大的挤压,抬升了约200 m(图6.31b),受其综合影响该区面积降至2.67×10⁴ km²,占比减小到1.61%,较1997年前减小了4.61×10⁴ km²和2.76个百分点(表6.14)。

②次适宜区

1997年前,新疆复播早熟夏玉米气候次适宜区主要分布在南疆塔里木盆地北部海拔1150~1250 m、南部1250~1450 m的带状区域内,另在准噶尔盆地西南缘和东疆的吐哈盆地周边低山、丘陵地带也有少量分布(图6.31a),本区日平均气温≥10 ℃积温3900~4050 ℃·d,无霜冻期205~215 d,8月平均气温20~26 ℃,8月最高气温≥35 ℃日数在8~20 d,热量条件能基本满足复播早熟夏玉米的种植,但成熟期热量稍嫌不足,部分地区玉米花期有一定的高温影响。面积 1.51×10^5 km²,占新疆总面积的 9.09%。

1997 年后较其之前,塔里木盆地的复播早熟夏玉米气候次适宜区海拔上限普遍升高了 60~130 m,下限受复播早熟夏玉米适宜区抬升的挤压,升高了约 180 m,加之塔里木盆地东部 8 月平均气温 ≥27 ℃ 的区域增大,夏玉米不适宜种植区扩大,因此,南疆的复播早熟夏玉米气候次适宜区面积明显减小。但准噶尔盆地西南缘和吐哈盆地周边低山、丘陵地带的复播早熟夏玉米气候次适宜区却有所扩大(图 6.31b)。受上述变化的综合影响 1997 年后新疆复播早熟夏玉米气候次适宜区面积降至 1.07×10^5 km²,占比减小到 6.42%,较 1997 年前减小了 4.44×10^4 km² 和 2.67 个百分点(表 6.14)。

(5)复播中熟夏玉米种植区

①适宜区

1997 年前,新疆复播中熟夏玉米气候适宜区主要分布在南疆塔里木盆地中西部自北向南海拔 850~1300 m 以下的若干片状区域内(图 6.31a),本区日平均气温 ≥10 ℃ 积温 4050 ℃·d 以上,无霜冻期 215 d 以上,8 月平均气温 20~25 ℃,8 月最高气温 ≥35 ℃ 日数在 7 d 以下,热量条件能够满足复播中熟夏玉米的种植,其面积 8.51×10^4 km²,占新疆总面积的 5.11%。

1997 年后较其之前,因气候变暖,复播中熟夏玉米气候适宜区海拔上限抬升了约 70~150 m,分布区域明显向盆地西部集中(图 6.31b),面积扩大至 1.65×10^5 km²,占比增大到 9.90%,较 1997 年前增大了 7.98×10^4 km² 和 4.79 个百分点(表 6.14)。

②次适宜区

1997 年前,新疆复播中熟夏玉米气候次适宜区主要分布在南疆塔里木盆地中西部自北向南海拔 950~1400 m 以下的广大区域内(图 6.31a),本区日平均气温 ≥10 ℃ 积温 3900~4050 ℃·d 以上,无霜冻期 215 d 以上,8 月平均气温 20~27 ℃,该区大部 8 月最高气温 ≥35 ℃ 日数在 10 d 以下,东部地区 10~20 d,热量条件能基本满足复播中熟夏玉米的种植,但成熟期热量稍嫌不足,而塔里木盆地东部中熟夏玉米区花期温度高于适宜范围,有一定的高温热害影响。面积 1.60×10^5 km²,占新疆总面积的 9.60%。

1997 年后较其之前,塔里木盆地复播中熟夏玉米气候次适宜区海拔上限抬升了约 80~150 m,分布区域明显扩大,另在北疆的准噶尔盆地西南缘精河至克拉玛依一线也出现了少量的复播中熟夏玉米气候次适宜区(图 6.31b),全疆该区面积扩大至 2.29×10^5 km²,占比增大到 13.78%,较 1997 年前增大了 6.97×10^4 km² 和 4.18 个百分点(表 6.14)。

(6)玉米不适宜种植区

新疆玉米不适宜种植区由两部分组成,一是阿尔泰山区以及天山、昆仑山的中高山带等气候冷凉区,该区日平均气温 ≥10 ℃ 积温在 2100 ℃·d 以下,无霜冻期一般不足 100 d,7 月平均气温在 ≤18 ℃,热量条件不能满足玉米的种植。二是吐哈盆地、塔里木盆地东部及哈密地区北部淖毛湖荒漠戈壁地带等夏季高温炎热地区,该区是新疆热量资源最丰富的地区,但 8 月平均气温 27~31 ℃,8 月最高气温 ≥35 ℃ 日数 20~28 d,玉米吐丝、开花期高温热害严重,授粉严重受阻,玉米产量很低,因此也属于玉米不宜种植区(图 6.31)。1997 年前新疆玉米不适宜种植区面积为 6.19×10^5 km²,占新疆总面积的 37.2%。1997 年后,随着气候的变暖,虽然气候冷凉的山区玉米不适宜区略有减小,但吐哈盆地及塔里木盆地东部夏季气候炎热区却因 7—8 月平均气温 >27 ℃ 的区域以及月最高气温 ≥35 ℃ 日数多于 20 d 的区域明显扩大的缘故,玉米不适宜种植区的面积略增至 6.28×10^5 km²,占比为 37.75%,较 1997 年前增大了 0.92×10^4 km²,增大 0.55 个百分点(表 6.14)。

6.2.6 新疆玉米种植适应气候变化的对策措施

过去的 50 多年,尤其是 1997 年以来新疆气候明显变暖,对玉米种植和生产既有有利的方面,也有不利的影响。

（1）有利方面

①气候变暖，热量资源增多，因热量不足而不适宜种植玉米的区域（主要在山区）减小，可种植区扩大；

②气候变暖，对一年一熟春玉米种植区来说，玉米品种可向生育期更长、生产潜力更大的晚熟品种方向转变，利于增产；与此同时，热量增多，将使复种指数提高，两年三熟和一年两熟种植区增大，复播玉米种植区扩大，对提高农作物产量有利。

（2）不利方面

①对夏季气候炎热的玉米产区而言，玉米吐丝、授粉期高温、干热风危害趋于严重，将造成玉米秃尖、秃穗率增多，穗粒数和粒重降低，对提高产量不利。

②气温升高将导致玉米螟、玉米叶螨、玉米蚜虫和棉铃虫等病虫害越冬基数及繁殖世代数增加，对玉米生产的危害趋于加重。

（3）对策措施

针对上述影响，各地应采取趋利避害的对策措施积极应对。

①根据各地气候及其变化特点，调整玉米种植制度和品种熟型。在种植区域上，应扩大气候适宜区玉米种植的面积，减少次适宜区的种植；在品种熟型和种植制度上，气候变暖、热量资源增多，一年一熟春玉米种植区可选用生育期更长、生产潜力更大的品种，以提高产量。与此同时，气候变暖，使农业的两年三熟和一年两熟种植区增大，因此，应适时确定与之相适应的复播夏玉米品种熟型和栽培管理技术，增大复播夏玉米在新疆玉米生产中的比率，提高复种指数，促进玉米生产的发展。

②适当提早春玉米播种期，以提高对光、热农业气候资源的利用，与 1961—1996 年平均相比，1997—2015 年全疆平均春玉米播种期可提早 5～10 d。

③培育或引进推广抗逆性强、高产优质的玉米品种，加强对各类玉米病虫害的防治。

6.3　气候变化对粮食作物种植制度的影响

种植制度是指与农业资源、生产条件相适应的农作物组成、配置、熟制和种植方式的综合技术体系，其发展受制于气候、地形、土壤、生产条件、科学技术水平以及经济效益等因素，其中，农业气候资源是农业种植制度形成的充分条件。

新疆地域辽阔、地形复杂，阿尔泰山、天山、昆仑山与准噶尔盆地、塔里木盆地相间分布的"三山夹两盆"的特殊地貌，使得新疆的农业气候资源（尤其是热量资源）不仅具有随纬度和经度而变化的水平地带性，而且更体现出随海拔高度变化的垂直地带性特点，因此，新疆气候的区域性差异十分明显。丰富多样的气候为各种品种熟型的农作物的种植及多种形式农业种植制度的形成和发展创造了条件。由于光照充足，农作物种植对水分条件的需求可通过灌溉得到有效保障，因此，热量条件成为影响新疆农业种植制度和作物布局的主要气候因素。小麦和玉米是新疆主要农作物，在保证新疆粮食安全以及促进社会经济持续稳定发展中具有举足轻重的地位，近 20 多年，新疆小麦和玉米的种植面积分别约占全疆粮食总种植面积的 50% 和 36%。另外，小麦和玉米也是形成新疆各种熟制农业种植制度的最主要的作物构成，在轮作倒茬、提高农业复种指数、增加农产品产量方面产生重要作用，因此，以不同品种熟型的小麦和玉米在不同的种植制度下对热量条件的需求为气候指标，研究分析气候变暖背景下新疆粮食作物种植制度的变化，以期为适应气候变化，科学调整农业种植结构和粮食作物品种布局，高效利用农业气候资源，促进新疆农业的持续稳定发展和粮食安全保障提供参考依据。

6.3.1　粮食作物种植制度气候指标

新疆不同品种熟型的小麦和玉米从播种至成熟对热量条件的需求各异（表 6.15）。在多熟制情况下，若将前茬作物收获后至后茬作物播种期间的农耗统一按 4 d，日平均气温≥10 ℃积温 100 ℃·d 计算，除阿尔泰山、天山和昆仑山的高海拔区域因热量条件严重匮乏，为非农业区外，新疆其余大部的热量条件可分别满足小麦、玉米"一年一熟"、"两年三熟"和"一年两熟"种植制度的需求(徐德源,1989)。由于同一熟制种植区内热量条件也有一定的差异,对作物品种熟型的选择有影响,因此各熟制种植区又可分为若干个亚区,划分标准见表6.16。

表 6.15 新疆不同品种熟型小麦、玉米对热量条件的要求

作物	指标	早熟	中熟	晚熟
春小麦	生育期(d)	80~100	100~120	120~130
	≥10 ℃积温(℃·d)	1700~2000	2000~2300	2300~2500
冬小麦	生育期(d)	80~100	100~120	120~130
	≥10 ℃积温(℃·d)	1800~2100	2100~2400	2400~2700
春玉米	生育期(d)	90~115	115~130	130~160
	≥10 ℃积温(℃·d)	2100~2500	2500~2900	2900~3500
夏玉米	生育期(d)	90~100	100~115	115~130
	≥10 ℃积温(℃·d)	2000~2300	2300~2600	2600~3100

表 6.16 不同品种熟型小麦、玉米组合搭配的种植制度农业气候指标

种植制度区	亚区	≥10 ℃积温(℃·d)	无霜冻(d)	种植模式及作物品种搭配
非农业区		<1700	<80	牧区或冰冻区,不可种植农作物
一年一熟区	Ⅰ	1700~2100	80~100	早中熟春小麦,早熟冬小麦
	Ⅱ	2100~2500	100~120	中晚熟春小麦,中熟冬小麦,早熟春玉米
	Ⅲ	2500~3000	120~140	中熟春玉米,晚熟冬(春)小麦
	Ⅳ	3000~3800	140~170	晚熟春玉米
二年三熟区	Ⅰ	3800~4100	170~190	早中熟春玉米—早熟冬小麦—早熟夏玉米
	Ⅱ	4100~4400	190~210	中熟春玉米—早熟冬小麦—早中熟夏玉米
一年二熟区	Ⅰ	4400~4700	210~230	早熟冬(春)小麦—早熟夏玉米
	Ⅱ	≥4700	≥230	早中熟冬(春)麦—中熟夏玉米

6.3.2 指标因子变化趋势

(1)日平均气温≥10 ℃积温

1961—2015 年,新疆≥10 ℃积温总体以 64.660 ℃·d·(10 a)$^{-1}$的倾向率呈显著($P=0.001$)的增多趋势(图 6.32),55 a 来增多了 355.6 ℃·d。累积距平和 t 检验表明(表 6.17),近 55 a 新疆日平均气温≥10 ℃积温于 1997 年发生了突变,突变后较突变前全疆平均日平均气温≥10 ℃积温增多了259.4 ℃·d。

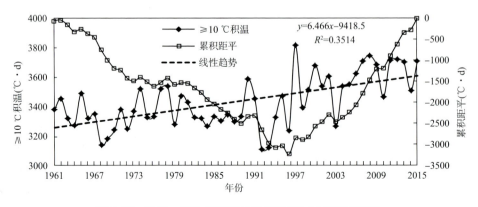

图 6.32 1961—2015 年新疆日平均气温≥10 ℃积温变化

表 6.17   新疆粮食作物种植制度指标因子突变点信度检验

气候要素	检测年份	n_1	n_2	$|t_0|$
≥10 ℃积温(℃·d)	1997	36	19	7.2451***
无霜冻期(d)	1997	36	19	7.0087***

n_1,n_2分别为检测点前后气候要素序列的样本数。*** 表示通过 $P=0.001$ 的显著性检验。

(2)无霜冻期

1961—2015 年,新疆无霜冻期总体以 3.607 d·(10 a)$^{-1}$ 的倾向率呈显著($P=0.001$)的延长趋势(图 6.33),55 a 来延长了 19.8 d。累积距平和 t 检验表明,近 55 a 新疆无霜冻期于 1997 年发生了突变,突变后较突变前全疆平均无霜冻期延长了 12.4 d。

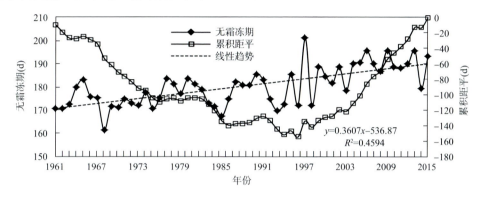

图 6.33   1961—2015 年新疆无霜冻期变化

6.3.3 指标因子空间分布及变化

以突变点 1997 年为时间节点,分析 1997 年前(1961—1996 年)、后(1997—2015 年)≥10 ℃积温、无霜冻期空间分布的差异。

(1)日平均气温≥10 ℃积温

新疆日平均气温≥10 ℃积温表现为"南疆多,北疆少;平原和盆地多,山区少"的空间分布格局。图 6.34 给出了根据不同种植制度下各品种熟型小麦、玉米不同种植组合对日平均气温≥10 ℃积温要求分级(表 6.16)的各级日平均气温≥10 ℃积温的空间分布情况,可以看出,1997 年前,日平均气温≥10 ℃积温多于 4700 ℃·d 的区域仅在吐哈盆地中部有少量存在;4400～4700 ℃·d 主要出现在塔里木盆地东北部的罗布泊低洼地带以及吐哈盆地腹地;塔里木盆地和吐哈盆地的大部为 4100～4400 ℃·d;塔里木盆地、吐哈盆地周边山前冲积平原以及准噶尔盆地西南缘局部为 3800～4100 ℃·d;准噶尔盆地大部,塔里木盆地和吐哈盆地周边山前倾斜平原、低山丘陵地带 3000～3800 ℃·d;准噶尔盆地周边山前冲积平原及塔里木盆地和吐哈盆地周边低山带 2500～3000 ℃·d;准噶尔盆地周边低山丘陵地带 1700～2500 ℃·d;各山体中高山带日平均气温≥10 ℃积温少于 1700 ℃·d(图 6.34a)。

1997 年后较其之前,全疆平均日平均气温≥10 ℃积温增多了 259.4 ℃·d,日平均气温≥10 ℃积温的空间分布格局也发生了较明显的变化,日平均气温≥10 ℃积温多于 4700 ℃·d 的区域,除在吐哈盆地有所扩大以外,塔里木盆地东北部罗布泊低洼地带也有一定规模的出现;4400～4700 ℃·d 的区域明显扩大并覆盖了塔里木盆地和吐哈盆地的大部;在塔里木盆地和吐哈盆地,4100～4400 ℃·d 区域的海拔上限抬升了 200～300 m,但该区域下部受 4400～4700 ℃·d 区域扩大的"挤压",面积明显减小。在北疆准噶尔盆地西南部海拔高度低于 450 m 的局部地区也出现了一定规模的 4100～4400 ℃·d 的区域;3800～4100 ℃·d 的区域,在北疆沿天山中西部明显东扩、北抬,面积有所扩大,在塔里木盆地和吐哈盆地则向高海拔压缩;全疆日平均气温≥10 ℃积温 3000～3800 ℃·d、2500～3000 ℃·d、2100～2500、1700～2100 及不足 1700 ℃·d 的区域普遍向高海拔抬升并压缩了 100～200 m(图 6.34b)。

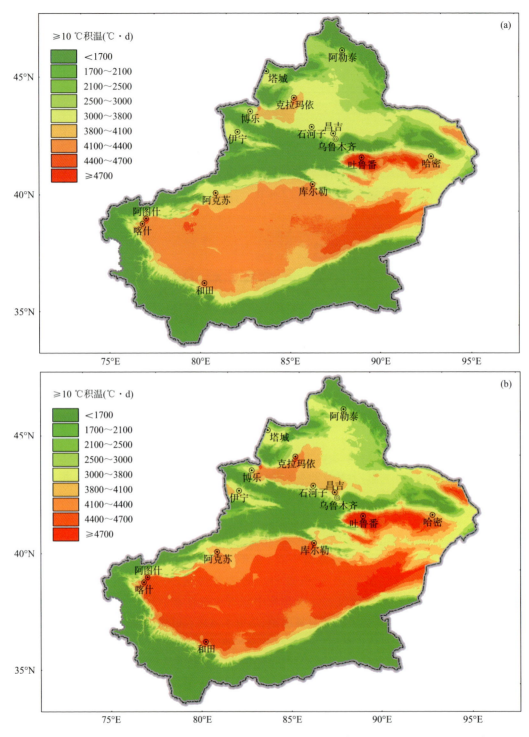

图 6.34　1961—1996 年(a)和 1997—2015 年(b)新疆日平均气温≥10 ℃积温的空间分布

（2）无霜冻期

新疆无霜冻期表现为"南疆长，北疆短；平原和盆地长，山区短"的空间分布格局（图 6.35）。以不同熟制下各品种熟型小麦、玉米的不同种植组合对无霜冻期要求分级（表 18.2）的各等级无霜冻的空间分布情况来看，1997 年前，无霜冻期多于 230 d 的区域仅在吐鲁番盆地中心地带有零星分布，210～230 d 的区域主要在塔里木盆地中西部和吐哈盆地腹地；塔里木盆地和吐哈盆地的大部以及准噶尔盆地西南缘局部为 190～210 d；北疆沿天山大部、伊犁河谷、塔里木盆地和吐哈盆地周边山前倾斜平原为 170～190 d；北疆北部、准噶尔盆地周边山前冲积平原、塔里木盆地和吐哈盆地周边低山丘陵地带 140～170 d；准噶尔盆地周边山前倾斜平原和丘陵地带及塔里木盆地周边低山带 100～140 d，阿尔泰山和天山北坡低山带及天山南坡和昆仑山中低山带 80～100 d；各山体中、高山带一般少于 80 d（图 6.35a）。

1997 年后，全疆平均无霜冻期延长了 12.4 d，无霜冻期多于 230 d 的区域除在吐哈盆地有所扩大外，塔里木盆地西南部也有规模性的出现；210～230 d 的区域明显扩大并覆盖了塔里木盆地大部和吐哈盆地的中部；190～210 d 的区域，在北疆沿天山中西部明显扩大，但在塔里木盆地和吐哈盆地因受 210～230 d 区域扩大的"挤压"，其面积明显减小；170～190 d 的区域，在北疆沿天山明显东扩、北抬，面积有所扩大，在塔里木盆地和吐哈盆地则向高海拔压缩；140～170 d 及 120～140 d 的区域，在北疆不同程度地向高纬度、高海拔压缩，南疆和东疆向高海拔抬升并压缩；阿尔泰山、天山和昆仑山区无霜冻期不足 120 d 的各区域普遍向高海拔抬升并压缩了 150～250 m（图 6.35b）。

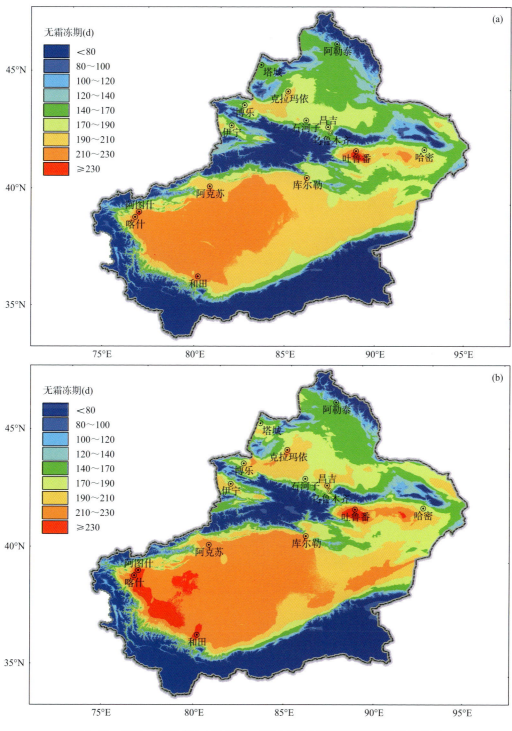

图 6.35　1961—1996 年(a)和 1997—2015 年(b)新疆无霜冻期的空间分布

6.3.4 粮食作物种植制度区划及其变化

图 6.36 给出了综合考虑 1997 年前、后日平均气温≥10 ℃积温、无霜冻期变化的新疆粮食作物种植制度气候区划。可以看出,新疆粮食作物种植制度总体可划分为"一年一熟""两年三熟"和"一年两熟"气候区以及非农业区。当再考虑同一熟制气候区内因热量条件的差异对作物品种熟型选择的可能影响时,各熟区又可分为若干个亚区,其中,"一年一熟"区分为四个亚区,"两年三熟"和"一年两熟"区各分两个亚区,这样,新疆粮食作物种植制度气候区划共划分为 9 个亚区。以下对各分区的变化情况进行分析及评述。

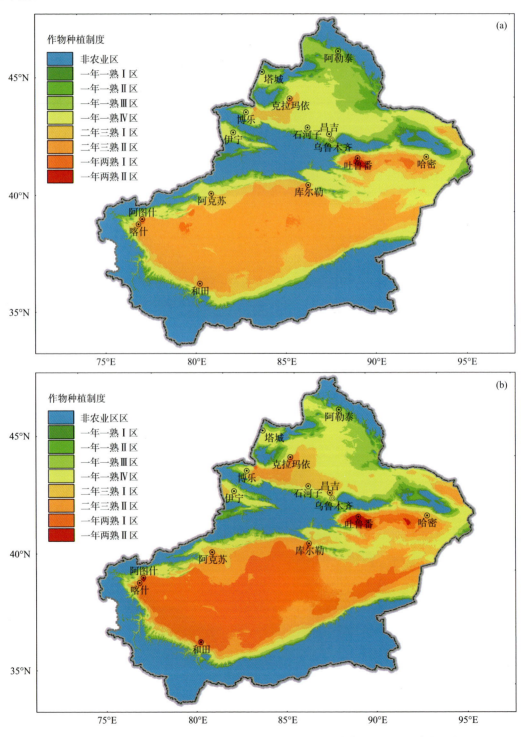

图 6.36 1961—1996 年(a)和 1997—2012 年(b)新疆粮食作物种植制度气候区划

（1）"一年一熟"种植区

北疆大部以及南疆塔里木盆地和吐哈盆地周边的中低山带因纬度或海拔较高的原因,热量资源相对较少,粮食作物只能实行"一年一熟"的种植制度（图 6.36）。1997 年前"一年一熟"种植区面积 5.83×10^5 km²,占新疆总面积的 35.0%;1997 年后,该区面积降至 4.98×10^5 km²,占比减小到 29.9%,较 1997 年前减小 8.51×10^4 km²、5.1 个百分点（表 6.18）。"一年一熟"粮食作物种植区地域辽阔,依热量条件的差异及其可种植作物品种熟型的选择,可分为 4 个亚区。

表 6.18 1997 年前后新疆粮食作物种植制度各分区面积的变化

种植制度区	亚区	1961—1996 年		1997—2015 年		1997 年前后变化量	
		面积（km²）	占比百分率（%）	面积（km²）	占比百分率（%）	面积（km²）	占比百分率/%
一年一熟	I	582643 / 57111	35.0 / 3.4	497591 / 50442	29.9 / 3.0	−85052 / −6669	−5.1 / −0.4
	II	77586	4.7	61975	3.7	−15611	−1.0
	III	148753	8.9	116721	7.0	−32032	−1.9
	IV	299193	18.0	268452	16.1	−30741	−1.9
二年三熟	I	561471 / 144387	33.7 / 8.7	359779 / 135285	21.6 / 8.1	−201692 / −9102	−12.1 / −0.6
	II	417084	25.1	224494	13.5	−192590	−11.6
一年两熟	I	14864 / 12761	0.9 / 0.8	328232 / 321335	19.7 / 19.3	313368 / 308574	18.8 / 18.5
	II	2103	0.1	6897	0.4	4794	0.3
非农业区		505922 / 505922	30.4 / 30.4	479298 / 479298	28.8 / 28.8	−26624 / −26624	−1.6 / −1.6

①"一年一熟"Ⅰ区

"一年一熟"Ⅰ区是新疆热量资源最少的农业区,日平均气温≥10 ℃积温只有 1700～2100 ℃·d,无霜冻期 80～100 d,热量条件仅能满足一季早中熟春小麦或早熟冬小麦的种植。1997 年前,该区主要分布在北疆北部海拔 1200～1600 m、北疆南部 1600～1800 m,南疆北部和吐哈盆地海拔 1800～2200 m、南疆南部 2200～2700 m 的中低山带（图 6.36a）,面积 5.71×10^4 km²,占新疆总面积的 3.4%（表 6.18）。受气候变暖的影响,1997 年后,该亚区总体向高海拔抬升了 50～200 m（图 6.36b）,由于其海拔下限抬升幅度略大于海拔上限,因此分布区域受到"压缩",面积降至 5.04×10^4 km²,占比减小到 3.0%,较 1997 年前减小 6.67×10^3 km²、0.4 个百分点（表 6.18）。

②"一年一熟"Ⅱ区

新疆粮食作物"一年一熟"Ⅱ区热量条件稍优于Ⅰ区,日平均气温≥10 ℃积温 2100～2500 ℃·d,无霜冻期 100～120 d,可满足一季中晚熟春小麦、中熟冬小麦或早熟春玉米的种植。1997 年前该区域主要分布在海拔上限与"一年一熟"Ⅰ区紧邻,海拔下限约为:北疆北部 800～1000 m、南部 1000～1250 m,南疆北部和吐哈盆地 1650～2000 m,南疆南部 2000～2300 m 的低山、丘陵区域内（图 6.36a）,面积 7.76×10^4 km²,占新疆总面积的 4.7%。1997 年后,该种植亚区总体向高海拔抬升了 100～200 m（图 6.36b）,面积降至 6.20×10^4 km²,占比减小到 3.7%,较 1997 年前减小 1.56×10^4 km²、1.0 个百分点（表 6.18）。

③"一年一熟"Ⅲ区

新疆粮食作物"一年一熟"Ⅲ区主要分布在北疆北部的山前冲积平原、天山北麓丘陵地带以及塔里木盆地、吐哈盆地周边的低山、丘陵地带。该亚区日平均气温≥10 ℃积温 2500～3000 ℃·d,无霜冻期 120～140 d,热量条件可满足一季中熟春玉米或一季晚熟冬（春）小麦的种植。其海拔上限与"一年一熟"Ⅱ区紧邻,海拔下限:1997 年前,北疆北部约为 450～700 m、南部 700～900 m,南疆北部和吐哈盆地 1450～1700 m、南疆南部 1700～2000 m（图 6.36a）,面积 1.49×10^5 km²,占新疆总面积的 8.9%;1997 年后,该种植亚区总体向高海拔抬升了 100～250 m（图 6.36b）,面积降至 1.17×10^5 km²,占比减小到 7.0%,较 1997 年前减小 3.20×10^4 km²、1.9 个百分点（表 6.18）。

④"一年一熟"Ⅳ区

准噶尔盆地大部、塔里木盆地和吐哈盆地周边山前倾斜平原及丘陵地带为新疆粮食作物"一年一熟"Ⅳ区,该亚区日平均气温≥10 ℃积温 3000～3800 ℃·d,无霜冻期 140～170 d,热量条件能满足一季中晚熟春玉米的种植。其海拔上限与"一年一熟"Ⅲ区紧邻,海拔下限:1997 年前北疆约为 600 m,南

疆北部和吐哈盆地 $1000 \sim 1300$ m、南疆南部 $1300 \sim 1500$ m,面积 2.99×10^5 km^2,占新疆总面积的 18.0%;1997 年后,该种植亚区在北疆总体向高海拔抬升了 $200 \sim 300$ m,南疆抬升了 $100 \sim 200$ m,面积 降至 2.68×10^5 km^2,占比减小到 16.1%,较 1997 年前减小 3.07×10^4 km^2、1.9 个百分点(6.17)。

(2)"二年三熟"种植区

1997 年前新疆粮食作物"二年三熟"种植区主要分布在南疆的塔里木盆地和东疆的吐哈盆地,北疆 仅准噶尔盆地西南缘低局部海拔区域有少量出现,其面积 5.61×10^5 km^2,占新疆总面积的 33.7%; 1997 年后较其之前,该种植区在北疆明显增大,南疆明显减小,其面积降至 3.60×10^5 km^2,占比减小到 21.6%,减小 2.02×10^5 km^2、12.1 个百分点(表 6.18)。该区依热量条件和作物品种熟型的不同组合, 可分为 2 个亚区(图 6.36)。

①"二年三熟"Ⅰ区

新疆粮食作物"二年三熟"Ⅰ区日平均气温 $\geqslant 10$ ℃积温 $3800 \sim 4100$ ℃·d,无霜冻期 $170 \sim 190$ d, 可满足"早中熟春玉米—早熟冬小麦—早熟夏玉米"的"二年三熟"种植模式的发展。该亚区主要分布在 南疆的塔里木盆地和东疆的吐哈盆地周边山前冲积平原以及北疆准噶尔盆地西南缘低海拔地带,其海拔 上限与"一年一熟"Ⅳ区紧邻,海拔下限:1997 年前,北疆约为 400 m,南疆北部和吐哈盆地 $800 \sim 1100$ m、南 疆南部为 $1100 \sim 1350$ m,其面积 1.44×10^5 km^2,占新疆总面积的 8.7%;1997 年后较其之前,该亚区海拔 下限总体抬升了 $100 \sim 250$ m,其中北疆抬升幅度大于南疆,面积降至 1.35×10^5 km^2,占比减小到 8.1%,较 1997 年前减小 9.10×10^3 km^2、0.6 个百分点(表 6.18)。

②"二年三熟"Ⅱ区

1997 年前新疆粮食作物"二年三熟"Ⅱ区主要分布在塔里木盆地和吐哈盆地大部,面积 4.17×10^5 km^2,占新疆总面积的 25.1%。1997 年后,该亚区在北疆准噶尔盆地西南缘低海拔地带也有了一定 规模的出现,在南疆的塔里木盆地和吐哈盆地,该亚区海拔上限抬升了 $100 \sim 200$ m,但由于其下部受 "一年二熟"种植区扩大的"挤压"作用,面积和占比分别减至 2.24×10^5 km^2 和 13.5%,较 1997 年前减少了 1.93×10^5 km^2 和 13.6 个百分点(表 6.18)。"二年三熟"Ⅱ区 $\geqslant 10$ ℃积温 $4100 \sim 4400$ ℃·d,无霜冻期 $190 \sim 210$ d,可满足"中熟春玉米—早熟冬小麦—早中熟夏玉米"的"二年三熟"种植模式的发展。

(3)"一年两熟"种植区

1997 年前新疆粮食作物"一年二熟"种植区仅出现在吐哈盆地腹地,另在南疆的塔里木盆地中、西 部也有零星分布,其面积很小,只有 1.49×10^4 km^2,仅占新疆总面积的 0.9%;1997 年后,该区在塔里木 盆地有明显扩大,在吐哈盆地也有所增大,面积增至 3.28×10^5 km^2,占比增大到 19.7%,增大 3.13×10^5 km^2、18.8 个百分点(表 6.18)。该区依热量条件和不同作物品种熟型的组合形式,可分为 2 个亚区 (图 6.36)。

①"一年两熟"Ⅰ区

1997 年前新疆粮食作物"一年两熟"Ⅰ区仅在吐哈盆地腹地有少量分布(图 6.36a);1997 年后,该 亚区除在吐哈盆地有所扩大外,塔里木盆地大部也被其所覆盖(图 6.36b),面积由 1997 年前的 1.28×10^4 km^2,占新疆总面积的 0.8%,增至 1997 年后的 3.21×10^5 km^2 和 19.3%,增大 3.09×10^5 km^2 和 18.5 个 百分点(表 6.18)。"一年两熟"Ⅰ区热量丰富,$\geqslant 10$ ℃积温 $4400 \sim 4700$ ℃·d,无霜冻期 $210 \sim 230$ d,可满足 "早熟冬(春)小麦—早熟夏玉米"的"一年两熟"种植模式的发展。

②"一年两熟"Ⅱ区

粮食作物"一年两熟"Ⅱ区是新疆热量资源最丰富的地区,日平均气温 $\geqslant 10$ ℃积温 4700 ℃·d 以 上,无霜冻期 230 d 以上,可满足"早中熟冬(春)小麦—中熟夏玉米"的"一年两熟"种植模式的发展。 1997 年前该亚区仅在吐鲁番盆地中心地带有少量分布(图 6.36a),面积只有 2.10×10^3 km^2,仅占新疆 总面积的 0.1%;1997 年后,该亚区虽有所扩大,但分布区域仍限于吐哈盆地腹地(图 6.36b),面积增至 6.90×10^3 km^2,占比增大到 0.4%,仅较 1997 年前增大 4.79×10^3 km^2 和 0.3 个百分点(表 6.18)。

(4)非农业区

阿尔泰山、天山和昆仑山地势高耸,热量条件随海拔高度的升高而明显减少。当海拔高度升至其热量条件难以满足粮食作物生长发育和正常成熟的需求时,该海拔高度及其以上区域即为"非农业区"。1997 年前新疆"非农业区"的海拔下限为:北疆北部 1500～1650 m,南部 1650～1800 m,南疆北部和吐哈盆地 1900～2300 m、南疆南部为 2300～2700 m(图 6.36a),面积为 5.06×10^5 km²,占新疆总面积的 30.4%;1997 年后,受气候变暖、热量资源增多的影响,新疆非农业区海拔上限普遍抬升了 80～200 m,其中,北疆抬升幅度大于南疆(图 6.36b),受其影响,"非农业区"的面积降至 4.79×10^5 km²,占比减小到 28.8%,减小 2.66×10^4 km²、1.6 个百分点(表 6.18)。

6.3.5 新疆粮食作物种植制度适应气候变化的对策措施

气候变暖使新疆粮食作物不可种植区和"一年一熟"种植区缩小,"两年三熟"和"一年两熟"种植区扩大,这对扩大粮食作物可种植区域、提高复种指数、增加粮食产量、增强粮食安全保障能力均具有十分重要的意义。

但需要说明的是,粮食作物种植制度的确定不仅受作物生长季热量条件的影响,部分地区还受越冬冻害(影响冬小麦安全越冬)、高温热害(影响小麦灌浆和玉米开花授粉)等农业气象灾害的影响,另外与市场状况、种植技术和灌溉条件等因素也密不可分。例如,气候变暖、热量资源增多使吐哈盆地和塔里木盆地能够满足"一年两熟"粮食作物种植的区域增大,但由于气候变暖也使上述地区小麦、玉米遭受夏季高温的不利影响趋于加重,加之该地区气候条件同样适合棉花、红枣、哈密瓜、葡萄等经济作物的种植,且其经济效益明显大于粮食作物的种植,因此,近年来吐哈盆地和塔里木盆地部分地区大幅度压缩粮食作物的种植比例,扩大棉花和特色瓜果的种植面积,取得了显著的经济、社会效益。因此,在实际中,须统筹考虑气候和社会经济因素对粮食和其他作物生产的综合影响,制定更加科学的农业种植制度和作物布局。

6.4 气候变化对棉花种植的影响

新疆光照充足,热量丰富,降水稀少,空气干燥,气温日较差大,属典型的大陆性干旱气候区。独特的气候为棉花种植提供了得天独厚的自然条件,因此,新疆是我国最大的优质棉生产基地,所生产的棉花具有产量高,品质优,色泽洁白的特点。近几十年,尤其是 20 世纪 90 年代以来新疆的棉花种植业发展迅速,至 2012 年,全疆棉花种植面积已达 108.23 万 hm²,总产 194.1 万 t,均居全国首位,棉花种植业已成为新疆社会经济发展和农民致富奔小康的支柱产业之一。

新疆地域辽阔,地形地貌复杂,各地气候及其对棉花种植的影响具有明显的区域性差异。最为明显的是,横亘中部的天山把新疆分为气候和生态条件有明显差异的南北两部分,习惯上称天山以南为南疆,天山以北为北疆。就棉花生态气候条件而言,北疆因热量条件相对较少,一般仅能种植早熟棉;南疆热量条件较为充裕,且各地差异较大,因此,早熟、早中熟和中熟棉均有种植,其中,吐鲁番盆地可种植中晚熟棉或早熟长绒棉。在全球变暖背景下,过去的 50 多年,新疆气候明显变暖,热量资源增加,对新疆棉花生产虽总体趋于有利,但各地气候变化及其影响具有区域性差异。近年来,新疆棉花种植业迅猛发展的同时,部分地区因忽视气候条件的适宜性而盲目扩大种植规模,或种植区域不合理,导致棉花产量低而不稳、霜前花比例低、品质下降的现象时有发生,严重影响了棉花生产的经济效益。因此,在对影响南疆和北疆棉花生产的主要气候条件时空变化规律进行分析的基础上,结合南、北疆棉花种植气候适宜性分区指标,就 1961—2014 年新疆各地气候的变化及其对棉花种植气候适宜性的影响分别进行研究和分析,以期为适应气候变化,科学制定新疆棉花发展规划和棉花种植布局,促进棉花生产的持续稳定发展提供参考依据。

6.4.1 棉花气候生态条件分析

(1)光照条件

棉花喜光。新疆棉区空气干燥、云量少,光照充足,太阳总辐射、光合有效辐射、日照时数居全国棉区首位,因此,光照条件能够满足棉花生长发育、产量形成的需求。

（2）温度条件

棉花是喜温作物,种子发芽的最低临界温度是 12 ℃,春季 5 cm 地温稳定通过 12～14 ℃是棉花适宜播种的温度指标。苗期的适宜温度是 20～30 ℃,在该范围内,温度适当偏高利于棉苗生长形成壮苗。现蕾至开花期是棉花营养生长和生殖生长并进期,适宜温度为 25 ℃左右,日平均气温低于 19 ℃不能形成花蕾,在不超过 30 ℃的情况下,温度高,现蕾多,但当日平均气温 30 ℃以上时会导致花蕾脱落增加。花铃期棉花由营养生长逐渐转入生殖生长,是全生育期生长最旺盛的阶段,适宜温度为 25～30 ℃,低于 20 ℃将影响开花结铃和纤维形成,高于 30 ℃易导致蕾铃脱落。

图 6.37 给出了利用积分回归计算出的新疆棉花主产区玛纳斯、呼图壁县棉花从 4 月中旬播种至 10 月上旬停止生长期间以旬为生物学时间尺度的平均气温对棉花产量影响系数的变化情况。从中可以看出,温度条件对棉花产量的影响有两个正效应时段和一个弱的负效应时段,即,①4 月中、下旬为正效应,这主要是因为 4 月中、下旬播种、出苗期间气温高利于棉花种子发芽和棉苗萌发,对保证一播全苗具有重要作用,该时段平均气温每升高或降低 1 ℃,将导致棉花产量增加或降低 0.7～15.0 kg・hm^{-2};②5—7 月的苗期和开花、结铃期气温变化对棉花产量的影响相对较小,其间各旬的影响系数为 -5.9～-1.1 kg・hm^{-2}・℃$^{-1}$,表现为弱的负效应,这说明,随着地膜覆盖植棉技术的普遍应用以及气候的变暖,该阶段的热量条件已能够满足棉花生长发育的需求,若温度偏高,尽管对促进棉苗早发具有一定积极作用,但也会增加棉田水分的蒸散量,造成苗期干旱。另外,7 月份气温偏高还会对棉花开花造成一定危害;③8 月上旬至 10 月上旬为棉花结铃、裂铃和吐絮期,对热量条件要求较高,气温高利于棉铃成熟,促进棉花裂铃、吐絮,增加棉花产量和霜前花比率。该阶段气温对棉花产量的贡献为正效应,各旬平均气温每升高或降低 1 ℃,将导致棉花产量增加或降低 0.3～26.2 kg・hm^{-2},这也说明,该阶段常年的温度条件难以充分满足棉铃成熟和裂铃、吐絮的要求。其中,8 月下旬至 9 月下旬的影响系数较大,为 10.1～26.2 kg・hm^{-2}・℃$^{-1}$,因此,可以认定该时段是气温影响棉花产量高低的关键期。

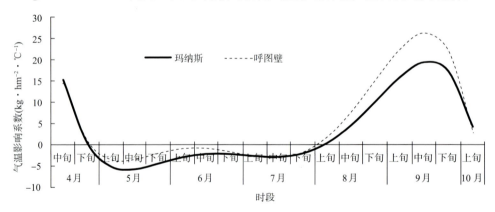

图 6.37　玛纳斯、呼图壁县棉花生长季各旬平均气温对产量影响系数的变化

（3）水分条件

棉花是较耐旱的作物,但由于生育期长、叶面积指数大,因此,仍需水较多。棉花播种后,土壤相对湿度 60%～70%对出苗有利;出苗至现蕾期以 55%～60%为宜;现蕾至开花期要求土壤相对湿度 60%～70%;花铃期棉田叶面积指数达最大,需水也进入高峰,此阶段需水占总需水量的 50%左右,土壤相对湿度为 65%～75%较适宜,低于 60%将受旱;吐絮期需水较少,土壤相对湿度 50%～65%为宜,土壤过湿易导致棉花贪青晚熟,影响产量的提高。

新疆棉区棉花整个生育期间的需水量约为 600～900 mm,而同期降水量只有 10～150 mm,远不能满足棉花对水分条件的需求,但由于新疆绿洲农业区有较稳定的山区降水和高山冰川积雪融水所汇集的河川径流和地下水的灌溉,因此,新疆棉花生产所需的水分条件较有保障,而降水量对棉花生产的直接作用很小。

6.4.2 北疆气候变化对棉花种植的影响

北疆包括天山以北的乌鲁木齐市、克拉玛依市、石河子市、昌吉回族自治州、伊犁地区、塔城地区、阿勒泰地区和博尔塔拉蒙古自治州以及哈密地区北部的巴里坤、伊吾县等,共 39 个县、市,地理坐标 79°53′10″—96°27′48″E,42°15′31″—49°12′26″N,总面积 4.87×10⁵ km²(图 6.38)。北疆是新疆重要产棉区,2012 年种植面积 31.67 万 hm²,占全疆的 29.3%;棉花总产 59.6 万 t,占全疆 30.7%。

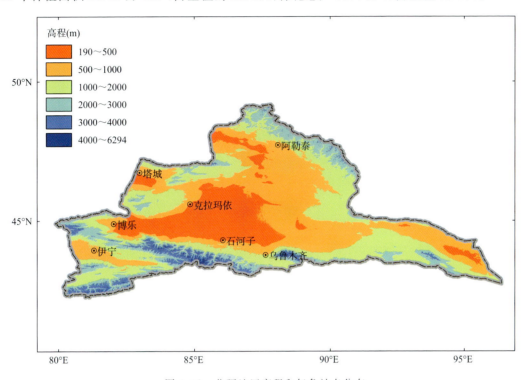

图 6.38 北疆地区高程和气象站点分布

6.4.3 北疆棉花种植气候适宜性区划指标

北疆地区纬度较高,气温较低,热量资源总体欠丰富,因此,一般只能种植早熟陆地棉。大量科学试验和生产实践表明,在众多的气候要素中,≥10 ℃积温、最热月(7 月)平均气温和无霜冻期是影响北疆地区棉花生产的主要气候因子,也是确定棉花种植气候适宜性分区的主要气候指标(新疆农学会,1995),划分标准见表 6.19。

表 6.19 北疆棉花种植气候分区指标

分区	≥10 ℃积温(℃·d)	7 月平均气温(℃)	无霜冻期(d)
不宜棉区	<3175	<23	<150
风险棉区	3175～3450	23～24	150～160
次宜棉区	3450～3600	24～25	160～170
宜棉区	≥3600	≥25	≥170

6.4.4 影响北疆棉花种植气候要素的空间分布

(1)≥10 ℃积温

北疆地区≥10 ℃积温的空间分布总体呈现"平原和盆地多,山区少"的特点(图 6.39)。准噶尔盆地南部以及伊犁河谷平原地带≥10 ℃积温一般在 3500 ℃·d 以上;山前倾斜平原为 3000～3500 ℃·d;丘陵和低山地带为 2000～3000 ℃·d;中山带为 1000～2000 ℃·d;海拔 2400 m 以上的高山带≥10 ℃

积温不足 1000 ℃·d;3600 m 以上的高寒地带基本无≥10 ℃积温。

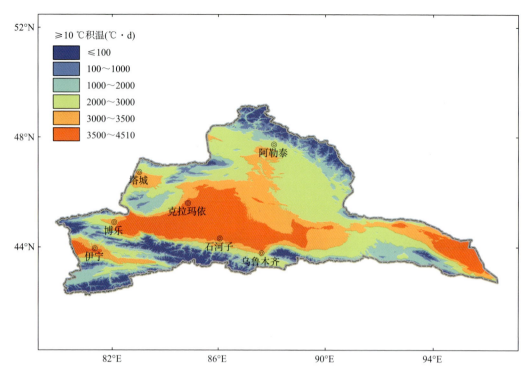

图 6.39　北疆地区≥10 ℃积温的空间分布

（2）7 月平均气温

北疆地区 7 月平均气温的空间分布表现为"平原和盆地高,山区低"的特点(图 6.40)。准噶尔盆地南部的平原地带 7 月平均气温一般在 25 ℃以上;山前倾斜平原为 23～25 ℃;丘陵地带为 20～23 ℃;中低山带为 15～20 ℃;海拔 2000 m 以上的中、高山带在 15 ℃以下;海拔 4200 m 以上的高寒地带低于 0 ℃。

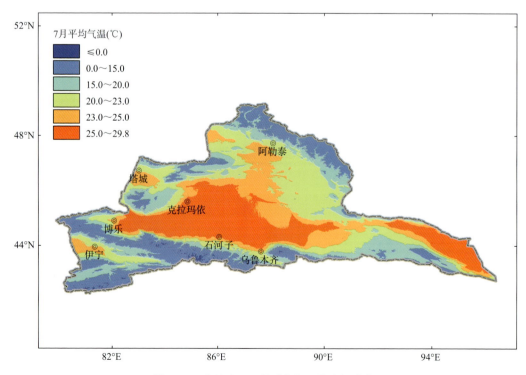

图 6.40　北疆地区 7 月平均气温的空间分布

（3）无霜冻期

北疆地区无霜冻期的空间分布为"平原和盆地长，山区短"的特点（图6.41）。准噶尔盆地南部以及伊犁河谷的平原地带无霜冻期一般在170 d以上；山前倾斜平原和丘陵地带为150～170 d；中低山带为100～150 d；中高山带为50～100 d；海拔4200 m以上的高寒地带终年有霜冻。

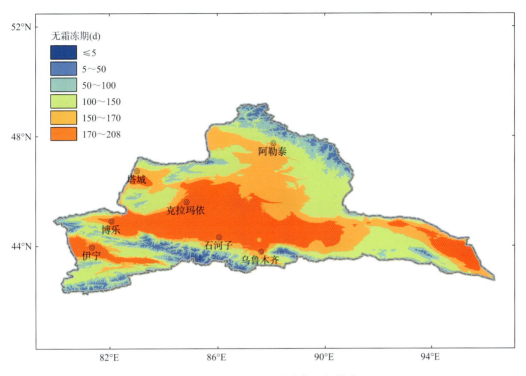

图6.41　北疆地区无霜冻期空间分布

6.4.5　影响北疆棉花种植的主要气候要素变化趋势

（1）日平均气温≥10 ℃积温

在全球气候变暖背景下，1961—2012年北疆地区≥10 ℃积温以75.657 ℃·d·(10 a)$^{-1}$的倾向率呈显著（$P=0.001$）的增多趋势（图6.42），52 a来增多了393.4 ℃·d。就近52 a北疆地区≥10 ℃积温的年代际变化来看，也总体呈逐年代递增之势（表6.20），20世纪60年代最少，为2852.4 ℃·d；70年代略有增多，为2918.3 ℃·d；80年代较70年代略有减少，为2880.7 ℃·d；90年代后≥10 ℃积温增加速率明显加快，较80年代增多了99.8 ℃·d，增至2980.5 ℃·d；21世纪的2001—2012年为3175.1 ℃·d，较20世纪90年代增多了194.6 ℃·d。

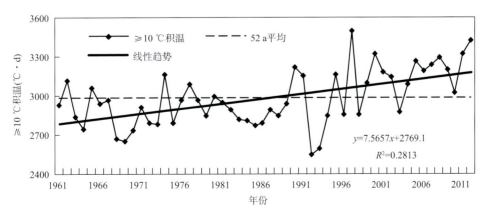

图6.42　1961—2012年北疆地区日平均气温≥10 ℃积温变化

表 6.20　1961—2012 年北疆地区日平均气温≥10 ℃积温、7 月平均气温和无霜冻期的年代际变化

气候要素	1961—1970	1971—1980	1981—1990	1991—2000	2001—2012
≥10 ℃积温(℃·d)	2852.4	2918.3	2880.7	2980.5	3175.1
7 月平均气温(℃)	21.9	22.0	22.2	22.5	22.7
无霜冻期(d)	155.2	157.4	159.7	163.8	172.6

（2）7 月份平均气温

1961—2012 年,北疆地区 7 月份平均气温以 0.218 ℃·(10 a)$^{-1}$的倾向率呈显著($P=0.001$)的上升趋势(图 6.43),52 a 来升高了 1.1 ℃。其年代际变化也总体呈递增之势(表 6.20),20 世纪 60 年代最低,为 21.9 ℃;70 年代略升为 22.0 ℃。80 年代后 7 月平均气温上升速率有加快的趋势,80 年代、90 年代分别为 22.2 ℃和 22.5 ℃,2001—2012 年升至 22.7 ℃。

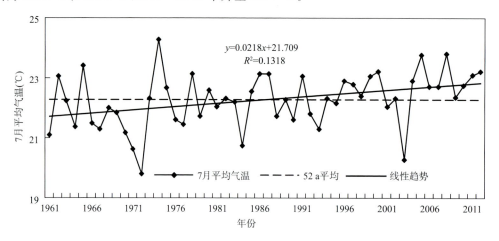

图 6.43　1961—2012 年北疆地区 7 月份平均气温变化

（3）无霜冻期

1961—2012 年,北疆地区无霜冻期以 4.360 d·(10 a)$^{-1}$的倾向率呈显著($P=0.001$)的延长趋势(图 6.44),52 a 来北疆平均无霜冻期延长了 22.7 d。北疆地区无霜冻期的年代际变化呈逐年代延长之势(表 6.20),20 世纪 60 年代无霜冻期为 155.2 d;70 年代和 80 年代分别增至 157.4 d 和 159.7 d;90 年代及以后无霜冻期延长速率明显加快,90 年代和 2001—2012 年分别延长至 163.8 d 和 172.6 d。

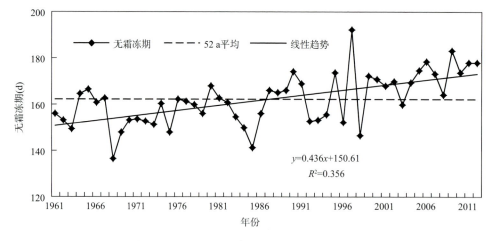

图 6.44　1961—2012 年北疆地区无霜冻期变化

6.4.6　北疆棉花种植气候适宜性区划及其变化

图 6.45 给出了以年代为时间尺度的 1961—1970 年、1971—1980 年、1981—1990 年、1991—2000

年和 2001—2012 年 5 个时段北疆地区棉花种植气候适宜性分区图。从中可以看出,受复杂地形地貌的影响,北疆棉区主要由以下 2 个相互隔离的片区组成,第一片区在天山北坡中西部、准噶尔盆地西南缘的低海拔冲积平原地带,是北疆主要棉区;第二片区在东天山末端北麓的三塘湖、淖毛湖一带。另外,在伊犁河谷西部和塔额盆地腹地也有零星分布。以下对近 52 a 北疆棉花不同气候适宜区的年代际变化进行简要评述。

(1)宜棉区

20 世纪 60 年代是近 52 a 北疆地区热量条件最差的时段(表 6.20),因此,宜棉区仅分布在第一片区西部海拔高度不超过 370 m 以及第二片区海拔高度不超过 480 m 的平原地带(图 6.45a),面积只有 3.77×10^4 km²,仅占北疆地区总面积的 7.8%。70 年代各项热量指标均较 60 年代有所改善,宜棉区范围也有所增大(图 6.45b),其面积增至 5.80×10^4 km²,占比增至 11.9%。80 年代虽 7 月份平均气温和无霜冻期较 70 年代略有增多,但日平均气温≥10 ℃积温较 70 年代略减,因此,宜棉区面积也较 70 年代略有减小(图 6.45c),为 5.36×10^4 km²,占比也略降至 11.0%。90 年代热量条件明显改善,宜棉区(图 6.45d)面积及其比例也增大到 7.27×10^4 km² 和 14.9%。2001—2012 年是近 52 a 北疆地区热量资源最丰富的时段,因此,宜棉区分布区域也较其他年代明显扩大(图 6.45e),其平均海拔上限也升至约 560 m,面积增至 1.03×10^5 km²,占北疆地区总面积的比例增大到 21.2%。就 2001—2012 年宜棉区面积与 20 世纪 60 年代相比增大了 6.54×10^4 km²,增大 13.4%(表 6.21)。

(2)次宜棉区

北疆次宜棉区范围较小,且基本都分布在以宜棉区为中心区、海拔上限较宜棉区高 110～150 m 的环形带状区域内(图 6.45a—e)。受宜棉区范围扩大、海拔上限上移的影响,次宜棉区也逐渐向较高的海拔区域移动,其面积除 60 年代为 3.57×10^4 km²、约占北疆地区总面积的 7.3%外,其他各年代基本稳定在 $(2.57～3.04) \times 10^4$ km²,占比为 5.3%～6.2%(表 6.21)。

(3)风险棉区

北疆风险棉区大都分布在次宜棉区外围、海拔上限较次宜棉区高 160～210 m 的区域内(图 6.45a—e)。虽因热量条件有所改善,风险棉区海拔上限总体呈逐年代上移的趋势,但由于次宜棉区海拔上限同样上移的缘故;因此,各年代风险棉区面积变化不大,基本稳定在 $(4.40～5.20) \times 10^4$ km²,所占比例为 9.1%～10.7%(表 6.21)。

(4)不宜棉区

北疆地区纬度较高,热量资源总体较少,因此,不宜棉区是棉花气候适宜性分区的主体(图 6.45a—e),其面积一般都在 3.08×10^5 km² 以上,约占北疆地区总面积的 63%以上。由于气候变暖,热量条件趋好,不宜棉区的范围和面积总体呈逐年代减小的趋势,全地区平均,2001—2012 年不宜棉区面积较 20 世纪 60 年代减小了 5.29×10^4 km²,减小 10.8%(表 6.21)。

表 6.21　1961—2012 年北疆各年代棉花气候适宜性分区面积及占全区总面积的百分率

年份	分区	宜棉区	次宜棉区	风险棉区	不宜棉区
1961—1970 年	面积(km²)	37716.0	35723.1	51992.4	361119.5
	百分率(%)	7.8	7.3	10.7	74.2
1971—1980 年	面积(km²)	57971.0	28071.1	47268.0	353240.8
	百分率(%)	11.9	5.8	9.7	72.6
1981—1990 年	面积(km²)	53590.6	26638.1	49714.9	356595.6
	百分率(%)	11.0	5.5	10.2	73.3
1991—2000 年	面积(km²)	72693.5	30376.3	44039.9	339441.1
	百分率(%)	14.9	6.2	9.1	69.8
2001—2012 年	面积(km²)	103132.4	25724.9	49441.6	308252.0
	百分率(%)	21.2	5.3	10.2	63.4

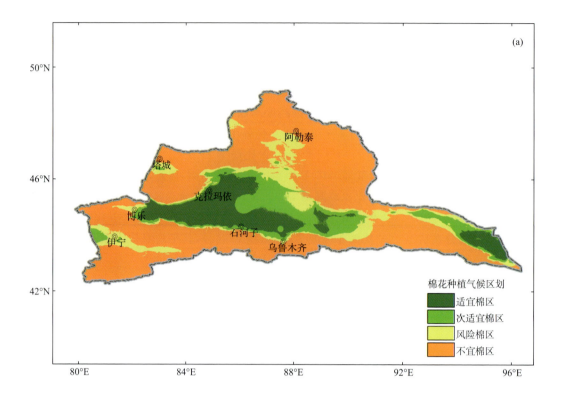

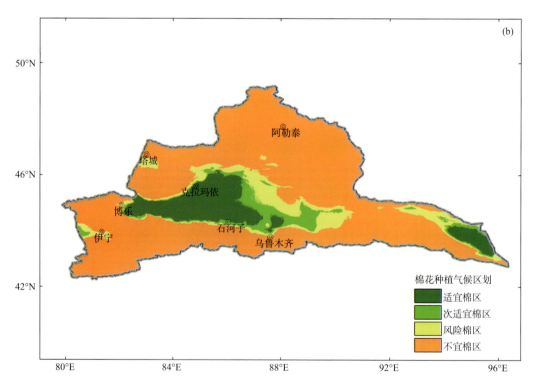

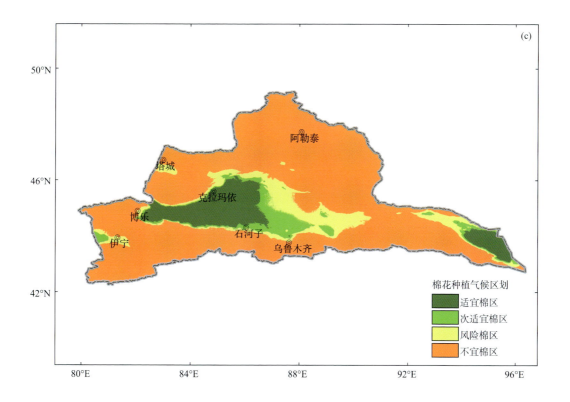

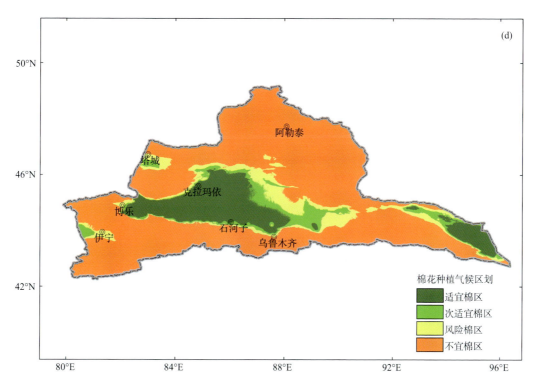

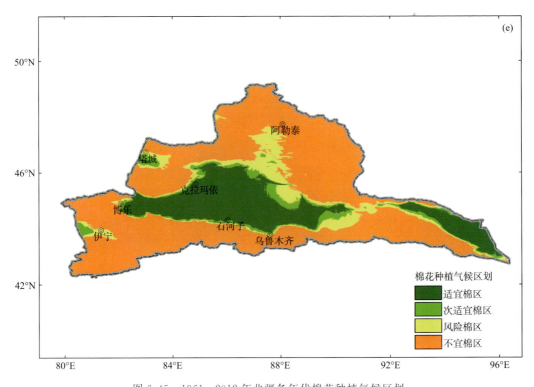

图 6.45 1961—2012 年北疆各年代棉花种植气候区划

(a)1961—1970 年；(b)1971—1980 年；(c)1981—1990 年；(d)1991—2000 年；(e)2001—2012 年

6.4.7 南疆气候变化对棉花种植适宜性的影响

南疆包括巴音郭楞蒙古自治州、阿克苏地区、喀什地区、克孜勒苏柯尔克孜自治州、和田地区、吐鲁番地区以及哈密地区南部的哈密市，共 47 个县、市，地理坐标 79°53′10″—96°27′48″E，42°15′31″—49°12′26″N，总面积 1.18×10⁶ km²(图 6.46)。南疆土地资源辽阔，光照充足，热量丰富，降水稀少，空气干燥，气温日较差大，独特的气候和自然生态条件使南疆成为新疆乃至中国最重要的棉花生产基地，2012 年，南疆棉花种植面积 76.56 万 hm²，总产 134.5 万 t，分别占全新疆的 70.7% 和 69.3%。

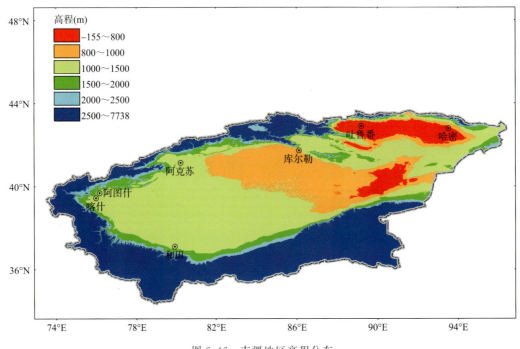

图 6.46 南疆地区高程分布

6.4.8 南疆棉花种植气候适宜性区划指标

根据前人科学实验和生产实践(姚源松,2001),使用≥10 ℃积温、无霜冻期和最热月(7月)平均气温作为南疆地区棉花种植气候区划的指标,划分标准见表6.22。分区时,该三项气候指标必须同时具备,缺一不可。

表 6.22 南疆棉区分区气候指标

分区	≥10 ℃积温(℃ • d)	无霜冻期(d)	7月平均气温(℃)
中熟棉区	≥4500	≥200	≥29.0
中早熟棉区	4000~4500	185~200	24.5~29.0
早熟棉区	3500~4000	175~185	23.5~24.5
特早熟棉区	3200~3500	165~175	23.0~23.5
不宜棉区	<3200	<165	<23.0

6.4.9 南疆棉花区划指标气候要素变化

(1)日平均气温≥10 ℃积温

1961—2013南疆地区日平均气温≥10 ℃积温以56.638 ℃ • d • (10 a)$^{-1}$的倾向率呈显著(P=0.01)的增多趋势(图6.47)。累积距平和t检验表明,近53 a南疆日平均气温≥10 ℃积温于1997年发生了突变(表6.23)。突变后(1997—2013年)较突变前(1961—1996年)日平均气温≥10 ℃积温增多了228.7 ℃ • d。

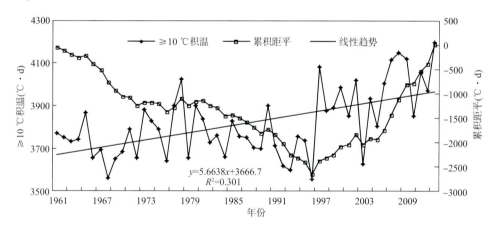

图 6.47 1961—2013年南疆地区≥10 ℃积温变化

表 6.23 南疆≥10 ℃积温、无霜冻期和7月平均气温序列突变点t检验

指标因子	检测年份	n_1	n_2	$|t_0|$
≥10 ℃积温(℃ • d)	1997	36	17	6.82**
无霜冻期(d)	1997	36	17	7.68**
7月平均气温(℃)	1994	33	20	2.82*

n_1,n_2分别为检测点前后气候要素序列的样本数。*,**分别表示通过P=0.05和P=0.01水平的显著性检验。

(2)无霜冻期

由图6.48可见,1961—2013年,南疆地区平均年无霜冻期以3.151 d • (10 a)$^{-1}$的倾向率呈显著(P=0.01)的延长趋势,53 a来全区平均年无霜冻期延长了16.7 d。累积距平和t检验表明,近53 a南疆无霜冻期于1997年发生了突变(表6.23),突变后(1997—2013年)较突变前(1961—1996年)平均年无霜冻期延长了11.9 d。

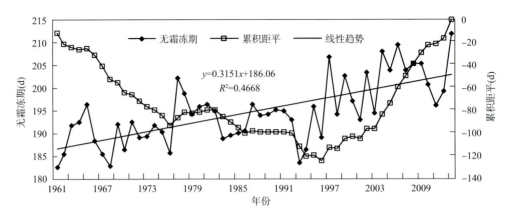

图 6.48   1961—2013 年南疆地区无霜冻期变化

(3)7 月平均气温

由图 6.49 可见,1961—2013 年,南疆地区 7 月平均气温以 0.145 ℃・(10 a)$^{-1}$的倾向率呈显著($P=$0.05)上升趋势,53 a 来升高了 0.8 ℃。累积距平和 t 检验表明,近 53 a 南疆 7 月平均气温于 1994 年发生了突变(表 6.23),突变后(1994—2013 年)较突变前(1961—1993 年)7 月平均气温升高了 0.5 ℃。

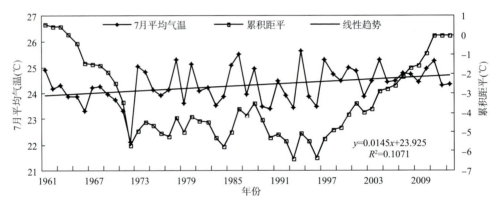

图 6.49   1961—2013 年南疆地区 7 月平均气温变化

6.4.10   南疆棉花区划指标气候要素空间分布及其变化

以三要素中发生突变最迟的≥10 ℃积温和无霜冻期的突变年 1997 年为时间节点,探讨 1997 年前(1961—1996 年)、后(1997—2013 年)各热量要素空间分布的变化,以体现各热量要素的变化对南疆棉花区划的综合影响。

(1)日平均气温≥10 ℃积温

南疆日平均气温稳定≥10 ℃积温的空间分布总体呈现"平原和盆地多,山区少"的格局(图 6.50)。以各种熟性棉花对日平均气温≥10 ℃积温要求分级(表 6.22)的各等级日平均气温≥10 ℃积温的空间分布来看,1997 年前日平均气温≥10 ℃积温≥4500 ℃・d 的区域仅分布在吐鲁番、哈密盆地海拔不超过 500 m 的盆地中部地区;4000~4500 ℃・d 的区域主要分布在塔里木盆地北部海拔不超过 1030 m,盆地南部不超过 1400 m 的广大平原地带,另在吐鲁番、哈密盆地海拔 500~820 m 的边缘地带也有分布;3500~4000 ℃・d 的区域主要分布在塔里木盆地北部海拔 1030~1240 m、盆地南部海拔 1400~1650 m,以及吐鲁番、哈密盆地周边海拔 820~1140 m 的山前倾斜平原和丘陵地带;3200~3500 ℃・d 的区域主要分布在塔里木盆地北部海拔 1240~1350 m,盆地南部海拔 1650~1850 m,以及吐鲁番、哈密盆地周边海拔 1140~1330 m 的环形带状区域;塔里木盆地北部海拔 1350 m 以上、盆地南部 1850 m 以上以及吐鲁番、哈密盆地周边海拔 1330 m 以上的山区日平均气温≥10 ℃积温一般不足 3200 ℃・d(图 6.50a)。

1997 年后,日平均气温≥10 ℃积温≥4500 ℃・d 的区域不仅在吐鲁番、哈密盆地有所扩大,在塔里木盆地东部海拔 900 m 以下、盆地南部海拔 1250 m 以下的部分地区也有较大规模的出现;与此同时,各地

≥10 ℃积温 4000~4500 ℃·d、3500~4000 ℃·d 以及 3200~3500 ℃·d 的积温带的海拔上限也抬升了70~140 m,受其影响,≥10 ℃积温不足 3200 ℃·d 的区域向高海拔地区有所退缩(图 6.50b)。

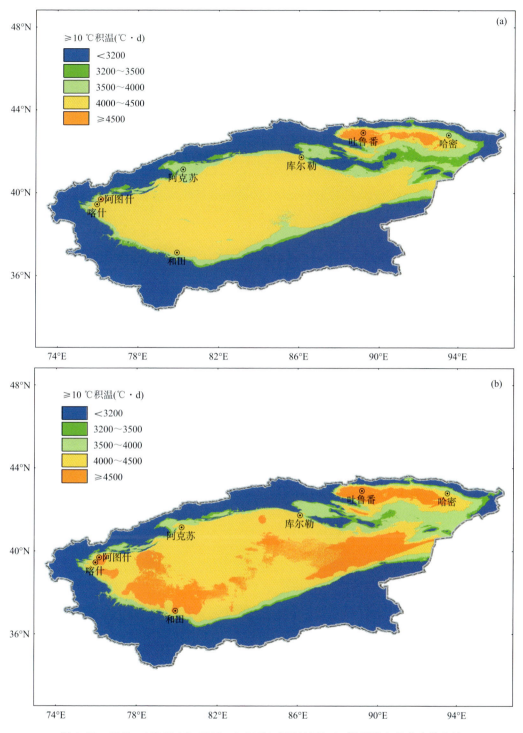

图 6.50 1961—1996(a)和 1997—2013(b)南疆地区≥10 ℃积温空间分布的比较

(2)无霜冻期

南疆无霜冻期的空间分布格局与≥10 ℃积温相似,也总体呈现"平原和盆地长,山区短"的特点(图6.51)。以各种熟性棉花对无霜冻期要求分级(表 6.22)的各等级无霜冻期的空间分布来看,1997 年前无霜冻期≥200 d 的区域主要分布在塔里木盆地西北部海拔 1060 m 以下以及盆地西南部 1520 m 以下的广大平原地带,另在吐鲁番、哈密盆地海拔不超过 410 m 的盆地腹地也有少量分布;185~200 d 的区域主要分布在塔里木盆地东部平原地带以及盆地西部海拔 1100~1700 m 的山前倾斜平原地带,另在吐鲁番、哈密盆地海拔 410~760 m 的盆地边缘地带也有分布;175~185 d 的区域主要分布在塔里木盆地北部海拔 1220~1320 m,盆地南部 1730~1870 m,以及吐鲁番、哈密盆地海拔 760~1000 m 的低山丘陵地带;165~175 d 的区域分布在塔里木盆地北部海拔 1320~1430 m、盆地南部 1870~2000 m,以及吐鲁番、哈密盆地海拔 1000~1240 m 的中低山带;165~175 d 区海拔上限以上的更高区域无霜冻期一般不足 165 d(图 6.51a)。

1997 年后,各级无霜冻期分布带的海拔上限均明显抬升,其中,吐鲁番、哈密盆地抬升 250~320 m,塔里木盆地抬升 90~160 m,受其影响,塔里木盆地大部以及吐鲁番、哈密盆地中部几乎完全被无霜冻期≥200 d 的区域所覆盖;185~200 d 的区域明显压缩,175~185 d、165~175 d 的区域向高海拔地区上移,无霜冻期不足 165 d 的区域有所减小(图 6.51b)。

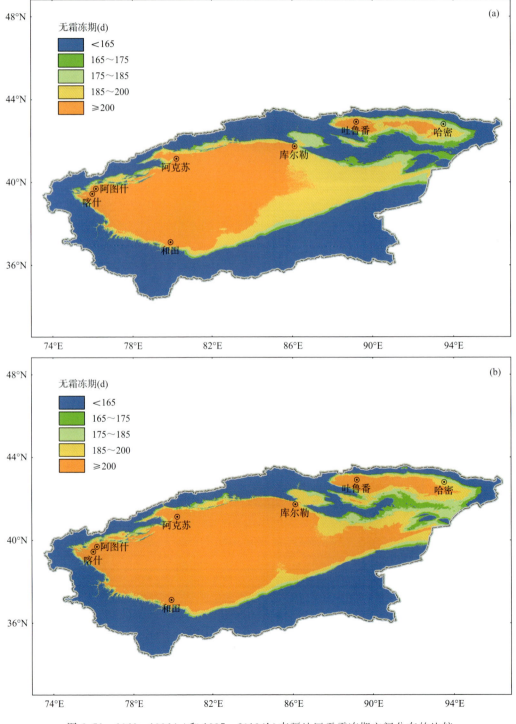

图 6.51　1961—1996(a)和 1997—2013(b)南疆地区无霜冻期空间分布的比较

（3）7月平均气温

南疆地区7月平均气温的空间分布也总体呈现"平原和盆地高,山区低"的特点(图6.52)。以各种熟性棉花对7月平均气温要求分级(表6.22)的各等级7月平均气温的空间分布来看,1997年前7月平均气温≥29.0 ℃的区域仅在吐鲁番、哈密盆地海拔不超过460 m的盆地腹地有少量分布;24.5～29.0 ℃的区域是南疆地区7月平均气温温度带的主体,塔里木盆地北部海拔不超过1060 m、盆地南部不超过1410 m的广大平原地带,以及吐鲁番、哈密盆地海拔460～1160 m的平原和丘陵地带几乎完全被该区所覆盖;23.5～24.5 ℃的区域仅分布在塔里木盆地北部海拔1060～1170 m、盆地南部1410～1560 m,以及吐鲁番、哈密盆地周边海拔1160～1320 m的山前倾斜平原和丘陵地带;23.0～23.5 ℃的区域分布

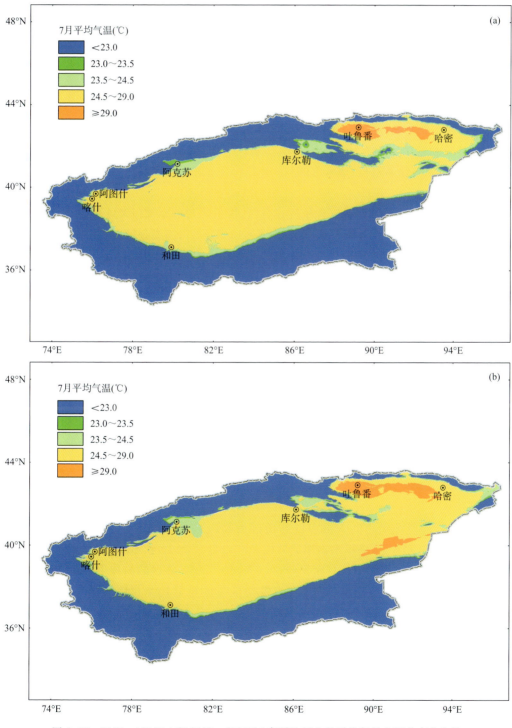

图6.52　1961—1996(a)和1997—2013(b)南疆地区7月平均气温空间分布的比较

在塔里木盆地北部海拔 1170～1220 m、盆地南部海拔 1560～1630 m,以及吐鲁番、哈密盆地周边海拔 1320～1400 m 的低山带;塔里木盆地北部海拔 1220 m 以上、盆地南部海拔 1630 m 以上以及吐鲁番、哈密盆地周边海拔 1400 m 以上的山区 7 月平均气温一般在 23.0 ℃以下(图 6.52a)。

1997 年后,7 月平均气温≥29.0 ℃的区域虽仍主要在吐鲁番、哈密盆地,但分布面积明显扩大,另在塔里木盆地东北部的罗布泊海拔 600 m 以下的部分地区也有少量出现;24.5～29.0 ℃区域作为南疆地区 7 月平均气温温度带主体的格局仍然维持,但海拔上限上升了 30～230 m,面积也有所扩大。与此同时,各地 7 月平均气温 23.5～24.5 ℃和 23.0～23.5 ℃温度带的海拔上限较 1997 年之前也不同程度的抬升,其中,吐鲁番、哈密盆地抬升了约 220 m,塔里木盆地抬升了 30～60 m,受其影响,7 月平均气温不足 23.0 ℃的区域向高海拔地区有所退缩(图 6.52b)。

6.4.11 南疆棉花种植气候适宜性区划及其变化

(1)中熟棉区

由图 6.53 可见,中熟棉区是南疆最小的棉花适宜种植气候分区,1997 年前该区仅在吐鲁番、哈密盆地海拔不超过 460 m 的盆地腹地有少量分布,面积仅 1.46×10⁴ km²,仅占南疆地区总面积的 1.2%;1997 年后该区除在吐鲁番、哈密盆地明显扩大外,另在塔里木盆地东北部海拔 600 m 以下的部分地区也有少量出现,其面积增至 3.23×10⁴ km²,占南疆地区总面积的比率也增至 2.7%,较 1997 年前增加了 1.77×10⁴ km² 和 1.5 个百分点(表 6.24)。

(2)中早熟棉区

中早熟棉区是南疆最大的棉花适宜种植气候分区,塔里木盆地全部以及吐鲁番、哈密盆地大部几乎完全被该区覆盖(图 6.53);1997 年前该区面积 4.42×10⁵ km²,占南疆地区总面积的 37.6%;1997 年后该区面积增至 4.85×10⁵ km²,占南疆地区总面积的比率也增大到 41.2%,增加了 4.30×10⁴ km² 和 3.6 个百分点,增幅居各棉区之首(表 6.24)。

(3)早熟棉区

早熟棉区主要分布在塔里木盆周边海拔 1100～1500 m 以及吐鲁番、哈密盆地周边海拔 1100～1300 m 的山前倾斜平原和丘陵地带,是南疆第二大棉花气候分区(图 6.53)。1997 年前后该区面积变化不大,基本稳定在 7.80×10⁴ km² 左右,占南疆地区总面积的比率也大致稳定在 6.6% 左右(表 6.24);但 1997 年后较其之前该区的分布范围整体向高海拔区域抬升了 30～200 m。

(4)特早熟棉区

特早熟棉区主要分布在塔里木盆周边海拔 1200～1600 m 以及吐鲁番、哈密盆地周边海拔 1300～1400 m 的低山带(图 6.53)。1997 年前该区面积 4.91×10⁴ km²,占南疆地区总面积的 4.2%;1997 年后面积降至 4.41×10⁴ km²,占南疆地区总面积的比率也略降至 3.8%,减少了 4940 km² 和 0.4 个百分点(表 6.24)。

(5)不宜植棉区

塔里木盆地和吐哈盆地周边的天山和昆仑山区大部因热量条件不足,不宜种植棉花(图 6.53)。1997 年前该区海拔下限大致是,塔里木盆地北部以及吐哈盆地为 1200 m,塔里木盆地南部为 1600 m,其面积为 5.93×10⁵ km²,占南疆地区总面积的 50.4%;1997 年后该区的海拔下限总体向高海拔区域抬升了 30～250 m,面积降至 5.36×10⁵ km²,占南疆地区总面积的比率也降至 45.6%,减少了 5.66×10⁴ km² 和 4.8 个百分点(表 6.24)。

综合上述南疆地区日平均气温≥10 ℃积温、无霜冻期和最热月(7 月)平均气温时空变化(图 6.50—图 6.52)及其对棉花种植区划的影响(图 6.53)可以看出,1997 年后,最热月(7 月)平均气温各级温度带上限的抬升幅度及其范围的扩大均较日平均气温≥10 ℃积温和无霜冻期小,因此,最热月(7 月)平均气温是制约南疆地区宜棉区,尤其是生育期较长、增产潜力较大的中熟和中早熟棉更大幅度扩大的"短板",其成因主要是由于气候变暖具有明显的季节不均衡性,盛夏的 7 月气温上升速率远小于其他各季的缘故。

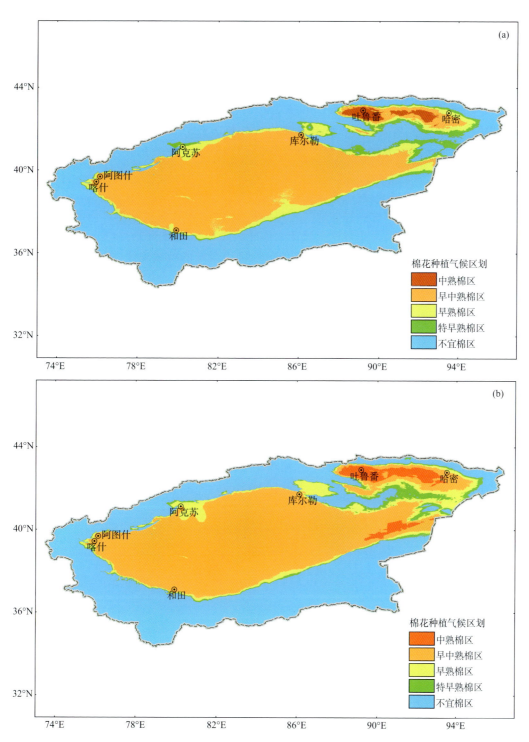

图 6.53 1961—1996(a)和 1997—2013(b)南疆地区棉花种植气候区划结果比较

表 6.24 1997 年前后南疆地区不同熟型棉花适宜种植气候分区面积的变化

分区	1961—1996 年		1997—2013 年		1997 年前后变量	
	面积(km²)	百分率(%)	面积(km²)	百分率(%)	面积(km²)	百分点
中熟棉区	14602	1.2	32284	2.7	17682	1.5
中早熟棉区	441939	37.6	484972	41.2	43033	3.6
早熟棉区	77959	6.6	78773	6.7	814	0.1
特早熟棉区	49087	4.2	44147	3.8	−4940	−0.4
不宜棉区	593030	50.4	536441	45.6	−56589	−4.8

6.4.12 新疆棉花生产适应和应对气候变化的对策措施

(1)北疆地区热量资源相对匮乏,无霜冻期短、日平均气温≥10 ℃积温少、春秋季气温变化不稳,对棉花种植和高产稳产影响较大。在全球变暖背景下,近 50 多年,尤其 20 世纪 90 年代以来,该地区日平均气温≥10 ℃积温、最热月(7 月)平均气温和无霜冻期等热量条件呈显著的增多趋势,对扩大棉花适宜种植区,延长棉花生长季,提高棉花产量和品质均具有十分重要的意义。但随着全球气候的变暖,北疆地区低温冷害、霜冻等异常天气、气候事件呈多发之势,对棉花生产将造成不利的影响,对此,在实际生产中须给予高度重视。

(2)气候变暖、热量资源增多,使南疆棉区的棉花品种熟型向生育期更长、增产潜力更大的晚熟方向改变成为可能,中熟和中早熟棉花品种的适宜种植区扩大,不宜棉区明显减小。但值得指出的是,由于气候变暖具有季节的不均衡性,夏季气候变暖速率小于其他各季,致使最热月(7 月)平均气温的相对升高幅度小于日平均气温≥10 ℃积温和无霜冻期,因此,随着气候的持续变暖,最热月(7 月)平均气温将成为制约南疆地区宜棉区更大幅度扩大的"短板"。各地在制定棉花种植区划和发展规划时,除考虑日平均气温≥10 ℃积温和无霜冻期外,须对最热月(7 月)平均气温的适宜性给予高度重视。

(3)气候变暖将导致吐鲁番盆地等部分地区最高气温≥40 ℃的酷热日数增多,高温热害加剧,蕾铃脱落严重;另外,气候变暖将使棉铃虫、棉蚜、棉叶螨等棉花病虫害趋于严重,对棉花产量和品质造成不利影响。

(4)针对上述影响,各地应采取以下趋利避害的对策措施积极应对:①根据各地气候及其变化特点,科学配置棉花种植区域和布局;②调整棉花品种熟型,在热量条件有保证的地区,可积极稳妥地逐步扩大增产潜力更大、生育期更长的棉花品种的种植;③优化棉花栽培管理技术措施,如适当提早棉花播种期、推迟棉花停水期和打顶期等,以利充分利用趋于增多的光热气候资源,提高棉花产量;④重视棉花病虫害的防治;⑤积极培育或引进推广抗逆性强、高产优质的棉花品种。

第7章　气候变化对特色林果(瓜)种植的影响及区划

7.1　气候变化对哈密瓜种植的影响

新疆哈密瓜品质好、含糖量高、口感细腻、营养丰富，素有"瓜中之王"的美称，在国内外享有盛誉。哈密瓜种植业已成为新疆农业和农村经济发展以及农民致富奔小康的支柱产业之一。2012年新疆哈密瓜种植面积达 6.31 万 hm^2，总产 213.35 万 t。因此，研究分析气候变化对哈密瓜种植气候适宜性的影响，对适应气候变化、科学制定新疆哈密瓜发展规划、促进哈密瓜生产的持续稳定发展具有重要意义。

7.1.1　哈密瓜种植气候生态条件

哈密瓜是一年生蔓性草本植物，喜温、好光、较耐旱。新疆丰富的、多样性的气候条件造就了多种熟型的哈密瓜及其品种。

(1)光照条件

哈密瓜喜光，其光饱和点和光补偿点均高于其他绝大多数农作物。在日照充足的条件下，则发育较快，生长健壮，果实品质好；反之，则生长不良，易发病，果实品质明显下降。哈密瓜早、中、晚熟品种全生育期分别需要 1100～1300 h，1300～1500 h 和 1500 h 以上的日照时数。新疆空气干燥，云量少，光照充足，哈密瓜生长季(≥10 ℃期间)的日照时数多在 1800 h 以上，因此，光照条件能够满足不同熟型哈密瓜生长发育、产量形成的需求。

(2)温度条件

哈密瓜是喜温作物，种子发芽的最低临界温度是 13 ℃，最适宜温度是 25～33 ℃，在适宜温度范围内，早播，雌花形成早，产量和品质较高。苗期是哈密瓜营养生长期，一般约持续 45～55 d，适宜温度为 20～25 ℃，13 ℃以下或 40 ℃以上生长停滞。雌花开放到坐果是哈密瓜营养生长和生殖生长并进期，持续时间一般约 15～20 d，适宜温度为 18～32 ℃，40 ℃以上的高温影响受精。果实膨大至成熟持续时间因品种差异很大，约 25～70 d，该期间适宜温度为 25～35 ℃，较大的气温日较差可促进光合产物的积累，对提高哈密瓜的产量和品质有利。一般地，哈密瓜果实膨大至成熟期气温日较差大于 13～15 ℃较有利。

(3)水分条件

哈密瓜耐旱、喜燥，根系较发达，其主根入土可达 1～1.5 m，侧根可长达 2 m 以上，具有耐旱的特征。哈密瓜的根系好氧怕湿，土壤过于潮湿，根的吸收能力受到抑制。但由于生长发育中后期气温高、叶面积指数大，蒸腾作用较强，因此仍需较多水分，其中，开花至坐瓜期以及果实膨大期是对水分较敏感的两个阶段，缺水对产量影响较大。新疆绿洲农区降水稀少、空气干燥，哈密瓜对水分的需求可通过适时、适量灌溉得到满足。

7.1.2　哈密瓜种植气候适宜性区划指标

大量科学试验和生产实践表明，光热气候条件是影响哈密瓜生产的关键因素，其中，日平均气温稳定≥15 ℃日数是决定不同熟型哈密瓜能否种植的基本气候因子，由于新疆大陆性气候强，热量条件的年际间差异较大，从稳产高产角度考虑，以80%保证率≥15 ℃日数作为新疆哈密瓜种植品种熟型选择的指标，划分标准见表7.1。

表 7.1　新疆不同熟型哈密瓜对 80%保证率≥15 ℃日数的要求

指标	不宜种植	早熟品种	中熟品种	晚熟品种
80%保证率≥15 ℃日数(d)	<105	105～125	125～145	≥145

　　在保证哈密瓜正常生长发育的前提下,品质和产量的高低是决定其商品性和经济效益的重要因素。哈密瓜生长发育期间,特别是果实膨大、成熟期气温高,光照强对提高哈密瓜产量和品质有利。因此,以能够综合反映哈密瓜主要生长发育阶段光、热资源总量和强度的因子≥20 ℃光温指数作为各熟型哈密瓜气候适宜性区划的主导指标。其计算式为:

$$≥20\ ℃光温指数=\frac{≥20\ ℃积温×≥20\ ℃期间日照时数×0.0001}{≥20\ ℃日数} \tag{7.1}$$

　　另外,哈密瓜果实生长期间气温日较差大有利于糖分的积累,对提高哈密瓜品质有利,因此,以 6—8 月气温平均日较差作为哈密瓜气候适宜性区划的辅助指标,其划分标准见表 7.2。

表 7.2　哈密瓜不同气候适宜性分区的划分标准

指标类别	指标要素	一般种植区	次佳种植区	最佳种植区
主导指标	≥20 ℃光温指数	<1.8	1.8～2.3	≥2.3
辅助指标	6—8 月气温平均日较差(℃)	<13.5	13.5～15.0	≥15.0

7.1.3　哈密瓜种植气候适宜性区划指标变化趋势

　　(1)日平均气温≥15 ℃日数

　　1961—2013 年新疆日平均气温稳定≥15 ℃日数总体以 2.493 d·(10 a)$^{-1}$ 的倾向率呈显著($P=0.001$)的增多趋势(图 7.1),53 a 来增多了 13.2 d。累积距平和 t 检验表明(表 7.3),近 53 a 新疆≥15 ℃日数于 1997 年发生了突变,突变后较突变前全疆平均日平均气温≥15 ℃日数增多了 10.7 d。

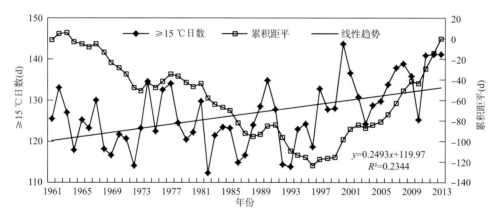

图 7.1　1961—2013 年新疆≥15 ℃日数及其累积距平的变化

表 7.3　新疆≥15 ℃日数、≥20 ℃光温指数和 6—8 月气温平均日较差突变点信度检验

指标	检测年份	n_1	n_2	$|t_0|$
≥15 ℃日数(d)	1997	36	17	5.7615***
≥20 ℃光温指数	1997	36	17	4.3875***
6—8 月气温平均日较差(℃)	1987	26	27	6.5959***

n_1,n_2 分别为检测点前后气候要素序列的样本数。*** 表示通过 $P=0.001$ 的显著性检验。

　　(2)日平均气温≥20 ℃光温指数

　　1961—2013 年,新疆日平均气温≥20 ℃光温指数总体以 0.060·(10 a)$^{-1}$ 的倾向率呈显著($P=0.001$)的增大趋势(图 7.2),53 a 来增大了 0.318。累积距平和 t 检验表明(表 7.3),近 53 a 新疆≥20 ℃光温指数于 1997 年发生了突变,突变后较突变前全疆平均≥20 ℃光温指数增大了 0.245。

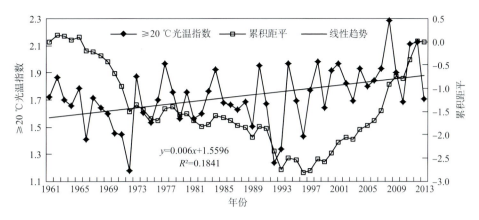

图 7.2 1961—2013 年新疆日平均气温≥20 ℃光温指数及其累积距平的变化

（3）6—8 月气温平均日较差

1961—2013 年，新疆 6—8 月气温平均日较差总体以 -0.249 ℃·$(10\ a)^{-1}$ 的倾向率呈显著（$P=0.001$）的减小趋势（图 7.3），53 a 来减小了 1.32 ℃。累积距平和 t 检验表明（表 7.3），近 53 a 新疆 6—8 月气温平均日较差于 1987 年发生了突变，突变后较突变前全疆平均 6—8 月气温平均日较差减小了 0.68 ℃。

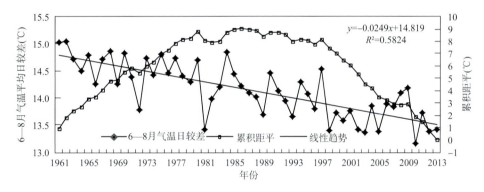

图 7.3 1961—2013 年新疆 6—8 月气温平均日较差及其累积距平的变化

7.1.4 哈密瓜区划因子空间分布及其变化

以三项气候要素中对哈密瓜区划影响最大且发生突变也最迟的≥15 ℃日数和≥20 ℃光温指数的突变年 1997 年为时间节点，探讨 1997 年前（1961—1996 年）、后（1997—2013 年）各气候要素空间分布的差异。

（1）80%保证率≥15 ℃日数

新疆 80%保证率≥15 ℃日数的空间分布总体呈现"南疆多，北疆少；平原和盆地多，山区少"的格局（图 7.4）。以各熟型哈密瓜所需 80%保证率≥15 ℃日数的要求（表 7.1）的空间分布来看，1997 年前 80%保证率≥15 ℃日数多于 145 d 的区域主要分布在南疆的塔里木盆地以及东疆的吐鲁番、哈密盆地（简称吐哈盆地）中部平原地带；80%保证率≥15 ℃日数 125～145 d 的区域，南疆和东疆主要在塔里木盆地和吐哈盆地边缘地带，北疆仅在准噶尔盆地西南部低平原地带有少量分布；80%保证率≥15 ℃日数 105～125 d 的区域，南疆和东疆主要在塔里木盆地和吐哈盆地周边山前倾斜平原地带，北疆主要分布在准噶尔盆地中南部。上述各区以外的区域因海拔或纬度较高，80%保证率≥15 ℃日数不足 105 d（图 7.4a）。

1997 年后，各等级 80%保证率≥15 ℃日数的空间分布格局与 1997 年前基本一致，但海拔上限较 1997 年前分别抬升了 50～160 m，受其影响，80%保证率≥15 ℃日数多于 145 d 的区域明显扩大，尤其在塔里木盆地扩大更为显著；125～145 d 的区域在北疆有所扩大，但南疆有所减小；105～125 d 的区域总体略有减小。受上述各区变化的综合影响，新疆 80%保证率≥15 ℃日数不足 105 d 的区域明显减小，其中，北疆减小尤为突出（图 7.4b）。

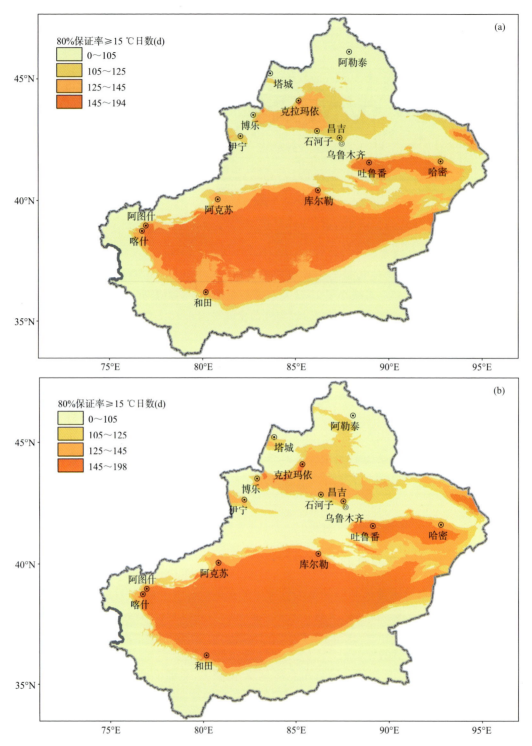

图 7.4 1961—1996 年(a)和 1997—2013 年(b)新疆 80％保证率≥15 ℃日数空间分布的比较

（2）日平均气温≥20 ℃光温指数

新疆日平均气温≥20 ℃光温指数的空间分布与日平均气温≥15 ℃日数相似,也表现为"南疆高,北疆低;平原和盆地高,山区低"的格局(图 7.5)。以对哈密瓜品质和产量形成影响程度而划分的各等级日平均气温≥20 ℃光温指数(表 7.2)的分布情况来看,1997 年以前日平均气温≥20 ℃光温指数≥2.3 的区域主要分布在吐哈盆地大部以及塔里木盆地东部,另在准噶尔盆地西南部和塔里木盆地西部也有少量分布。日平均气温≥20 ℃光温指数 1.8～2.3 的区域主要在准噶尔盆地南部的北疆沿天山一带、塔里木盆地中西部以及吐哈盆地周边丘陵和山前倾斜平原地带。上述两区以外的区域≥20 ℃光温指数<1.8(图 7.5a)。

1997年后较其之前,各地日平均气温≥20 ℃光温指数≥2.3以及1.8～2.3的海拔上限均向高海拔区域抬升,其中,≥2.3的区域抬升约100～150 m,1.8～2.3的区域抬升70～130 m。受其影响,≥20 ℃光温指数≥2.3的区域明显扩大;1.8～2.3的区域以及<1.8的区域有所减小(图7.5b)。

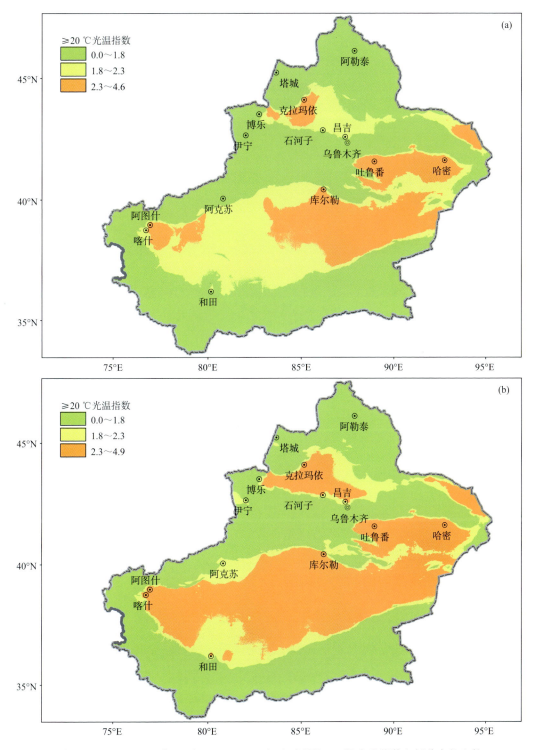

图7.5 1961—1996年(a)和1997—2013年(b)新疆≥20 ℃光温指数空间分布的比较

(3)6—8月气温平均日较差

新疆6—8月气温平均日较差的空间分布表现为"南疆大,北疆小;东部大,西部小;平原和盆地大,山区小"的格局(图7.6)。对比1997年前后不同等级(表7.2)6—8月气温平均日较差空间分布的变化情况可以看出,1997年后较其之前,6—8月气温平均日较差≥15.0 ℃的区域明显缩小;13.5～15.0 ℃

的区域南疆明显扩大,北疆明显缩小;而6—8月气温平均日较差<13.5 ℃的区域南北疆均有所扩大,其中,北疆扩大更为明显。

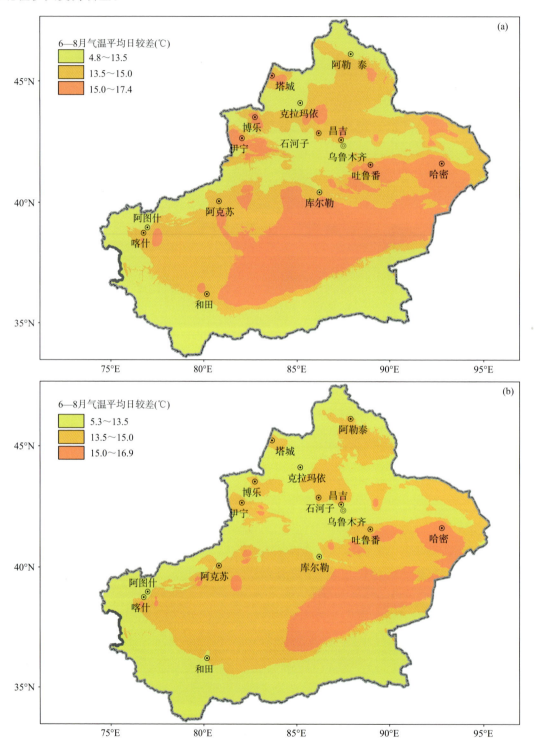

图 7.6 1961—1996年(a)和1997—2013年(b)新疆6—8月气温平均日较差空间分布的比较

7.1.5 哈密瓜种植气候适宜性区划及其变化

图 7.7 给出了综合考虑各区划指标气候要素变化的1997年前、后新疆哈密瓜种植气候区划。从中可以看出,就各熟型哈密瓜可种植区域来看,全疆可划分为晚熟、中熟和早熟品种适宜种植区以及哈密瓜不宜种植区4个大区。若再考虑哈密瓜主要生长发育阶段≥20 ℃光温条件和6—8月气温日较差的

情况及其匹配关系，各熟型哈密瓜适宜种植区又可分为最佳种植区和次佳种植区 2 个亚区，这样，新疆哈密瓜种植气候区划共划分为 7 个亚区。从区划结果可以看出，新疆不存在各种熟型哈密瓜的一般种植区，这说明，在新疆凡是热量条件能够满足哈密瓜生长发育（80％保证率≥15 ℃日数≥105 d）的地方，≥20 ℃光温指数均≥1.8，6—8 月气温平均日较差也大多≥13.5 ℃，这也进一步揭示了新疆哈密瓜品质优异的气候成因。以下对各分区的变化情况进行分析。

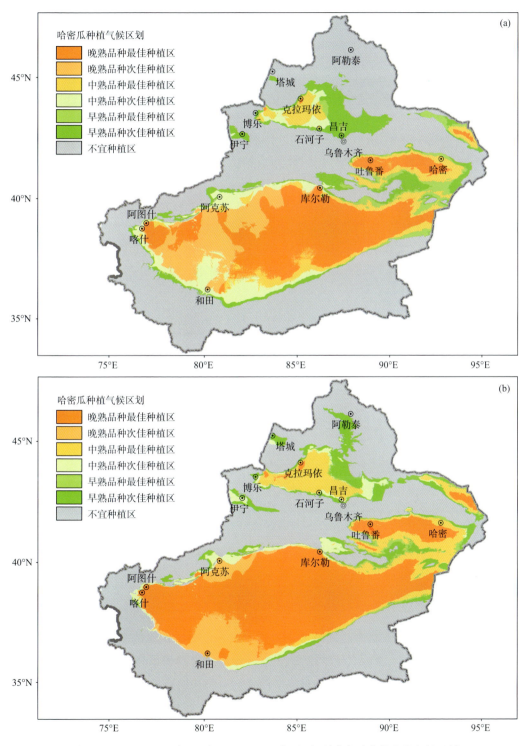

图 7.7　1961—1996 年（a）和 1997—2013 年（b）新疆哈密瓜种植农业气候区划

（1）晚熟哈密瓜适宜种植区

新疆塔里木盆地和吐哈盆地大部热量条件能够满足晚熟哈密瓜的种植。该区的最佳种植亚区主要分布在塔里木盆地中东部以及吐哈盆地大部,另外,在塔里木盆地西部也有少量分布(图 7.7)。1997 年前其面积为 2.95×10^5 km²,占新疆总面积的 17.7%。1997 年后,该亚区有较大幅度的扩张,面积增至 4.29×10^5 km²,较 1997 年前增大了 1.34×10^5 km²,增加 8.1 个百分点(表 7.4),其中,在塔里木盆地扩大最为明显。

该区的次佳种植亚区主要分布在最佳种植亚区周边区域,1997 年前次佳种植亚区面积为 1.04×10^5 km²,占新疆总面积的 6.3%。1997 年后降至 7.92×10^4 km²,较 1997 年前减小了 2.52×10^4 km²,减小 1.5 个百分点(表 7.4)。

(2)中熟哈密瓜适宜种植区

中熟品种哈密瓜适宜种植区主要分布在塔里木盆地和吐哈盆地周边的冲击、洪积平原以及准噶尔盆地中西部低平原地带(图 7.7)。1997 年前该区的最佳种植亚区面积为 1.14×10^5 km²,占新疆总面积的 6.9%。1997 年后增至 1.36×10^5 km²,较 1997 年前增大了 2.20×10^4 km²,增加 1.3 个百分点。次佳种植亚区面积则由 1997 年前的 9.16×10^4 km²降至 1997 年后的 5.28×10^4 km²,占新疆总面积的比例也由 5.5%降至 3.2%,减小了 2.3 个百分点(表 7.4)。

(3)早熟哈密瓜适宜种植区

新疆早熟哈密瓜适宜种植区较小,面积只有 $1.38\times10^5\sim1.78\times10^5$ km²,仅占新疆总面积的 8.3%~10.6%,主要分布在中熟哈密瓜适宜种植区外围的山前倾斜平原和部分丘陵地带(图 7.7)。1997 年前其最佳和次佳种植亚区面积分别为 4.56×10^4 km² 和 1.32×10^5 km²,1997 年后分别减至 1.78×10^4 km² 和 1.20×10^5 km²,占新疆总面积的比率也分别由 2.7% 和 7.9% 降至 1.1% 和 7.2%(表 7.4)。

表 7.4　1997 年前后新疆各熟型哈密瓜种植气候适宜性分区面积的变化

分区	1961—1996 年		1997—2013 年	
	面积(km²)	占总面积比率(%)	面积(km²)	占总面积比率(%)
晚熟品种最佳种植亚区	294570	17.7	429027	25.8
晚熟品种次佳种植亚区	104466	6.3	79223	4.8
中熟品种最佳种植亚区	114079	6.9	135731	8.2
中熟品种次佳种植亚区	91159	5.5	52773	3.2
早熟品种最佳种植亚区	45611	2.7	17842	1.1
早熟品种次佳种植亚区	132340	7.9	120474	7.2
哈密瓜不宜种植区	882674	53.0	829830	49.8

(4)哈密瓜不宜种植区

哈密瓜不宜种植区面积由 1997 年前的 8.83×10^5 km²减至 1997 年后的 8.30×10^5 km²,其占新疆总面积的比率也由 53.0%降至 49.8%,减小了 3.2 个百分点(表 7.4)。

7.1.6　哈密瓜种植适应气候变化的对策措施

(1)近 53 a,尤其是 1997 年以来新疆哈密瓜生长发育期间光热资源明显改善,使中、晚熟哈密瓜最佳种植区明显扩大,中、晚熟哈密瓜次佳种植区、早熟哈密瓜适宜种植区以及哈密瓜不宜种植区不同程度地减小。中、晚熟哈密瓜一般较早熟哈密瓜产量高、品质优,长期以来,中、晚熟哈密瓜一直是新疆,尤其是南疆和东疆地区的主栽品种,中、晚熟哈密瓜最佳种植区明显扩大,对促进新疆哈密瓜产业的发展具有十分重要的意义。因此,各地可根据气候变化的特点,科学调整哈密瓜的种植区域和品种熟型,提高哈密瓜产量和经济效益。

(2)新疆气温日较差大,对哈密瓜可溶性干物质的积累、品质的提高十分有利。尽管近 53 a 6—8 月气温平均日较差呈显著地减小趋势,但目前其减小的程度还不足以对哈密瓜品质产生明显的影响。然而需要指出的是,未来随着气温日较差的持续减小,将可能对哈密瓜品质产生一定的影响,对此须给予关注。

（3）气候变暖将使疫霉病、霜霉病、白粉病、病菌性叶枯病、蔓枯病以及蝼蛄、地老虎、金针虫、蛴螬、蚜虫等各类哈密瓜病虫害趋于严重，需高度重视并加大防治力度。

（4）需要说明的是，哈密瓜种植区域的确定、品种熟型的选择不仅受以热量和光照条件为主的气候因素的影响，同时还与市场状况、种植技术、土壤和灌溉条件等因素密不可分，例如，从气候条件来看，吐鲁番盆地光热资源居全疆之首，非常适宜中、晚熟哈密瓜的种植，但近年来，吐鲁番地区在稳定中、晚熟哈密瓜生产的同时，也积极发展早熟哈密瓜的种植，使其成熟、上市时间较中、晚熟品种提早约 20 d 以上，取得了较好的经济和社会效益。因此，在本研究工作的基础上，统筹考虑自然、社会和经济因素对哈密瓜生产的综合影响，制定更加符合新疆实际的哈密瓜种植区划和发展规划，是今后有关新疆哈密瓜种植业发展的重点研究工作之一。

7.2 气候变化对红枣种植的影响

红枣具有果实营养价值高、保健功效好、经济和生态效益显著、适应性强、抗干旱、耐瘠薄等特点，近几十年，尤其 20 世纪 90 年代后期以来新疆的红枣种植业发展异常迅速，至 2012 年全疆红枣种植面积达 35 万 hm²，约占全国红枣面积的 23%，产量 62 万 t，约为全国红枣总产量的 12%。目前，红枣已成为新疆特色林果的第一大果种，红枣产业在新疆社会经济发展、生态环境保护以及农民脱贫致富奔小康中占有举足轻重的地位。

因此，在对红枣生长发育、产量形成和品质优劣具有决定意义的各气候要素时空变化规律进行分析的基础上，根据红枣种植气候适宜性区划指标，研究分析气候变化对新疆红枣种植气候适宜性的影响，以期为适应气候变化，科学合理地制定和安排新疆红枣发展规划和种植区域，采取趋利避害的生产管理技术措施，促进新疆红枣产业的持续稳定发展提供参考依据。

7.2.1 红枣生态气候条件分析

（1）光照

红枣为典型的喜光树种，光照充足则枣果产量高、品质佳。一般，枣树生长期内日照时数在 1700 h 以上较为适宜。新疆光照资源充足，枣树生长发育期间大部分地区日照时数在 1700～1900 h，因此光照条件能够满足红枣生长发育和优质高产的需求。

（2）温度

红枣为喜温树种，春季气温升至 13～15 ℃时开始萌动，15～17 ℃以上时抽枝展叶、花芽分化，19 ℃以上时现蕾。花期的最适温度为 24～26 ℃，低于 20 ℃或高于 30 ℃花粉发育不良。坐果和枣核形成期要求平均气温在 25～30 ℃，低于 25 ℃或高于 30 ℃均对果实生长造成一定影响。成熟期平均气温以 20 ℃以上为宜，气温低于 20 ℃，果实发育停止，低于 15 ℃时，成熟过程受阻。红枣整个生育期需 ≥10 ℃积温 3300 ℃·d 以上。当日平均气温降至 5 ℃以下时枣树进入休眠期，冬季休眠阶段枣树对低温的适应性较强，但不同树龄的枣树抗低温能力差异较大，幼龄枣树抗低温能力较差，冬季极端最低气温低于 -24～-26 ℃时 1～3 年的幼龄枣树就会遭受冻害。成龄枣树抗低温能力较强，一般能抗 -30 ℃的低温，但当冬季极端最低气温降至 -32 ℃以下时也会造成冻害。

（3）降水

红枣抗旱耐涝，新疆降水较少，枣树主要靠灌溉供水，因此降水不是制约枣树生长发育的气候因子，相反，降水少、空气干燥反而利于红枣果实品质的提高。

7.2.2 红枣种植气候适宜性区划指标

热量条件是影响新疆红枣生长发育、产量形成和果品优劣的主要气候因素，光照和降水对其影响很小。因此，根据红枣整个生长期和生长关键期对温度条件的要求，以及冬季极端最低气温对红枣安全越冬的影响，以≥10 ℃积温、90%保证率冬季极端最低气温和 6—7 月平均气温作为新疆红枣种植气候适宜性区划指标,由于以上3项气候指标对红枣的影响和作用具有不可替代性,因此,该3项气候指标必须同时具备(表7.5)。

表7.5 新疆红枣种植气候适宜性区划指标

气候指标	适宜区	次适宜区	不适宜区
≥10℃积温(℃·d)	>3900	3300~3900	<3300
90%保证率极端最低气温(℃)	>-26	-26~-32	<-32
6—7月平均气温(℃)	25~30	21~25,>30	<21

7.2.3 红枣种植气候适宜性指标气候要素变化趋势

(1)≥10℃积温

1961—2012年,新疆日平均气温≥10℃积温总体以62.216℃·d·(10 a)$^{-1}$的倾向率呈显著($P=0.001$)增多趋势(图7.8),52 a来增加了323℃·d。累积距平和t检验表明(表7.6),近52 a新疆日平均气温≥10℃积温于1997年发生了突变。

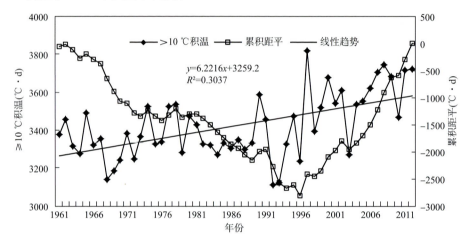

图7.8 1961—2012年新疆≥10℃积温及其累积距平的变化

(2)冬季极端最低气温

1961—2012年,新疆冬季极端最低气温总体以0.551℃·(10 a)$^{-1}$的倾向率呈显著($P=0.001$)上升趋势(图7.9),52 a来上升了2.9℃。累积距平和t检验表明(表7.6),近52 a新疆冬季极端最低气温于1982年发生了突变。

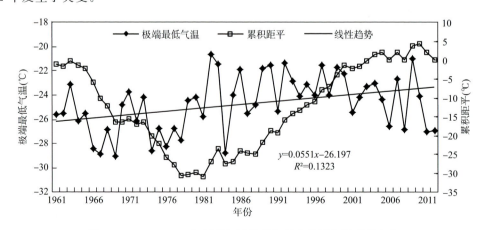

图7.9 1961—2012年新疆极端最低气温及其累积距平的变化

（3）6—7月平均气温

1961—2012 年,新疆 6—7 月平均气温总体以 0.221 ℃·(10 a)$^{-1}$ 的倾向率呈显著($P=0.001$)上升趋势(图 7.10),52 a 来上升了 1.1 ℃。累积距平和 t 检验表明(表 7.6),近 52 a 新疆 6—7 月平均气温于 1994 年发生了突变。

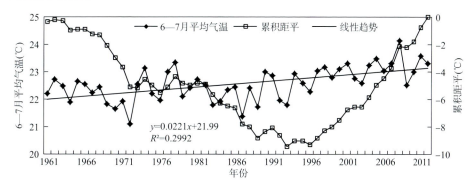

图 7.10　1961—2012 年新疆 6—7 月平均气温及其累积距平的变化

表 7.6　新疆≥10 ℃积温、冬季极端最低气温和 6—7 月平均气温突变点信度检验

指标	检测年份	n_1	n_2	$\lvert t_0 \rvert$
≥10 ℃积温(℃·d)	1997	36	16	6.590 3***
冬季极端最低气温(℃)	1982	21	31	4.450 9***
6—7 月平均气温(℃)	1994	33	19	5.602 3***

n_1、n_2 分别为检测点前后气候要素序列的样本数。 *** 表示通过 $P=0.001$ 的显著性检验。

7.2.4　红枣区划指标气候要素空间分布及其变化

以三要素中发生突变最迟的日平均气温≥10 ℃积温的突变年 1997 年为时间节点,分析 1997 年前(1961—1996 年)、后(1997—2012 年)≥10 ℃积温、冬季极端最低气温和 6—7 月平均气温空间分布的差异。

（1）日平均气温≥10 ℃积温

新疆日平均气温稳定≥10 ℃积温的空间分布总体呈现"南疆多,北疆少;平原和盆地多,山区少"的格局(图 7.11)。以对红枣种植适宜程度(表 7.5)分级的≥10 ℃积温的分布区域来看,1997 年前≥10 ℃积温多于 3900 ℃·d 的区域主要在南疆的塔里木盆地和东疆的吐鲁番、哈密盆地,北疆除准噶尔盆地西南缘局部有零星分布外,绝大部分区域日平均气温≥10 ℃积温在 3900 ℃·d 以下,北疆北部以及天山、昆仑山区日平均气温≥10 ℃积温不足 3300 ℃·d(图 7.11a)。1997 年后较其之前≥10 ℃积温多于 3900 ℃·d 的区域明显扩大,具体表现在,北疆准噶尔盆地西南部海拔高度低于 500 m 的地区出现了规模、连片的日平均气温≥10 ℃积温多于 3900 ℃·d 的区域,南疆的塔里木盆地和东疆的吐鲁番、哈密盆地日平均气温≥10 ℃积温多于 3900 ℃·d 的区域也有所扩大。与此同时,北疆日平均气温≥10 ℃积温 3300~3900 ℃·d 的区域也明显东扩、北抬,而全疆日平均气温≥10 ℃积温不足 3300 ℃·d 的区域有所减小(7.11b)。

（2）90%保证率极端最低气温

新疆 90%保证率冬季极端最低气温的空间分布与日平均气温≥10 ℃积温相似,也表现为"南疆高,北疆低;平原和盆地高,山区低"的格局(图 7.12)。以对红枣越冬安全性划分的不同等级的 90%保证率冬季极端最低气温(表 7.5)的分布情况来看,1997 年以前 90%保证率冬季极端最低气温高于-26 ℃的区域仅出现在南疆的塔里木盆地和东疆的吐鲁番盆地。-32.0~-26.0 ℃的区域也主要在塔里木盆地周边山前倾斜平原和东疆的哈密盆地,北疆地区仅在伊犁河谷等地有零星出现。北疆大部以及天山、昆仑山区 90%保证率冬季极端最低气温一般低于-32.0 ℃(图 7.12a)。1997 年后较其之前,90%保证率冬季极端最低气温高于－26 ℃的区域有所扩大,其中,吐鲁番、哈密盆地以及焉耆盆地扩大最为明显。与此同时,90％保证率冬季极端最低气温－32.0～－26.0 ℃的区域也向高纬度、高海拔地区扩张,北疆的伊犁河谷、塔额盆地以及乌苏以西和昌吉以东的北疆沿天山一代大部已被该区域所覆盖。而全疆90％保证率冬季极端最低气温低于－32 ℃的区域明显减小(图7.12b)。

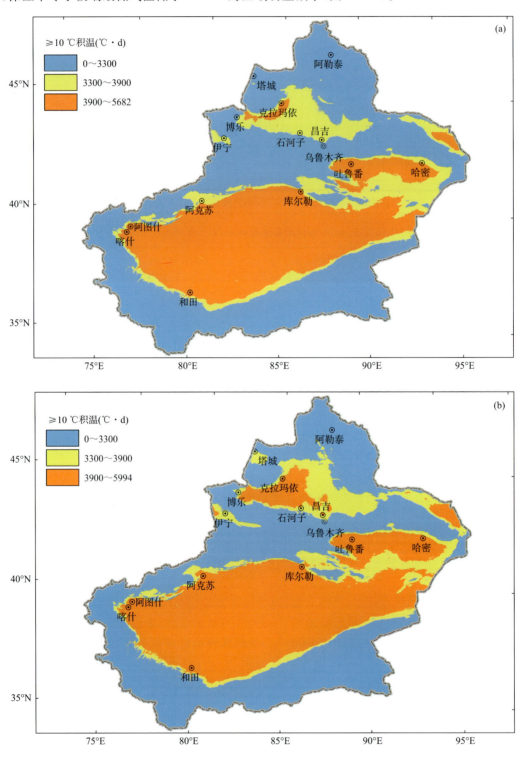

图 7.11　1961—1996 年(a)和 1997—2012 年(b)新疆≥10 ℃积温的空间分布

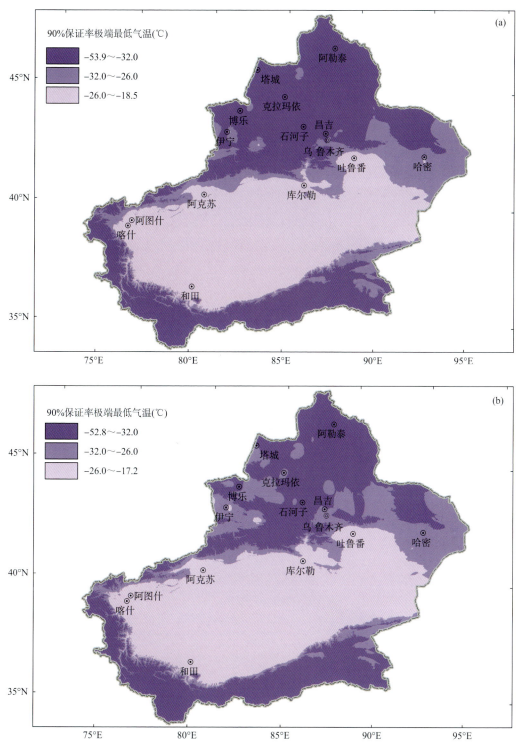

图7.12 1961—1996年(a)和1997—2012年(b)新疆90％保证率极端最低气温的空间分布

(3)6—7月平均气温

新疆红枣开花—坐果期的6—7月平均气温的空间分布也表现为"南疆高,北疆低;平原和盆地高,山区低"的格局(图7.13)。对比1997年前后不同等级(表7.5)6—7月平均气温空间分布的变化情况可以看出,1997年后较其之前,对红枣开花—坐果最适宜的25.0～30.0 ℃的区域明显扩大,其中,北疆沿天山一带、塔里木盆地南部以及吐鲁番、哈密盆地扩大更为明显。而21.0～25.0 ℃的区域虽也有向高纬度、高海拔地区扩张的趋势,但受25.0～30.0 ℃区域迅速扩大的影响,该区域的面积有所压缩,其中,南疆和东疆地区压缩更为明显。6—7月平均气温＞30.0 ℃的区域仅出现在吐鲁番、哈密盆地腹地,虽 1997 年后较其之前该区域也有所增大,但增大幅度较小。全疆 6—7 月平均气温<21.0 ℃的区域有所减小。

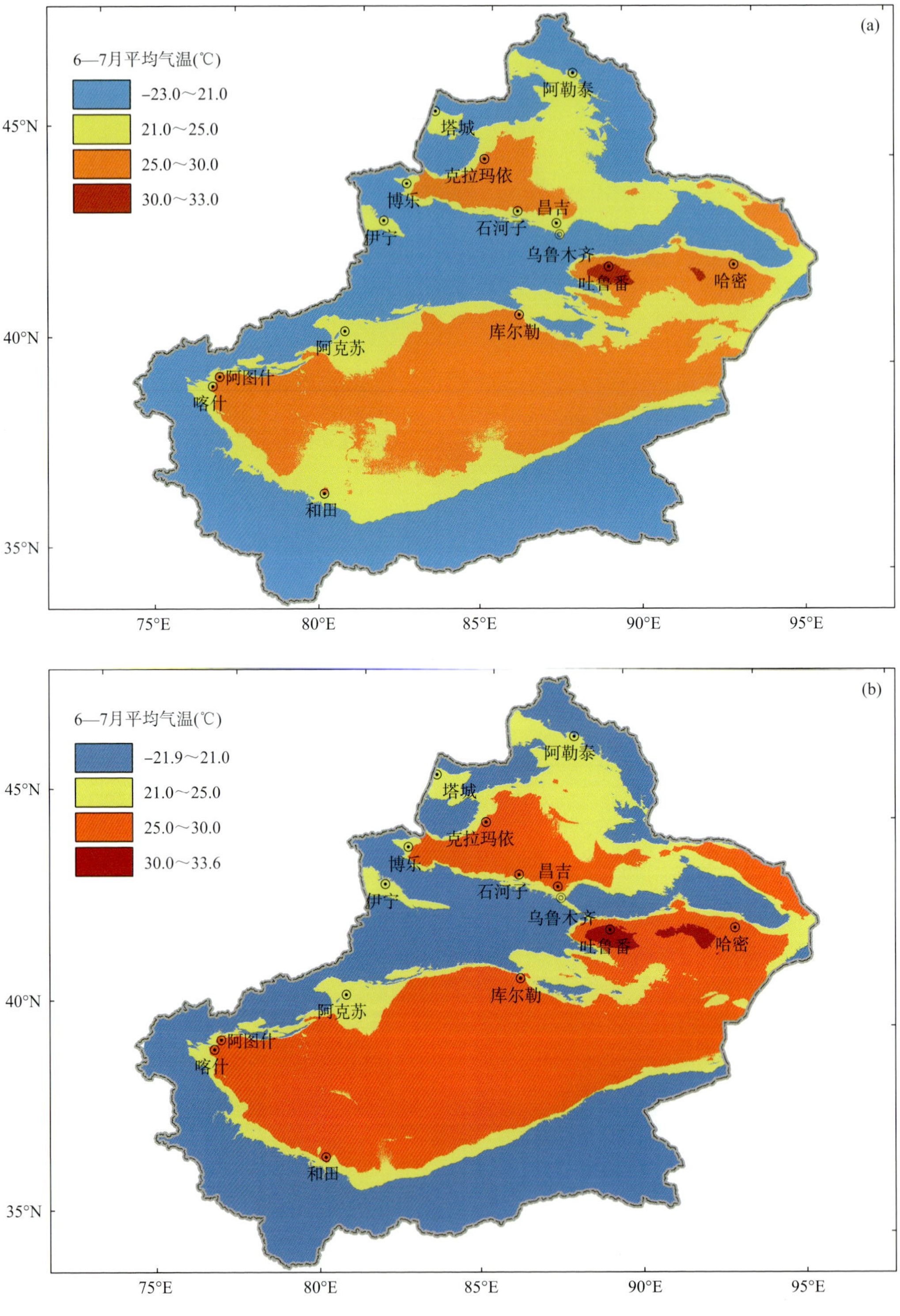

图 7.13　1961—1996 年(a)和 1997—2012 年(b)新疆 6—7 月平均气温的空间分布

7.2.5　红枣种植气候适宜性区划及其变化

（1）适宜区

1997 年前新疆红枣适宜种植区主要分布在南疆的塔里木盆地中部以及东疆的吐鲁番盆地周边地区(图 7.14),面积为 3.85×10^5 km²,占新疆总面积的 23.1%(表 7.7)。1997 年后,红枣适宜种植区在南疆和东疆均有较大幅度的扩张，其中，塔里木盆地南部的和田地区扩大最为明显，另外，塔里木盆地周边的其他地区以及吐鲁番盆地红枣适宜种植区也向高海拔区域上移了 50～150 m，面积有所扩大。受其影响，1997 年后全疆的红枣适宜种植区面积增至 5.05×10^5 km²，较 1997 年前增大 1.20×10^5 km²，增加 7.3 个百分点。适宜区是新疆最理想的优质红枣种植和发展区域，气候变化使该区明显扩大，对促进新疆红枣产业的发展具有十分重要的意义。

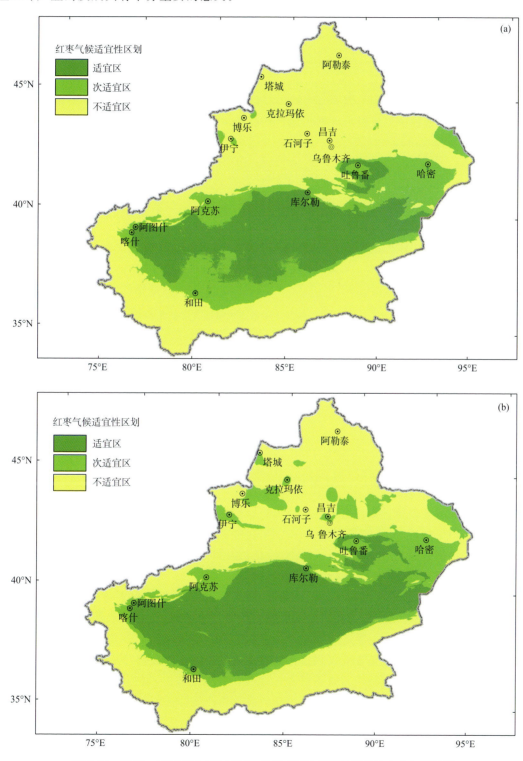

图 7.14　1961—1996 年(a)和 1997—2012 年(b)新疆红枣种植农业气候区划

（2）次适宜区

1997年前新疆红枣次适宜种植区主要分布在南疆塔里木盆地周边的山前倾斜平原和冲积、洪积平原地带以及东疆的哈密地区和吐鲁番盆地腹地，面积为 $3.07×10^5$ km²，占新疆总面积的18.4％。1997年后，次适宜区在北疆的伊犁河谷、塔额盆地以及北疆沿天山一带西部和昌吉、乌鲁木齐等地的部分县市已有较大面积出现，但在南疆和东疆因适宜区迅速扩张的缘故，次适宜区范围明显减小。受上述变化的综合影响，1997年后新疆红枣的次适宜种植区面积较1997年前缩小了 $4.00×10^4$ km²，缩小2.4个百分点（表7.7）。红枣次适宜种植区的气候条件对红枣生长发育、产量形成的满足程度总体不如适宜区，其中，北疆和哈密地区次适宜区制约红枣种植的主要因素是冬季低温对枣树尤其是幼龄枣树安全越冬形成威胁；南疆的塔里木盆地周边因红枣开花、坐果期的6—7月气温低于25℃，对开花、坐果有一定影响；而东疆的吐鲁番盆地腹地则是因6—7月平均气温高于30℃，高温对开花、坐果也会造成不利影响。因此，次适宜区各地种植红枣时须根据当地制约红枣生长和产量形成的不利气候条件采取有针对性地防护措施。

（3）不适宜区

1997年前新疆的北疆和天山、昆仑山区均为红枣不宜种植区，其面积为 $9.73×10^5$ km²，占新疆总面积的58.5％。1997年后，因北疆地区次适宜区的出现，以及南疆和东疆地区适宜区扩大、次适宜区海拔上限上移的缘故，不适宜区的范围明显减小。1997年后较1997年前全疆红枣的不适宜种植区面积缩小了 $8.01×10^4$ km²，缩小4.9个百分点（表7.7）。该区不宜种植红枣的主要气候成因是，90％以上的年份冬季极端最低气温低于−32℃，对枣树安全越冬威胁很大，另外，6—7月平均气温一般低于21℃，红枣不能正常开花、坐果，且全年≥10℃积温不足3300℃·d，红枣产量很低甚至没有产量。

表7.7　1997年前后新疆红枣不同气候适宜区面积的变化

分区	1961—1996年		1997—2012年		1997年前后变化量	
	面积（km²）	占总面积的比例（％）	面积（km²）	占总面积的比例（％）	面积（km²）	占总面积的比例（％）
适宜区	385055	23.1	505473	30.4	120418	7.3
次适宜区	306665	18.4	266342	16.0	−40323	−2.4
不适宜区	973180	58.5	893085	53.6	−80095	−4.9
合计	1664900	100.0	1664900	100.0	0.0	0.0

7.2.6　红枣种植适应气候变化的对策措施

（1）冬季寒冷和生长期热量条件总体不足是影响新疆红枣生产和种植规模扩大的主要制约气候因素。在全球变暖背景下，近52 a，尤其是1997年以来新疆农业热量资源明显改善，使得新疆红枣的适宜种植区明显扩大，次适宜区和不适宜区有所减小，因此，各地可根据气候变化的特点，科学调整红枣的种植区域，扩大种植规模，提高红枣的产量和经济效益。

（2）气候变暖使梨圆蚧、枣大球蚧、叶螨、枣瘿蚊、裂果病、黑斑病等病虫害对新疆红枣的危害趋于严重，因此，须加强各种病虫害的监测及其发生发展预测预警技术的研制，并采取各种综合技术措施加强防范。

（3）红枣的种植和分布区域不仅受以热量条件为主的气候因素的影响，同时还与土壤、灌溉条件、种植技术、生产成本以及市场状况等因素密不可分，因此，在实际生产中，须统筹考虑自然、社会和经济因素的变化对红枣生产的综合影响，制定更加符合新疆农业生产实际的红枣种植区划和发展规划。

7.3　气候变化对苹果种植的影响

新疆光照充足，热量丰富，降水稀少，空气干燥，气温日较差大，属典型的温带大陆性干旱气候区。得天独厚的自然资源条件，使新疆许多地区适于苹果的种植，其中，以阿克苏地区、伊犁河谷为代表的苹果主产区所生产的苹果,产量高、品质优、色泽鲜艳、风味浓郁,深受国内外消费者的青睐。作为新疆特色林果产业发展的重要组成部分,近年苹果生产发展迅速,2015年全疆苹果种植面积4.61万 hm²,总产6.85亿 kg。由于新疆地域辽阔,地形复杂,气候多样,各地气候条件对苹果种植的适宜程度也有很大差异。近年,新疆苹果种植业快速发展的同时,部分地区出现了忽视气候条件的适宜性而盲目扩大种植面积,或种植区域不合理,导致苹果遭受越冬冻害、高温热害等农业气象灾害的风险增加,产量低而不稳,品质下降,严重影响了苹果生产的经济、社会效益。因此,在对影响新疆苹果生产的主要气候因素时空变化进行分析的基础上,根据苹果的生物学特性及其对气候条件的要求,结合有关苹果种植气候适宜性判别指标,就近55 a 新疆气候变化对苹果种植气候适宜性的影响进行研究和分析,对适应气候变化,充分发挥新疆种植苹果有利的农业气候条件,规避不利气象灾害的影响,科学制定新疆苹果发展规划,促进苹果生产的持续稳定发展具有重要意义。

7.3.1 苹果生态气候条件分析

（1）光照

苹果是喜光树种,光照充足则枝叶健壮繁茂,树体生理活动强,花芽分化率高,结果多,着色好,品质佳。一般年日照时数2200～2800 h、日照百分率50％～60％适宜苹果生长。新疆年日照时数2500～3500 h,苹果生长期（4—10月）日照百分率为60％～70％,均高于苹果生育期对光照条件的要求。

（2）温度

苹果性喜温凉半干旱气候,温度决定苹果的分布区域,并对苹果生长发育的各种生理活动、生化反应产生重要影响。春季日平均气温稳定升至3 ℃时苹果地上部分开始活动,8 ℃左右开始生长,9～12 ℃叶芽萌动。花期的适宜温度为18 ℃左右,温度过高、过低对花粉发芽和花粉管伸长均有不利影响。苹果花芽分化、果实发育成熟期的夏、秋季（6—9月）温度对产量形成和品质优劣有很大影响,一般该期间平均气温20～26 ℃较为适宜,温度过高,果实着色不良,风味、口感不佳,果型和耐贮性变差。果实成熟过程中,昼夜温差大,有利于营养物质的积累。

苹果适宜栽培的温度条件是,年平均气温8～14 ℃,夏季（6—8月）平均气温18～24 ℃。由于新疆冬季寒冷,越冬期冻害是北疆大部、天山山区等地制约苹果栽培的主要气象灾害。冬季处于生理休眠状态的苹果直立越冬的温度界限是最冷月平均气温不低于－12 ℃,当极端最低气温低于－30 ℃即发生冻害,－35 ℃以下即可冻死。苹果冻害不仅与冬季极端最低气温有关,与冬季低温持续时间也有密切关系,日最低气温低于－20 ℃的日数超过24 d,苹果将遭受较严重的冻害。另外,吐鲁番、哈密盆地以及塔里木盆地中、东部夏季炎热,最高气温多在42 ℃以上,苹果易发生日灼或遭受高温热害,苹果产量低、品质差。

（3）水分

苹果对水分条件要求较高,一般年降水量500～800 mm才可满足苹果生长发育对水分条件的需求。新疆虽降水稀少,大部分地区年降水量不足200 mm,但山区较丰沛的降水和高山冰川积雪融水所汇集的河川径流和地下水,为苹果种植提供了有效灌溉水资源保障。

7.3.2 苹果种植气候适宜性区划指标

上述分析表明,温度条件是影响新疆苹果种植的主要气候因素,光照和降水的影响很小,据此,确定新疆苹果种植气候适宜性判别因子及其等级划分标准（表7.8）。

表 7.8 新疆苹果种植气候适宜性指标因子及其等级划分标准

指标因子	适宜	次适宜	不适宜
年平均气温（℃）	8.0～14.0	6.0～8.0,14.0～16.0	≤6.0,>16.0
日最低气温≤－20 ℃的日数（d）	≤20	20～30	>30
夏季（6—8月）平均气温（℃）	18.0～24.0	15.0～18.0,24.0～26.0	≤15.0,>26.0
最冷月（1月）平均气温（℃）	≥－12.0	－18.0～－12.0	≤－18.0

按照表7.8的适宜性等级划分标准,统计新疆102个气象站1961—2015年逐年平均气温、日最低气温$\leqslant -20$ ℃日数、6—8月平均气温、1月平均气温四项指标因子不同等级出现的频率,组成单因子模糊矩阵 $\boldsymbol{R}$:

$$\boldsymbol{R} = \begin{pmatrix} x_1 & x_2 & x_3 \\ y_1 & y_2 & y_3 \\ z_1 & z_2 & z_3 \\ q_1 & q_2 & q_3 \end{pmatrix} \tag{7.2}$$

式中,x_i、y_i、z_i、$q_i (i=1,2,3)$ 分别表示年平均气温、日最低气温$\leqslant -20$ ℃日数、6—8月平均气温和1月平均气温在适宜、次适宜、不适宜范围内出现的频率。

根据所选各气候因子对苹果生产影响的程度,给出权重,确定年平均气温、日最低气温$\leqslant -20$ ℃日数、6—8月平均气温和1月平均气温的权重 a_1、a_2、a_3和a_4分别为0.2、0.2、0.3和0.3,以 $\boldsymbol{A}$ 表示:

$$\boldsymbol{A} = \begin{pmatrix} a_1 & a_2 & a_3 & a_4 \end{pmatrix} \tag{7.3}$$

因此,可得综合评判式:

$$\boldsymbol{B} = \boldsymbol{A} \cdot \boldsymbol{R} \tag{7.4}$$

根据模糊综合评判值,给出新疆苹果种植气候适宜性区划指标(表7.9)。

表7.9　新疆苹果种植气候适宜性区划指标

分区	适宜程度比例(%)	不适宜程度比例(%)	农业意义
适宜种植区	>70	<10	苹果种植的农业气候条件优良,果实产量高、品质佳;苹果树直立越冬安全性较高
次适宜种植区	$35\sim 70$	$10\sim 35$	苹果种植的农业气候条件中等,果实产量和品质低于适宜种植区;需采取适当保护措施才能确保苹果树直立越冬的安全性
不适宜种植区	$\leqslant 35$	$\geqslant 35$	热量条件难以满足苹果生长发育的要求;冬季严寒,苹果树难以安全越冬

7.3.3　苹果区划指标要素变化趋势

(1)年平均气温

1961—2015年,新疆年平均气温总体以0.305 ℃·$(10\ a)^{-1}$的倾向率呈显著($P=0.001$)的升高趋势(图7.15),55 a来升高了1.7 ℃。累积距平和 t 检验表明(表7.10),近55 a新疆年平均气温于1997年发生了突变,突变后较突变前全疆平均气温升高了1.1 ℃。

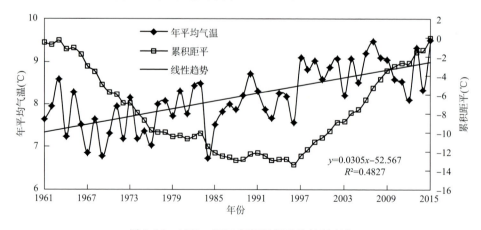

图7.15　1961—2015年新疆年平均气温变化

表 7.10　新疆苹果种植气候适宜性指标因子突变点信度检验

气候指标	检测年份	n_1	n_2	$|t_0|$
年平均气温(℃)	1997	36	19	7.7209***
日最低气温≤−20 ℃的日数(d)	1985	24	31	4.6402***
夏季(6—8 月)平均气温(℃)	1997	36	19	7.1382***
最冷月(1 月)平均气温(℃)	1979	18	37	2.4074*

n_1,n_2 分别为检测点前后气候要素序列的样本数。*，*** 分别表示通过 $P=0.05$ 和 $P=0.001$ 的显著性检验。

（2）日最低气温≤−20 ℃的日数

1961—2015 年,新疆日最低气温≤−20 ℃ 的日数总体以−1.987 d·(10 a)$^{-1}$ 的倾向率呈显著($P=0.001$)减少趋势(图 7.16),55 a 来减少了 10.9 d。累积距平和 t 检验表明(表 7.10),近 55 a 新疆日最低气温≤−20 ℃的日数于 1985 年发生了突变,突变后较突变前全疆平均日最低气温≤−20 ℃ 日数减少了 7.4 d。

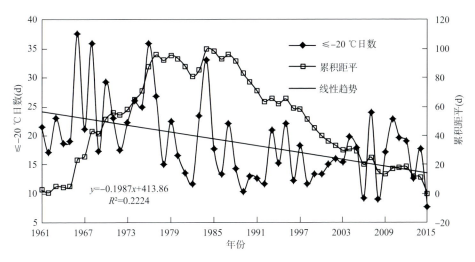

图 7.16　1961—2015 年新疆日最低气温≤−20 ℃ 日数变化

（3）夏季(6—8 月)平均气温

1961—2015 年,新疆 6—8 月平均气温总体以 0.210 ℃·(10 a)$^{-1}$ 的倾向率呈显著($P=0.001$)升高趋势(图 7.17),55 a 来升高了 1.2 ℃。累积距平和 t 检验表明(表 7.10),近 55 a 新疆 6—8 月平均气温于 1997 年发生了突变,突变后较突变前全疆平均 6—8 月平均气温升高了 0.8 ℃。

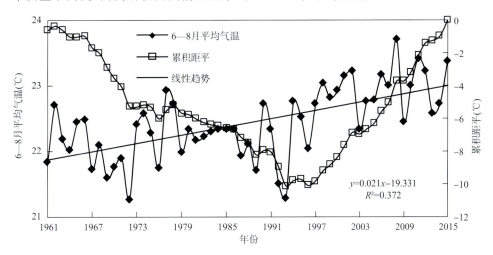

图 7.17　1961—2015 年新疆夏季(6—8 月)平均气温变化

（4）最冷月（1月）平均气温

1961—2015 年，新疆 1 月平均气温总体以 0.242 ℃·(10 a)$^{-1}$ 的倾向率呈显著($P=0.05$)升高趋势（图 7.18），55 a 来升高了 1.3 ℃。累积距平和 t 检验表明（表 7.10），近 55 a 新疆 1 月平均气温于 1979 年发生了突变，突变后较突变前全疆平均 1 月平均气温升高了 1.3 ℃。

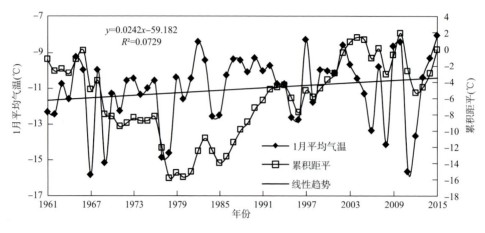

图 7.18 1961—2015 年新疆 1 月平均气温变化

7.3.4 各指标气候要素空间分布及其变化

以发生突变最迟的年平均气温、6—8 月平均气温的突变点 1997 年为时间节点，分析 1997 年前（1961—1996 年）、后（1997—2015 年）各要素空间分布的差异。

（1）年平均气温

新疆年平均气温空间分布呈现南疆高，北疆低；平原和盆地高，山区低的格局（图 7.19）。按照对苹果种植适宜性划分的年平均气温的等级标准（表 7.8），1997 年前，年平均气温 14.0～16.0 ℃ 的区域仅在吐鲁番盆地腹地有少量出现；塔里木盆地自北向南海拔 1500～2200 m 以下，吐哈盆地海拔 1200 m 以下，准噶尔盆地西南缘局部以及伊犁河谷平原地带为 8.0～14.0 ℃；北疆沿天山大部、伊犁河谷丘陵地带以及塔里木盆地、吐哈盆地周边低山、丘陵地带 6.0～8.0 ℃；北疆北部、阿尔泰山、天山山区以及昆仑山中高山带年平均气温低于 6.0 ℃（图 7.19a）。1997 年后较其之前，各等级年平均气温温度带的海拔上限均不同程度地抬升，北疆抬升了 150～200 m，南疆抬升 100～150 m，受其影响，吐鲁番盆地年平均气温 14.0～16.0 ℃ 的区域略有扩大；南、北疆 8.0～14.0 ℃ 的区域也有所扩大，其中北疆扩大较为明显；年平均气温 6.0～8.0 ℃ 以及低于 6.0 ℃ 的区域有所减小（图 7.19b）。

（2）日最低气温≤−20 ℃的日数

新疆日最低气温≤−20 ℃日数空间分布呈现南疆少，北疆多；平原和盆地少，山区多的格局（图 7.20）。按照对苹果种植不同适宜性划分的日最低气温≤−20 ℃日数的等级标准（表 7.8），1997 年前，南疆和东疆除山区外的绝大部分地区以及北疆伊犁河谷日最低气温≤−20 ℃日数少于 20 d；日最低气温≤−20 ℃日数 20～30 d 的区域较小，仅在塔里木盆地、吐哈盆地周边低山丘陵地带，伊犁河谷低山带，塔额盆地，北疆沿天山中东部等局部区域有少量分布；北疆大部，阿尔泰山、天山和昆仑山区在 30 d 以上（图 7.20a）。

1997 年后较其之前，南疆日最低气温≤−20 ℃日数的空间分布格局无明显变化，只是少于 20 d 的区域略有增大，而 20～30 d 以及 30 d 以上的区域向高海拔方向略有抬升并压缩。北疆变化较大，具体表现为，日最低气温≤−20 ℃日数少于 20 d 的区域略有增大，20～30 d 的区域明显增大，而日最低气温≤−20 ℃日数 30 d 以上的区域则明显减小（图 7.20b）。

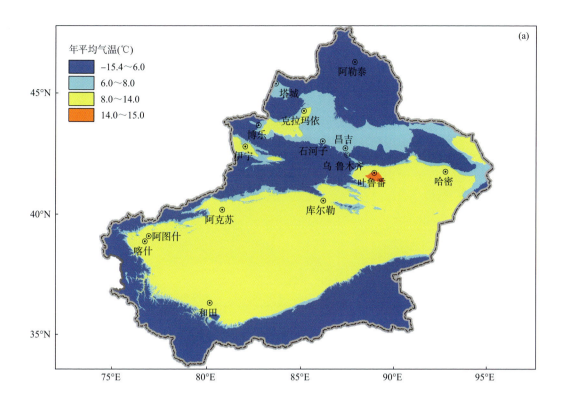

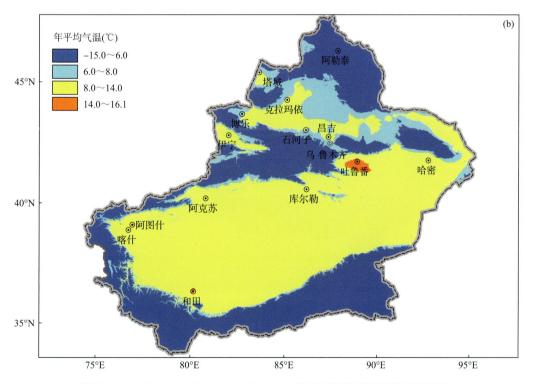

图 7.19　1961—1996 年(a)和 1997—2015 年(b)新疆年平均气温空间分布

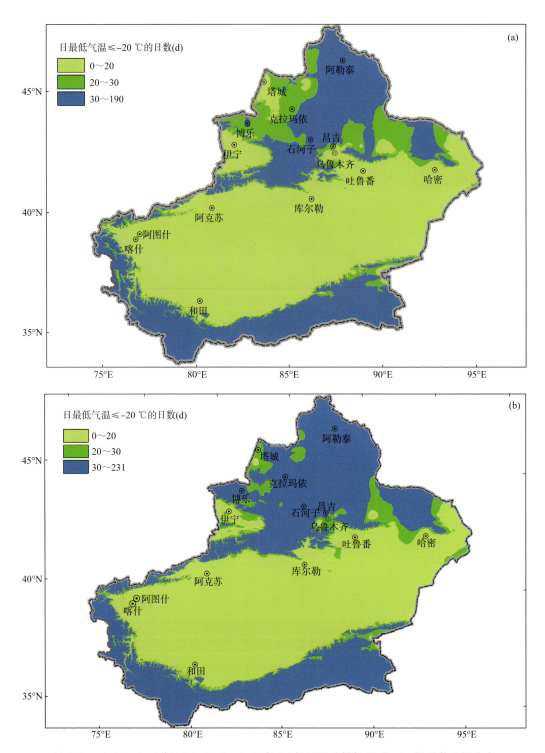

图 7.20 1961—1996 年(a)和 1997—2015 年(b)新疆日最低气温≤−20 ℃日数空间分布

（3）夏季(6—8 月)平均气温

新疆夏季平均气温空间分布总体呈现平原和盆地高,山区低的格局(图 7.21)。1997 年前,夏季平均气温高于 26.0 ℃的区域主要分布在吐哈盆地中部、塔里木盆地东北部罗布泊地区,北疆仅在克拉玛依以及淖毛湖、三塘湖山间盆地有零星出现;塔里木盆地大部、北疆沿天山中西部山前低平原以及吐哈盆地周边洪积平原地带为 24.0~26.0 ℃;北疆大部、伊犁河谷、塔里木盆地和吐哈盆地周边丘陵地带为 18.0~24.0 ℃;阿尔泰山、天山以及昆仑山低山带 15.0~18.0 ℃,中高山带低于 15.0 ℃(图 7.21a)。

1997 年后较其之前,各级夏季平均气温带的海拔上限均不同程度地抬升,其中北疆抬升 100~150 m,南疆抬升 60~100 m,受其影响,吐哈盆地、塔里木盆地东北部夏季平均气温高于 26.0 ℃的区域明显扩大，另在准噶尔盆地西南缘也有一定规模的出现；24.0～26.0 ℃的区域在北疆有所扩大，而南疆变化不明显；18.0～24.0 ℃、15.0～18.0 ℃和低于15.0 ℃的区域在南、北疆均向高海拔、高纬度方向略呈抬升、压缩之势（图7.21b）。

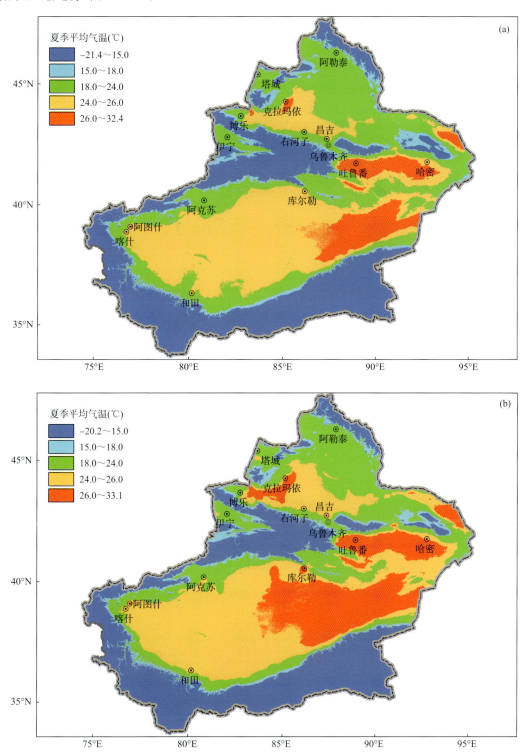

图7.21　1961—1996年(a)和1997—2015年(b)新疆夏季平均气温空间分布

（4）1月平均气温

新疆1月平均气温空间分布总体呈现南疆高，北疆低；平原和盆地高，高山带低的特点（图7.22）。1997年前，南疆、东疆以及伊犁河谷大部1月平均气温高于−12.0 ℃，另外，北疆塔额盆地1月平均气温也在−12.0 ℃以上；北疆大部，天山、昆仑山中低山带为−18.0～−12.0 ℃；北疆东北部、阿尔泰山区以及天山、昆仑山高山带低于-18.0 ℃(图 7.22a)。

1997 年后较其之前,各等级 1 月平均气温的海拔上限均不同程度地抬升,北疆抬升了 200~250 m,南疆抬升 150~200 m,受其影响,1 月平均气温高于-12.0 ℃的区域有所扩大;-18.0~-12.0 ℃和低于-18.0 ℃的区域有所减小(图 7.22b)。

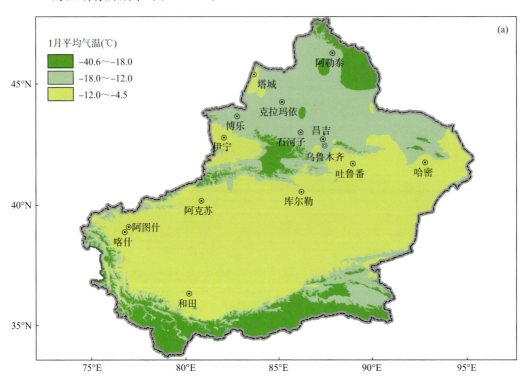

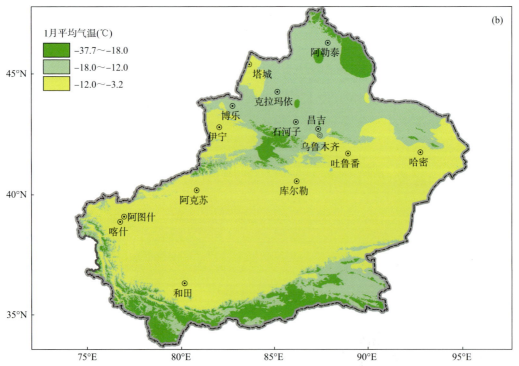

图 7.22 1961—1996 年(a)和 1997—2015 年(b)新疆 1 月平均气温空间分布

7.3.5 苹果种植气候适宜性区划及其变化

(1)适宜种植区

1997 年前新疆苹果适宜种植区主要在南疆的阿克苏地区、和田地区大部、喀什地区东部、巴音郭楞蒙古自治州西部、克孜勒苏柯尔克孜自治州西南部以及北疆伊犁河谷海拔 1400 m 以下的河谷平原地带，另在南疆焉耆盆地和哈密盆地也有零星分布（图 7.23a），面积 3.35×10⁵ km²，占新疆总面积的 20.1％（表 7.11）。1997 年后较其之前，南疆苹果适宜种植区除焉耆盆地有所扩大、克孜勒苏柯尔克孜自治州变化不大外，其余各地均明显减小，主要分布区域压缩到了阿克苏地区中西部、和田地区北部、喀什地区东北部的范围内。而同期北疆的苹果适宜种植区略有扩大，表现为，除伊犁河谷略有扩大外，另在塔额盆地、北疆沿天山低山丘陵等冬季逆温带也有少量出现（图 7.23b）。受上述变化的共同影响，1997 年后苹果适宜种植区面积降至 1.27×10⁵ km²，较 1997 年前减小了 2.08×10⁵ km²，减小 12.5 个百分点。

苹果适宜种植区气候温和，绝大多数年份年平均气温在 4.0～14.0 ℃、6—8 月平均气温 18.0～24.0 ℃、1 月平均气温−12.0 ℃以上、日最低气温≤−20 ℃的日数在 20 d 以下，综合气候条件的适宜比例在 70％以上，不适宜比例低于 10％，夏季高温天气少，冬季气温较高，苹果树遭受越冬冻害和高温热害的风险低，加之光照充足，气温日较差大，对苹果生长发育、产量形成以及果实品质的提高均有利，因此，是新疆苹果种植最理想的发展区域。

1997 年后较其之前南疆苹果适宜种植区大幅压缩的气候成因主要是，原先夏季温度条件适宜的南疆南部地区，因气候变暖、温度升高，夏季温度超出了其适宜范围而变成了次适宜区；北疆则受气候变暖之利，部分地区苹果越冬冻害的风险降低，由次适宜区变成了适宜区。

表 7.11 1997 年前后新疆苹果种植不同气候适宜区面积的变化

分区	1961—1996 年		1997—2015 年		1997 年前后变化量	
	面积（km²）	占比百分率（％）	面积（km²）	占比百分率（％）	面积（km²）	占比百分率（％）
适宜种植区	334910	20.1	127011	7.6	−207899	−12.5
次适宜种植区	556666	33.4	831955	50.0	275289	16.6
不适宜种植区	773324	46.4	705935	42.4	−67389	−4.0
合计	1664900	100.0	1664901	100.0	0	0.0

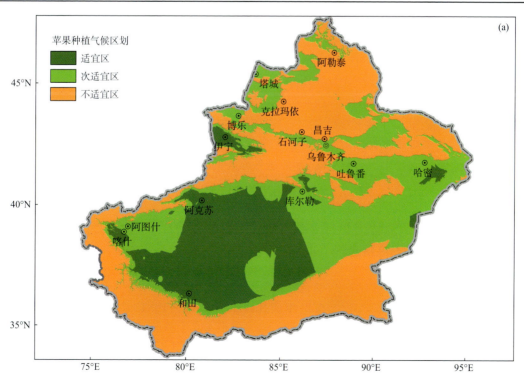

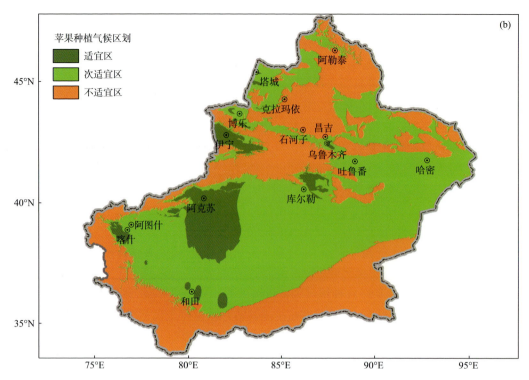

图 7.23　1961—1996 年(a)和 1997—2015 年(b)新疆苹果种植气候适宜性区划

（2）次适宜种植区

1997 年前新疆苹果次适宜种植区主要在南疆的塔里木盆地周边山前倾斜平原及低山丘陵地带,东疆的吐哈盆地大部以及北疆准噶尔盆地周边低山丘陵和洪积平原地带(图 7.23a),面积 5.57×10^5 km²,占新疆总面积的 33.4%。1997 年后较其之前,苹果次适宜种植区在南、北疆均明显扩大(图 7.23b),其面积增至 8.32×10^5 km²,较 1997 年前增大了 2.75×10^5 km²、16.6 个百分点(表 7.11)。

次适宜种植区气候条件对苹果种植的适宜程度总体逊于适宜区,综合气候条件适宜比例为 35%～70%,不适宜比例 10%～35%。但各地影响苹果种植气候适宜性的因素不同,南疆主要是年平均气温和夏季平均气温高于适宜种植区,多数年份分别在 14.0～16.0 ℃ 和 24.0～26.0 ℃,气温偏高对苹果优质高产具有一定不利影响。北疆则是由于冬季气温低,次适宜种植区 1 月平均气温多在 -12.0 ～ -18.0 ℃,日最低气温 $\leqslant -20$ ℃ 的日数 20～30 d,苹果树直立越冬具有一定的冻害风险。

1997 年后较其之前,新疆苹果种植气候次适宜区扩大的成因各地也有所不同。南疆主要是,第一,夏季气温升高,导致原先塔里木盆地南部的适宜区变成了次适宜区;第二,气候变暖使次适宜区海拔上限抬升,面积扩大。北疆则是由于气候变暖,苹果越冬冻害的风险降低,部分地区由原先的不适宜区变成了次适宜区。

（3）不适宜种植区

北疆准噶尔盆地大部以及阿尔泰山、天山和昆仑山中高山带冬季严寒,1 月平均气温多在 -18.0 ℃ 以下,日最低气温 $\leqslant -20$ ℃ 的日数在 30 d 以上,苹果树难以安全越冬,即使采取覆盖等冬季防冻措施,由于该区大部分区域年平均气温低于 6.0 ℃,夏季(6—8 月)平均气温低于 15.0 ℃,也难以满足苹果生长发育和产量形成对热量条件的基本需求,综合气候条件的适宜比例低于 35%,而不适宜比例高于 35%。因此是苹果的不适宜种植区(图 7.23)。1997 年前其面积为 7.73×10^5 km²,占新疆总面积的 46.4%,1997 年后降至 7.06×10^5 km²,缩小了 6.74×10^4 km²,缩小 4.0 个百分点(表 7.11)。

1997 年后较其之前新疆苹果不适宜种植区缩小的原因是,气候变暖使次适宜种植区向高海拔、高纬度方向抬升、扩大,不适宜种植区被压缩之故。

7.3.6　苹果种植适应气候变化的对策措施

苹果性喜温凉,近 55 a 新疆气候变暖对苹果种植既有利也有弊,但总体弊大于利。有利的方面主要是，气候变暖使以前因热量条件不足或越冬冻害风险较大不宜种植苹果的北疆部分地区以及天山、昆仑山低海拔区域成为苹果的次适宜种植区，因而苹果可种植区（含适宜和次适宜种植区）增大，不宜种植区减小。不利的方面是，对热量资源本已十分丰富的吐哈盆地以及塔里木盆地东部等地区而言，气候变暖使苹果果实主要生长期的夏季气温升高并超出其生长发育的适宜范围，导致适宜种植区缩小。另外，气候变暖使苹果蠹蛾、叶螨类等苹果害虫越冬基数和繁殖世代数增加，腐烂病、白粉病等病害发生面积和强度增大，对苹果的危害趋于严重。因此，各地须根据气候特点及其变化对苹果种植的影响，采取趋利避害的技术，科学应对，如，优化苹果发展规划和种植区域，培育或引种抗逆性强的优良苹果品种，提高栽培管理技术水平，加强病虫害的防治等，促进苹果生产的持续稳定发展。

7.4 气候变化对香梨种植的影响

香梨富含维生素和微量元素，营养价值高，保健功效好，是人们喜食的优质水果。据史料记载，新疆人工种植香梨的历史至少已有 1300 多年，在长期的自然杂交和人工选育中形成了许多优良品种，其中，主要分布在塔里木河中下游和孔雀河上游、以库尔勒市附近为代表区域种植的香梨，因具有皮薄、肉细、酥脆、多汁、甘甜、香味浓郁、石细胞少、耐贮藏等特点，在国内外享有盛誉。近几十年，尤其 20 世纪 80 年代中期以来新疆的香梨种植业发展迅速，至 2015 年全疆香梨种植面积达 7.0 万 hm^2，产量 114 万 t，香梨种植业在新疆社会经济发展、生态环境保护以及农民脱贫致富奔小康中占有重要的地位。

但是，新疆地域辽阔，各地气候差异明显，近年，在香梨种植业快速发展的同时，部分地区出现了因忽视气候条件的适宜性而盲目扩大种植规模，或种植区域不合理，导致香梨产量低、品质差，甚至遭受冻害导致梨树大面积死亡的事件频繁，对香梨的高产稳产和优质高效造成了严重影响。因此，在对影响香梨生长发育、产量形成和品质优劣的主要气候要素时空变化规律进行分析的基础上，结合香梨气候适宜性区划指标，研究分析气候变化对新疆香梨种植气候适宜性的影响，以期为适应气候变化，科学合理地制定和安排新疆香梨发展规划和种植区域，促进新疆香梨产业的持续稳定发展提供参考依据。

7.4.1 香梨生态气候条件分析

香梨是温带落叶果树，喜温、好光、喜燥、较耐高温，有一定的抗寒能力。春季日平均气温稳定 ≥10 ℃左右时芽萌发，秋季日平均气温降至 10 ℃左右开始落叶，营养生长需在日平均气温稳定 ≥10 ℃才能进行，该时段持续时间长、温度较高、光照充足对营养生长较有利，反之，低温寡照则不利；香梨开花期适宜温度为 15～25 ℃，开花到果实成熟要求日平均气温≥15 ℃，其中，果实生长主要在日平均气温稳定≥20 ℃期间完成。据库尔勒市气象局研究，当地香梨产量与日平均气温≥20 ℃期间的持续日数、积温和日照时数呈显著（P=0.01）的正相关。不同品种熟型的梨从萌芽到开始休眠的整个生长期所需热量条件不同，新疆库尔勒香梨属晚熟品种，生长期约 220～230 d，需≥10 ℃积温 3400 ℃·d 以上。从落叶至翌年花芽萌动前为梨树越冬休眠期，该期间的低温是影响梨树生存的重要环境因素。新疆香梨的抗寒能力在各品种梨中属中等，冬季最低气温不低于−22 ℃时，对香梨的危害较轻或基本无危害；但当最低气温降至−25 ℃时，将使花芽和一年生枝条受冻，幼树出现死亡；−30 ℃以下的低温会对花芽和 1～2 年生枝条造成较严重的冻害，幼树大量死亡。因此，最低气温−25 ℃是香梨冻害轻重的界限温度。并且低温持续时间越长，危害越重。由于梨树植株较高大，群体叶面积指数较大，加之新疆气候干燥，蒸散强烈，因此，需水量相对较多。据测算，成年梨园年耗水量约为 900～1200 mm，新疆香梨主产区香梨生长期间的降水量大多不足 50 mm，因此，必须依靠灌溉。

7.4.2 香梨种植气候适宜性区划指标

上述分析表明，新疆香梨生产主要受两方面气候因素的影响，一是越冬期间的低温；二是果实生长期间的光热条件。因此，将≥20 ℃期间的积温和日照时数以及多年平均冬季最低气温≤−25 ℃的日数作为新疆香梨种植气候区划的指标因子，划分标准见表 7.12。由于以上三项气候指标对香梨生产的影响和作用具有不可替代性,因此,该三项指标必须同时具备。

表 7.12　新疆香梨种植气候适宜性分区指标

气候指标	最佳种植区	适宜种植区	次适宜种植区	不适宜种植区
≥20 ℃积温(℃・d)	2500~2800	1900~2500 或 2800~3100	1200~1900 或>3100	<1200
≥20 ℃期间日照时数(h)	900~1000	750~900 或 1000~1200	550~750 或>1200	<550
冬季最低气温≤−25 ℃日数(d)	≤0.2	0.2~0.5	0.5~3.0	>3.0

7.4.3　各指标气候要素变化趋势

(1)日平均气温≥20 ℃积温

1961—2015 年,新疆日平均气温稳定≥20 ℃积温总体以 61.625 ℃・d・(10 a)$^{-1}$的倾向率呈显著($P=0.001$)增多趋势(图 7.24),55 a 来增加了 338.9 ℃・d。累积距平和 t 检验表明(表 7.13),近 55 a 新疆≥20 ℃积温于 1997 年发生了突变,突变后较突变前≥20 ℃积温增加了 260.0 ℃・d。

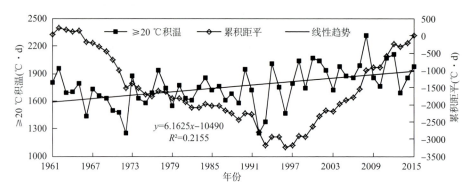

图 7.24　1961—2015 年新疆≥20 ℃积温及其累积距平的变化

表 7.13　新疆≥20 ℃期间的积温、日照时数和冬季最低气温≤−25 ℃日数突变点信度检验

气候指标	检测年份	n_1	n_2	$|t_0|$
≥20 ℃积温(℃・d)	1997	36	19	5.1820***
≥20 ℃期间日照时数(h)	1997	36	19	4.3284***
最低气温≤−25 ℃日数(d)	1986	25	30	4.2463***

n_1,n_2分别为检测点前后气候要素序列的样本数。 *** 表示通过 $P=0.001$ 的显著性检验。

(2)日平均气温≥20 ℃期间日照时数

1961—2015 年,新疆日平均气温稳定≥20 ℃期间日照时数总体以 21.732 h・(10 a)$^{-1}$的倾向率呈显著($P=0.001$)增多趋势(图 7.25),55 a 来增加了 119.5 h。累积距平和 t 检验表明(表 7.13),近 55 a 新疆≥20 ℃期间日照时数于 1997 年发生了突变,突变后较突变前≥20 ℃积温增加了 92.1 h。

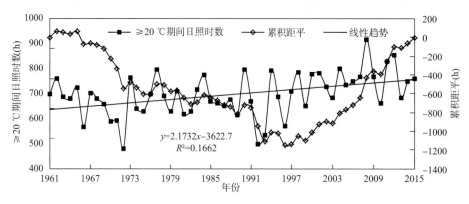

图 7.25　1961—2015 年新疆≥20 ℃期间日照时数及其累积距平的变化

（3）冬季最低气温≤−25 ℃日数

1961—2015 年,新疆冬季最低气温≤−25 ℃日数总体以−0.983 d·(10 a)$^{-1}$的倾向率呈显著(P ＝0.001)减少趋势(图 7.26),55 a 来减少了 5.4 d。累积距平和 t 检验表明(表 7.13),近 55 a 新疆冬季最低气温≤−25 ℃日数于 1986 年发生了突变,突变后较突变前全疆平均冬季最低气温≤−25 ℃日数减少了 3.4 d。

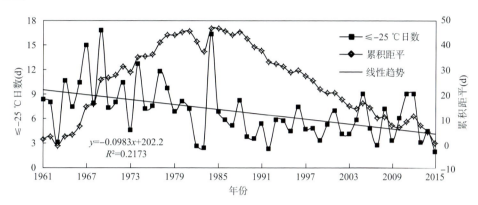

图 7.26　1961—2015 年新疆冬季最低气温≤−25 ℃日数及其累积距平的变化

7.4.4　香梨区划指标气候要素空间分布及其变化

以三要素中发生突变最迟的日平均气温稳定≥20 ℃的积温和≥20 ℃期间日照时数的突变年 1997 年为时间节点,探讨 1997 年前(1961—1996 年)、后(1997—2015 年)≥20 ℃积温、≥20 ℃期间的日照时数以及冬季最低气温≤−25 ℃日数空间分布的变化。

（1）日平均气温≥20 ℃积温

新疆日平均气温稳定≥20 ℃积温的空间分布总体呈现"南疆多,北疆少;平原和盆地多,山区少"的格局(图 7.27)。以对香梨种植适宜程度(表 7.12)分级的日平均气温≥20 ℃积温的分布情况来看,1997 年前日平均气温≥20 ℃积温 2800～3100 ℃·d 以及≥3 100 ℃·d 的区域主要在吐鲁番、哈密盆地以及塔里木盆地东北部的罗布泊低海拔地区;2500～2800 ℃·d 也仅在吐哈盆地周边的冲积平原以及塔里木盆地东部有少量分布;塔里木盆地大部和北疆沿天山中西部为 1900～2500 ℃·d;北疆沿天山中东部、准噶尔盆地中部以及塔里木盆地周边山前倾斜平原为 1200～1900 ℃·d;北疆北部以及阿尔泰山、天山和昆仑山区日平均气温≥20 ℃积温不足 1200 ℃·d(图 7.27a)。1997 年后较其之前,吐哈盆地以及塔里木盆地东北部日平均气温≥20 ℃积温 2800～3100 ℃·d 和≥3 100 ℃·d 的区域明显扩大;与此同时,塔里木盆地大部和准噶尔盆地西南缘低海拔区域也被 2500～2800 ℃·d 所覆盖;1900～2500 ℃·d 的区域,在塔里木盆地被大幅压缩,而在北疆沿天山一带则明显向北、向东扩大;1200～1900 ℃·d 的区域在北疆明显北移,在塔里木盆地周边则向高海拔地带抬升;各地日平均气温≥20 ℃积温不足 1200 ℃·d 的区域也不同程度地向高海拔、高纬度方向抬升、压缩(图 7.27b)。

（2）日平均气温≥20 ℃期间日照时数

新疆日平均气温稳定≥20 ℃期间日照时数的空间分布与日平均气温稳定≥20 ℃积温相似,也表现为"南疆多,北疆少;平原和盆地多,山区少"的格局(图 7.28)。以对香梨种植适宜程度(表 7.12)分级的日平均气温稳定≥20 ℃期间日照时数的分布情况来看,1997 年以前,日照时数多于 1200 h 的区域仅在吐哈盆地腹地有少量分布;吐哈盆地大部以及塔里木盆地东北部为 1000～1200 h;塔里木盆地北部和西部,准噶尔盆地西南缘 900～1000 h;塔里木盆地和准噶尔盆地的中南部为 750～900 h,盆地周边倾斜平原和冲积平原为 550～750 h;北疆北部以及阿尔泰山、天山和昆仑山区不足 550 h(图 7.28a)。1997 年后较其之前,日照时数多于 1200 h 的区域在吐哈盆地有所扩大,另在塔里木盆地东北部罗布泊低海拔区域也有一定规模的出现;1000～1200 h 和 900～1000 h 的区域均明显扩大,具体表现为,1997 年以前南、北疆 900～1000 h 和 750～900 h 的区域,1997 年后分别被 1000～1200 h 和 900～1000 h 所覆盖;750～900 h 和 550～750 h 的区域在南疆明显缩小,在北疆则明显向高纬度和高海拔方向转移;各地日照时数不足 550 h 的区域也不同程度地向高海拔、高纬度方向抬升、压缩,其中北疆抬升压缩的幅度大于南疆(图 7.28b)。

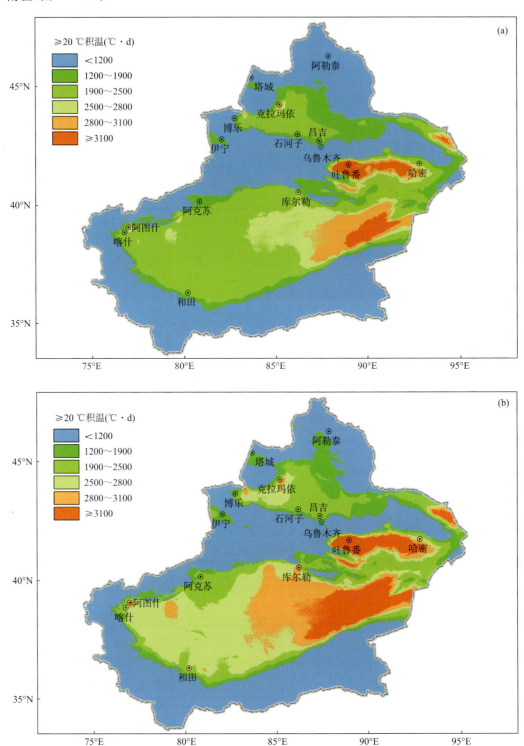

图 7.27　1961—1996 年(a)和 1997—2015 年(b)新疆≥20 ℃积温的空间分布

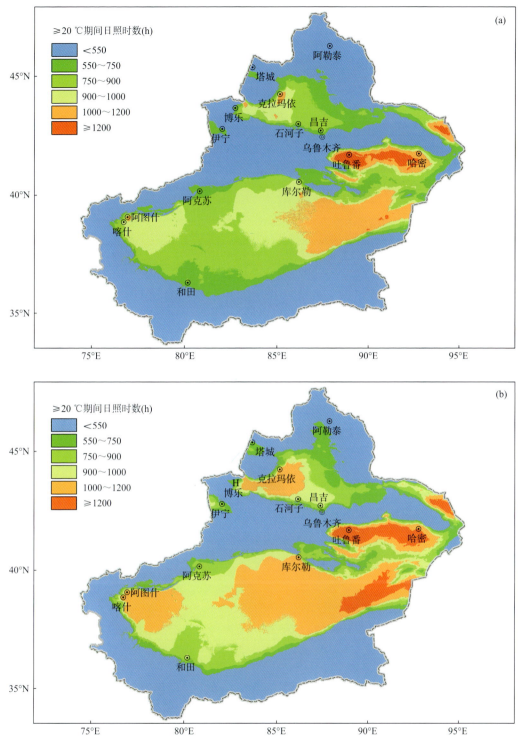

图 7.28　1961—1996 年(a)和 1997—2015 年(b)新疆日平均气温稳定≥20 ℃期间日照时数的空间分布

（3）冬季最低气温≤−25 ℃日数

新疆冬季最低气温≤−25 ℃日数的空间分布总体呈现"北疆多，南疆少；山区多，平原和盆地少"的格局(图 7.29)。以对香梨冬季冻害的轻重(表 7.12)而分级的年平均冬季最低气温≤−25 ℃日数的分布情况来看，1997 年以前塔里木盆地大部≤0.2 d，该区域外围的边缘地带以及塔里木盆地中南部局地为 0.2～0.5 d，塔里木盆地周边山前倾斜平原以及吐哈盆地大部为 0.5～3.0 d，北疆大部以及阿尔泰山、天山和昆仑山区在 3.0 d 以上(图 7.29a)。1997 年后较其之前，最低气温≤−25 ℃日数的空间分布格局无明显变化，但≤0.2 d 以及>3.0 d 的区域有所减小，而 0.2～0.5 d 和 0.5～3.0 d 的区域有所扩大(图 7.29b)。

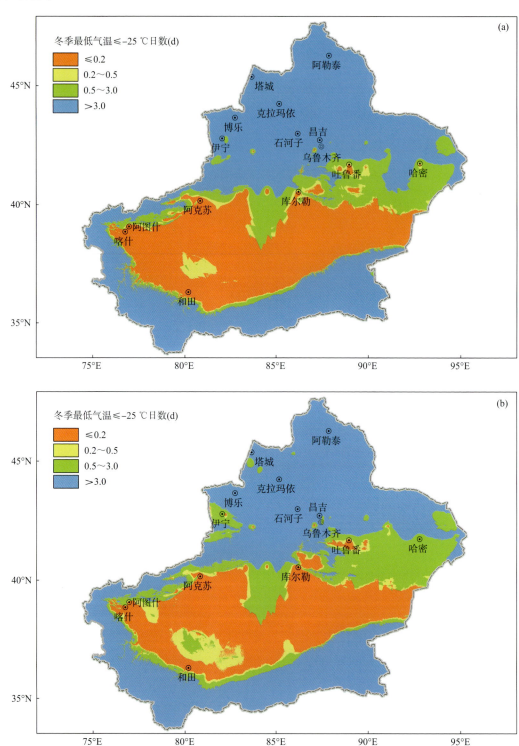

图 7.29 1961—1996 年(a)和 1997—2015 年(b)新疆冬季最低气温≤−25 ℃日数的空间分布

7.4.5 香梨种植气候适宜性区划及其变化

结合对香梨种植不同适宜程度的上述各气候要素的等级标准,在 ArcGIS10.0 平台上对 1997 年前、后日平均气温稳定≥20 ℃积温、日平均气温稳定≥20 ℃期间日照时数和冬季最低气温≤−25 ℃日数的栅格数据进行叠加处理,获得了综合考虑上述 3 项气候指标的 1997 年前、后新疆香梨种植气候区划(图 7.30)。

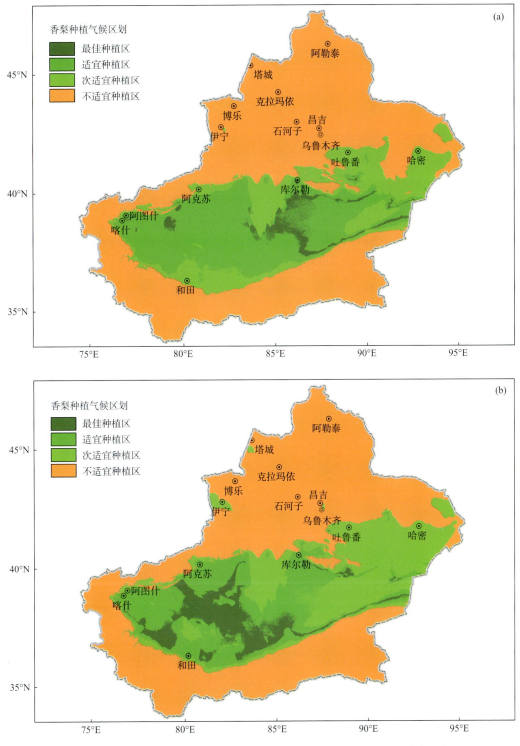

图 7.30 1961—1996 年(a)和 1997—2015 年(b)新疆香梨种植农业气候区划

（1）最佳种植区

1997 年前新疆香梨最佳种植区主要分布在塔里木河中下游流域以及车尔臣河流域，另在，塔里木河上游的叶尔羌河流域也有零星分布（图 7.30a），面积 3.80×10^4 km²，占新疆总面积的 2.3%（表 7.14）。1997 年后，香梨最佳种植区总体向南转移并且面积有较大幅度的增大，具体表现为，塔里木盆地腹地以及和田、车尔臣河流域成为香梨最佳种植区的主要分布区域，而塔里木河流域的最佳种植区则有所减小（图 7.30b），受以上变化的共同影响，1997 年后香梨最佳种植区面积增至 1.06×10^5 km²，较 1997 年前增大 6.81×10^4 km²，增加 4.1 个百分点（表 7.14）。最佳种植区≥20 ℃ 积温 2500～

2800 ℃·d,≥20 ℃期间日照时数 900～1000 h,光、热资源丰富且匹配关系较好,夏季气候温和、高温酷暑天气少,冬季气温较高、香梨树遭受冻害的风险低,对香梨生长发育、产量形成以及提高果实品质均有利,因此,是新疆最理想的优质香梨种植和发展区域。

(2)适宜种植区

1997 年前新疆香梨适宜种植区主要分布在南疆的塔里木盆地大部(图 7.30a),面积为 3.48×10^5 km²,占新疆总面积的 20.9%(表 7.14)。1997 年后较其之前,塔里木盆地中、西部的香梨适宜种植区不同程度地向高海拔区域扩展,而塔里木盆地东部的适宜种植区由于受次适宜种植区扩大的挤压,面积明显缩小,在上述变化的共同作用下,1997 年后香梨适宜种植区面积减小至 2.61×10^5 km²,较 1997 年前减小了 8.71×10^4 km²、5.2 个百分点。香梨适宜种植区光、热资源较丰富,但区域性差异较大,且光、热条件的匹配稍逊于最佳种植区,日平均气温稳定≥20 ℃积温,塔里木盆地东部为 2800～2800 ℃·d,中、西部 1900～2800 ℃·d,日平均气温稳定≥20 ℃期间日照时数塔里木盆地东部 1000～1200 h,中、西部 750～1000 h,冬季最低气温≤-25 ℃日数大多在 0.5 d 以下,气候条件对香梨种植仍较适宜,在有灌溉的条件下,也是新疆香梨种植和发展较理想的区域。

表 7.14 1997 年前后新疆香梨不同气候适宜种植区面积的变化

分区	1961—1996 年		1997—2015 年		1997 年前后变化量	
	面积 (km²)	占总面积的百分率 (%)	面积 (km²)	占总面积的百分率 (%)	面积 (km²)	占总面积的百分率 (%)
最佳种植区	38009	2.3	106115	6.4	68106	4.1
适宜种植区	348118	20.9	261024	15.7	-87094	-5.2
次适宜种植区	253439	15.2	325829	19.6	72390	4.4
不适宜种植区	1025334	61.6	971932	58.4	-53402	-3.2
合计	1664900	100.0	1664900	100.0	0	0.0

(3)次适宜种植区

新疆香梨的次适宜种植区主要分布塔里木盆地周边的山前倾斜平原和冲积、洪积平原地带以及东疆的吐鲁番、哈密盆地(图 7.30)。1997 年前面积为 2.53×10^5 km²,占新疆总面积的 15.2%。1997 年后,次适宜种植区在塔里木盆地中、西部略有减小,但在塔里木盆地东部和吐哈盆地则明显扩大,受上述变化的综合影响,1997 年后新疆香梨的次适宜种植区面积较 1997 年前增大了 7.24×10^4 km²,增大 4.4 个百分点(表 7.14)。次适宜种植区影响香梨生产的气候成因各地有所不同,塔里木盆地周边山前倾斜平原和冲积、洪积平原主要是光热资源相对不足,日平均气温稳定≥20 ℃的积温只有 1200～1900 ℃·d,期间日照时数 550～750 h,并且冬季最低气温≤-25 ℃日数在 0.5～3.0 d,对梨树尤其是幼龄树安全越冬形成一定威胁;而吐哈盆地大部除冬季最低气温≤-25 ℃日数在 0.5～3.0 d,香梨易受冻害外,夏季的高温酷暑和强烈的光照对香梨果实产量形成和品质的提高也会造成不利影响。

(4)不适宜种植区

北疆地区以及阿尔泰山、天山和昆仑山区冬季严寒,最低气温低于-25 ℃的日数在 3 d 以上,对梨树安全越冬威胁很大,并且即使采取覆盖等防冻措施,由于大部分区域日平均气温稳定≥20 ℃的积温在 1200 ℃·d 以下,也难以形成经济产量,因此是香梨的不适宜种植区(图 7.30)。1997 年前其面积为 1.03×10^6 km²,占新疆总面积的 61.6%,1997 年后,受气候变暖的影响,不适宜区的范围有所减小,其面积降至 9.72×10^5 km²,缩小了 5.34×10^4 km²,缩小 3.2 个百分点(表 7.14)。

7.4.6 香梨种植适应气候变化的对策措施

香梨越冬期间的低温(最低气温≤-25 ℃日数)以及果实生长期间的光热条件(日平均气温稳定≥20 ℃积温和日平均气温稳定≥20 ℃期间日照时数)是影响新疆香梨种植和优质高产的主要气候因素。

在全球变暖背景下,1961—2015 年,新疆日平均气温稳定≥20 ℃积温和日平均气温稳定≥20 ℃期间日照时数呈显著的(P＝0.001)增多趋势,而冬季最低气温≤－25 ℃日数呈显著(P＝0.001)减少趋势。气候变化对新疆香梨种植既有利也有弊,有利的方面主要是,气候变暖,光热资源增加,香梨果实生长期的日平均气温稳定≥20 ℃积温和≥20 ℃期间日照时数增多,冬季最低气温≤－25 ℃日数减少,使以前因光热条件不足或越冬冻害风险较大对香梨种植具有不同程度影响的地区,香梨种植的气候适宜性得到提高,可种植区(含最佳、适宜和次适宜种植区)面积增大,不适宜种植区减小。不利的方面是,对光热资源本已十分丰富的地区(吐哈盆地和塔里木盆地东部)而言,气候变暖将导致夏季高温热害趋于严重,对香梨果实品质和产量的提高有不利影响。另外,气候变暖使梨木虱、果螨、苹果蠹蛾、春尺蠖、蚜虫、腐烂病、黄化病等病虫害对香梨的危害趋于严重。因此,各地须根据气候特点及其变化对香梨种植的影响,科学制定香梨发展规划和种植区域,培育或引种抗逆性强的优良香梨品种,提高栽培管理技术水平,加强病虫害的防治等,促进香梨生产的持续稳定发展。

7.5　气候变化对核桃种植的影响

新疆独特的气候和生态条件使许多地区适于核桃种植,且生产的核桃壳薄、仁香、品质上乘,享誉国内外。进入 21 世纪以来,随着新疆"大力发展特色林果业"战略的贯彻实施,作为新疆特色林果重要组成部分的核桃种植业进入了快速发展时期,2015 年全疆核桃种植面积达 35.17 万 hm²,总产6.01 亿 kg,居全国首位,核桃已成为促进新疆农村经济社会发展、农民增收的支柱产业之一。但由于新疆地域辽阔,地形地貌复杂,气候类型多样,各地气候条件对核桃种植的适宜程度有很大差异。近年来,新疆部分地区出现了忽视气候条件的适宜性而盲目扩大种植面积,或种植区域不合理,导致核桃遭受越冬冻害、高温热害、霜冻危害等农业气象灾害的风险增加,产量低而不稳,品质下降,严重影响了核桃生产的经济、社会效益。因此,在对影响核桃生产的气候条件时空变化进行分析的基础上,根据核桃的生物学特性以及核桃种植气候适宜性指标,就近 55 a 气候变化对核桃种植气候适宜性的影响进行研究和分析,以期为适应气候变化,充分发挥新疆核桃种植有利的农业气候条件,规避不利气象灾害的影响,科学制定新疆核桃发展规划,促进核桃生产的持续稳定发展提供参考依据。

7.5.1　核桃生态气候条件分析

(1)光照

核桃是喜光树种,进入结果期后尤需充足的光照,一般要求全年光照时数不少于 2000 h 才能保证坚果的正常发育。新疆光照充足,年日照时数 2500～3500 h,完全能够满足核桃生长发育对光照条件的要求。

(2)温度

春季日平均气温稳定通过 9～10 ℃核桃开始芽开放,稳定通过 13～15 ℃时,叶片逐渐展开,展叶后如遇最低气温低于－2 ℃的低温,将导致新梢遭受冻害。日平均气温升至 15～18 ℃核桃渐次进入开花结果期,此期间若出现最低气温低于－2～－1 ℃的霜冻,将对花、果造成冻害。核桃从受精到坚果成熟需 130 d 左右,在此期间气温超过 38～40 ℃,果实易被灼伤,致使核仁发育不良,形成空壳。核桃适宜生长的气候条件为年平均气温 9～12 ℃,夏季极端最高气温在 40 ℃以下,无霜冻期 150～220 d,冬季最低气温－25～－30 ℃以上。核桃正常结果需日平均气温≥10 ℃积温 3300 ℃·d 以上,日平均气温≥10 ℃持续日数 160 d 以上,若要形成较好的生产能力则需日平均气温≥10 ℃积温 3800～4500 ℃·d,日平均气温≥10 ℃持续日数 180 d 以上。

(3)水分

核桃对水分条件要求较高,在雨养农业区,一般年降水量 500～800 mm 才可满足其生长发育对水分条件的需求。新疆降水少,大部地区年降水量不足 200 mm,核桃主产区不足 100 mm,但核桃对水分条件的需求可通过灌溉得到有效保障,因此,降水对其影响很小。

7.5.2 核桃种植气候适宜性指标

制约新疆核桃生产的气候因素主要是生长期的热量条件、越冬期低温、果实生长期高温以及核桃展叶、开花期的霜冻,而光照和自然降水对核桃基本无制约作用。因此,确定日平均气温≥10 ℃积温、最低气温≤−25 ℃日数、最高气温≥40 ℃日数以及终霜冻日早于日平均气温≥10 ℃初日的天数作为新疆核桃种植气候适宜性判别因子,其等级划分标准见表7.15。由于上述各要素对核桃生长发育、产量形成的影响具有相互不可替代性,因此,确定核桃种植气候适宜性时以上四要素需同时具备,缺一不可。

表 7.15　新疆核桃种植气候适宜性指标及其等级划分标准

指标	适宜	次适宜	不适宜
≥10 ℃积温(℃·d)	3800～4500	3300～3800,>4500	<3300
最低气温≤−25 ℃日数(d)	≤0.3	0.3～3	>3
最高气温≥40 ℃日数(d)	≤3	3～10	>10
终霜冻日早于≥10 ℃初日的日数(d)	>8	0～8	≤0

7.5.3 各指标气候要素变化趋势

(1)日平均气温≥10 ℃积温

1961—2015 年,新疆年≥10 ℃积温总体以 64.660 ℃·d·(10 a)$^{-1}$ 的倾向率呈极显著($P=0.01$)增多趋势(图 7.31),55 a 来增多了 355.6 ℃·d。累积距平和 t 检验表明(表 7.16),近 55 a 新疆≥10 ℃积温于 1997 年发生突变,突变后较突变前全疆平均≥10 ℃积温增多 259.4 ℃·d。

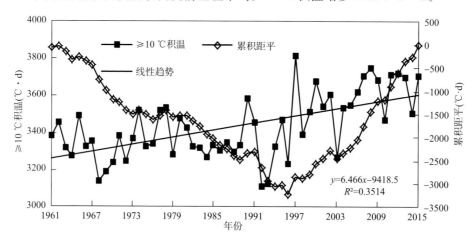

图 7.31　1961—2015 年新疆日平均气温≥10 ℃积温变化

表 7.16　新疆核桃种植气候适宜性区划指标因子突变点 t 检验结果

指标因子	检测年份	n_1	n_2	$\lvert t_0 \rvert$
≥10 ℃积温(℃·d)	1997	36	19	7.2451**
最低气温≤−25 ℃日数(d)	1986	25	30	4.2463**
最高气温≥40 ℃日数(d)	1997	36	19	5.0120**
终霜冻日早于≥10 ℃初日的天数(d)	1986	25	30	2.4495*

n_1、n_2 分别为检测点前后气候要素序列的样本数。*、** 分别表示通过 0.05、0.01 水平的显著性检验。

(2)冬季最低气温≤−25 ℃日数

1961—2015 年,新疆冬季最低气温≤−25 ℃日数总体以 −0.983 d·(10 a)$^{-1}$ 的倾向率呈极显著($P<0.001$)减少趋势(图 7.32),55 a 来减少了 5.4 d。累积距平和 t 检验表明(表 7.16),近 55 a 新疆日最低气温≤−25 ℃的日数于 1986 年发生了突变,突变后较突变前全疆平均日最低气温≤−25 ℃日数减少了 3.4 d。

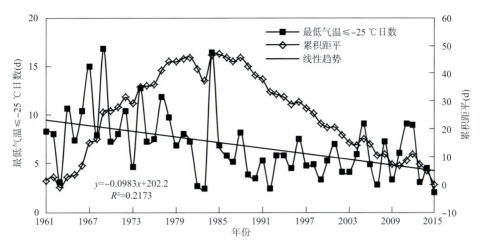

图 7.32 1961—2015 年新疆日最低气温≤-25 ℃日数变化

（3）最高气温≥40 ℃日数

1961—2015 年，新疆最高气温≥40 ℃日数总体以 0.124 d·(10 a)$^{-1}$ 的倾向率呈极显著($P<0.01$)增多趋势(图 7.33)，55 a 来增多了 0.7 d。累积距平和 t 检验表明(表 7.16)，近 55 a 新疆最高气温≥40 ℃日数于 1997 年发生了突变，突变后较突变前全疆平均最高气温≥40 ℃日数增多了 0.6 d。

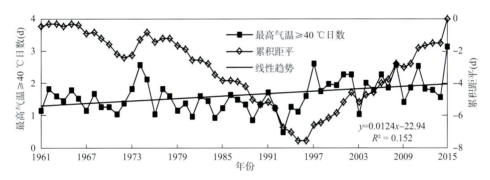

图 7.33 1961—2015 年新疆最高气温≥40 ℃日数变化

（4）终霜冻日早于日平均气温≥10 ℃初日的天数

1961—2015 年，新疆终霜冻日早于≥10 ℃初日的天数总体以 0.484 d·(10 a)$^{-1}$ 的倾向率呈显著($P=0.05$)增多趋势(图 7.34)，55 a 来增多了 2.6 d。累积距平和 t 检验表明(表 7.16)，近 55 a 新疆终霜冻日早于≥10 ℃初日的天数于 1986 年发生了突变，突变后较突变前全疆平均终霜冻日早于≥10 ℃初日的天数增多了 2.4 d。

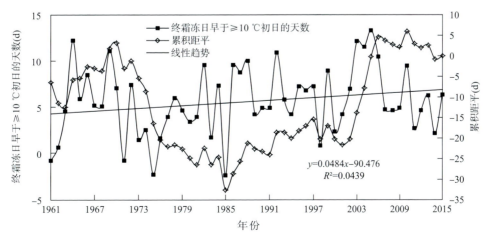

图 7.34 1961—2015 年新疆终霜冻日早于≥10 ℃初日的天数变化

7.5.4 各指标气候要素空间分布及其变化

以下以四要素中发生突变最迟的日平均气温≥10 ℃积温、最高气温≥40 ℃日数的突变点 1997 年为时间节点,分析 1997 年前(1961—1996 年)、后(1997—2015 年)各要素空间分布的差异。

(1)日平均气温≥10 ℃积温

新疆日平均气温稳定≥10 ℃积温的空间分布总体呈现"南疆多,北疆少;平原和盆地多,山区少"的特点。按照对核桃种植适宜程度划分的日平均气温≥10 ℃积温的等级标准(表 7.15),1997 年前,日平均气温≥10 ℃积温多于 4500 ℃·d 的区域仅在东疆的吐哈盆地腹地、南疆塔里木盆地东北部罗布泊地区有少量分布;塔里木盆地和吐哈盆地大部以及北疆准噶尔盆地西南缘局部为 3800~4500 ℃·d;准噶尔盆地中南部,塔里木盆地和吐哈盆地周边山前倾斜平原 3300~3800 ℃·d;北疆大部,阿尔泰山、天山和昆仑山区日平均气温≥10 ℃积温少于 3300 ℃·d(图 7.35a)。1997 年后较其之前,日平均气温≥10 ℃积温多于 4500 ℃·d 的区域明显扩大,具体表现为,不仅在吐哈盆地有所扩大,而且在塔里木盆地该区域也明显向中西部高海拔地区扩展;3800~4500 ℃·d 区域的海拔上限有所抬升,其中北疆抬升 200~250 m,南疆和东疆抬升 100~200 m,受其影响,北疆该区域明显东扩、北抬、面积扩大,南疆则因日平均气温≥10 ℃积温多于 4500 ℃·d 区域扩大的"挤压"作用,该区域面积有所减小;南、北疆 3300~3800 ℃·d 的区域均不同程度地向高纬度、高海拔地区压缩,日平均气温≥10 ℃积温不足 3300 ℃·d 的区域也向高海拔地区抬升并压缩,平均抬升 100~200 m(图 7.35b)。

(2)日最低气温≤−25 ℃的日数

新疆冬季日最低气温≤−25 ℃日数的空间分布呈现"南疆少,北疆多;平原和盆地少,山区多"的特点。按照对核桃种植适宜程度划分的日最低气温≤−25 ℃日数的等级标准(表 7.15),1997 年前,年最低气温≤−25 ℃日数少于 0.3 d 的区域主要在塔里木盆地大部和吐鲁番盆地中心地带;0.3~3.0 d 的区域在吐哈盆地大部及塔里木盆地周边低山丘陵地带;北疆及阿尔泰山、天山和昆仑山区在 3.0 d 以上(图 7.36a)。

1997 年后较其之前,南疆日最低气温≤−25 ℃日数少于 0.3 d 的区域有所增大,0.3~3.0 d 的区域向高海拔抬升;与此同时,伊犁河谷平原地带也被 0.3~3.0 d 所覆盖;南、北疆最低气温≤−25 ℃日数多于 3.0 d 的区域均不同程度地向高海拔抬升并压缩,平均抬升 150~200 m(图 7.36b)。

(3)最高气温≥40 ℃日数

新疆夏季最高气温≥40 ℃日数的空间分布总体呈现"东部多,西部少;平原和盆地多,山区少"的特点。以对核桃果实生长影响程度分级(表 7.15)的夏季最高气温≥40 ℃日数的分布情况来看,1997 年前,最高气温≥40 ℃日数 10 d 以上的区域仅在于吐哈盆地腹地和塔里木盆地东北部罗布泊地区有少量分布;3~10 d 的区域主要在塔里木盆地东部、吐哈盆地大部,另在准噶尔盆地西南缘、北疆沿天山西部平原地带也有少量存在;全疆其余地区均在 3 d 以下(图 7.37a)。

1997 年后较其之前,吐哈盆地和塔里木盆地东部罗布泊地区最高气温≥40 ℃日数 10 d 以上的区域均有所扩大,另在哈密地区北部淖毛湖荒漠戈壁地带也有少量出现;3~10 d 的区域在南疆塔里木盆地东部和东疆吐哈盆地明显扩大,但北疆地区变化不明显;3 d 以下的区域在南疆明显缩小,北疆变化不大(图 7.36b)。

(4)终霜冻日早于日平均气温≥10 ℃初日的天数

新疆终霜冻日早于日平均气温≥10 ℃初日天数的空间分布总体呈现"西部多,东部少;山区多,平原和盆地少"的特点。1997 年前,吐哈盆地大部、南疆东部等地多年平均终霜冻日多出现在日平均气温≥10 ℃的初日之后(终霜冻日早于≥10 ℃初日的日数≤0),常对正处于展叶、开花期的核桃树造成冻害;南、北疆平原地区大部以及伊犁河谷虽多年平均终霜冻日多出现在日平均气温≥10 ℃的初日之前,但提前日数一般只有 0~8 d,部分年份终霜冻还会出现在日平均气温≥10 ℃的初日之后,仍会对核桃树造成一定霜冻危害;南疆西部平原地带多年平均终霜冻日多出现在日平均气温≥10 ℃初日之前 8 d 以上,核桃树极少遭受春季终霜冻危害。另外,天山、昆仑山区多年平均终霜冻日也多出现在日平均气温≥10 ℃初日之前 8 d 以上，但由于这些区域多为牧区，不能种植核桃（图 7.38a）。

1997 年后较其之前，多年平均终霜冻日出现在日平均气温≥10 ℃的初日之后的区域明显减小，其主体仅在哈密地区东南部的平原地带有所出现；终霜冻日出现在日平均气温≥10 ℃初日之前 0～8 d 的区域北疆变化不大，南疆则明显向东部退缩；终霜冻日出现在≥10 ℃初日之前 8 d 以上的区域北疆变化仍然不大，南疆则明显向东部扩张（图 7.38b）。

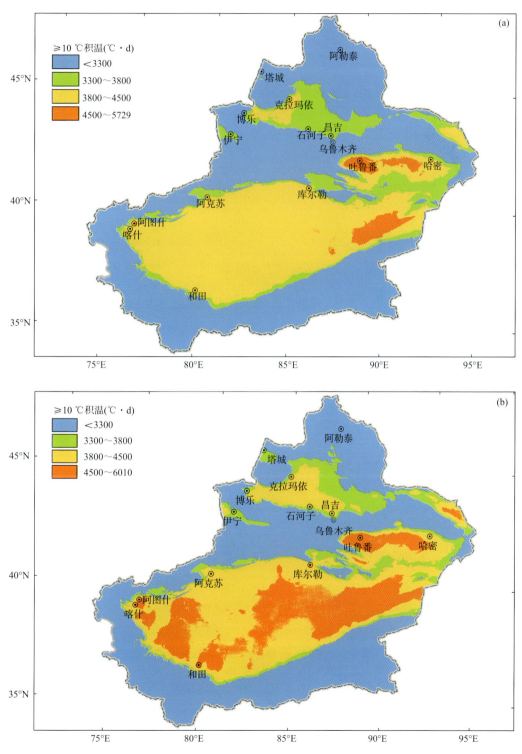

图 7.35　1961—1996 年(a)和 1997—2015 年(b)新疆≥10 ℃积温空间分布

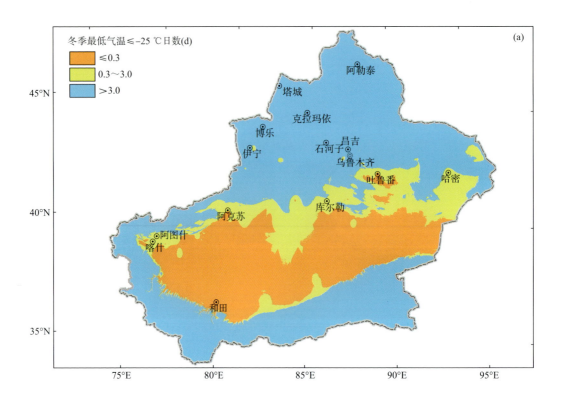

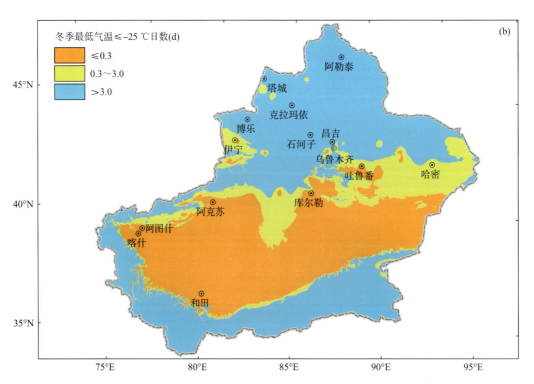

图 7.36　1961—1996 年(a)和 1997—2015 年(b)新疆日最低气温≤-25 ℃日数的空间分布

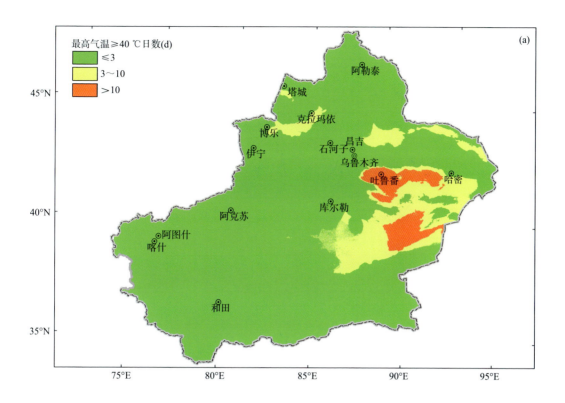

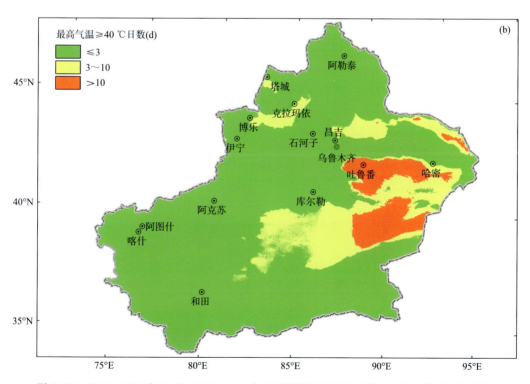

图 7.37　1961—1996 年(a)和 1997—2015 年(b)新疆夏季最高气温≥40 ℃日数的空间分布

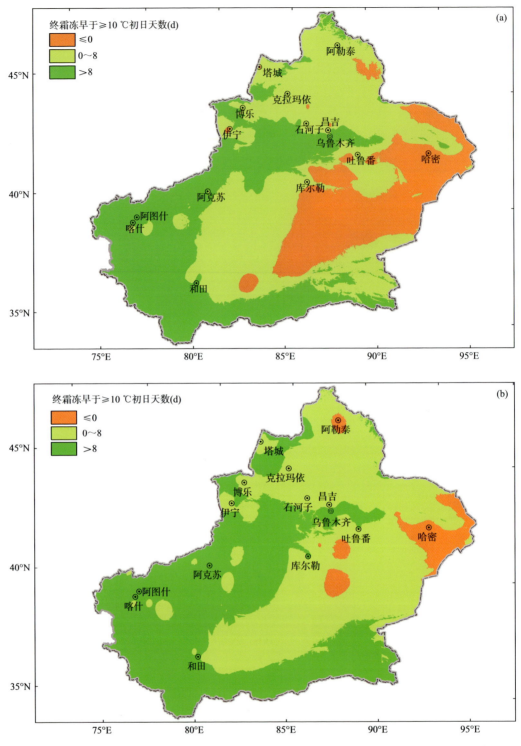

图 7.38　1961—1996 年(a)和 1997—2015 年(b)终霜冻日早于≥10 ℃初日天数的空间分布

7.5.5　核桃种植气候适宜性区划及其变化

（1）适宜种植区

1997 年前新疆核桃适宜种植区主要在南疆的喀什地区大部、和田地区西部以及阿克苏地区西南部平原地带(图 7.39a)，其海拔上限自北向南在 1100～1400 m，面积 7.23×10⁴ km²，占新疆总面积的4.3%。1997 年后较其之前，核桃适宜种植总体向高纬度和高海拔区域转移，其主体转移至阿克苏地区平原大部以及和田地区西北部，另在塔里木盆地西南缘海拔 1200～1500 m 的山前倾斜平原地带也呈带状分布出现(图 7.39b)，面积增至 1.26×10^5 km²，较 1997 年前增大了 5.38×10^5 km²，占比增大 3.3 个百分点(表 7.17)。

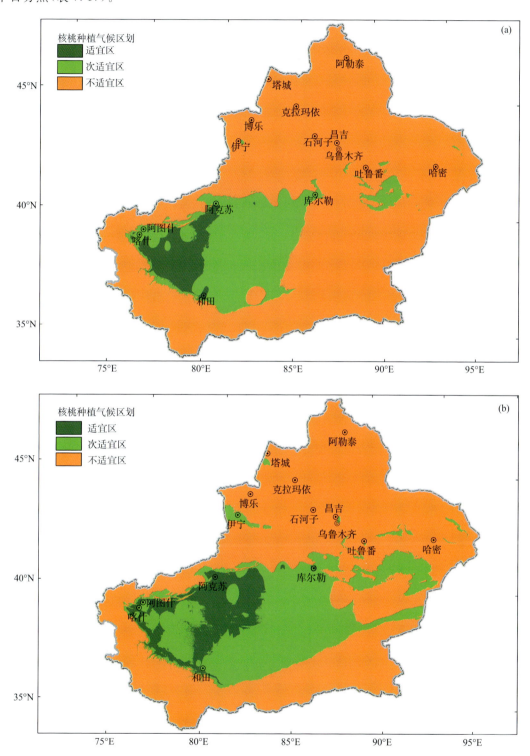

图 7.39 1961—1996 年(a)和 1997—2015 年(b)新疆核桃种植气候适宜性区划

核桃适宜种植区气候温和，多年平均日平均气温≥10 ℃积温 3800～4500 ℃·d，热量条件能够满足核桃生长发育和优质高产的需要；冬季日最低气温≤−25 ℃日数在 0.3 d 以下，核桃树遭受越冬冻害的风险低；夏季最高气温≥40 ℃日数不足 3 d，高温热害较轻；终霜冻日多出现在日平均气温≥10 ℃初日之前 8 d 以上，核桃树展叶、开花期遭受霜冻危害的概率很低，加之该区域光照充足，气温日较差大，灌溉条件有保障，因此，是新疆核桃种植最理想的发展区域。

1997年后较其之前南疆核桃适宜种植区向高纬度和高海拔区域转移的成因主要是,受气候变暖的影响,日平均气温≥10 ℃积温增多,利于核桃优质高产的日平均气温≥10 ℃积温3800～4500 ℃·d的区域普遍向高纬度和高海拔转移之故。

表7.17　1997年前后新疆核桃种植不同气候适宜区面积的变化

分区	1961—1996年		1997—2015年		1997年前后变化	
	面积(km²)	占比(%)	面积(km²)	占比(%)	面积变化(km²)	占比变化(%)
适宜区	72256	4.3	126044	7.6	53788	3.3
次适宜区	287357	17.3	421433	25.3	134076	8.0
不适宜区	1305287	78.4	1117423	67.1	−187864	−11.3
合计	1664900	100.0	1664900	100.0	0.0	0.0

（2）次适宜种植区

1997年前新疆核桃次适宜种植区主要在南疆的塔里木盆地中西部,另在东疆的吐鲁番盆地南部也有少量分布(图7.39a),面积2.87×10⁵ km²,占新疆总面积的17.3%。1997年后较其之前核桃次适宜种植区明显扩大(图7.39b),其中,在塔里木盆地明显向东扩展,在吐哈盆地南部该区域也有所扩大。另外,北疆伊犁河谷平原地带、塔额盆地以及准噶尔盆地西南缘等地的零星区域也成为核桃次适宜种植区,其面积增至4.21×10⁵ km²,较1997年前增大了1.34×10⁵ km²,占比增加8.0个百分点(表7.17)。

次适宜种植区气候条件对核桃种植的适宜程度总体逊于适宜区,但各地制约其种植气候适宜性的因素不同,塔里木盆地中部平原主要是核桃展叶、开花期遭受霜冻危害的概率高于适宜种植区,塔里木盆地东部、吐哈盆地南部是由于夏季最高气温≥40 ℃的日数以及日平均气温≥10 ℃积温值超过了适宜范围,对核桃优质高产具有一定不利影响,而塔里木盆地北部和西部的低山、丘陵地带以及北疆的次适宜种植区则是由于日平均气温≥10 ℃积温只有3300～3800 ℃·d,热量条件稍显不足,且冬季气温较低,日最低气温≤−25 ℃日数在0.3～3.0 d,越冬期遭受冻害的风险高于适宜区。

1997年后较其之前,核桃次适宜种植区明显扩大的成因主要是,第一,受气候变暖的影响,原先海拔较高的低山、丘陵地带因热量不足而不能种植核桃的部分区域成为核桃次适宜种植区;第二,终霜冻日早于日平均气温≥10 ℃初日的天数普遍增多,东疆和南疆东部地区终霜冻日出现在≥10 ℃初日之后的区域明显减小,核桃树遭受春季终霜冻危害的概率降低,核桃次适宜种植区扩大。

（3）不适宜种植区

北疆大部以及阿尔泰山、天山和昆仑山区冬季严寒,日最低气温≤−25 ℃的日数多在3 d以上,核桃树难以安全越冬,且上述地区除准噶尔盆地中南部以外的绝大部分区域日平均气温≥10 ℃积温不足3300 ℃·d,难以满足核桃生长发育和产量形成对热量条件的基本需求,因此是核桃的不适宜种植区。另外,吐哈盆地及塔里木盆地东部因夏季气候炎热,日平均气温≥10 ℃积温在4500 ℃·d以上,最高气温≥40 ℃日数在10 d以上,且多年平均终霜冻日在日平均气温≥10 ℃初日之后,核桃树展叶、开花期遭受终霜冻危害的概率高,因此也不适宜核桃种植(图7.39)。1997年前新疆核桃不适宜种植区面积为1.31×10⁶ km²,占新疆总面积的78.4%,1997年后降至1.12×10⁶ km²,面积缩小1.88×10⁵ km²,占比缩小11.3个百分点(表7.17)。

1997年后较其之前新疆核桃不适宜种植区缩小的原因,一是,气候变暖使塔里木盆地和吐哈盆地周边山前倾斜平原及部分低山丘陵地带的核桃次适宜种植区向高海拔、高纬度方向抬升、扩大,不适宜种植区被压缩;二是,吐哈盆地以及塔里木盆地东部春季终霜冻日出现在≥10 ℃初日之后的区域明显减小,核桃树遭受终霜冻危害的概率降低,核桃次适宜种植区扩大,不适宜区减小。

7.5.6　核桃种植适应气候变化的对策措施

生长季的热量条件、越冬期低温、果实生长期高温以及核桃展叶、开花期的霜冻是制约新疆核桃种植、影响其优质高产的主要气候因素。近 55 a 气候变暖对新疆核桃种植既有利也有弊，但总体利大于弊。有利的方面主要是，核桃生长季热量条件明显改善，核桃越冬期遭受冻害以及展叶、开花期遭受霜冻危害的风险也有所降低，使以前因热量条件不足，或越冬期遭受冻害以及展叶、开花期遭受霜冻危害的风险较大而不宜种植核桃的部分区域成为核桃的次适宜种植区，因而可种植区（含适宜和次适宜种植区）增大，不宜种植区减小。不利的方面主要是，对夏季气候炎热的吐哈盆地以及塔里木盆地东部等核桃种植区而言，气候变暖使核桃果实生长期遭受高温热害的风险增大，核桃产量和品质将受到一定影响。另外，气候变暖使腐烂病、褐斑病、炭疽病、日灼病等核桃病害发生强度趋于增大，核桃叶螨、黑斑蚜、黄连木尺蛾等害虫越冬基数或繁殖世代数增加，对核桃的危害趋于严重。因此，各地须根据气候变化及其对核桃种植影响的特点，采取趋利避害的技术措施，科学应对，如优化核桃发展规划和种植区域，培育或引种抗逆性强的优良核桃品种，提高栽培管理技术水平，加强病虫害的防治等。

7.6 气候变化对新疆杏种植的影响

新疆光照充足，气温日较差大，气候干燥，独特的气候和生态条件使许多地区适于杏的种植，且所产的杏色泽鲜艳、果肉多汁、风味甜美、品质上乘，因此，新疆是中国乃至中亚重要的杏产区。进入 21 世纪以来，新疆的杏种植业进入了快速发展时期，2015 年全疆杏种植面积达 10.53 万 hm²，总产 0.11 亿 t，居全国首位，杏已成为促进新疆农村经济社会发展、农民增收的支柱产业之一。但由于地域辽阔，地形地貌复杂，气候类型多样，新疆各地气候条件对杏种植的适宜程度有很大差异。因此，在对近 55 a 影响新疆杏生产的主要气候因素时空变化进行分析的基础上，根据杏的生物学特性及其对气候条件的要求，结合杏种植气候适宜性指标，就气候变化对杏种植气候适宜性的影响进行研究和分析，以期为适应气候变化，充分发挥新疆杏种植有利的农业气候条件，规避不利气象灾害的影响，科学制定杏发展规划，促进新疆杏生产的持续稳定发展提供参考依据。

7.6.1 杏的生态气候条件

（1）光照

杏是喜光树种，光照充足则枝叶健壮繁茂，树体生理活动强，结果多，着色好，品质佳。新疆光照充足，杏树生长季日照时数 1600～2200 h，高于我国中东部同纬度杏产区 200～400 h，完全能够满足杏生长发育对光照条件的要求。

（2）温度

杏是喜温果树，春季日平均气温稳定≥10 ℃杏树陆续进入开花、展叶和结实期，期间若出现最低气温≤0 ℃的霜冻，将对杏生长发育和产量形成造成危害。全年日平均气温≥10 ℃积温 2800 ℃·d 以上才能保证杏的正常生长，4200 ℃·d 以上最为适宜。杏树冬季休眠期耐寒能力较强，冬季最低气温高于−20.0 ℃的区域一般不会对其造成冻害，但当最低气温在−20.0～−25.0 ℃、−25.0～−30.0 ℃以及低于−30.0 ℃时会对杏树分别造成轻度、中度和重度的越冬冻害。

（3）水分

杏是耐旱性较强的果树，在年降水量 400～600 mm 的半干旱地区栽植杏树不灌溉也能正常生长，获得较好产量。新疆降水少，大部分地区年降水量不足 150 mm，但杏对水分条件的需求可通过灌溉得到有效保障，因此，降水对其影响很小。

7.6.2 杏种植气候适宜性指标

影响新疆杏生产的主要气候因素是生长期的热量条件、越冬期低温冻害以及杏树开花、展叶、幼果形成期的霜冻，而光照和自然降水对杏基本无制约作用。由于杏的生长发育主要是在日平均气温≥10 ℃期间完成，因此，将年内日平均气温≥10 ℃积温作为杏生长期热量条件适宜程度的气候指标。杏是多年生果树，杏树越冬期若遭受中度及以上冻害不仅影响当年的产量，而且对翌年乃至后续数年的生长发育和产量形成也会造成影响。新疆冬季寒冷且最低气温的年际变化较大,不稳定性很强,实际生产中若使用相当于 50% 保证率的平均极端最低气温判别杏的越冬安全性,一般仅有 50% 成功的把握,若出现低于多年平均值的冬季低温,尤其是出现多年不遇的异常低温时,往往造成冻害,因此,从稳产高产角度考虑,采用 85% 保证率冬季最低气温作为判别杏树越冬安全性的指标。春季日平均气温稳定 ≥10 ℃是杏树陆续进入开花、展叶、结实期的起始临界温度,若日平均气温稳定 ≥10 ℃之后出现最低气温 ≤0 ℃的终霜冻,将对杏造成危害;反之,若终霜冻日早于 ≥10 ℃初日,则杏树遭受霜冻危害的可能性就较小,并且终霜冻日早于 ≥10 ℃初日的天数越多,杏树遭受霜冻危害的概率越低,因此将终霜冻日早于 ≥10 ℃初日的天数作为杏树遭受春季霜冻危害概率的判别指标。综合各影响因素,确定新疆杏种植气候适宜性判别指标(表 7.18)。

表 7.18 新疆杏种植气候适宜性指标及其等级划分标准

指标	最适宜	适宜	次适宜	不适宜
≥10 ℃积温(℃·d)	≥4200	3200~4200	2800~3200	<2800
85%保证率极端最低气温(℃)	≥−20	−20~−25	−25~−30	<−30
终霜冻日早于≥10 ℃初日的日数(d)	≥10	5~10	0~5	<0

7.6.3 各指标气候要素变化趋势

(1)日平均气温 ≥10 ℃积温

1961—2016 年,新疆全年日平均气温 ≥10 ℃积温总体以 69.790 ℃·d·$(10 \text{ a})^{-1}$ 的倾向率呈显著($P=0.001$)增多趋势(图 7.40),56 a 来增多了 390.8 ℃·d。累积距平和 t 检验表明(表 7.19),近 56 a 新疆 ≥10 ℃积温于 1997 年发生突变,突变后较突变前全疆平均日平均气温 ≥10 ℃积温增多 273.6 ℃·d。

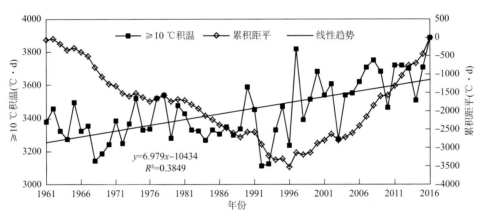

图 7.40 1961—2016 年新疆 ≥10 ℃积温变化

表 7.19 新疆杏种植气候适宜性区划指标突变点 t 检验结果

指标因子	检测年份	n_1	n_2	$|t_0|$
≥10 ℃积温(℃·d)	1997	36	20	7.4972**
冬季最低气温(℃)	1982	21	35	4.8751**
终霜冻日早于≥10 ℃初日的天数(d)	1986	25	31	2.5669*

n_1,n_2 分别为检测点前后气候要素序列的样本数。*,** 分别表示通过 0.05、0.01 水平的显著性检验。

(2)冬季最低气温

1961—2016 年,新疆冬季最低气温总体以 0.622 ℃·$(10 \text{ a})^{-1}$ 的倾向率呈显著($P=0.001$)上升趋势(图 7.41),56 a 来升高了 3.5 ℃。累积距平和 t 检验表明(表 7.19),近 56 a 新疆冬季最低气温于 1982 年发生了突变,突变后较突变前全疆平均冬季最低气温升高了 2.7 ℃。

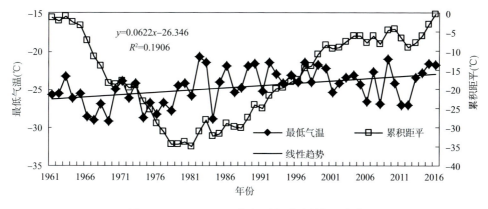

图 7.41　1961—2016 年新疆冬季最低气温变化

（3）终霜冻日早于日平均气温≥10 ℃初日的天数

1961—2016 年,新疆终霜冻日早于日平均气温≥10 ℃初日的天数总体以 0.520 d·(10 a)⁻¹ 的倾向率呈显著($P<0.05$)增多趋势(图 7.42),56 a 来增多了 2.9 d。累积距平和 t 检验表明(表 7.19),近 56 a 新疆终霜冻日早于日平均气温≥10 ℃初日的天数于 1986 年发生了突变,突变后较突变前全疆平均终霜冻日早于≥10 ℃初日的天数增多了 2.5 d。

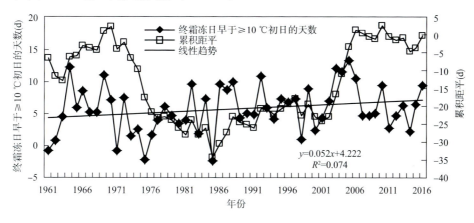

图 7.42　1961—2016 年新疆终霜冻日早于≥10 ℃初日的天数变化

7.6.4　各指标气候要素空间分布及其变化

以三要素中发生突变最迟的≥10 ℃积温的突变年 1997 年为时间节点,分析 1997 年前(1961—1996 年)、后(1997—2016 年)各气候要素空间分布的差异。

（1）日平均气温≥10 ℃积温

新疆日平均气温稳定≥10 ℃积温的空间分布总体呈现"南疆多,北疆少;平原和盆地多,山区少"的特点(图 7.43)。按照对杏种植适宜程度划分的日平均气温≥10 ℃积温的等级标准(表 7.18),1997 年前,日平均气温≥10 ℃积温多于 4200 ℃·d 的区域主要在南疆塔里木盆地以及东疆吐哈盆地中部;塔里木盆地和吐哈盆地大部以及北疆沿天山平原地带为 3200～4200 ℃·d;准噶尔盆周边冲积、洪积平原以及塔里木盆地和吐哈盆地周边低山、丘陵地带 2800～3200 ℃·d;北疆大部,阿尔泰山、天山和昆仑山区日平均气温≥10 ℃积温少于 2800 ℃·d(图 7.42a)。1997 年后较其之前,日平均气温≥10 ℃积温多于 4200 ℃·d 的区域在塔里木盆地和吐哈盆地均明显扩大,其中,塔里木盆地扩大尤为明显,另在准噶尔盆地西南缘、东天山末端北部的淖毛湖山间盆地也出现了一定规模的日平均气温≥10 ℃积温多于 4200 ℃·d 的区域;3200～4200 ℃·d 区域的海拔上限各地均有所抬升,其中北疆抬升 200～300 m,南疆和东疆抬升 100～200 m;受其影响,北疆 3200～4200 ℃·d 的区域明显东扩、北抬,面积扩大,南疆则受日平均气温≥10 ℃积温多于 4200 ℃·d 区域明显扩大的"挤压"作用,3200～4200 ℃·d 的区域明显减小;南、北疆日平均气温≥10 ℃积温 2800～3200 ℃·d 的区域不同程度地向高纬度、高海拔地区退缩,日平均气温≥10 ℃积温不足2800 ℃·d的区域也向高海拔地区抬升并压缩,平均抬升100～250 m(图7.43b)。

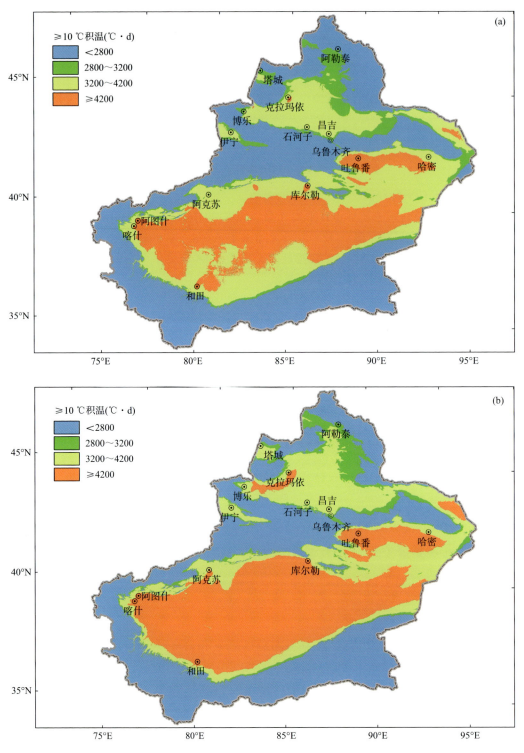

图7.43　1961—1996年(a)和1997—2016年(b)新疆≥10 ℃积温空间分布

(2)85％保证率极端最低气温

新疆85％保证率极端最低气温的空间分布总体呈现"南疆高,北疆低;平原和盆地高,山区低"的特点(图7.44)。按照对杏树种植适宜程度划分的85％保证率极端最低气温的等级标准(表7.18),1997年前,85％保证率极端最低气温≥-20 ℃的区域主要在塔里木盆地西南缘的喀什地区东南部至和田地区南部的带状区域内;塔里木盆地和吐鲁番盆地的大部为-25.0～-20.0 ℃;塔里木盆地周边的天山山区中、低山带以及昆仑山区大部为-30.0～-25.0 ℃；北疆大部及阿尔泰山、天山山区在-30.0 ℃以下（图7.44a）。

1997年后较其之前，85％保证率极端最低气温≥-20 ℃的区域在塔里木盆地西南部明显扩大，另在吐鲁番盆地腹地也有局部出现；塔里木盆地和吐鲁番盆地-25.0～-20.0 ℃的区域向高海拔方向有所扩展；-30.0～-25.0 ℃的区域在南疆和东疆有所减小，但在北疆的伊犁河谷、准噶尔盆地西南缘、塔额盆地以及北疆沿天山东部出现了一定规模的-30.0～-25.0 ℃的区域；-30.0 ℃以下的区域在北疆有所减小，但南疆变化不大（图7.44b）。

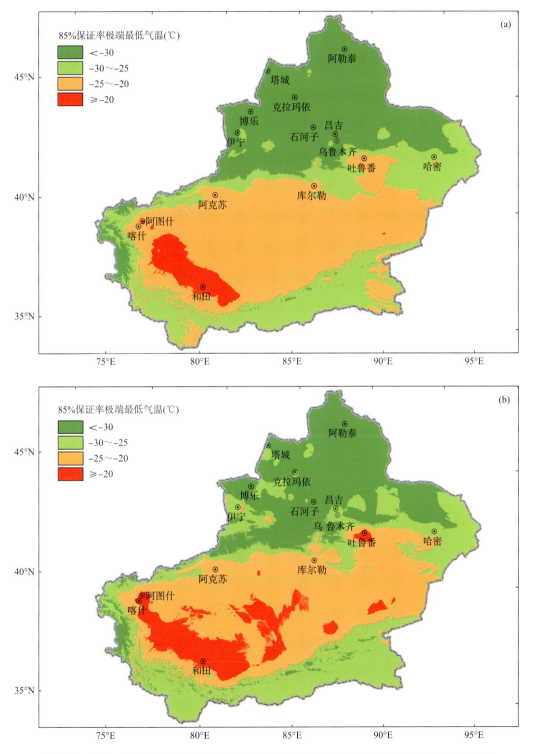

图7.44 1961—1996年（a）和1997—2016年（b）新疆85％保证率极端最低气温的空间分布

(3)终霜冻日早于日平均气温≥10 ℃初日的天数

新疆终霜冻日早于日平均气温≥10 ℃初日天数的空间分布总体呈现"西部多,东部少;山区多,平原和盆地少"的特点(图7.45)。1997年前,哈密盆地大部、塔里木盆地东部多年平均终霜冻日多出现在日平均气温≥10 ℃的初日之后(终霜冻日早于≥10 ℃初日的日数≤0),常对正处于开花、展叶及幼果形成期的杏树造成冻害;准噶尔盆地大部、伊犁河谷、吐鲁番盆地以及塔里木盆地中部虽多年平均终霜冻日多出现在日平均气温≥10 ℃的初日之前,但提前日数一般只有0~5 d,部分年份终霜冻还会出现在日平均气温≥10 ℃的初日之后,仍会对杏树造成一定霜冻危害;塔里木盆地西部平原地带以及北疆

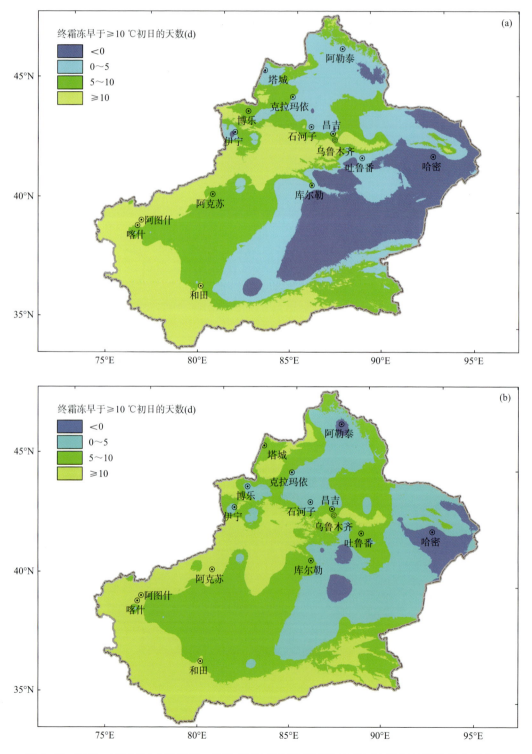

图7.45　1961—1996年(a)和1997—2016年(b)新疆终霜冻日早于≥10 ℃初日天数的空间分布

准噶尔盆地周边山前倾斜平原多年平均终霜冻日多出现在日平均气温≥10 ℃初日之前 5～8 d,杏树遭受春季终霜冻危害的几率很低;天山、昆仑山区多年平均终霜冻日多出现在日平均气温≥10 ℃初日之前 10 d 以上,但由于这些区域热量条件不足且多为牧区,不能种植杏(图 7.45a)。

1997 年后较其之前,多年平均终霜冻日出现在日平均气温≥10 ℃的初日之后的区域明显减小,其主体仅在哈密盆地东南部的平原地带有所出现;终霜冻日出现在日平均气温≥10 ℃初日之前 0～5 d 的区域北疆总体向准噶尔盆地中部收缩,南疆则明显向塔里木盆地东部退缩;终霜冻日出现在日平均气温≥10 ℃初日之前 5～10 d 的区域南北疆均有所扩大,其中南疆扩大更为明显;天山、昆仑山区终霜冻日出现在日平均气温≥10 ℃初日之前 10 d 以上的区域向低海拔地区有所扩展,另在北疆西部山区也出现了一定规模的终霜冻日出现在日平均气温≥10 ℃初日之前 10 d 以上的区域(图 7.45b)。

7.6.5 杏种植气候适宜性区划及其变化

图 7.46 给出了综合考虑 1997 年前、后新疆日平均气温≥10 ℃积温、85％保证率冬季极端最低气温、终霜冻日早于日平均气温≥10 ℃初日天数三项指标要素变化的新疆杏种植气候适宜性区划。以下对各分区的气候概况、分布区域及其变化加以评述。

(1)最适宜区

1997 年前新疆杏种植的气候最适宜区仅在塔里木盆地西南缘的喀什地区东南部至和田地区西部的平原地带有少量分布(图 7.46a),面积只有 1.32×10^4 km²,占新疆总面积的 0.8％。1997 年后较其之前,杏种植气候最适宜区向喀什地区西部平原有所扩展(图 7.46b),面积增至 2.10×10^4 km²,较 1997 年前增大了 7.79×10^3 km²,占比增大 0.5 个百分点(表 7.20)。

杏种植的气候最适宜区多年平均日平均气温≥10 ℃积温 4200～4800 ℃·d,完全能够满足杏生长发育和优质高产对热量条件的需要;85％保证率冬季极端最低气温在－20 ℃以上,杏树几乎不受越冬冻害的危害;终霜冻日多出现在日平均气温≥10 ℃初日之前 10 d 以上,杏树开花、展叶和幼果期遭受霜冻危害的几率极低,加之该区域光照充足,气温日较差大,灌溉条件有保障,因此,是新疆杏种植最理想的区域。

1997 年后较其之前最适宜区有所扩大的成因主要是,受气候变暖的影响,塔里木盆地 85％保证率极端最低气温≥－20 ℃的区域明显扩大,使喀什地区的杏最适宜种植区向西北方向扩展之故。

(2)适宜区

1997 年前新疆杏种植的气候适宜区主要在南疆的喀什、阿克苏地区以及和田地区中西部的平原地带(图 7.46a),面积 2.23×10^5 km²,占新疆总面积的 13.4％。1997 年后较其之前,适宜区总体向高纬度、高海拔方向扩展,其主体覆盖了喀什、和田、阿克苏三地区平原大部以及巴音郭楞蒙古自治州西部,另外,吐鲁番盆地中部也成为杏的适宜种植区(图 7.46b),面积增至 3.85×10^5 km²,较 1997 年前增大了 1.63×10^5 km²,占比增大 9.8 个百分点(表 7.20)。

表 7.20　1997 年前后新疆杏种植不同气候适宜区面积的变化

分区	1961—1996 年		1997—2016 年		1997 年前后变化	
	面积(km²)	占比(％)	面积(km²)	占比(％)	面积变化(km²)	占比变化(％)
最适宜区	13202	0.8	20991	1.3	7789	0.5
适宜区	222745	13.4	385467	23.2	162722	9.8
次适宜区	200973	12.1	343778	20.6	142805	8.5
不适宜区	1227979	73.8	914663	54.9	−313316	−18.9
合计	1664900	100.0	1664900	100.0	0	0.0

适宜区多年平均年≥10 ℃积温 3200～4800 ℃·d,能够满足杏生长发育和优质高产对热量条件的需要;85％保证率冬季极端最低气温在－25～－20 ℃,仅个别年份杏树有遭受轻度越冬冻害的风险;终霜冻日多出现在≥10 ℃初日之前 5～10 d,杏树开花、展叶和幼果期遭受霜冻危害的可能性很小,该区

域光照充足,气温日较差大,灌溉条件较有保障,因此,是新疆杏种植较理想的区域。

1997 年后较其之前杏种植的气候适宜区有所扩大的成因主要是,原先塔里木盆地中部和吐鲁番盆地终霜冻日出现在日平均气温≥10 ℃初日之前 0～5 d 的区域,1997 年后变为终霜冻日出现在日平均气温≥10 ℃初日之前 5～10 d,使杏树遭受春季终霜冻危害的概率降低之故。

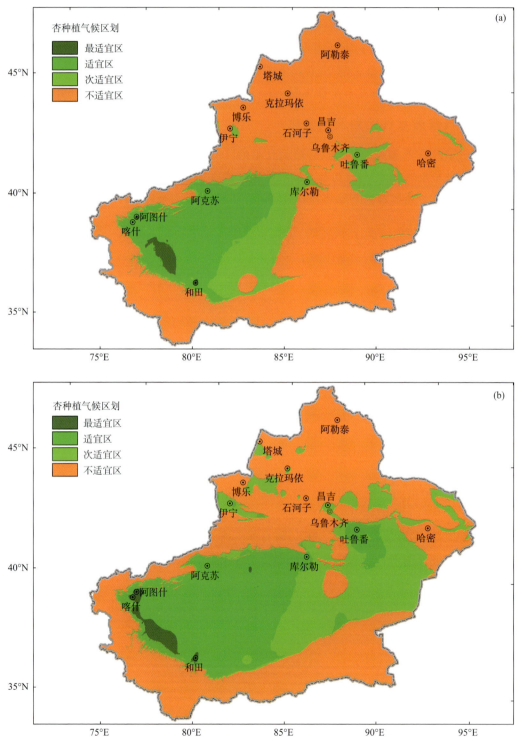

图 7.46 1961—1996 年(a)和 1997—2016 年(b)新疆杏种植气候适宜性区划

(3)次适宜区

1997 年前新疆杏种植的气候次适宜区主要在南疆的塔里木盆地中部以及东疆的吐鲁番盆地大部(图 7.46a),面积 2.01×10^5 km²,占新疆总面积的 12.1%。1997 年后较其之前塔里木盆地以及吐鲁番盆地的杏次适宜种植区均明显向东扩展(图 7.46b)，另外，北疆伊犁河谷平原地带、塔额盆地、准噶尔盆地西南缘以及北疆沿天山东部等地也成为杏的次适宜种植区，其面积增至 3.44×10^5 km²，较 1997 年前增大了 1.43×10^5 km²，占比增加 8.5 个百分点(表 7.20)。

次适宜区气候条件对杏种植的适宜程度总体逊于适宜区，但各地的制约因素有所不同，塔里木盆地中东部以及吐鲁番盆地次适宜区主要是杏树开花、展叶期遭受霜冻危害的几率高于适宜区，而北疆的次适宜区则是由于冬季寒冷，85%保证率冬季极端最低气温在 $-30 \sim -25$ ℃，个别年份杏树越冬期有遭受中度冻害的风险。

1997 年后较其之前，杏种植的气候次适宜区明显扩大的成因主要是，第一，终霜冻日早于日平均气温≥10 ℃初日的天数普遍增多，东疆的吐哈盆地和南疆的塔里木盆地东部地区终霜冻日出现在日平均气温≥10 ℃初日之后的区域明显减小，杏树遭受春季终霜冻危害的几率降低；第二，受气候变暖的影响，1997 年前北疆部分 85%保证率冬季极端最低气温在 -30 ℃以下的地区，1997 年后升至 $-30 \sim -25$ ℃，杏树越冬期遭受重度冻害的几率明显下降。

(4)不适宜区

北疆大部以及阿尔泰山、天山和昆仑山区的绝大部分区域≥10 ℃积温不足 2800 ℃·d，难以满足杏生长发育和产量形成对热量条件的基本需求，加之，北疆大部、阿尔泰山、天山山区冬季严寒，85%保证率极端最低气温在 -30 ℃以下，杏树难以安全越冬，因此是杏的不适宜种植区(图 7.46)。1997 年前新疆杏不适宜种植区面积为 1.23×10^6 km²，占新疆总面积的 73.8%，1997 年后降至 9.15×10^5 km²，面积缩小 3.13×10^5 km²，占比减小 18.9 个百分点(表 7.20)。

1997 年后较其之前新疆杏种植的气候不适宜区缩小的原因，一是，气候变暖使北疆大部以及阿尔泰山、天山和昆仑山区≥10 ℃积温不足 2800 ℃·d 的区域缩小；二是，北疆大部、阿尔泰山、天山山区 85%保证率极端最低气温低于 -30 ℃的区域也有所减小之故。

7.6.6　杏种植适应气候变化的对策措施

杏生长季的热量条件、越冬期低温、果实生长期高温以及展叶、开花期的霜冻是制约新疆杏种植的主要气候因素。近 56 a 气候变暖对新疆杏的种植总体趋于有利，主要是，杏生长季热量条件明显改善，越冬期遭受冻害以及展叶、开花期遭受霜冻危害的风险均有所降低，使以前因热量条件不足，或越冬期遭受冻害以及展叶、开花期遭受霜冻危害风险较大而不宜种植杏的一些区域成为次适宜种植区，因而杏的可种植区(含最适宜、适宜和次适宜种植区)增大，不宜种植区减小。但是，气候变暖使桃粉大尾蚜、桑白盾蚧、根腐病等杏树病虫害趋于严重。因此，应积极利用气候变暖使杏种植气候最适宜区、适宜区扩大的有利条件，扩大上述区域杏的种植规模，充分发挥其气候资源优势和杏种植的规模效应，提高其经济、社会效益；同时，适当控制次适宜区杏的发展速率和种植规模，降低各种不利气象灾害对杏的影响，同时，加强病虫害的防治。

7.7　气候变化对酿酒葡萄种植的影响

优质葡萄是酿造品质优良、风味独特葡萄酒的先决条件。在各种生态条件中气候因素是影响酿酒葡萄品质的主导和关键因素。

新疆地处欧亚大陆腹地，光照充足，热量丰富，气温日较差大，降水稀少，空气干燥，属典型的大陆性干旱气候区。独特的生态气候条件使新疆许多平原绿洲地带成为我国著名的优质葡萄生产基地。近年来，随着我国人民生活水平的提高，对葡萄酒的消费需求快速增长，品质优异的新疆酿酒葡萄也越来越受到疆内外许多著名葡萄酒生产企业的青睐，酿酒葡萄种植规模持续增大，至 2013 年全疆酿酒葡萄种植面积达 4.0 万 hm²，居全国各省(自治区、直辖市)首位。然而，在酿酒葡萄种植迅猛发展的同时，新疆部分地区也出现了因忽视气候条件的适宜性而盲目扩大种植规模，或种植区域不合理，导致酿酒葡萄遭受霜冻、大风等气象灾害危害的事件频发，严重影响了酿酒葡萄的产量和品质。因此，对近 54 a 影响新疆酿酒葡萄生长发育、产量形成和品质优劣的各项气候要素时空变化规律进行分析,结合酿酒葡萄种植气候适宜性区划指标,研究分析气候变化对新疆酿酒葡萄种植的影响,以期为适应气候变化,科学制定新疆酿酒葡萄种植区域和发展规划,促进新疆酿酒葡萄种植和葡萄酒产业的持续稳定发展提供参考依据。

7.7.1 酿酒葡萄生态气候条件分析

(1)光照条件

葡萄为典型的喜光植物,光照充足则枝蔓生长健壮,花芽分化良好,葡萄果实产量高、品质佳。新疆光照资源充足,大部分地区酿酒葡萄生长季日照时数在 1800~2000 h,光照条件能够满足酿酒葡萄生长发育和优质高产的需求。

(2)热量条件

葡萄为喜温树种,对热量条件要求较高。日平均气温≥10 ℃积温和无霜冻期是衡量某一地区热量条件对酿酒葡萄种植适宜程度的重要指标。由于新疆地处欧亚大陆腹地,属典型的温带大陆性干旱气候区,冬季寒冷,夏季炎热,春、秋季气温波动较大,热量条件高度集中于 5—8 月,因此,无霜冻期的地域性差异和年际间的波动较日平均气温≥10 ℃积温波动大,一般无霜冻期能够满足酿酒葡萄生长发育的地区,日平均气温≥10 ℃积温也大多都能满足。因此,将无霜冻期作为评价一个地区酿酒葡萄热量条件适宜程度的指标。新疆酿酒葡萄主栽品种赤霞珠、梅鹿辄、霞多丽、雷司令等大多为中晚熟或晚熟品种,一般无霜冻期 180 d 以上的区域才能保证其充分成熟,最适宜种植区要求无霜冻期 180~200 d。

(3)水分条件

葡萄是需水量较多的果树,新疆绿洲平原地带虽降水稀少,大部区域酿酒葡萄生长季降水量一般不足 100 mm,但较丰沛的山区降水和高山冰川积雪融水所汇集的河川径流和地下水为满足葡萄灌溉提供了稳定的水资源保证,因此降水不是制约新疆酿酒葡萄生长发育的气候因子。相反,降水少、空气干燥反而利于葡萄果实品质的提高。但新疆部分地区气候仍较为湿润,对酿酒葡萄品质有一定影响。

(4)大风灾害

大风是影响新疆部分地区葡萄生长发育、产量形成的主要气象灾害,葡萄生长季大风日数多,将致使叶片蒸腾剧增,生理干旱加剧,开花授粉不良,严重的还会导致葡萄枝蔓和叶片遭受机械损伤,果粒果穗脱落严重等,对葡萄产量和品质有较大影响。

7.7.2 酿酒葡萄气候区划指标

上述分析表明,无霜冻期是影响新疆酿酒葡萄生长发育、产量形成的主要气候因素,大风是主要气象灾害,气候的干燥程度对酿酒葡萄品质有直接影响。因此,以无霜冻期、葡萄生长季(4—9 月)干燥度和大风日数作为新疆酿酒葡萄气候区划指标,具体标准见表 7.21。由于以上 3 项气候要素对酿酒葡萄的影响是相互独立的,具有不可替代性,因此,该 3 项气候指标必须同时具备。

表 7.21 新疆酿酒葡萄种植气候区划指标

气候指标	最适宜种植区	适宜种植区	一般种植区	不宜种植区
无霜冻期(d)	200~220	180~200 或≥220	160~180	<160
4—9月干燥度	≥3.5	1.6~3.5	1.0~1.6	<1.0
4—9月大风日数(d)	<15	15~30	30~50	≥50

7.7.3 酿酒葡萄区划指标气候要素变化趋势

（1）无霜冻期

1961—2014 年,新疆无霜冻期总体以 3.579 d·(10 a)$^{-1}$ 的倾向率呈显著($P=0.001$)延长趋势(图 7.47),54 a 来延长了 19.3 d。累积距平和 t 检验表明(表 7.22),近 54 a 新疆无霜冻期于 1997 年发生了突变。突变后较突变前全疆平均无霜冻期延长了 11.2 d。

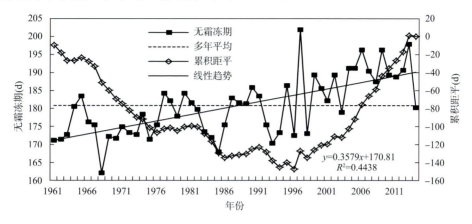

图 7.47　1961—2014 年新疆无霜冻期的变化

表 7.22　新疆无霜冻期、4—9 月干燥度和大风日数突变点信度检验

因子	检测年份	n_1	n_2	$|t_0|$
无霜冻期(d)	1997	36	18	6.5426***
4—9 月干燥度	1987	26	28	4.8734***
4—9 月大风日数(d)	1986	25	29	17.1125***

n_1,n_2 分别为检测点前后气候要素序列的样本数。 *** 表示通过 $P=0.001$ 的显著性检验。

（2）4—9 月干燥度

1961—2013 年,新疆 4—9 月干燥度总体以 -0.400 d·(10 a)$^{-1}$ 的倾向率呈显著($P=0.001$)减小趋势(图 7.48),54 a 来减小了 2.2。累积距平和 t 检验表明(表 7.22),近 54 a 新疆 4—9 月干燥度于 1987 年发生了突变。突变后较突变前全疆平均 4—9 月干燥度减小了 1.5。

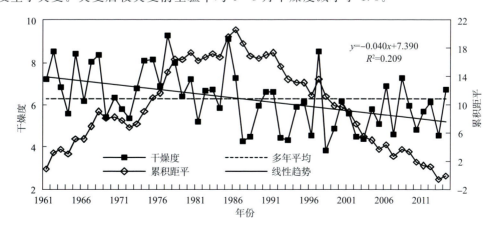

图 7.48　1961—2014 年新疆 4—9 月干燥度的变化

（3）4—9 月大风日数

1961—2014 年,新疆 4—9 月大风日数总体以 -3.100 d·(10 a)$^{-1}$ 的倾向率呈显著($P=0.001$)减少趋势(图 7.49),54 a 来减少了 16.7 d。累积距平和 t 检验表明(表 7.22),近 54 a 新疆 4—9 月大风日数于 1986 年发生了突变。突变后较突变前全疆平均 4—9 月大风日数减小了 9.5 d。

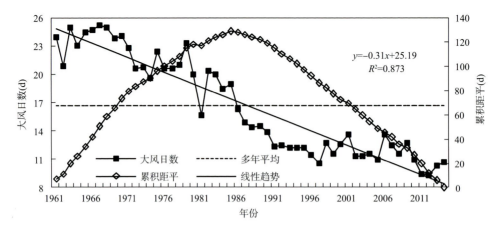

图 7.49 1961—2014 年新疆 4—9 月大风日数的变化

7.7.4 酿酒葡萄区划指标气候要素空间分布及其变化

以三要素中发生突变最迟的无霜冻期的突变年 1997 年为时间节点,探讨 1997 年前(1961—1996年)、后(1997—2014 年)各气候要素空间分布的差异。

(1)无霜冻期

新疆的无霜冻期表现为"南疆长,北疆短;平原和盆地长,山区短"的空间分布格局(图 7.50)。以对酿酒葡萄种植适宜程度(表 7.21)分级的无霜冻期的分布情况来看,1997 年前无霜冻期多于 220 d 的区域仅在南疆的塔里木盆地西南缘和东疆的吐鲁番、哈密盆地(以下简称吐哈盆地)腹地有零星分布;200～220 d 的区域主要在塔里木盆地西北部海拔高度 1100 m 以下以及盆地西南部 1520 m 以下的广大平原地带,另在吐哈盆地海拔高度不超过 410 m 的盆地腹地也有少量分布;180～200 d 的区域主要分布在塔里木盆地周边海拔高度 1100～1700 m、准噶尔盆地西南缘海拔高度不超过 700 m 的山前倾斜平原地带,另外,在吐哈盆地周边海拔高度 410～800 m 的盆地边缘地带也有分布;160～180 d 的区域主要在准噶尔盆地海拔高度 700～1000 m,吐哈盆地海拔高度 800～1100 m 的区域。另外,塔里木盆地周边海拔 1700～1900 m 的低山、丘陵地带也呈带状出现;在无霜冻期 160～180 d 区域海拔上限以上或纬度北界以北的地带无霜冻期一般不足 160 d(图 7.50a)。

1997 年后较其之前,虽无霜冻期的分布格局大体相同,但各级无霜冻期分布带的海拔上限均不同程度的抬升,其中,北疆和吐哈盆地抬升 200～300 m,塔里木盆地抬升 100～150 m,受其影响,无霜冻期多于 220 d 的区域在塔里木盆地和吐哈盆地均明显扩大;200～220 d 的区域在塔里木盆地明显东扩,在吐哈盆地有所扩大,与此同时,在准噶尔盆地西南部海拔高度不超过 400 m 的地区也有规模、连片的出现;180～200 d 的区域在南疆明显压缩,而北疆有所扩大并向东扩展;160～180 d 的区域在北疆明显北抬,南疆有所压缩;无霜冻期不足 160 d 的区域有所减小,其中,北疆减小更为明显(图 7.50b)。

(2)4—9 月干燥度

新疆 4—9 月干燥度的空间分布总体呈现"平原和盆地大,山区小"的格局(图 7.51)。以对酿酒葡萄种植适宜程度(表 7.21)分级的 1997 年前 4—9 月干燥度的分布情况来看(图 7.51a),南疆的塔里木盆地、北疆的准噶尔盆地以及东疆的吐哈密盆地几乎完全被干燥度≥3.5 的区域所覆盖;1.6～3.5 的区域主要分布在准噶尔盆地周边山前倾斜平原和低山、丘陵地带以及塔里木盆地和吐哈盆地周边中、低山带;1.0～1.6 的区域分布在阿尔泰山南坡、天山北坡海拔 1200～2000 m 的中低山带以及天山南坡、昆仑山北坡海拔 3000～4000 m 的中山带;天山海拔 2000～3000 m 以上及昆仑山海拔 4000～4500 m 以上的高山带 4—9 月干燥度一般<1.0。

尽管 1997 年后较其之前新疆气候有较明显的变湿趋势,但对 4—9 月干燥度的分布格局影响不大,仅干燥度<1.0 和 1.0～1.6 分区的海拔下限向低海拔区域降低了 200～300 m 左右,受其影响,山区干燥度<1.0 和 1.0～1.6 的区域有所增大,1.6～3.5 的区域略有压缩,但≥3.5 的区域无明显变化(图 7.51b)。

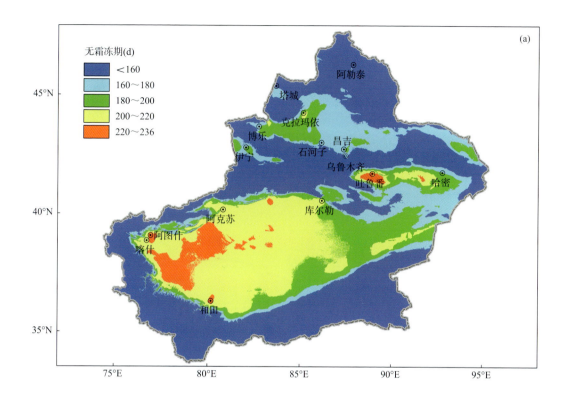

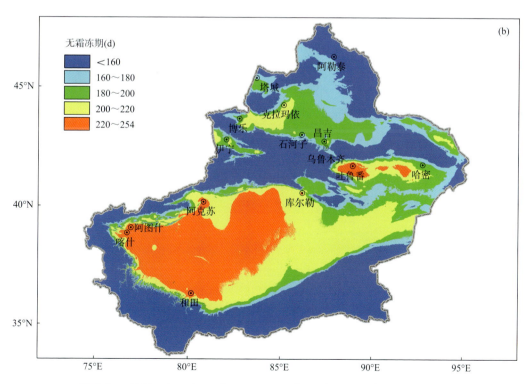

图 7.50 1961—1996 年(a)和 1997—2014 年(b)新疆无霜冻期的空间分布

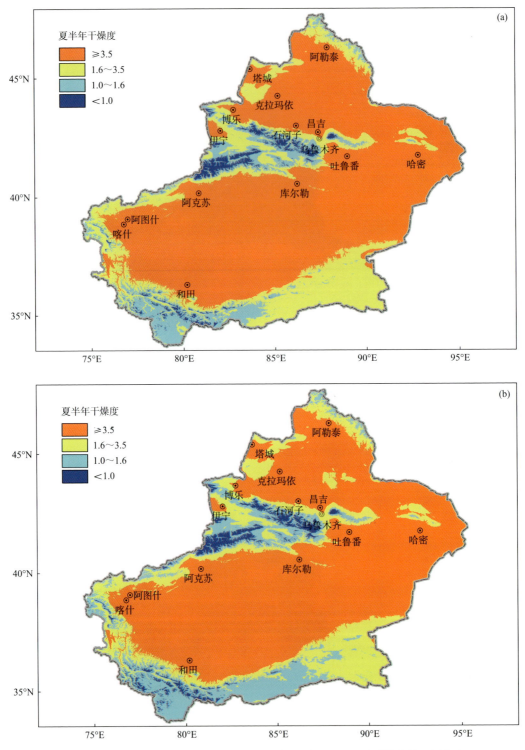

图 7.51 1961—1996 年(a)和 1997—2014 年(b)新疆 4—9 月干燥度的空间分布

(3)4—9 月大风日数

受大气环流和地形、地貌的综合影响,新疆 4—9 月大风日数的空间分布总体呈现"北疆多,南疆少;东部和西部多,中部少;峡谷和山口地带多,平原少"的特点(图 7.52)。1997 年前新疆 4—9 月大风日数 50 d 以上的区域主要分布在北疆的阿拉山口和达坂城等峡谷地带以及东疆的三塘湖至淖毛湖戈壁和瞭墩至十三间房的"百里风区"等地;30~50 d 的区域主要出现在上述峡谷或风区的下游地区,具体包括阿勒泰地区西部的额尔齐斯河谷、塔城地区西部和中部、克拉玛依市北部以及吐哈盆地大部;北疆大部、南疆东部、哈密盆地中部为 15~30 d;南疆大部 4—9 月大风日数一般不足 15 d(图 7.52a)。

1997 年后与其之前相比，新疆 4—9 月大风日数的空间分布格局大体相同，但大风日数 30 d 以上的区域明显缩小，其中，北疆西部、吐哈盆地以及南疆东部减小尤为显著；15～30 d 的区域北疆明显缩小，南疆和东疆有所扩大；但 4—9 月大风日数不足 15 d 的区域明显扩大，其中北疆扩大更为显著(图 7.52b)。

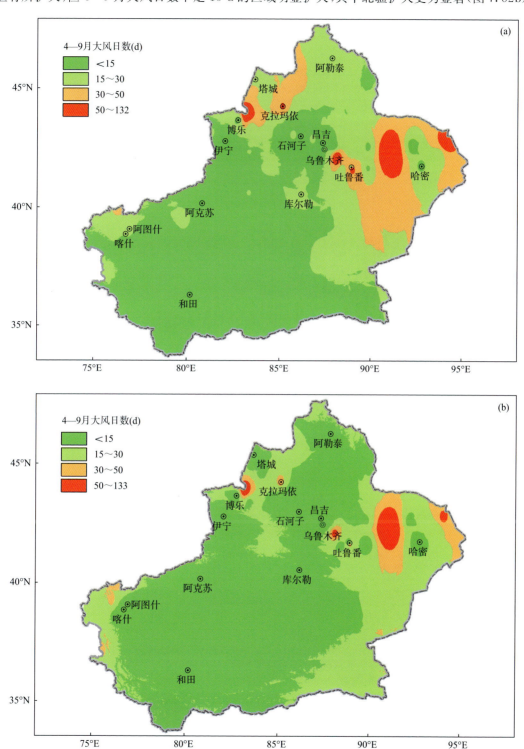

图 7.52 1961—1996 年(a)和 1997—2014 年(b)新疆 4—9 月大风日数的空间分布

7.7.5 酿酒葡萄种植气候适宜性区划及其变化

根据对酿酒葡萄的适宜程度，分别对 1997 年前、后无霜冻期、4—9 月干燥度和大风日数的栅格数据在 ArcGIS10.0 平台上进行等级划分，并将三要素的等级栅格数据进行叠加处理，获得了 1997 年前、后新疆酿酒葡萄种植气候区划(图 7.53)。

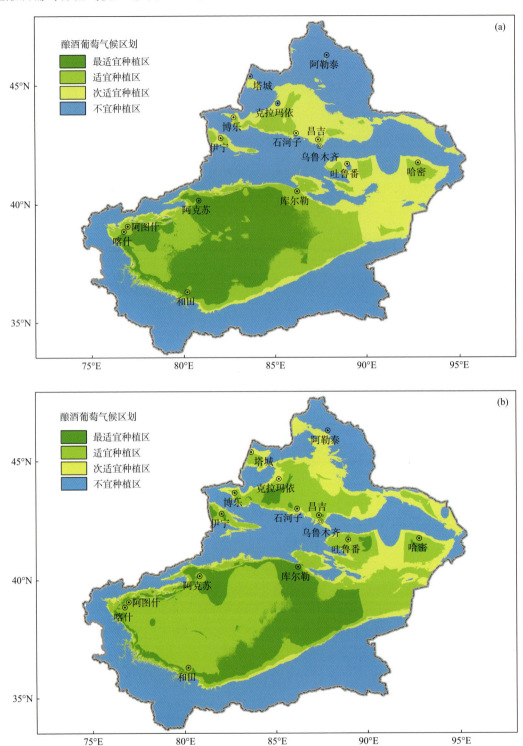

图 7.53 1961—1996 年(a)和 1997—2014 年(b)新疆酿酒葡萄种植农业气候区划

(1)最适宜种植区

1997 年前新疆酿酒葡萄最适宜种植区主要分布在南疆的塔里木盆地中部,另在盆地西部山前冲击、洪击平原地带也有少量出现,面积为 2.83×10^5 km²,占新疆总面积的 17.0%(表 7.23)。受气候变暖的影响,1997 年后,塔里木盆地中部无霜冻期≥220 d 区域明显增大,高温对该地酿酒葡萄的影响开始显现,因此,南疆酿酒葡萄最适宜种植区的主体由塔里木盆地中部向盆地中东部和北部的山前倾斜平原地带转移。另在北疆的准噶尔盆地西南缘、伊犁河谷西部以及东疆的吐哈盆地也有部分出现。1997

年后酿酒葡萄最适宜种植区面积降至 $2.21×10^5 km^2$，较 1997 年前减小了 $6.20×10^4 km^2$，占比减小 3.7 个百分点。最适宜种植区热量和干湿气候条件均非常适宜酿酒葡萄的种植，且大风灾害很少，是新疆最理想的优质酿酒葡萄种植和发展区域。

（2）适宜种植区

1997 年前新疆酿酒葡萄适宜种植区主要分布在南疆塔里木盆地周边的山前倾斜平原和冲积、洪积平原地带，北疆的准噶尔盆地西南部、伊犁河谷西部，以及东疆的吐哈盆地中部，面积为 $2.67×10^5 km^2$，占新疆总面积的 16.0%（表 7.23）。1997 年后，其分布区域明显扩大，具体表现在，塔里木盆地大部、北疆沿天山一带、伊犁河谷以及东疆的吐哈盆地大部已被该区所覆盖，其面积增至 $5.23×10^5 km^2$，较 1997 年前增大了 $2.56×10^5 km^2$，占比增大 15.4 个百分点。适宜种植区的气候条件对酿酒葡萄生长发育、产量形成的适宜程度总体稍逊于最适宜区，但各地的影响因素有所不同，南疆的塔里木盆地中部和东疆吐哈盆地腹地主要受夏季高温（无霜冻期≥220 d）的影响，而北疆以及南疆的山前倾斜平原和冲积、洪积平原地带主要是热量条件稍显不足（无霜冻期只有 180~200 d），个别地区 4—9 月大风日数偏多（15~30 d）对酿酒葡萄也有一定影响。

（3）次适宜区

1997 年前新疆酿酒葡萄次适宜种植区主要分布在北疆沿天山一带、东疆的吐哈盆地大部以及南疆东部的罗布泊地区，面积为 $2.90×10^5 km^2$，占新疆总面积的 17.4%。1997 年后，次适宜区在北疆明显向高纬度、高海拔地区转移，在南疆和东疆其范围明显减小。受其影响，1997 年后新疆酿酒葡萄的次适宜种植区面积较 1997 年前缩小了 $7.43×10^4 km^2$，占比减小 4.4 个百分点（表 7.23）。热量条件总体不足（无霜冻期只有 160~180 d）是影响新疆次适宜区酿酒葡萄种植的主要因素。另外，部分地区虽热量和干湿气候条件均较适宜，但 4—9 月大风日数较多（30~50 d），对酿酒葡萄种植也有较大影响。

（4）不宜种植区

阿尔泰山、天山、昆仑山区以及北疆北部、阿拉山口、达坂城等峡谷地带，东疆的三塘湖至淖毛湖戈壁和瞭墩至十三间房"百里风区"等地均为新疆酿酒葡萄不宜种植区。1997 年前其面积为 $8.25×10^5 km^2$，占新疆总面积的 49.6%。1997 年后，不适宜种植区的分布格局没有大的变化，但其范围明显减小，较 1997 年前面积缩小了 $1.20×10^5 km^2$，缩小 7.2 个百分点（表 7.23）。各不适宜区制约酿酒葡萄种植的主要气候因素分别是，阿尔泰山、天山、昆仑山区和北疆北部热量条件严重匮乏（无霜冻期不足 160 d），而阿拉山口、达坂城峡谷以及三塘湖至淖毛湖和瞭墩至十三间房等风口风线地带则是 4—9 月大风日数多于 50 d 之故。

表 7.23　1997 年前后新疆酿酒葡萄不同气候适宜区面积的变化

分区	1961—1996 年		1997—2014 年		1997 年前后变化量	
	面积(km^2)	占总面积的比例(%)	面积(km^2)	占总面积的比例(%)	面积(km^2)	占总面积的比例(%)
最适宜种植区	282613	17.0	220605	13.3	−62008	−3.7
适宜种植区	266716	16.0	522986	31.4	256270	15.4
次适宜种植区	290179	17.4	215863	13.0	−74316	−4.4
不适宜种植区	825394	49.6	705448	42.4	−119946	−7.2
合计	1664902	100	1664902	100	0	0

7.7.6　酿酒葡萄种植适应气候变化的对策措施

无霜冻期是影响新疆酿酒葡萄生长发育、产量形成的主要气候因素，大风是主要气象灾害，气候的干燥程度对酿酒葡萄品质有直接影响。在全球变暖背景下，近 54 a，新疆无霜冻期显著延长，酿酒葡萄生长季干燥度和大风日数显著减小（少），气候变化对酿酒葡萄种植既有利也有弊，但总体利大于弊，具体表现为，热量条件明显改善，无霜冻期显著延长，这对热量总体不足的北疆和塔里木盆地周边山前冲积、洪积平原及低山丘陵地带的酿酒葡萄种植区来说无疑具有积极意义，但塔里木盆地中东部和吐哈盆地腹地则会因夏季高温的增多而对酿酒葡萄种植产生一定不利影响。新疆气候总体十分干燥,尽管1997年后较其之前气候有较明显的变湿趋势,但对新疆酿酒葡萄种植区划无明显影响。4—9月大风日数明显减小,这为部分热量和干湿气候条件适宜但多大风天气地区发展酿酒葡萄种植创造了有利条件。因此,各地应根据当地气候特点及其变化规律,合理调整酿酒葡萄种植区域,充分利用农业气候资源,最大限度地规避大风、霜冻等气象灾害,促进新疆酿酒葡萄产业的持续稳定发展。

第8章　新疆综合气候区划及其变化

　　气候区划是根据有关指标,对某一地区的气候进行逐级划分,将气候大致相同的地方划为一区,不同的划入另一区,即得出若干等级的区划单元。其目的是从综合角度揭示气候状况的区域分异规律和各地的气候特征,为充分合理地利用气候资源、最大限度地规避和减轻不利的气候影响,促进社会、经济的持续稳定发展和生态环境保护提供依据。

　　我国的气候区划工作始于20世纪30年代,80多年来,经过一代又一代气象科技工作者的不懈努力,目前,无论是在区划指标体系的完善、区划技术水平的提高,还是在区划结果的客观性和对国民经济和社会发展的指导作用方面均有了很大发展。

　　新疆地处欧亚大陆腹地,位于我国西北边陲,是我国地域面积最大的省区、"21世纪丝绸之路经济带"的核心区,也是我国战略资源重要储备区和重要的棉花、粮食、畜产品及特色农产品生产基地。地域辽阔,地形地貌复杂,地势起伏悬殊,气候类型多样,但长期以来,新疆的气候区划工作却相对薄弱。20世纪90年代以前,新疆的气候区划仅作为全国气候区划的一部分在"中国气候区划"有过粗略的体现,但作为省级独立的气候区划工作却未曾开展。进入20世纪90年代,为适应新疆国民经济和社会发展,尤其是农牧业生产对气候区划的需要,李江风等曾对新疆气候区划开展过初步的研究工作,但限于当时的资料和技术条件,其区划具有以下局限性,一是有关地理因素对气候要素空间分布的影响,尤其是气候的水平地带性和垂直分异特征的有机结合重视不够,区划的客观性和精细化程度较低;二是使用的气候资料序列较短,未能就气候变化对新疆气候区划的影响开展相关研究。

　　近年来有关新疆气候变化的研究表明,在全球变化背景下,过去的50多年新疆气温明显升高、各界限积温增多、无霜冻期延长,降水量显著增多,而年潜在蒸散量、水分亏缺量和干燥度指数显著减小,即,气候总体呈明显的"暖湿化"趋势。气候变化必将对新疆气候的温度带、干湿区,进而对综合气候区的划分产生深刻影响。因此,在对近55 a新疆气候时空变化进行分析的基础上,使用气候区划的三级指标体系,对气候变化背景下新疆气候区划的变化进行初步探讨,以期为适应和应对气候变化,促进新疆社会经济的持续稳定发展和生态环境保护提供参考依据。

8.1　气候区划的基本原则

8.1.1　地带性与非地带性相结合的原则

　　太阳辐射几乎是地球和大气唯一的能量来源,由于太阳辐射分布的纬向差异,导致气候条件,尤其是温度具有随纬度发生规律性变化的纬向地带性;大气中的水汽主要来自海洋,由于各地距离海洋的远近和海陆相互作用的不同,致使气候的干湿状况具有随经度发生有规律变化的经向地带性。新疆"三山夹两盆"的基本地貌决定了其地势高差悬殊,既有海拔高度为−155 m的全球陆地第二最低点—吐鲁番盆地的艾丁湖,也有海拔高达8611 m的世界第二高峰—喀喇昆仑山乔戈里峰。由于气温一般随海拔高度的增加而下降,降水则随着海拔高度的升高先增后降,即热量条件和干湿状况还具有随海拔高度变化的垂直地带性特点。另外,气候受地形起伏、坡向坡度以及下垫面状况等非地带性因素的影响,也发生一定的变化。因此,气候区划必须坚持地带性与非地带性相结合的原则。

8.1.2　发生同一性与区域气候特征相对一致性相结合原则

　　在进行气候区划时不但要看同一级别区划单元内的气候特征是否相对一致,而且还必须从发生学的角度充分考虑其气候成因和变化过程是否具有同一性。

8.1.3 综合性和主导因素相结合原则

综合性原则指在气候分区时不能只分析气候因子的地域分异,还应分析由次一级气候区组成的气候区域组合的地域分异,综合考量气候因子与气候区域组合的地带性与非地带性特征,据此划定气候区界线。主导因素原则指在进行区划时,必须先从众多气候因子中选择具有主导作用的因子作为区划指标。因此在综合考虑各个气候因子与气候区域组合构成要素的基础上,合理选择影响各级气候区的主导气候因子作为气候区划指标,将综合性和主导因素有机结合在一起。

8.1.4 自下而上和自上而下相结合原则

自上而下原则指依据指标按层次划分温度带和干湿区;自下而上指根据各地气候指标值的相似度合并成若干气候区,最后将气候区与干湿区及温度带结合,形成统一的区划。

8.1.5 空间分布连续性与取大去小原则

空间连续性原则要求气候区划结果中的各个气候区必须保持完整连续而不出现"飞地"。由于气候区域分异中的地带性特征往往会因非地带性因素的影响而遭破坏,因而在考虑空间连续性时,必须根据区划空间范围的大小进行取舍,否则区划结果可能会很破碎。

8.2 区划方法和指标体系

8.2.1 研究区域和资料来源

(1)研究区概况

新疆位于中国西北边陲,深居中纬度欧亚大陆腹地,地理坐标东经 73°20′41″—96°25′,北纬 34°15′—49°10′45″,总面积 166.49 万 km²,是我国地域面积最大的省区。其气候特点是:日照充足,热量丰富,降水稀少,气候干燥,气温日较差大,生态环境脆弱,属典型的温带大陆性干旱气候区。

(2)资料来源

选用新疆境内 101 个资料序列较长的气象站 1961—2015 年的逐日平均气温、平均最高气温、平均最低气温、日照时数、平均相对湿度、平均风速、降水量等气候资料,以及新疆 1∶50000 地理信息数据研究分析近 55 a 新疆气候变化对气候区划的影响。研究区域、地形地貌和所选气象站点的分布情况见图 8.1。各站气象数据和新疆地理信息数据由新疆气象信息中心提供。

8.2.2 区划方法

采用目前国内常用的温度带、干湿区和气候分区的三级气候区划方法进行新疆气候区划研究,具体区划指标与划分标准如下。

(1)温度带

日平均气温≥10 ℃对自然界第一性生产力的形成具有极为重要的意义。大量的科学实验和农业生产实践证明,日平均气温稳定≥10 ℃是喜温作物生长的起始温度,也是喜凉作物和大多数天然牧草积极生长的温度。因此,长期以来日平均气温稳定≥10 ℃期间的积温(简称≥10 ℃积温)一直被作为我国气候区划与农业气候资源评价中一个非常通用的指标。尽管陈咸吉(1982 年)在《中国气候区划新探》中指出,≥10 ℃积温作为指标划分温度带对于我国一些高原地区,如云贵高原和青藏高原有一定的局限性,建议用日平均气温稳定≥10 ℃的日数(简称≥10 ℃日数)作为我国温度带的划分指标,但我们认为对新疆而言,用≥10 ℃积温作为温度带划分指标更为合理,理由如下:

①≥10 ℃积温能够从强度和作用时间两个方面体现≥10 ℃温度对生物有机体生长发育的影响,具有较≥10 ℃日数更明确的生物学意义。

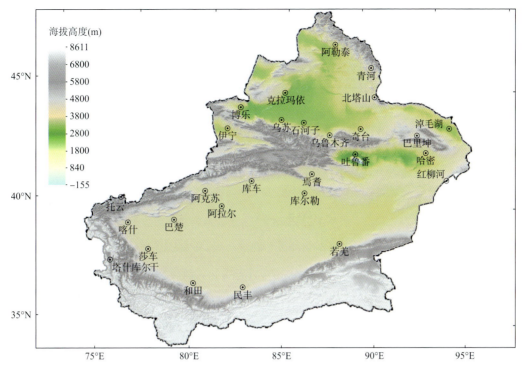

图 8.1　新疆高程和气象站点分布

②≥10 ℃积温对农业生产和种植制度的实际指导意义优于≥10 ℃日数,例如,以同属暖温带的吐鲁番市和和田市为例,1961—2015 年平均两地≥10 ℃日数分别为 219 d 和 215 d,基本相同,但≥10 ℃积温吐鲁番市为 5500 ℃·d,而和田市只有 4500 ℃·d,相差 1000 ℃·d,因此导致两地的种植制度具有较大的差别,吐鲁番完全可以实行"一年两熟"种植制度,而和田基本为"两年三熟"制。

③用≥10 ℃积温作为指标划分新疆温度带可与我国长期以来传统温度带的区划具有较好的衔接性。

由于无霜冻期(日最低气温>0 ℃初日至终日的天数)在新疆农业生产中同样具有十分重要的指示意义,终霜冻日和初霜冻日与绝大多数乔木树种叶子的萌发和枯萎也大体吻合,加之,在新疆无霜冻期和≥10 ℃日数相差不大(全疆平均无霜冻期较≥10 ℃日数多 8 d 左右),因此,为更好地体现气候区划的综合性特征,我们在进行温度带界线划分时将无霜冻期多年平均值作为辅助指标,划分标准的确定参考郑景云的《中国气候区划新方案》(2010)和李江风的《新疆气候》(1991)(表 8.1)。

表 8.1　温度带划分指标及其标准

指标	寒温带	中温带	暖温带
≥10 ℃积温(℃·d)	<1600	1600～3400	3400～4800
无霜冻期(d)	<110	110～180	180～230

(2)干湿区

区域的干湿状况主要取决于降水与潜在蒸散之间的平衡,其中降水是一地最主要的水分来源,潜在蒸散则反映在土壤水分充足的理想条件下的最大可能水分支出。因此,本区划以年湿润指数(即年降水量多年平均与潜在蒸散多年平均的比值)作为干湿区划分的主要指标(表 8.2)。由于传统的干湿气候区划常将年降水量作为重要指标,加之降水量资料易于获取且使用简便,为更好地体现干湿区划分的综合性特征,以年降水量作为辅助指标。其中潜在蒸散采用 1998 年联合国粮农组织(FAO)推荐的 Penman-Monteith 的模型计算。

表 8.2 干湿区划分指标及其标准

指标	极干旱区	干旱区	半干旱区	半湿润区	湿润区
年湿润指数	<0.05	0.05~0.20	0.20~0.50	0.50~1.00	≥1.00
年降水量(mm)	<70	70~200	200~420	420~600	≥600

（3）气候区

温度带和干湿区划分主要体现气候的地带性差异，然而气候还受非地带性因素的影响。最热月 7 月平均气温的地理分布能较为综合地表现出非地带性因素对气候的影响，而且在新疆，7 月平均气温还是决定喜温作物(如棉花)能否种植以及天然乔木树种可生长海拔上限的关键因子，因此，采用 7 月平均气温作为新疆气候区的划分指标，划分标准(表 8.3)。

表 8.3 气候区划分指标及其标准

指标	夏季冷凉区	夏季温凉区	夏季温和区	夏季温热区	夏季炎热区	夏季酷热区
7月平均气温(℃)	<10	10~15	15~20	20~25	25~30	≥30

8.2.3 研究时段的划分

世界气象组织建议，一般用 30 年平均表征某一地区气候要素的标准均值。另外，施雅风等(2002)研究指出，在全球变化背景下，过去的 50 多年，新疆气候总体呈明显的"暖湿化"趋势，并于 20 世纪 80 年代末期发生了"突变"。因此，本研究以新疆 1961—1990 年的 30 年平均气候状态作为参照，研究近 25 年 (1991—2015 年)气候区划的变化情况。

8.2.4 气候要素空间插值方法

新疆地域辽阔，地形地貌复杂，地势高差悬殊，气候不仅有随纬度和经度变化的水平地带性，以及随海拔高度变化的垂直地带性，而且也具有非地带性的特点。为提高区划指标气候要素空间插值的精度，本文坚持地带性与非地带性相结合的原则，在 ArcGIS10.0 平台上，采用混合插值法(宏观地理因子的三维二次趋势面模拟＋残差内插)分别对前 30 年(1961—1990 年)和近 25 年(1991—2015 年)各区划指标气候因子的平均值进行 500 m×500 m 栅格点的空间插值模拟。

8.3 区划指标气候要素地理分布及其变化

8.3.1 温度带区划指标气候要素地理分布及其变化

（1）日平均气温稳定≥10 ℃积温

新疆日平均气温稳定≥10 ℃积温的空间分布总体呈现"南疆多，北疆少；平原和盆地多，山区少"的特点(图 8.2)。由按照温度带划分标准分级的各等级日平均气温稳定≥10 ℃积温的分布情况来看，1990 年前，日平均气温稳定≥10 ℃积温多于 3400 ℃·d 的区域主要在塔里木盆地和吐哈盆地的大部，以及北疆沿天山的中西部。其海拔上限，在塔里木盆地自北向南为 1300~1750 m，吐哈盆地约1300 m，北疆沿天山中西部为 600 m；日平均气温稳定≥10 ℃积温 1600~3400 ℃·d 的区域主要在，北疆除沿天山中西部区域以外的其余大部，其海拔上限自北向南约为 1650~1900 m。南疆和东疆日平均气温稳定≥10 ℃积温 1600~3400 ℃·d 的区域范围相对较小，仅分布在塔里木盆地和吐哈盆地周边≥10 ℃积温大于 3400 ℃·d 外围的环形带状区域内，海拔上限，塔里木盆地自北向南为 2000~2800 m，吐哈盆地 2450 m 左右，海拔下限与日平均气温稳定≥10 ℃积温大于 3400 ℃·d 的上限相接；自北向南阿尔泰山、天山和昆仑山各山体海拔 1650~2800 m 以上中高山带日平均气温稳定≥10 ℃积温少于 1600 ℃·d (图 8.2a)。1991 年后较其之前，新疆温度带的分布格局基本相似，但各温度带的分布范围有所变化,具体表现为,日平均气温稳定≥10 ℃积温多于3400 ℃·d区域的海拔上限,北疆抬升了150 m,南疆和东疆抬升了40~90 m,分布范围南北疆均有所扩大,其中北疆扩大更为明显;日平均气温稳定≥10 ℃积温1600~3400 ℃·d区域的海拔上限北疆抬升了100 m左右,南疆和东疆抬升了35~70 m。由于日平均气温稳定≥10 ℃积温多于3400 ℃·d区域的海拔上限抬升幅度普遍较1600~3400 ℃·d区域的大,因此,日平均气温稳定≥10 ℃积温1600~3400 ℃·d的面积有所压缩;受日平均气温稳定≥10 ℃积温1600~3400 ℃·d区域海拔上限抬升的影响,阿尔泰山、天山和昆仑山区日平均气温稳定≥10 ℃积温少于1600 ℃·d的区域也向高海拔收缩(图8.2b)。

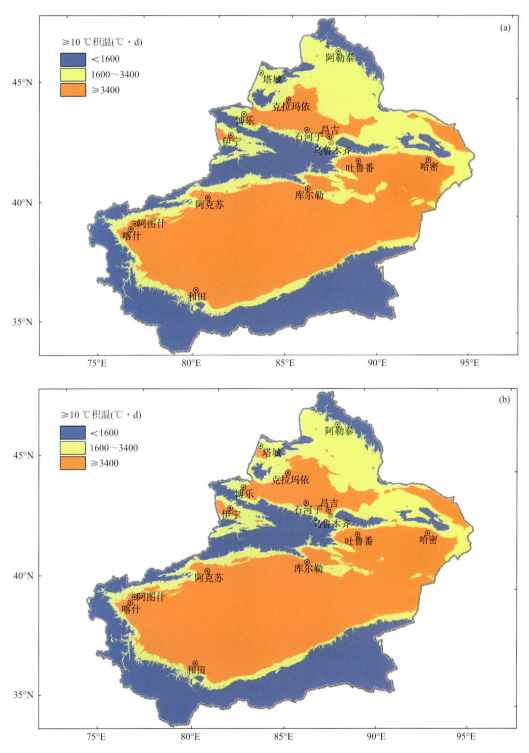

图8.2　1961—1990年(a)和1991—2015(b)新疆日平均气温稳定≥10 ℃积温空间分布的比较

（2）无霜冻期

新疆的无霜冻期的空间分布格局与日平均气温稳定≥10℃积温相似，总体呈现为"南疆长，北疆短；平原和盆地长，山区短"的特点(图8.3)。按照不同温度带分级的各等级无霜冻期的分布情况来看，1990年前，无霜冻期180 d以上的区域主要在塔里木盆地大部，吐哈盆地中部以及准噶尔盆地西南缘局部，其海拔上限，在塔里木盆地自北向南为1300～1800 m，吐哈盆地约910 m，准噶尔盆地西南部为550 m；无霜冻期110～180 d的区域主要分布在北疆除准噶尔盆地西南部区域以外的其余大部，其海拔上限，北疆自北向南约为1750～2000 m。南疆和东疆无霜冻期110～180 d的区域相对较小，主要分布

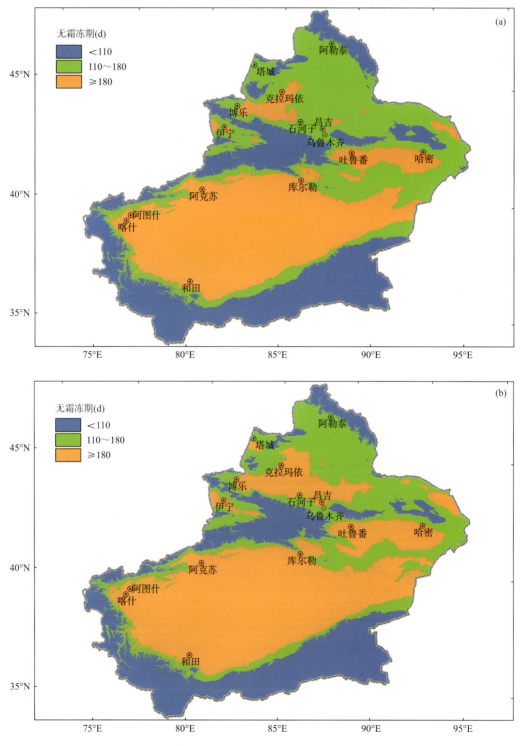

图8.3　1961—1990年(a)和1991—2015(b)新疆无霜冻期空间分布的比较

在塔里木盆地和吐哈盆地周边环无霜冻期 180 d 以上区域外围的环形带状区域内,其海拔上限,塔里木盆地自北向南为 2000～2750 m,吐哈盆地 2600 m 左右,其海拔下限与无霜冻期 180 d 以上区域相接;自北向南阿尔泰山、天山和昆仑山各山体海拔 1750～2750 m 以上中高山带无霜冻期少于 110 d(图 8.3a)。1991 年后较其之前,新疆无霜冻期的分布格局变化不大,但各级无霜冻期的分布范围有所变化,具体表现为,无霜冻期 180 d 以上区域的海拔上限,北疆和东疆抬升了 220 m,南疆抬升了 60～130 m,分布范围有所扩大,其中北疆和东疆扩大更为明显;无霜冻期 110～180 d 区域的海拔上限北疆抬升了 100～200 m,南疆和东疆抬升了 50～170 m。由于无霜冻期 180 d 以上区域的海拔上限抬升幅度普遍较 110～180 d 区域的大的缘故,无霜冻期 110～180 d 区域的面积有所压缩;受无霜冻期 110～180 d 区域海拔上限抬升的影响,阿尔泰山、天山和昆仑山区无霜冻期少于 110 d 的区域均不同程度地向高海拔收缩(图 8.3b)。

8.3.2　干湿区区划指标气候要素地理分布及其变化

(1)年湿润指数

新疆年湿润指数的空间分布总体呈现"北疆大,南疆小;西部大,东部小;山区大,平原和盆地小"的特点(图 8.4)。1990 年前南疆塔里木盆地大部和东疆的吐哈盆地中东部年湿润指数在 0.05 以下;北疆大部、塔里木盆地和吐哈盆地周边的中低山带和山前倾斜平原为 0.05～0.20;准噶尔盆地周边从山前倾斜平原至海拔 2200 m 左右的中低山带,以及塔里木盆地和吐哈盆地周边中高山带为 0.20～0.50;阿尔泰山南坡、天山北坡海拔 2100 m 以上,天山南坡 3000 m 以上的中、高山带,以及昆仑山北坡海拔 4500 m 以上的高山带气候较为湿润,年湿润指数一般在 0.50～0.92(图 8.4a)。

1991 年后较其之前,新疆年湿润指数的分布格局变化不大,但绝大部分地区趋于变湿,具体表现为,年湿润指数大于 0.5 的区域,在天山北坡和阿尔泰山中高山带明显扩大,其海拔下限下移了约 150 m,但天山南坡和昆仑山区变化不明显;年湿润指数 0.20～0.50 的区域在北疆地区和南疆的天山、昆仑山区均有所扩大,其中北疆扩大尤为明显;年湿润指数 0.05～0.20 的区域在南疆明显向气候相对干燥的东南方向扩张,在东疆也有所增大,但在北疆明显缩小;年湿润指数小于 0.05 的区域在塔里木盆地明显向东南方向退缩,在吐哈盆地也有所减小(图 8.4b)。

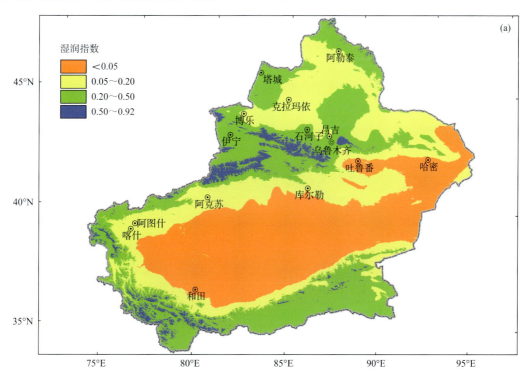

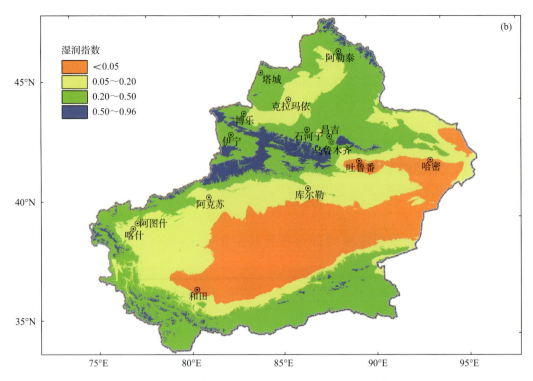

图 8.4 1961—1990 年(a)和 1991—2015(b)新疆年湿润指数空间分布的比较

（2）年降水量

新疆年降水量的空间分布格局与年湿润指数大体一致，也呈现"北疆多，南疆少；西部多，东部少；山区多，平原和盆地少"的特点(图 8.5)。1990 年前南疆的塔里木盆地大部和东疆的吐哈盆地中东部年降水量一般在 70 mm 以下；北疆大部、塔里木盆地和吐哈盆地周边的低山丘陵地带和山前倾斜平原为 70～200 mm；准噶尔盆地周边从山前倾斜平原至海拔 2100 m 左右的中低山带，以及塔里木盆地和吐哈盆地周边中高山带为 200～420 mm；天山北坡海拔 2100 m、南坡 3200 m 以上的中、高山带年降水量一般在 420～600 mm(图 8.5a)。

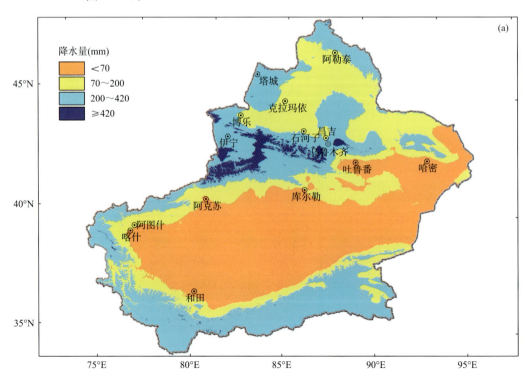

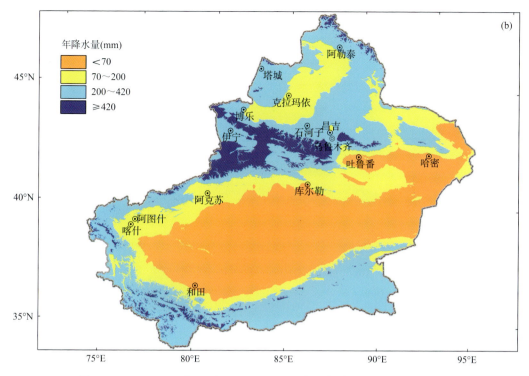

图 8.5　1961—1990 年(a)和 1991—2015(b)新疆年降水量空间分布的比较

　　1991 年后较其之前,新疆年降水量的分布格局变化不大,但绝大部分地区降水趋于增多,具体表现为,年降水量大于 420 mm 的区域,在天山北坡中高山带其海拔下限下移了约 180 m,天山南坡下移了约 100 m,分布区域明显扩大,另在阿尔泰山中高山带和昆仑山高山带也出现了一定规模的年降水量大于 420 mm 的区域;年降水量 200～420 mm 的区域在北疆地区以及南疆的天山、昆仑山区均有所扩大,其中北疆扩大尤为明显;年降水量 70～200 mm 的区域在南疆明显向东南方向扩张,在东疆也有所增大,但在北疆明显缩小;年降水量不足 70 mm 的区域在塔里木盆地明显向东南方向退缩,在吐哈盆地也略有减小(图 8.5b)。

8.3.3　气候分区指标气候要素地理分布的变化

　　新疆 7 月平均气温的空间分布总体呈现"南疆高,北疆低;平原和盆地高,山区低"的特点(图 8.6)。由按表 8.3 分级的各级 7 月平均气温的分布情况来看,1990 年前 7 月平均气温 30.0 ℃以上的区域仅在吐哈盆地中心腹地有零星分布;25.0～30.0 ℃的区域主要在塔里木盆地和吐哈盆地大部以及北疆沿天山中西部;北疆大部,塔里木盆地和吐哈盆地周边山前倾斜平原和低山、丘陵带 20.0～25.0 ℃;准噶尔盆地周边低山丘陵地带及塔里木盆地周边中山带 15.0～20.0 ℃;准噶尔盆地周边中山带以及昆仑山中高山带 10.0～15.0 ℃;自北向南各山体海拔 2600～3600 m 以上的高山带 7 月平均气温低于 10.0 ℃(图 8.6a)。

　　1991 年后较其之前 7 月平均气温的分布格局变化不明显,但全疆大部均呈现不同程度地升高趋势,全疆平均升高了 0.5 ℃。受其影响,吐哈盆地中心腹地 7 月平均气温 30.0 ℃以上的区域有所扩大;25.0～30.0 ℃的区域在塔里木盆地和吐哈盆地均明显扩大,北疆沿天山一带略有扩大;20.0～25.0 ℃的区域在塔里木盆地和吐哈盆地均有所减小,但北疆变化不大;全疆各地 7 月平均气温 15.0～20.0 ℃和 10.0～15.0 ℃的区域总体向高海拔抬升了 20～150 m,其中北疆抬升 100～150 m,南疆和东疆抬升了 20～100 m;各山体 7 月平均气温低于 10.0 ℃的区域也向高海拔抬升并压缩了约 20～100 m(图 8.6b)。

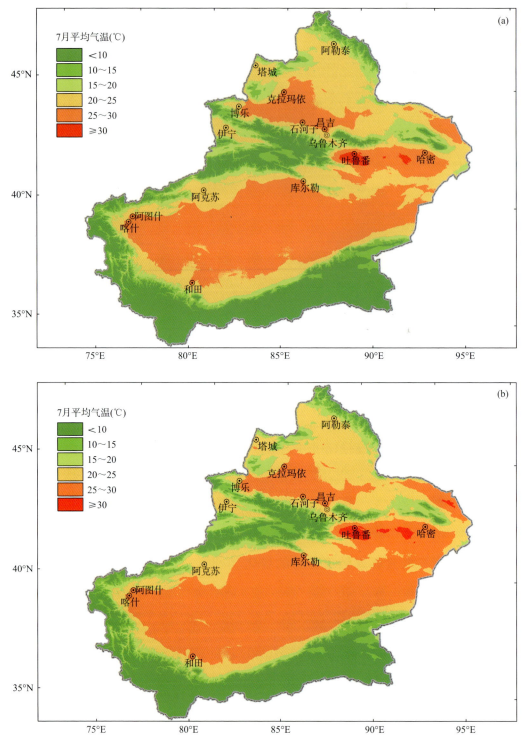

图 8.6 1961—1990 年(a)和 1991—2015(b)新疆 7 月平均气温空间分布的比较

8.4 新疆综合气候区划及其变化

在 ArcGIS10.0 平台上,采用混合插值法(宏观地理因子的三维二次趋势面模拟+残差内插)分别对前 30 a(1961—1990 年)和近 25 a(1991—2015 年)各区划气候因子的平均值进行 500 m×500 m 栅格点的空间插值模拟的基础上,根据表 8.1—表 8.3 的区划指标等级标准,对各因子的栅格数据进行分级和叠加处理,即可获得近 25 a 和前 30 a 两个时段的全疆气候区划。结果表明:新疆气候总体可划分为

3个温度带、9个干湿区、20个气候分区(图8.7,表8.4)。以下对各气候区特征及其变化简述如下。

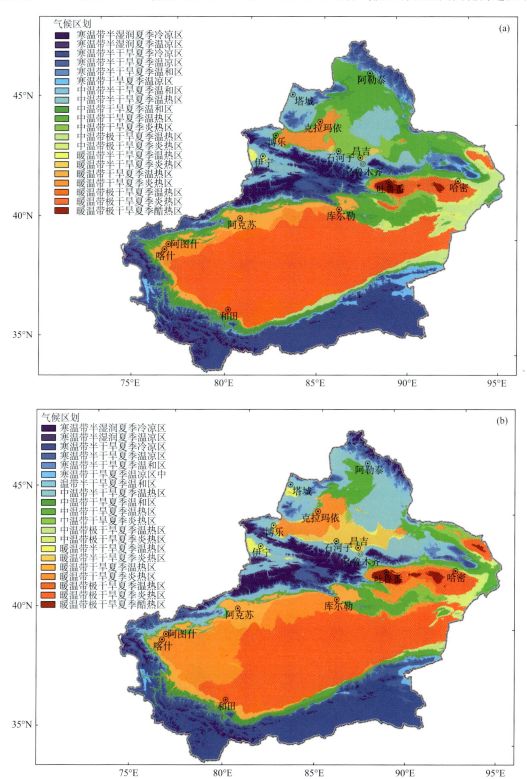

图8.7 1961—1990年(a)和1991—2015年(b)新疆气候区划的比较

表8.4　新疆气候区划及变化

温度带	干湿区	气候分区	1961—1990 年		1991—2015 年		1991 年前后的变化	
			面积（km²）	占比（%）	面积（km²）	占比（%）	面积（km²）	占比（%）
寒温带	半湿润区	夏季冷凉区	72415	4.3	92735	5.6	20320	1.3
		夏季温凉区	6360	0.4	19629	1.2	13269	0.8
	半干旱区	夏季冷凉区	275891	16.6	228293	13.7	−47598	−2.9
		夏季温凉区	84260	5.1	100793	6.1	16533	1.0
		夏季温和区	28701	1.7	27090	1.6	−1611	−0.1
	干旱区	夏季温凉区	38895	2.3	12290	0.7	−26605	−1.6
中温带	半干旱区	夏季温和区	57158	3.4	94470	5.7	37312	2.3
		夏季温热区	80220	4.8	141824	8.5	61604	3.7
	干旱区	夏季温和区	81469	4.9	35523	2.1	−45946	−2.8
		夏季温热区	200210	12.0	135696	8.2	−64514	−3.8
		夏季炎热区	54248	3.3	27520	1.7	−26728	−1.6
	极干旱区	夏季温热区	51205	3.1	8527	0.5	−42678	−2.6
		夏季炎热区	27627	1.7	17985	1.1	−9642	−0.6
暖温带	半干旱区	夏季温热区	3026	0.2	14072	0.8	11046	0.6
		夏季炎热区	2537	0.2	39031	2.3	36494	2.1
	干旱区	夏季温热区	53183	3.2	70168	4.2	16985	1.0
		夏季炎热区	72030	4.3	209736	12.6	137706	8.3
	极干旱区	夏季温热区	52962	3.2	14727	0.9	−38235	−2.3
		夏季炎热区	413625	24.8	361608	21.7	−52017	3.1
		夏季酷热区	8877	0.5	13183	0.8	4306	0.3

8.4.1　寒温带

新疆自北向南的阿尔泰山、天山和昆仑山各山体海拔 1500～2900 m 以上中、高山带 ≥10 ℃积温少于 1600 ℃·d，无霜冻期不足 110 d，属寒温带区域。该区域是全疆面积最小的温度带，前 30 a 面积 5.07×10^5 km²，占全疆总面积的 30.4%。受气候变暖的影响，近 25 a 较前 30 a，该区域总体向高海拔抬升了 50～100 m，面积减小了 2.57×10^4 km²，减小 1.5 个百分点。根据干湿状况的不同，寒温带可分为半湿润、半干旱和干旱 3 个干湿区。

（1）半湿润区

寒温带半湿润区主要分布在阿尔泰山和天山北坡海拔 2000 m 以上的中、高山带，以及天山南坡和昆仑山北坡 3000～4500 m 以上的高山带，该区年湿润指数一般在 0.50～0.92，年降水量 420～690 mm，是新疆降水量最多、气候最湿润的地区，前 30 a 该区面积 7.88×10^4 km²，占全疆总面积的 4.7%，近 25 a 增至 1.12×10^5 km²，增大了 3.36×10^4 km²、2.1 个百分点。根据 7 月平均气温的差异，该干湿区可分为夏季冷凉区和夏季温凉区两个气候分区。

①夏季冷凉区

寒温带半湿润夏季冷凉区地处阿尔泰山、天山和昆仑山海拔 2800～3800 m 以上的高山带，是新疆海拔最高、热量资源最少的气候分区，≥10 ℃积温阿尔泰山、天山北坡少于 800～1100 ℃·d，无霜冻期不足 80 d，天山南坡、昆仑山北坡少于 1100～1400 ℃·d，无霜冻期一般不足 100 d，最热月 7 月平均气温低于 10 ℃。其上部为冰川或常年冻土、积雪覆盖区，下部为高寒草甸草原。前 30 a 该分区面积 7.24×10^4 km²，占全疆总面积的 4.3%，近 25 a 增至 9.27×10^4 km²，增大 2.03×10^4 km²、1.3 个百分点。

②夏季温凉区

寒温带半湿润夏季温凉区地处阿尔泰山、天山和昆仑山的中山带，海拔上限与夏季冷凉区相结，海拔下限自北向南约为 2000～2800 m,该分区≥10 ℃积温一般少于 1500 ℃·d,无霜冻期不足 110 d,7月平均气温 10～15 ℃,其自然景观为森林草甸草原。该分区面积较小,前 30 a 只有 6.36×10^3 km²,仅占全疆总面积的 0.4%,近 25 a 增至 1.96×10^4 km²,增大 1.33×10^4 km²、0.8 个百分点。

(2)半干旱区

寒温带半干旱区位于该温度带的中下部,其海拔下限自北向南约为 1500～2600 m,该区年湿润指数 0.20～0.50,年降水量 200～420 mm,前 30 a 面积 3.89×10^5 km²,占全疆总面积的 23.4%,近25 a降至 3.56×10^5 km²,减小了 3.27×10^4 km²、2.0 个百分点。根据 7 月平均气温的差异可分为夏季冷凉区、夏季温凉区和夏季温和区三个气候分区。

①夏季冷凉区

寒温带半干旱夏季冷凉区地处阿尔泰山、天山和昆仑山海拔 2600～3600 m 以上的高山带,≥10 ℃积温阿尔泰山、天山北坡少于 1000～1200 ℃·d,无霜冻期不足 80 d,天山南坡、昆仑山北坡少于1200～1400 ℃·d,无霜冻期一般不足 90 d,最热月 7 月平均气温低于 10 ℃,其上部为常年冻土区,下部为高寒草原。前 30 a 该分区面积 2.76×10^5 km²,占全疆总面积的 16.6%,近 25 a 降至 2.28×10^5 km²,减小了 4.76×10^4 km²、2.9 个百分点。

②夏季温凉区

寒温带半干旱夏季温凉区地处阿尔泰山、天山和昆仑山的中山带,海拔上限与夏季冷凉区相结,海拔下限自北向南约为 1800～2800 m,该分区≥10 ℃积温一般少于 1400 ℃·d,无霜冻期不足 100 d,7 月平均气温 10～15 ℃,其自然景观为典型草原。前 30 a 该分区面积 8.43×10^4 km²,占全疆总面积的 5.1%,近 25 a 增至 1.01×10^5 km²,增大 1.65×10^4 km²、1.0 个百分点。

③夏季温和区

寒温带半干旱夏季温和区位于寒温带的下部,地处阿尔泰山、天山和昆仑山的中低山带,海拔上限与夏季温凉区相结,海拔下限自北向南约为 1600～2700 m,≥10 ℃积温 1400～1600 ℃·d,无霜冻期不足 110 d,7 月平均气温 15～20 ℃,其自然景观为典型草原,可种植早熟春小麦、油菜、马铃薯等喜凉作物。该分区面积较小,且近 55 a 变化不大,基本稳定在 2.80×10^4 km² 左右,约占全疆总面积的 1.7%。

8.4.2　中温带

新疆中温带主要分布在北疆大部以及塔里木盆地、吐哈盆地周边的低山丘陵地带,≥10 ℃积温 1600～3400 ℃·d,无霜冻期 110～180 d,前 30 a 面积 5.52×10^5 km²,占全疆总面积的 33.2%。近25 a较其之前,该温度带总体向高海拔抬升了 100～200 m,面积减至 4.62×10^4 km²,减小 5.4 个百分点。根据干湿状况的不同该温度带可分为半干旱、干旱和极干旱 3 个干湿区。

(1)半干旱区

中温带半干旱区年湿润指数 0.20～0.50,年降水量 200～420 mm。前 30 a 主要分布在北疆的准噶尔盆地中部、北疆沿天山一带、伊犁河谷和南疆的塔里木盆地周边中低山带,面积 1.37×10^5 km²,占全疆总面积的 8.2%;近 25 a,该区在北疆明显向北扩展,南疆和东疆变化不大,其面积增至 2.36×10^5 km²,增大了 9.89×10^4 km²、6.0 个百分点。根据 7 月平均气温的差异可分为夏季温和区和夏季温热区两个气候分区。

①夏季温和区

中温带半干旱夏季温和区地处阿尔泰山、天山北坡和伊犁河谷的低山丘陵地带以及天山南坡的中低山带,≥10 ℃积温 1600～3000 ℃·d,无霜冻期 110～140 d,7 月平均气温 15～20 ℃,自然景观以荒漠草原为主,其上部发育有少量的典型草原。根据不同海拔高度的热量条件,自上而下可分别满足早中熟和中晚熟冬、春小麦以及早熟和中熟春玉米的种植。前 30 a 该分区面积 5.72×10^4 km²,占全疆总面积的 3.4%,近 25 a 增至 9.45×10^4 km²,增大了 3.73×10^4 km²、2.3 个百分点。

②夏季温热区

中温带半干旱夏季温热区主要分布在准噶尔盆地中北部、塔额盆地和伊犁河谷的中部,≥10 ℃积温 2000~3200 ℃·d,无霜冻期 130~160 d,7 月平均气温 20~25 ℃,其自然景观为荒漠草原,热量条件可满足晚熟冬、春小麦,中晚熟春玉米的种植。前 30 a 该分区面积 8.02×10⁴ km²,占全疆总面积的 4.8%,近 25 a 增至 1.42×10⁵ km²,增大了 6.16×10⁴ km²、3.7 个百分点。

（2）干旱区

中温带干旱区年湿润指数 0.05~0.20,年降水量 70~200 mm,前 30 a 主要分布在北疆北部以及南疆塔里木盆地和吐哈盆地周边的中低山带,面积 3.36×10⁵ km²,占全疆总面积的 20.2%,近 25 a 该区的大部被中温带半干旱区所替代,面积降至 1.99×10⁵ km²,减小了 1.37×10⁵ km²、8.2 个百分点。根据 7 月平均气温的差异可分为夏季温和区、夏季温热区和夏季炎热区三个气候分区。

①夏季温和区

中温带干旱夏季温和区地处北疆北部山前丘陵和冲积平原以及天山北坡东段低山丘陵地带,≥10 ℃积温 1600~2500 ℃·d,无霜冻期 110~130 d,7 月平均气温 15~20 ℃,自然景观以荒漠草原为主,其下部为草原化荒漠。热量条件可分别满足早中熟冬、春小麦以及早熟春玉米的种植。前 30 a 该分区面积 8.15×10⁴ km²,占全疆总面积的 4.9%,近 25 a 降至 3.55×10⁴ km²,减小了 4.59×10⁴ km²、2.8 个百分点。

②夏季温热区

中温带干旱夏季温热区是中温带干旱区的主体,≥10 ℃积温 2000~3200 ℃·d,无霜冻期 140~170 d,7 月平均气温 20~25 ℃,其自然景观为荒漠草原或草原化荒漠,热量条件可满足晚熟冬、春小麦,中晚熟春玉米的种植。前 30 a 主要分布在北疆北部和天山北麓东段的倾斜平原,以及塔里木盆地、吐哈盆地周边低山、丘陵地带。面积 2.0×10⁵ km²,占全疆总面积的 12.0%;近 25 a 该分区的大部被中温带半干旱夏季温热区所替代,面积降至 1.36×10⁵ km²,减小了 6.45×10⁴ km²、3.8 个百分点。

③夏季炎热区

中温带干旱夏季炎热区≥10 ℃积温 3200~3400 ℃·d,无霜冻期 160~180 d,7 月平均气温 25~30 ℃,其自然景观为草原化荒漠,热量条件可满足晚熟冬、春小麦,中晚熟春玉米以及早熟陆地棉的种植,但夏季高温、干热风天气较多,对小麦灌浆、玉米授粉等农业生产有不利影响。前 30 a 该区主要分布在北疆沿天山中段、东天山北麓淖毛湖山间盆地和吐哈盆地周边山前倾斜平原地带,面积 5.42×10⁴ km²,占全疆总面积的 3.3%;近 25 a,该区在北疆沿天山中段几乎完全被暖温带半干旱夏季炎热区所替代而基本消失,但在淖毛湖山间盆地和吐哈盆地周边的山前倾斜平原则有所扩大,其面积降至 2.75×10⁴ km²,较前 30 a 减小了 2.67×10⁴ km²、1.7 个百分点。

（3）极干旱区

中温带极干旱区年湿润指数<0.05,年降水量不足 70 mm,主要分布在天山北麓东部的淖毛湖山间盆地以及吐哈盆地东部的低山丘陵和倾斜平原地带。该区光照十分充足,风速较大,是新疆光能和风能资源最丰富的地区。该分区面积较小,前 30 a 为 7.88×10⁴ km²,占全疆总面积的 4.8%,近 25 a 降至 2.65×10⁴ km²,减小了 5.23×10⁴ km²、3.2 个百分点。根据 7 月平均气温的差异可分为夏季温热区和夏季炎热区两个气候分区。

①夏季温热区

中温带极干旱夏季温热区主要分布在吐哈盆地以及天山北麓东部淖毛湖山间盆地周边海拔 1100~1700 m 的低山丘陵地带,≥10 ℃积温 3200~3400 ℃·d,无霜冻期 170~180 d,7 月平均气温 20~25 ℃,自然景观为荒漠戈壁,热量条件可满足晚熟冬、春小麦,中晚熟春玉米的种植。但大风天气较多,对农业生产有不利影响,前 30 a 面积 5.12×10⁴ km²,占全疆总面积的 3.1%;近 25 a 受气候"暖湿化"的影响,该分区大部被"中温带干旱夏季温热区"和"中温带极干旱夏季炎热区"所替代,面积锐降至 8.52×10³ km²,减小了 4.27×10⁴ km²、2.6 个百分点。

②夏季炎热区

中温带极干旱夏季炎热区主要分布在吐哈盆地以及天山北麓东部淖毛湖山间盆地海拔 400~1100 m 的倾斜平原地带,≥10 ℃积温 3300~3400 ℃·d,无霜冻期 170~180 d,7 月平均气温 25~30 ℃,自然景观为荒漠戈壁。该区光热充足,气温日较差大,在有灌溉条件下,是优质哈密瓜、无核葡萄、中早熟陆地棉以及高粱等喜温作物的理想种植区。不利条件是大风和高温、干热风天气较多对农业生产,尤其是对瓜果和小麦、玉米种植不利,前 30 a 面积 2.76×10^4 km²,占全疆总面积的 1.7%;近 25 a 降至 1.80×10^4 km²,减小了 9.64×10^3 km²、0.6 个百分点。

8.4.3　暖温带

暖温带是新疆热量资源最丰富的温度带,主要分布在塔里木盆地和吐哈盆地的大部以及北疆沿天山中西部。≥10 ℃积温 3400~5500 ℃·d,无霜冻期 180~230 d 以上,前 30 a 面积 6.06×10^5 km²,占全疆总面积的 36.4%。受气候变暖的影响,近 25 a 该温度带范围明显扩大,面积增至 7.23×10^5 km²,较前 30 a 增大 1.16×10^5 km²、6.9 个百分点。根据干湿状况的不同该温度带可分为半干旱、干旱和极干旱 3 个干湿区。

(1)半干旱区

暖温带半干旱区主要分布在北疆沿天山中西部和伊犁河谷,年湿润指数 0.20~0.50,年降水量 200~300 mm。前 30 a 面积 5.56×10^3 km²,占全疆总面积的 0.4%;近 25 a,该区明显扩大,面积增至 5.31×10^4 km²,增大了 4.75×10^4 km²、2.7 个百分点。根据 7 月平均气温的差异可分为夏季温热区和夏季炎热区两个气候分区。

①夏季温热区

暖温带半干旱夏季温热区主要分布在北疆沿天山中西部和伊犁河谷,≥10 ℃积温 3400~4000 ℃·d,无霜冻期 180~200 d,7 月平均气温 20~25 ℃,其自然景观为荒漠草原。热量条件可满足晚熟冬、春小麦,中晚熟春玉米和早熟陆地棉的种植。前 30 a 该分区面积 3.03×10^3 km²,仅占全疆总面积的 0.2%,近 25 a 增至 1.41×10^4 km²,增大了 1.10×10^4 km²、0.6 个百分点。

②夏季炎热区

暖温带半干旱夏季炎热区主要分布在北疆沿天山中西部,≥10 ℃积温 3400~4100 ℃·d,无霜冻期 190~200 d,7 月平均气温 26~30 ℃,其自然景观为荒漠草原或草原化荒漠。热量条件可满足晚熟冬、春小麦,中晚熟春玉米和早熟陆地棉的种植,高温干热风天气较多,对小麦灌浆、玉米授粉有不利影响。前 30 a 该分区面积 2.54×10^3 km²,仅占全疆总面积的 0.2%,近 25 a 增至 3.90×10^4 km²,增大了 3.65×10^4 km²、2.1 个百分点。

(2)干旱区

暖温带干旱区年湿润指数 0.05~0.20,年降水量 70~200 mm。前 30 a 该区主要分布在准噶尔盆地西南缘低洼地带以及塔里木盆地周边中低山带和山前倾斜、冲积平原,面积 1.25×10^5 km²,占全疆总面积的 7.5%。近 25 a,受气候"暖湿化"的影响,该区在北疆准噶尔盆地西南部明显向东扩展,在南疆的塔里木盆地北部和西部则明显向东南方向扩大,面积增至 2.80×10^5 km²,增大了 1.55×10^5 km²、9.3 个百分点。根据 7 月平均气温的差异可分为夏季温热区和夏季炎热区两个气候分区。

①夏季温热区

暖温带干旱夏季温热区≥10 ℃积温 3400~4000 ℃·d,无霜冻期 180~200 d,7 月平均气温 22~25 ℃,自然景观为草原化荒漠,热量条件可满足晚熟冬、春小麦,中晚熟春玉米以及早熟陆地棉的种植。前 30 a 主要分布在准噶尔盆地西南缘低洼区的边缘地带以及塔里木盆地周边中低山带,面积 5.32×10^4 km²,占全疆总面积的 3.2%;近 25 a 该分区在北疆明显向东扩展,在南疆的塔里木盆地北部和西部则明显向东南方向扩大,面积增至 7.02×10^4 km²,增大了 1.70×10^4 km²、1.0 个百分点。

②夏季炎热区

暖温带干旱夏季炎热区≥10 ℃积温 3800~4300 ℃·d,无霜冻期 190~210 d,7 月平均气温 27~30 ℃,自然景观为草原化荒漠,由于光热充足,气温日较差大,在有灌溉条件下,热量可满足"早中熟春玉米—早熟冬小麦—早熟夏玉米"的"二年三熟"种植模式的发展,同时也是苹果、香梨、葡萄、杏和甜瓜等优势瓜果,以及早中熟陆地棉的理想种植区。前 30 a 该分区主要分布在准噶尔盆地西南缘低洼地带以及塔里木盆地周边山前倾斜、冲积平原,面积 $7.20 \times 10^4 \text{ km}^2$,占全疆总面积的 4.3%;近 25 a 该分区在北疆明显向东扩展,在南疆的塔里木盆地北部和西部则明显向东南方向扩大,面积剧增至 $2.10 \times 10^4 \text{ km}^2$,增大了 $1.38 \times 10^5 \text{ km}^2$、8.3 个百分点。

(2)极干旱区

暖温带极干旱区年湿润指数<0.05,年降水量不足 70 mm,是新疆气候最干旱的区域。主要分布在吐哈盆地以及塔里木盆地大部,前 30 a 面积 $4.75 \times 10^5 \text{ km}^2$,占全疆总面积的 28.5%。近 25 a,受气候"变湿"的影响,该区明显向盆地中部压缩,面积降至 $3.90 \times 10^5 \text{ km}^2$,减小了 $8.59 \times 10^5 \text{ km}^2$、5.1 个百分点。根据 7 月平均气温的差异可分为夏季温热区、夏季炎热区和夏季酷热区三个气候分区。

①夏季温热区

暖温带极干旱夏季温热区地处暖温带极干旱区的外围,主要分布在吐哈盆地周边以及塔里木盆地东部和南部的低山带,≥10 ℃积温 4000~4400 ℃·d,无霜冻期 190~210 d,7 月平均气温 23~25 ℃,自然景观为荒漠戈壁,在有灌溉条件下,光热气候资源可满足"早中熟春玉米—早熟冬小麦—早熟夏玉米"的"二年三熟"种植模式的发展,也较适合早中熟陆地棉以及苹果、香梨、红枣、杏、核桃、石榴和伽师瓜等优势瓜果的种植。前 30 a 面积 $5.30 \times 10^4 \text{ km}^2$,占全疆总面积的 3.2%;近 25 a 该分区面积降至 $1.47 \times 10^4 \text{ km}^2$,减小了 $3.82 \times 10^4 \text{ km}^2$、2.3 个百分点。

②夏季炎热区

暖温带极干旱夏季炎热区是暖温带极干旱区的主体,在塔里木盆地和吐哈盆地大部均被该分区所覆盖,≥10 ℃积温 4200~4700 ℃·d,无霜冻期 200~220 d,7 月平均气温 25~30 ℃,自然景观为沙漠戈壁。由于光热充足,气温日较差大,在有灌溉条件下气候条件可满足"早熟冬(春)小麦—早熟夏玉米"的"一年二熟"种植模式的发展,也是红枣、哈密瓜、无核葡萄等优势瓜果及中晚熟陆地棉或早中熟长绒棉的适宜种植区,但春季大风、沙尘天气以及夏季的高温、干热风天气较多,对农业生产有一定影响。前 30 a 该分区面积 $4.14 \times 10^5 \text{ km}^2$,占全疆总面积的 24.8%;近 25 a 因气候"变湿",部分极干旱区变为干旱区,因此该分区面积降至 $3.62 \times 10^5 \text{ km}^2$,减小了 $5.20 \times 10^4 \text{ km}^2$、3.1 个百分点。

③夏季酷热区

暖温带极干旱夏季酷热区≥10 ℃积温 4500~5500 ℃·d,无霜冻期 210~240 d,7 月平均气温 30~33 ℃,是新疆热量最丰富、夏季最炎热的地区,自然景观为沙漠戈壁。由于光热充足,气温日较差大,在有灌溉条件下气候条件可满足"早中熟春小麦—中熟夏玉米"的"一年两熟"种植模式的发展,也是新疆哈密瓜、无核葡萄、红枣等优势瓜果及中晚熟陆地棉或早中熟长绒棉的理想种植区,但夏季的高温、干热风以及春季大风灾害对农业生产有一定影响。该分区面积很小,前 30 a 只有 $8.88 \times 10^3 \text{ km}^2$,仅占全疆总面积的 0.5%;近 25 a 因气候"变暖",面积增至 $1.32 \times 10^4 \text{ km}^2$,增大了 $4.31 \times 10^3 \text{ km}^2$、0.3 个百分点。

8.5　小结与说明

8.5.1　小结

(1)按照中国气候区划中有关温度带和干湿区的划分标准,新疆气候总体可划分为 3 个温度带、9 个干湿区、20 个气候分区。

(2)近 55 年新疆气候区划的总体区域格局并未发生明显变化,但在"暖湿化"气候变化背景下,近 25 a 较前 30 a,各温度带界限总体向气候相对冷凉的高海拔、高纬度方向移动,干湿区界限则向气候相对干旱的低海拔、低纬度区域移动。受其影响,暖温带面积占全疆总面积的百分率增大了 6.9%,而中温带、寒温带分别减小了 5.4%、1.5%;半湿润和半干旱区面积分别增大了 2.1%、6.7%,干旱、极干旱区面积分别减小了 0.5%和 8.3%。相应地,各气候分区也总体向高纬度、高海拔区域转移,面积也发生了不同程度的变化。

8.5.2 说明

(1)关于新疆温度带的划分问题,本文按照全国温度带的划分标准,将新疆划分为暖温带、中温带和寒温带三个温度带。但事实上,阿尔泰山、天山以及昆仑山海拔 2700~3300 m 以上的高山带日平均气温稳定≥10 ℃日数不足 50 d,1 月平均气温低于—18 ℃;3600~4600 m 以上的高寒地带一般已不再有≥10 ℃日数的出现,1 月平均气温也多低于—22 ℃,参照有关青藏高原温度带的划分标准,新疆上述各高海拔山区应该分别属于高山亚寒带和寒带,但为了和全国温度带区划结果相衔接,本文将其一并划归为"寒温带"。

(2)前人多以年干燥指数(年潜在蒸散量与降水量的比值)作为干湿区划分的主要指标。但由于新疆蒸散强烈,大部分地区年潜在蒸散量在 1200 mm 以上,个别区域甚至高达 2000 mm 以上,而降水稀少,部分地区多年平均年降水量甚至不足 10.0 mm,个别年份几乎全年无降水,这些地区的年干燥指数高达几十甚至数百,我们认为若以年干燥指数作为新疆干湿区划分的主要指标,其实际意义和可比性不强,因此,本文以年湿润指数(年降水量与潜在蒸散量的比值)作为干湿区划分的主要指标,以年降水量作为辅助指标。关于"干旱区"的划分等级问题,《中国气候区划名称与代码—气候带和气候大区(GB/T17297—1998)》(以下简称(GB/T17297—1998))中将我国干旱程度强于"半干旱区"的区域分为"干旱区"一级,而李江风(1992 年)在《新疆气候》中将新疆干旱程度强于"半干旱区"的区域分为干旱区和极干旱区两级。我们认为,尽管"干旱"是新疆的主要气候特点,但由于地域辽阔,即使是按(GB/T17297—1998)的区划标准同属干旱区的准噶尔盆地中部以及塔里木盆地和吐哈盆地大部,由于干旱的程度不同,上述地区的自然景观也有较大差异,例如,准噶尔盆地中部可生长耐旱的荒漠类植物,自然景观为草原化荒漠,而塔里木盆地和吐哈盆地因气候更为干旱,除地下水位较高的局部区域外,大部为"不毛之地"的荒(沙)漠和戈壁,因此,本文参考李江风(1992 年)的《新疆气候》和申双和(2009 年)的《1975—2004 年中国湿润指数时空变化特征》等有关文献,并结合新疆自然景观的实际,以湿润指数 0.05 为界限将按(GB/T17297—1998)中的标准确定的干旱区划分为极干旱区(湿润指数<0.05)和干旱区(湿润指数 0.05~0.20)两部分。

(3)关于气候分区指标问题,(GB/T17297—1998)使用 7 月平均气温作为指标,我们认为也是符合新疆实际的,但该文献将 7 月平均气温划分为≤18 ℃、18~20 ℃、20~22 ℃、22~24 ℃、24~26 ℃、26~28 ℃、≥28 ℃共 7 个等级,也未给出这种分级的理由,我们认为该分级对新疆自然景观的指示意义以及对农牧业生产气象服务的指导作用均不强,因此,我们将其调整为 7 月平均气温<10 ℃、10~15 ℃、15~20 ℃、20~25 ℃、25~30 ℃、≥30 ℃共 6 级,其理由是:7 月平均气温 10 ℃是天然乔木可生长的临界温度;10~15 ℃是马铃薯、油菜等喜凉作物可以种植的下限温度;15~20 ℃是小麦灌浆、乳熟的适宜温度;20~25 ℃是玉米开花授粉的适宜温度,其中 23~25 ℃是也是棉花适宜种植区对最热月平均气温要求的下限指标;7 月平均气温 25~30 ℃是棉花、哈密瓜、红枣、葡萄等喜温作物适宜种植的气候条件之一;7 月平均气温 30 ℃是大多数喜温作物生长发育适宜温度条件的上限,高于该界限值将会对农作物产生不同程度的高温热害。

(4)新疆地域辽阔,地势高差悬殊,下垫面性质各异,影响各地气候的大气环流也较为复杂,因此,新疆的气候及其变化具有很大的区域性、局地性特点。本文仅是在参考前人有关气候区划指标和方法的基础上,尽量结合新疆实际,对气候变化背景下新疆气候区划的变化进行了尝试性的研究。但研究结果的客观性尚需通过其对社会经济发展尤其是对农牧业生产服务的具体实践中验证,对存在的问题须不断补充完善。

参考文献

安徽省气象局,2014.安徽省气候图集[M].北京:气象出版社.

柏秦凤,霍治国,李世奎,等,2008.1978年前、后中国≥10 ℃年积温对比[J].应用生态学报,**19**(8):1810-1816.

毕宝贵,孙涵,毛留喜,等,2014.中国精细化农业气候区划:方法与方案[M].北京:气象出版社.

曹雯,申双和,2008.我国太阳日总辐射计算方法的研究[J].南京气象学院学报,**31**(4):587-591.

陈端生,1988.从能源消耗探讨我国加温温室的合理布局问题[J].中国农业气象,**9**(2):39-41.

陈汉耀,邱宝剑,左大康,等,1963.新疆气候及其和农业的关系[M].北京:科学出版社.

陈咸吉,1982.中国气候区划新探[J].气象学报,**40**(1):35-47.

陈兆波,董文,霍治国,等,2013.中国农业应对气候变化关键技术研究进展及发展方向[J].中国农业科学,**46**(15):3097-3104.

陈志华,石广玉,车慧正,2005.近40 a来新疆地区太阳辐射状况研究[J].干旱区地理,**28**(6):734-739.

程相儒,张光华,李彦斌,等,2010.北疆棉花典型丰歉年的气象条件对比分析[J].中国农业气象,**31**(1):78-82.

崔读昌,曹广才,张文,等,1991.中国小麦气候生态区划[M].贵阳:贵州科技出版社.

邓振镛,王强,张强,等,2010.中国北方气候暖干化对粮食作物的影响及应对措施[J].生态学报,**30**(22):6278-6288.

杜军,边多,胡军,等,2007a.西藏近35年日照时数的变化特征及其影响因素[J].地理学报,**62**(5):492-500.

杜军,胡军,张勇,等,2007b.西藏农业气候资源区划[M].北京:气象出版社.

付雨晴,丑洁明,董文杰,2014.气候变化对我国农作物宜播种面积的影响[J].气候变化研究进展,**10**(2):110-117.

傅抱璞,虞静明,卢其尧,1996.山地气候资源与开发利用[M].南京:南京大学出版社.

高浩,黎贞发,潘学标,等,2010.中国设施农业气象业务服务现状与对策[J].中国农业气象,**31**(3):402-406.

郭建平,2010.气候变化背景下中国农业气候资源演变趋势[M].北京:气象出版社.

郭兆夏,梁轶,王景红,等,2015.GIS技术支持下的陕西核桃精细化气候适宜性区划[J].干旱地区农业研究,**33**(1):194-198.

韩湘玲,1999.农业气候学[M].太原:山西科学技术出版社.

何清,杨青,李红军,2003.新疆40 a来气温、降水和沙尘天气变化[J].冰川冻土,**25**(4):423-428.

胡琦,潘学标,邵长秀,等,2014.1961—2010年中国农业热量资源分布和变化特征[J].中国农业气象,**35**(2):119-127.

胡汝骥,樊自立,王亚俊,等,2001.近50 a新疆气候变化对环境影响评估[J].干旱区地理,**24**(2):97-103.

黄滋康,崔读昌,2002.中国棉花生态区划[J].棉花学报,**14**(3):185-190.

鞠晓慧,屠其璞,李庆祥,2005.我国太阳总辐射气候学计算方法的再讨论[J].南京气象学院学报,**28**(4):516-521.

李宏伟,郁松林,吕新,等,2005.新疆酿酒葡萄气候区划的研究[J].西北林学院学报,**20**(1):38-40.

李华,火兴三,2006a.酿酒葡萄区划热量指标的研究[J].西北农林科技大学(自然科学版),**34**(12):69-73.

李华,火兴三,2006b.中国酿酒葡萄气候区划的水分指标[J].生态学杂志,**25**(9):1124-1128.

李华,王艳君,孟军,等,2009.气候变化对中国酿酒葡萄气候区划的影响[J].园艺学报,**36**(3):313-320.

李江风,1991.新疆气候[M].北京:气象出版社.

李景林,普宗朝,张山清,等,2015.近52年北疆气候变化对棉花种植气候适宜性分区的影响[J].棉花学报,**27**(1):22-30.

李景林,张山清,普宗朝,等,2013.近50 a新疆气温精细化时空变化分析[J].干旱区地理,**36**(2):228-237.

李军,杨青,史玉光,2010.基于DEM的新疆降水量空间分布[J].干旱区地理,**32**(6):868-873.

李克南,杨晓光,刘志娟,等,2010.全球气候变化对中国种植制度可能影响分析Ⅲ.中国北方地区气候资源变化特征及其对种植制度界限的可能影响[J].中国农业科学,**43**(10):2088-2097.

李瑞雪,张明军,金爽,等,2010.乌鲁木齐河流域气候变化的区域差异特征及突变分析[J].干旱区地理,**32**(2):95-102.

李世奎,侯光良,欧阳海,1988.中国农业气候资源和农业气候区划[M].北京:科学出版社.

李希达,1987.中国小麦种植区划[C]//中国农作物种植区划论文集.北京:科学出版社.

李新建,毛炜峄,谭艳梅,2005.新疆棉花延迟型冷害的热量指数评估及意义[J].中国农业科学,**38**(10):1989-1995.

李祎君,王春乙,2010.气候变化对我国农作物种植结构的影响[M].气候变化研究进展,**6**(2):123-129.

李迎春,谢国辉,王润元,等,2011.北疆棉区棉花生长期气候变化特征及其对棉花发育的影响[J].干旱地区农业研究,**29**(2):253-258.

李镇清,刘振国,陈佐忠,等,中国典型草原区气候变化及其对生产力的影响[J].草业学报,2003,**12**(1):4-10.

廖新福,刘曼双,2011.新疆哈密瓜产业现状及发展对策[J].新疆农业科技,(3):1-2.

刘波,马柱国,2007.过去45年中国干湿气候区域变化特征[J].干旱区地理,30(1):7-15.

刘德祥,董安祥,邓振镛,2005.中国西北地区气候变暖对农业的影响[J].自然资源学报,20(1):119-125.

刘敬强,瓦哈甫·哈力克,哈斯穆·阿比孜,等,2013.新疆特色林果业种植对气候变化的响应[J].地理学报,68(5):708-720.

刘勤,严昌荣,何文清,等,2009.黄河流域近40 a积温动态变化研究[J].自然资源学报,24(1):147-153.

刘树泽,张宏铭,蓝鸿第,1987.作物产量预报方法[M].北京:气象出版社:20-150.

刘卫平,魏文寿,唐湘玲,2008.阿克苏地区近45年日照时数变化特征[J].干旱区地理,31(2):197-202.

刘巽浩,韩湘玲,等,1987.中国的多熟种植[M].北京:北京农业大学出版社:14.

刘颖杰,林而达,2007.气候变暖对中国不同地区农业的影响[J].气候变化研究进展,3(4):229-233.

刘钰,Pereira L S,Teixeira J L,等,1997.参照腾发量的新定义及计算方法对比[J].水利学报(6):27-33.

毛飞,张光智,徐祥德,2000.参考作物蒸散量的多种计算方法及其结果的比较[J].应用气象学报,11(增刊):128-136.

缪启龙,丁园圆,王勇,等,2009.气候变暖对中国热量资源分布的影响分析[J].自然资源学报,24(5):934-944.

潘伟,杨德刚,杨莉,等,2011.新疆棉花种植面积的时空变化及适度规模研究[J].中国生态农业学报,19(2):415-420.

潘学标,李克让,2000.基于GIS的新疆棉花生产发展时空变异分析[J].干旱区地理,23(3):199-206.

普宗朝,张山清,李景林,等,2008a.近36年新疆天山山区气候暖湿变化及其特征分析[J].干旱区地理,31(3):409-415.

普宗朝,张山清,李景林,等,2008b.乌鲁木齐河流域参考作物蒸散量时空变化特征[J].沙漠与绿洲气象,2(1):41-45.

普宗朝,张山清,2009a.气候变化对新疆天山山区自然植被净第一性生产力的影响[J].草业科学,26(2):11-18.

普宗朝,张山清,王胜兰,2009b.近47年天山山区自然植被净第一性生产力对气候变化的响应[J].中国农业气象,30(3):283-288.

普宗朝,张山清,李景林,等,2010a.近47年塔克拉玛干沙漠周边地区气候变化[J].中国沙漠,30(2):413-421.

普宗朝,张山清,李景林,等,2010b.近48年新疆乌—昌地区气候变化[J].干旱区研究,27(3):422-432.

普宗朝,张山清,王胜兰,等,2010c.近36年天山山区潜在蒸散量变化特征及其与南、北疆的比较[J].干旱区研究,27(3):424-432.

普宗朝,张山清,2011a.1961—2008年新疆夏半年干湿气候时空变化[J].干旱区资源与环境,25(9):138-144.

普宗朝,张山清,2011b.近48年新疆夏半年参考作物蒸散量时空变化[J].中国农业气象,32(1):67-72.

普宗朝,张山清,2011c.近49 a乌鲁木齐地区农业热量资源时空变化[J].干旱地区农业研究,29(2):243-252.

普宗朝,张山清,宾建华,等,2011d.新疆乌—昌地区干湿气候要素时空变化分析[J].资源科学,33(12):2314-2322.

普宗朝,张山清,宾建华,等,2011e.新疆乌昌地区热量资源精细化时空变化分析[J].中国农业气象,32(4):598-606.

普宗朝,张山清,王胜兰,等,2011f.近48 a新疆干湿气候时空变化特征[J].中国沙漠,31(6):1563-1572.

普宗朝,张山清,2012a.新疆水分亏缺量时空变化分析[J].冰川冻土,34(4):802-812.

普宗朝,张山清,宾建华,等,2012b.基于GIS的乌—昌地区冬季热量资源时空变化分析[J].干旱区研究,29(2):303-311.

普宗朝,张山清,宾建华,等,2012c.近49 a奇台县气温变化及其对春小麦产量的影响[J].西北农业学报,21(9):52-58.

普宗朝,张山清,宾建华,等,2012d.气候变暖对新疆乌昌地区棉花产量的影响[J].干旱区资源与环境,26(10):28-35.

普宗朝,张山清,宾建华,等,2012e.气候变暖对新疆乌昌地区棉花种植区划的影响[J].气候变化研究进展,8(4):257-264.

普宗朝,张山清,宾建华,等,2012f.新疆乌—昌地区太阳能资源精细化时空变化分析[J].干旱区资源与环境,26(6):33-39.

普宗朝,张山清,宾建华,等,2013a.气候变化及其对乌鲁木齐市冬小麦产量的影响[J].西北农林科技大学学报(自然科学版),41(3):115-123.

普宗朝,张山清,李景林,等,2013b.近50 a新疆≥0 ℃持续日数和积温时空变化[J].干旱区研究,30(5):781-788.

普宗朝,张山清,李景林,等,2014a.1961—2010年新疆不同保证率极端最低气温变化分析[J].中国农业气象,35(1):10-16.

普宗朝,张山清,李景林,等,2014b.近50年新疆冬季热量资源时空变化[J].干旱地区农业研究,32(2):40-46.

普宗朝,张山清,吉春容,等,2015.气候变化对新疆哈密瓜种植气候区划的影响[J].气候变化研究进展,11(2):115-122.

普宗朝,张山清,2018.气候变暖对新疆核桃种植气候适宜性的影响[J].中国农业气象,39(4):267-279.

气候变化对农业影响及其对策课题组,1993.气候变化对农业影响及其对策[M].北京:北京大学出版社:20-308.

气候变化与作物产量课题组,1992.气候变化与作物产量[M].北京:中国农业科技出版社:78-243.

秦大河,2005.中国气候与环境演变(上卷)[M].北京:科学出版社.

邱宝剑,卢其尧,1987.农业气候区划及其方法[M].北京:科学出版社:1-72.

邱建军,肖荧南,辛德惠,1998.新疆棉花品种气候区划的订正及风险棉区发展对策研究[J].中国农业气象,1(4):17-20.

曲曼丽,1991.农业气候实习指导[M].北京:北京农业大学出版社.

全国农业区划委员会《中国自然区划概要》编写组,1986.中国自然区划概要[M].北京:科学出版社.

任国玉,徐铭志,初子莹,等,2005.近54年中国地面气温变化[J].气候与环境研究,10(4):717-727.

任玉平,王吉云,黄军,等,2008.新疆乌昌地区草地资源状况及其合理利用探讨[J].草业与畜牧,(82):20-23.

沙万英,邵雪梅,黄玫,2004.20世纪80年代以来中国的气候变暖及其对自然区域界限的影响[J].中国科学(D辑:地球科学),32(4):317-326.

申双和,张方敏,盛琼,2009.1975—2004年中国湿润指数时空变化特征[J].农业工程学报,25(1):11-15.

施雅风,沈永平,胡汝骥,2002.西北气候由暖干向暖湿转型的信号、影响和前景初步探讨[J].冰川冻土,24(3):219-226.

孙杨,张雪芹,郑度,2010.气候变暖对西北干旱区农业气候资源的影响[J].自然资源学报,25(7):1153-1162.

汤绪,杨续超,田展,等,2011.气候变化对中国农业气候资源的影响[J].资源科学,33(10):1962-1968.

唐国平,李秀彬,Guenther Fischer,等,2000.气候变化对中国农业生产的影响[J].地理学报,55(2):129-137.

温克刚,史玉光,等,2006.中国气象灾害大典 新疆卷[M].北京:气象出版社.

王炳忠,邹怀松,1998.我国太阳能辐射资源[J].太阳能,(4):19.

王馥棠,李青竹,王石立,1990.农业产量气象模拟与模型引论[M].北京:科学出版社:55-56.

王健,徐德源,高永彦,等,2006.新疆优势瓜果与气候[M].北京:气象出版社.

王江山,2005.生态与农业气象[M].北京:气象出版社:62-66.

王培娟,梁宏,李祎君,等,2011.气候变暖对东北三省春玉米发育期及种植布局的影响[J].资源科学,33(10):1976-1983.

王世耆,程延年,1991.作物产量与天气气候[M].北京:科学出版社.

魏凤英,1999.现代气候统计诊断与预测技术[M].北京:气象出版社.

魏淑秋,1985农业气象统计[M].福州:福建科学技术出版社.

翁笃鸣,1997.中国辐射气候[M].北京:气象出版社:11-29.

翁笃鸣,陈万隆,沈觉成,等,1981.小气候和农田小气候[M].北京:农业出版社.

翁笃鸣,罗哲贤,1990.山区地形气候[M].北京:气象出版社.

辛宏,张明军,李瑞雪,等,2011.近50年中国天山日照时数变化及其影响因素[J].干旱区研究,28(3):485-491.

辛渝,赵逸舟,毛炜峄,等,新疆太阳总辐射资料的均一性检验与气候学估算式的再探讨[J].高原气象,2011,30(4):878-889.

新疆农学会,1995.北疆棉区划分及相应对策[J].新疆农业科学,32(1):5-8.

新疆维吾尔自治区畜牧厅,1993.新疆草地资源及其利用[M].乌鲁木齐:新疆科技卫生出版社.

徐超,杨晓光,李勇,等,2011.气候变化背景下中国农业气候资源变化 III.西北干旱区农业气候资源时空变化特征[J].应用生态学报,22(3):763-772.

徐德源,1989.新疆农业气候资源及区划[M].北京:气象出版社.

徐德源,王健,任水莲,杨晓光,等,2007.新疆杏的气候生态适应性及花期霜冻气候风险区划[J].中国生态农业学报,15(2):18-21.

徐培秀,张运生,王岚,1990.新疆棉花基地布局研究[J].地理学报,45(1):31-40.

徐文修,许秉钊,2002.北疆棉花生产力及生产潜力的研究[J].棉花学报,14(2):113-116.

杨晓光,李勇,代姝玮,2011.气候变化背景下中国农业气候资源变化 IX.中国农业气候资源时空变化特征[J].应用生态学报,22(12):3177-3188.

杨晓光,刘志娟,陈阜,2010.全球气候变暖对中国种植制度可能影响 I.气候变暖对中国种植制度北界和粮食产量可能影响的分析[J].中国农业科学,43(2):329-336.

杨晓光,于沪宁,2006.中国气候资源与农业[M].北京:气象出版社.

姚益平,苏高利,罗卫红,等,2011.基于光热资源的中国温室气候区划与能耗估算系统建立[J].中国农业科学,44(5):898-908.

姚源松,2001.新疆棉花区划新论[J].中国棉花,28(2):2-5.

余优森,1986.白兰瓜糖分累积气候指数的分析[J].气象学报,44(02):247-250.

袁玉江,何清,魏文寿,等,2003.天山山区与南、北疆近40 a来的年温度变化特征比较研究[J].中国沙漠,**23**(5): 521-526.

岳阳,朱万斌,李连禄,等.2013.基于"GIS"的环塔里木盆地杏气候适应性区划研究[J].中国农业大学学报,**18**(4): 59-63.

曾燕,邱新法,刘昌明,等,2003.基于DEM的黄河流域天文辐射空间分布[J].地理学报,**58**(6):810-816.

翟盘茂,潘晓华,2003.中国北方近50年温度和降水极端事件变化[J].地理学报,**58**(增刊):1-10.

张大海,2010.新疆杏产业发展历程对新疆林果业发展的若干启示[J].新疆农业科学,**47**(10):1970-1975.

张慧岚,2005.气候条件对库尔勒香梨生长影响的分析[J].气象,**31**(8):84-86.

张家宝,陈洪武,毛炜峄,等,2008.新疆气候变化与生态环境的初步评估[J].沙漠与绿洲气象,**2**(4):1-11.

张明洁,赵艳霞,2013.北方地区日光温室气候适宜性区划方法[J].应用气象学报,**24**(3):278-286.

张强,邓振镛,赵映东,等,2008.全球气候变化对我国西北地区农业的影响[J].生态学报,**28**(3):1210-1218.

张山清,普宗朝,宋良娈,等,2009.吐鲁番地区气候变化对参考作物蒸散量的影响[J].中国农业气象,**30**(4):532-537.

张山清,普宗朝,伏晓慧,等,2010.气候变化对新疆自然植被净第一性生产力的影响[J].干旱区研究,**27**(6):905-914.

张山清,普宗朝,2011a.基于DEM的乌鲁木齐河流域降水量时空变化分析[J].中国农业气象,**32**(3):437-443.

张山清,普宗朝,2011b.新疆参考作物蒸散量时空变化分析[J].农业工程学报,**27**(5):73-79.

张山清,普宗朝,王胜兰,2011c.乌鲁木齐河流域降水量时空变化特征[J].新疆农业大学学报,**34**(1):66-70.

张山清,普宗朝,李景林,2013a.近50年新疆日照时数时空变化分析[J].地理学报,**68**(11):1481-1492.

张山清,普宗朝,李景林,等,2013b.1961—2010年新疆季节性最大冻土深度对冬季负积温的响应[J].冰川冻土,**35**(6): 1419-1427.

张山清,普宗朝,李景林,等,2013c.气候变暖背景下新疆无霜冻期时空变化分析[J].资源科学,**35**(9):1908-1916.

张山清,普宗朝,李景林,等,2014a.气候变化对新疆红枣种植气候区划的影响[J].中国生态农业学报,**22**(6):713-721.

张山清,普宗朝,尹仔锋,等,2014b.1979—2012年库尔勒市气温变化对香梨产量的影响[J].沙漠与绿洲气象,**8**(4): 69-74.

张山清,普宗朝,李景林,等,2015.气候变暖背景下南疆棉花种植区划的变化[J].中国农业气象,**36**(5):594-601.

张山清,普宗朝,吉春容,等,2016a.气候变化对新疆酿酒葡萄种植气候区划的影响[J].中国农业资源与区划,**37**(9): 125-134.

张山清,普宗朝,李新建,等,2016b.气候变化对天山北坡经济带设施农业气候适宜性的影响[J].中国农业气象,**37**(5): 495-504.

张晓煜,亢艳莉,袁海燕,等,2007.酿酒葡萄品质评价及其对气象条件的响应[J].生态学报,**27**(2):740-745.

张晓煜,刘静,张亚红,等,2008.中国北方酿酒葡萄气候适宜性区划[J].干旱区地理,**31**(5):707-712.

张学文,2004.可降水量与地面水汽压力的关系[J].气象,**30**(2):9-11.

张学文,张家宝,2006.新疆气象手册[M].北京:气象出版社:72-123.

张亚红,陈青云,2006.中国温室气候区划及评述[J].农业工程学报,**22**(11):197-202.

张镱锂,李炳元,郑度,2002.论青藏高原范围与面积[J].地理科学,**21**(1):1-10.

赵东,罗勇,高歌,等,2010.1961年至2007年中国日照的演变及其关键气候特征[J].资源科学,**32**(4):701-711.

赵俊芳,郭建平,马玉平,等,2010.气候变化背景下我国农业热量资源的变化趋势及适应对策[J].应用生态学报,**21** (11):2922-2930.

赵勇,崔彩霞,李扬,2011.新疆天山地区日照时数的气候特征变化及其影响因素[J].干旱区研究,**28**(4):688-693.

赵宗慈,王绍武,徐影,等,2005.近百年我国地表气温趋势变化的可能原因[J].气候与环境研究,**10**(4):808-817.

郑景云,卞娟娟,葛全胜,2013.1981—2010年中国气候区划[J].科学通报,**58**(30):3088-3099.

郑景云,尹云鹤,李炳元,2010.中国气候区划新方案[J].地理学报,**65**(1):3-13.

中国标准化与信息分类编码研究所,国家气象中心,2004.中华人民共和国国家标准—中国气候区划名称与代码 气候带和气候大区(GB/T 17297—1998)[S].北京:中国标准出版社.

中国牧区畜牧气候区划科研协作组,1988.中国牧区畜牧气候[M].北京:气象出版社.

中国农业百科全书—农业气象卷编辑委员会,1986.中国农业百科全书——农业气象卷[M].北京:农业出版社.

中国气象局,2007.中华人民共和国气象行业标准—小麦干热风灾害等级(QX/T 82—2007)[S].北京:气象出版社.

中华人民共和国国家质量监督检验检疫总局,中国国家标准化管理委员会,2006.中华人民共和国国家标准—气象干旱等级(GB/T 20481—2006)[S].北京:中国标准出版社.

中华人民共和国国家质量监督检验检疫总局,中国国家标准化管理委员会,2017.中华人民共和国国家标准—干湿气候等级(GB/T 34307—2017)[S].北京:中国标准出版社.

周广胜,2015.气候变化对中国农业生产影响研究展望[J].气象与环境科学,**38**(1):80-94.

周允华,项月琴,单福芝,1984.光合有效辐射(PAR)的气候学研究[J].气象学报,**42**(4):387-397.

Allen R G,Pereira L S,Raes D,et al,1998. Crop Evapotranspiration Guidelines for Computing Crop Water Requirements [N]. FAO Irrigation and Drainage,56.

Brutsaert W,Parl M B,1998. Hydrologic cycle explains the evaporation paradox[J]. Nature,396:30.

Easterling D R,2002. Recent changes in frost days and the frost-free season in the United States[J]. Bulletin of the American Meteorological Society,**83**(9):1327-1332.

IPCC,2007. Summary for policymakers of climate change 2007:The physical science basis. Contribution of working group I to the fourth assessment report of the intergovernmental panel on climate change[M]. Cambridge:Cambridge University Press.

IPCC,2013. Climate Change 2013:The Physical Science Basis[M]. Cambridge:Cambridge University Press:4.

Kalvova J,Halenka T,Bezpalcova K,et al,2003. Koppen climate types in observed and simulated climates[J]. Stud Geophys Geodaet,47:185-202.

Kunkel K E,Easterling D R,Hubbard K,2004. Temporal variations in frost-free season in the United States:1895-2000 [J]. Geophysical Research Letters,**31**(3):1-4.

Linderholm H W,2006. Growing season changes in the last century[J]. Agricultural and Forest Meteorology,137:1-14.

Menzel A,Jakobi G,Ahas R,2003. Variations of the climatological growing season(1951-2000) in Germany compared with other countries[J]. International Journal of Climatology,**23**(7):793-812.

Shen S S P,Yin H,Cannon K,2005. Temporal and spatial changes of the agroclimate in Alberta,Canada,from 1901 to 2002[J]. Journal of Applied Meteorology,**44**(7):1090-1105.

Stanhill G,Cohen S,2001. Global dimming:A review of the evidence of a widespread and significant reduction in global radiation with discuss of its probable causes and possible agricultural consequences[J]. Agricultural and Forest Meteorology,7:255-278.

Thomas A,2000. Spatial and temporal characteristics of potential evapotranspiration trends over China[J]. Int. J. Climatol.,20:281-296.

Wang F T,1997. Impact of climate change on cropping system and its implication for agriculture in China[J]. Acta Meteorological Sinica,**11**(4):407-415.